单行条例立法的现实问题与对策研究

郭丽萍 著

吉林大学出版社

·长春·

图书在版编目（CIP）数据

单行条例立法的现实问题与对策研究／郭丽萍著. ——长春：吉林大学出版社，2024.6
 ISBN 978－7－5768－3274－7

Ⅰ．①单… Ⅱ．①郭… Ⅲ．①单行条例立法的现实问题与对策研究－中国 Ⅳ．①D920.0

中国国家版本馆 CIP 数据核字 2024FL2686 号

书　　名　单行条例立法的现实问题与对策研究
　　　　　DAN XING TIAO LI LI FA DE XIAN SHI WEN TI YU DUI CE YAN JIU

作　　者：郭丽萍
策划编辑：黄国彬
责任编辑：沈广启
责任校对：范　爽
装帧设计：艳　梅
出版发行：吉林大学出版社
社　　址：长春市人民大街 4059 号
邮政编码：130021
发行电话：0431－89580036/58
网　　址：http://www.jlup.com.cn
电子邮箱：jldxcbs@sina.com
印　　刷：文畅阁印刷有限公司
开　　本：787mm×1092mm　1/16
印　　张：18.5
字　　数：290 千字
版　　次：2024 年 6 月　第 1 版
印　　次：2025 年 1 月 1 日　第 1 次
书　　号：ISBN 978－7－5768－3274－7
定　　价：98.00 元

版权所有　翻印必究

目　录

绪　论 001
　一、选题缘起与选题研究意义　001
　二、国内相关研究综述　008
　三、国外相关研究综述　027
　四、研究方法与论证思路　035
　五、创新点与不足　039

第一章　单行条例立法的历史演进与应然面向 042
　第一节　单行条例的界定与相关概念辨析　042
　　一、民族区域自治制度下的民族自治地方　043
　　二、单行条例的内涵与自治条例、地方性法规的异同　044
　　三、单行条例的外延：变通规定和补充规定　046
　第二节　单行条例立法的历史演进　048
　　一、萌芽：作为一般地方规范性文件的单行条例　049
　　二、雏形：作为民族自治地方的单行组织条例　053
　　三、发展：作为民族自治地方的单行条例　054
　第三节　单行条例立法的基本原则　060
　　一、保障各民族实质平等与少数民族权益的原则　061
　　二、尊重当地民族的政治、经济、文化特点的原则　063
　　三、维护法治统一下的适当变通原则　064

第二章　单行条例立法的现实问题与成因分析 068
　第一节　单行条例立法相关问题的表征　068
　　一、立法数量：一般地方立法对自治立法的弱化　069

二、立法内容：地方立法与民族立法的比例失衡　072
三、立法形式：明示的变通条款占比较少　074
四、立法效果：颁布后的实施不畅与修改滞后并存　076
第二节　单行条例立法相关问题的成因　077
一、认知层面：立法的功能定位偏离主线　078
二、规范层面：变通立法的权限模糊不清　080
三、技术层面：立法后实施的配套保障机制不健全　082
第三节　单行条例立法相关问题的应对思路　085
一、立法过程的三阶段划分　086
二、立法准备阶段：融合少数民族习惯法凸显当地民族特性　089
三、法案到法阶段：优化协商民主弥合变通权的不确定性　092
四、立法完善阶段：依托司法功能保障民族法治的权威性　95

第三章　立法准备阶段：单行条例草案对少数民族习惯法的理性吸纳　98

第一节　少数民族习惯法的价值内蕴：当地民族特点　99
一、少数民族习惯法的概念界分与基本内涵　99
二、少数民族习惯法中"地方性知识"的聚合　107
三、少数民族习惯法中"民族精神"的传承　110
第二节　习惯法法源地位的不同认可模式　112
一、习惯法的法源地位与社会认可　114
二、习惯法的法源地位与主权者的默许　119
三、习惯法的法源地位与国家的正式认可　121
第三节　内部主导：深化对少数民族习惯法的整合　124
一、制定法与习惯法之间的互利共生　124
二、我国少数民族习惯法的国家认可规范依据　130
三、立法调研：整合少数民族习惯法融入单行条例草案　135
第四节　外在补充：依托传统权威主体深描现代法治图景　139
一、传统、权威与秩序建构　140
二、传统权威主体在少数民族习惯法的传承与变革中的地位　143
三、立法建议：保障传统权威主体的建言献策　145

第四章　法案到法阶段：单行条例变通程序的商谈构建　149

第一节　变通程序商谈构建的理论之基：哈贝马斯的协商民主　150
一、理论渊源：交往行为与世界的关联　151
二、理论内核：交往理性与商谈伦理　154
三、理想范式：双轨制协商机制　160

第二节　单行条例审议过程中变通程序的协商空间与实践探索　166
一、单行条例立法审议过程中协商的制度空间　167
二、单行条例报批环节中商谈的实践样态　170
三、单行条例变通程序商谈构建的改良方向　175

第三节　变通程序商谈构建的经验与启示：英国私法案的立法程序　177
一、英国私法案的历史演进与授权变通之理　178
二、英国私法案立法的基本程序与主要流程　184
三、英国私法案立法中商谈构建共识的具体实现过程　187

第四节　报批制下单行条例变通程序商谈构建的路径优化　194
一、单行条例报批审查标准的重新定位　195
二、变通条款的审议引入反对方的辩论机制　198
三、对于争议较大的变通条款实行逐条表决　200

第五章　立法完善阶段与单行条例司法适用的有效衔接　203

第一节　单行条例立法完善与司法适用的关联　203
一、单行条例立法目的的实现与司法的权利救济功能　204
二、变通权限的具体确认与司法的纠纷解决功能　206
三、立法后的实施完善与司法的监督功能　207

第二节　单行条例司法适用的学理阐释与实证分析　209
一、单行条例的司法适用何以成为可能　209
二、实证分析：法院与诉讼当事人援引单行条例产生的积极效果　215
三、实证分析：单行条例立法中的症结对司法适用的消极影响　227

第三节　先决要素：突破单行条例司法适用效力位阶不明的瓶颈　236
　　一、梅尔克与凯尔森的法的效力位阶理论　237
　　二、特别法优先于一般法的基本原则　246
　　三、厘清单行条例效力位阶的二元路径　251
第四节　长效机制：单行条例立法完善与司法适用的良性互动　258
　　一、外在保障：单行条例备案信息的适当公开　259
　　二、内在依托：立法解释回应功能的充分发挥　262
　　三、内外联动：法的修改与司法适用的反馈相衔接　264

结　　语　269
参考文献　273
后　　记　297

绪　　论

一、选题缘起与选题研究意义

（一）选题缘起

回顾党的十八大以来中央推进民族工作的大政方针，如何在当前新的历史形势下继续坚持和完善民族区域自治制度，促进和维护民族团结已成为新时代民族工作中必须回应的重要命题。2014年，习近平总书记在中央民族工作会议上强调，解决中国民族问题要继续坚持和完善民族区域自治制度，"坚持统一和自治相结合""坚持民族因素和区域因素相结合"，提出搞好民族团结最根本的是要增强文化认同，要尊重彼此的差异，包容多样性，"培养中华民族共同体意识"。2017年党的十九大报告指出，要"铸牢中华民族共同体意识，加强各民族交往交流交融，促进各民族像石榴籽一样紧紧抱在一起，共同团结奋斗、共同繁荣发展"。2018年3月11日，十三届全国人大通过的宪法修正案中将宪法序言与正文第4条第1款中有关民族关系的表述均新增"和谐"二字，此次修宪在国家根本法中将"和谐"作为各民族的共同追求和现阶段民族关系的重要特征，体现了民族关系在交往交流交融中的与时俱进，同时也为促进各民族团结和完善民族工作提供了最高的指导性规范。❶ 2019年中共中央办公厅、国务院办公厅专门印发《关于全面深入持久开展民族团结进步创建工作铸牢中华民族共同体意识的意见》、2021年在中央民族工作会议上习近平总书记强调

---

❶ 刘湃. 少数民族界委员：宪法修正案体现人文关怀、促进民族和谐［EB/OL］.（2018-03-12）［2018-03-16］. http://www.chinanews.com/gn/2018/03-12/8466032.shtml.

"以铸牢中华民族共同体意识为主线推动新时代党的民族工作高质量发展",引导各族人民牢固树立休戚与共、荣辱与共、生死与共、命运与共的共同体理念,更是为全国民族工作的开展提供了明确的行动指南。

在我国多元一体的民族关系中,具体如何构建中华民族的"共同体意识",找到"最大公约数",并画好"最大同心圆",维护和发展"和谐的社会主义民族关系",这其中的理论逻辑还需要深入挖掘。民族工作关乎国家稳定和发展的全局,涉及社会经济生活的各个领域各个方面,如何保障民族区域自治制度的贯彻实施和有效运作,是宪法学研究必须担负的使命。民族区域自治是我国宪法所确立的基本政治制度,依据该制度所建立的 155 个民族自治地方分布在全国各地,占国土总面积 64% 以上。可以说,中央层面为我国如何解决涉民族问题提供了一个整体方案,但是如何依据这一风向标具体推进中华民族走向更具包容性和凝聚力的共同体,还亟须法治的保障和地方的具体落实,在此背景下深入研究民族自治地方的单行条例立法已成为一个必然的选择。

首先,民族自治地方的单行条例立法是民族区域自治中的一个重要的基础性环节,其完善与否直接影响着民族自治地方自治权的有效行使,关系着宪法中民族区域自治的美好图景能否成为现实的问题。换言之,单行条例立法是推动民族区域自治制度发展和完善的原生动力。民族区域自治的制度自信和贯彻实施需要以民族自治地方为基础。民族自治地方的基层法治实践在一定程度上有利于发现民族区域自治制度中存在的不足,推动《中华人民共和国民族区域自治法》(下文简称《民族区域自治法》)与时俱进地修改和完善,这也是经过历史经验反复证明的事实。在《民族区域自治法》的制定和修改中,都可以看到民族自治地方自治立法经验的反馈,各地相对成熟的做法在得到认可后可被上升为国家法律规定。

其次,单行条例立法是民族自治地方行使自治权的重要途径。民族自治地方与一般地方的不同就在于自治立法权,《中华人民共和国宪法》(下文简称《宪法》)和《民族区域自治法》的规定是针对 155 个民族自治地方的所有少数民族的一般性规定,这些规定所具有的不特定性使其条款本身抽象、概括性表述居多。在单行条例立法过程中,民族自治地方人大与报批机关对变通权限的厘定,也是落实自治权的具体表现。但是如果民族自治地方立法机关不积极主动地依据当地民族特点制定单行条例,则《宪法》和《民族区域自治法》中这些抽象的一般性规定就难以在民族自治地方具体情境中得到运用和延伸，民族区域自治制度就更加难以实施。所以单行条例立法是检验民族区域自治实效的一项重要指标。

最后，单行条例与自治条例相比，更能解决民族自治地方的具体问题。自治条例是全面调整民族自治地方的民族关系和管理民族事务的总章程，但是从立法数量和时效上看，一个民族自治地方只能制定一部自治条例，一经制定一般不能废止，只能根据现实情况进行适时修改或完善；单行条例则更具灵活性，可以根据实际需要制定多部，经法定程序制定后还可以废止。对于自治条例的研究，尤其是自治区层面的立法，有诸多政治因素要考虑，超出了法律层面所能解决的范畴，而且全国155个民族自治地方中除了5个自治区和新疆所辖的5个自治州、6个自治县，其他民族自治地方都已经制定出台了自治条例。因此，相比自治条例，单行条例更能切实保障民族自治地方少数民族的权益，也更迫切需要持续的关注和及时的完善。

然而，当前民族自治地方单行条例立法的状况却并不完全令人满意。1982年第五届全国人民代表大会第五次会议审议通过的《中华人民共和国宪法》（下文简称1982年《宪法》）正式颁布以前，自治区、自治州、自治县的单行条例都是由全国人大常委会批准后制定，由国家主席下令逐一发布的；在1984年《民族区域自治法》颁布以后，1985年青海省化隆回族自治县人大制定了第一部单行条例。民族自治地方至今已有三十余年的单行条例立法实践，但长期以来，自治州和自治县由于没有地方立法权，往往将单行条例混同于一般的地方性法规。综观这些单行条例所涉及的立法事项包括地方治理中的各项事务，如城乡建设与管理、环境保护、历史文化保护、自然资源的保护与管理、经济发展与管理，规范社会生活和公共服务供给，以及地方行政管理等其他事项。这些种类繁多的单行法规中却难见真正凸显当地民族政治、经济、文化特点的条款，条文中更多是贯彻实施或重复上位法的有关内容；仔细研读可以发现其中有不少行政处罚、行政许可、行政审批的相关规定。单行条例立法中的变通权限是否可以当然地涵盖这些权限，相关规定的出台是否真正有利于保护当地少数民族的权益，这些问题都有待进一步思考。

需要指出的是，单行条例立法所依据的当地民族特点并没有消失殆尽。我国55个少数民族在漫长的历史发展过程中形成了各自特有的生活方式、风俗习惯、文化传统等，这些因素在民族自治地方的社会治理中占据重要位置。例如，在藏区有活佛僧侣参与当地纠纷调解的情形，在彝族聚居区则由"德古"作为民间纠纷的主要调解人。在一些偏远的民族地区，法律多元的特点更为突出，乡土社会的传统"补救型、自治型的习惯机制"与建立在国家法律法规基础上的"现代法理机制"长期并存，二者之间的冲突与断裂使得国家法的功能难以有效发挥。❶"一个国家的文明程度绝对不是表面上的高楼大厦林立或GDP成长的数字，而是对弱势者的关怀和正义。"❷ 对我国当下而言，由于民族自治地方聚居的少数民族群体历史文化上的独特性，与一般地方行政区域存在较大的差异性，如何从差异中寻求共识，构建一个更理性和包容的社会，如何确保动态的非正式的少数民族习惯法与静态的国家制定法之间实现良性互补和有效对接，仍然是完善单行条例立法的重要命题。

此外，单行条例制定之后如何实施和适用是一个被学界长期忽视的问题。在实施过程中，不仅行政机关、司法机关对于单行条例缺乏足够重视和正确认知，且民族自治地方的少数民族公民对单行条例了解更是微乎其微，难以自觉将单行条例作为行为准则。其必然的结果是，耗费高额立法成本制定出台的单行条例常常被搁置，立法修改工作远远滞后于社会经济发展的需要。

与此同时，目前民族自治地方单行条例立法还面临着诸多新的挑战。2015年《中华人民共和国立法法》（下文简称《立法法》）修改后，设区的市和自治州的人大及其常委会在"城乡建设与管理、环境保护、历史文化保护"方面开始享有地方立法权。对于一些自治州的立法机关而言，地方立法主体的扩容只是意味着从此其立法程序将更为便捷，因为立法主体从自治州人大拓宽到州人大常委会。需要指出的是，相比自治区而言，自治州和自治县一级的人大是目前单行条例立法的中坚力量。在这种情况下，如果学界仍不重新审视单行条例的立法功能和目的，思考完善单行条例立法的有效路径，那么单行条例立法很可能将从此逐渐销声匿迹，甚至整个民族区域自治的法律法规体系都将难以逻辑自洽。尤其是在我国新的

---

❶ 吴大华，潘志成，王飞. 中国少数民族习惯法通论 [M]. 北京：知识产权出版社，2014：170.

❷ 张锦华. 多元文化主义与族群传播权：以原住民族为例 [M]. 台北：黎明文化，2014：12.

规划布局下，民族地区的进一步开放将给民族区域自治制度带来冲击，民族自治地方单行条例立法功能的发挥也将面临诸多复杂因素。2013年国务院出台"一带一路"的总体规划，沿线不但囊括了内蒙古、新疆、宁夏、广西等民族地区，还包含了青海、甘肃、云南等多民族省份，把民族地区从边缘地带到了面向中亚、西亚和东南亚地区的对外开放的桥头堡，民族地区的战略地位将不再限于维护国家领土完整、民族团结和边疆安全。我国民族自治地方与14个国家接壤，有35个少数民族与境外同一民族毗邻而居❶，边疆少数民族和"一带一路"共建国家有着文化心理上的自然亲近，少数民族地区与中亚、西亚、东南亚等各国家之间的交流将更加频繁和深入。因此，在新的社会现实和国情的背景下，如何从源头上重新厘清单行条例立法中所涉及的核心问题，还需要宪法学的回应。

综上，民族自治地方自身优势的发挥离不开自主立法，各种民族事务和矛盾纠纷的解决也需要依靠单行条例立法来规范和保障民族团结，本书的论证将从理顺《宪法》《民族区域自治法》《立法法》的相关条款入手，再结合民族自治地方法的实践进行分析，以确保单行条例立法的顺利进行与有效实施为最终目标。

（二）选题研究的理论和现实意义

从宪法学的视角研究单行条例立法过程中存在的问题及其解决路径，具有十分重要的理论价值和现实意义，具体表现在如下三个方面：

（1）从宏观层面看，对于单行条例立法的研究，有利于推进宪法实施和依法治国。"坚持和完善民族区域自治制度就是坚持宪法原则"❷，民族区域自治是我国宪法所确立的基本政治制度。回顾1949年以来四部宪法文本可以清楚地看到，民族区域自治一直是我国宪法关于"自治"的表述中笔墨最多的部分，民族区域"自治"并没有随着宪法文本的变迁而消逝，而是在不断被充实和完善。因为中国是一个多民族国家，将近2/3的领土都设有民族自治地方，民族区域自治制度的法治化进程不仅关乎民族自治地方的发展，同时也关系到国家长治久安。而《民族区域自治法》则是对

---

❶ 方盛举. 当代中国陆地边疆治理 [M]. 北京：中央编译出版社，2017：48.
❷ 郝时远. 坚持和完善民族区域自治制度就是坚持宪法原则 [M]//尹韵公. 中国道路与中国梦. 北京：社会科学文献出版社，2015：382.

《宪法》所规定的基本政治制度的进一步延伸,《民族区域自治法》的实施关乎宪法权威。单行条例立法是民族自治地方贯彻落实民族区域自治制度这一基本政治制度和依宪治国的具体体现。单行条例立法旨在保障少数民族的权益,这与宪法所蕴含的民主、法治、人权、公平、正义、秩序等价值或目标也是相契合的。

在宪法实施过程中,由于人们对宪法文本中所规定的民族区域自治的重要性存在认识上的偏差,对民族自治地方的自治地位了解不足,这些因素制约了民族区域自治制度的贯彻和落实,更影响了依宪治国的层层推进。虽然宪法规定了民族自治地方比一般行政区域享有更广泛的自治权限,但实践层面这些权限由于种种原因并未得到有效行使,少数民族地区的自治权甚至比不上经济特区享有的变通权,影响了宪法的权威和中央政府的公信力。在新的历史时代背景下,与时俱进地对民族自治地方的单行条例立法进行再解读和思考,有利于更好地贯彻宪法精神和推动宪法实施。

(2) 从中观层面看,对于单行条例立法的研究,不仅有利于推动中央与地方关系的法治化,还可以保障单行条例立法与地方性法规立法的双向协调发展。随着社会经济的持续发展,地方自主创新模式不断涌现,民族自治地方人大在制定单行条例立法过程中需要积极与上级国家机关沟通,只有在双方就相关事项形成一定共识后才能最终颁布出台。在此过程中,中央与上级国家机关不仅可以对民族自治地方的实际情况加深理解,还可以此为契机让双方更好地认清彼此的角色定位,从而促进中央与民族自治地方的有效沟通,为各民族的和谐共处创造有利条件。故而,对于单行条例立法运行机制的研究有利于理顺单一制国家中央与民族自治地方关系,单行条例立法机制在地方不断试错和实践过程中逐步完善和成熟后,可以逐步推广到全国各地,从而降低中央立法的成本和风险,推动民族区域自治法及其配套立法的完善,最终也将为央地关系提供参照并推动央地关系的进一步法治化。

单行条例立法大体而言属于地方立法的范畴,从历史发展进程来看,单行条例立法也始终与地方立法的发展息息相关。因为这两种立法本质上都强调将国家层面的法律法规与地方实际情况相结合,只是一般地方立法需要考虑的当地实际情况更多是城乡发展不平衡带来的区域差异,与族群的历史文化和宗教信仰等因素关联较小。依据《立法法》的规定,这两种立法都应凸显当地特点或结合地方实际情况，避免照搬照抄上位法，而且二者立法程序中前期的立法调研、草案起草、草案的提出、法案的审议，以及立法决策过程中如何吸纳民意等技术层面都存在相通之处。对于单行条例立法如何凸显当地民族特色、如何构建审议过程中的民主机制、如何推动法的实施和完善等方面的研究，也将对地方性法规立法中相关问题的探讨有所助益。

（3）从微观层面看，对于单行条例立法的研究，有利于推进民族事务治理的法治化和切实保证少数民族公民的合法权益。习近平总书记在2014、2021年的中央民族工作会议上的讲话中都强调"坚持各民族在法律面前一律平等，用法律来保障民族团结"；而通过法律来推进民族团结进步事业就必须将民族关系的调整和民族事务的治理都纳入法治化轨道。由于全国人民代表大会及其常务委员会制定的国家法律不可能面面俱到地考虑到民族自治地方的各个方面；单行条例立法应当将国家法律与民族自治地方的当地民族特点相结合，寻找出最大公约数，制定能够让少数民族确实认同并能有效引导和约束其行为的规范。民族自治地方制定的单行条例是我国法律体系的重要组成部分，也是推动民族事务治理进一步法治化的体现。长期以来，民族工作的开展多靠党的政策的上传下达，权责不明确，通过单行条例的立法程序将民族政策固定下来也是民族法治的基本要求。此举不仅可以为民族工作提供规范化依据，依法处理好各种涉及少数民族的矛盾纠纷，还可以为构建当地和谐的民族关系提供一个制度性框架。❶

如果单行条例立法前期能做好深入调研并保障广泛的公众参与，在结合当地民族特点的基础上对于上位法适当变通，必然能为涉民族因素的矛盾处置提供更为稳妥的解决方案，从而在正式法律的框架内更好地推进民族自治地方的法治建设。因为"各种制度是观念、感情和习俗的产物，而观念、感情和习俗并不会随着改写法典而被一并改写"❷。公民法律意识的形成不仅在于普法工作的展开，还需要通过科学的立法过程将各民族生活中的智慧融入法律文本之中，也只有这样，制定出台的法律才能为少数民族所理解和接受，使其自觉守法、依法解决纠纷。

---

❶ 雷振扬,贾兴荣. 习近平"用法律来保障民族团结"思想初探［J］. 中南民族大学学报（人文社会科学版），2017,37（5）:1.

❷ 古斯塔夫·勒庞. 乌合之众：大众心理研究［M］. 冯克利,译. 北京：中央编译出版社,2000:69.

二、国内相关研究综述

民族区域自治制度是中国共产党运用马列主义的民族理论解决我国本土民族问题的产物，同时这一制度也是中国共产党结合中国实际在多年的探索中形成的具有中国特色的社会主义制度。作为我国宪法所确立的基本政治制度，学界对于民族区域自治制度的研究已经有了很好的前期积累，已有的相关研究大多集中于民族区域自治制度与民族区域自治法产生的历史背景和发展、对民族区域自治的优越性和价值取向的阐释，以及少数民族人权的保障等问题❶，对此本书的文献综述将不再一一展开。本书以下对国内文献的梳理将主要围绕单行条例立法的基本原理、单行条例的立法过程、单行条例的实施与适用三个方面展开。

（一）关于单行条例立法基本原理的研究

在"读秀"数据库检索中发现专门以单行条例为研究对象的著作寥寥无几，以"单行条例"为书名关键词的书籍共有 22 本，但其中除了张文山的《通往自治的桥梁——自治条例与单行条例研究》和付明喜的《单行条例促进民族自治地方经济社会发展研究：以云南省楚雄彝族自治州的实践为例》，以及黄逢贵的《民族区域自治机关制定单行条例常识》三本书以外，其余皆为云南和甘肃等地各级人大常委会法治工作委员会或相关机关编纂的法规汇编。❷ 同样，截至 2023 年 7 月，在"知网"检索中发现，

---

❶ 这方面的研究成果颇多，在此仅列举几例。陈云生. 中国民族区域自治制度 [M]. 北京：经济管理出版社，2001；常安. 统一多民族国家的宪制变迁 [M]. 北京：中国民主法治出版社，2015；戴小明，潘弘祥，等. 统一·自治·发展——单一制国家结构与民族区域自治研究 [M]. 北京：中国社会科学出版社，2014；杨侯第，王平，隋青，等. 平等 自治 发展：中国少数民族人权保障模式 [M]. 北京：新华出版社，1998.

❷ 张文山结合广西壮族自治区在制定自治条例和水利水电工程移民安置的单行条例的立法尝试和经验分析了自治区、自治州、自治县三级自治地方立法的现状以及立法实施过程中的具体问题。张文山. 通往自治的桥梁——自治条例与单行条例研究 [M]. 北京：中央民族大学出版社，2009. 而付明喜则结合楚雄彝族自治州的实际情况提出民族自治地方通过单行条例立法促进经济社会的发展的相关举措。付明喜. 单行条例促进民族自治地方经济社会发展研究：以云南省楚雄彝族自治州的实践为例 [M]. 昆明：云南大学出版社，2016：12, 16. 这两本书都是基于立法实践中实证素材分析问题和解决问题，为本书的研究提供了研究思路和方法。

在该数据库收录的篇名包含"单行条例"的中文文献共有 122 份❶，但以"单行条例"为关键词的博士学位论文仅有 4 篇，而以单行条例为篇名的则为 0。❷ 从上述数据可以看出，当前专门研究单行条例的论文数量也非常有限，因为检索到的这两组数据还存在相当一部分的重合。

然而，现有研究成果的数量较少并不意味着"单行条例立法"这一选题的研究缺乏可行性，其原因在于，学界对于单行条例立法的讨论多分散于"民族立法""自治立法""民族法治""民族自治地方立法""自治法规立法""自治条例立法"等相关问题的研究成果之中。实际上，单行条例立法的研究本身也与这些议题密不可分，以下将对相关观点所涉及的立法基本原理整合在一起讨论。

1. 关于立法的基本原则和指导思想

任何立法活动都有其所依据的基本原则和指导思想，单行条例立法也不例外。明确单行条例立法所依据的基本原则和指导思想才能判断立法活动是否适当，才能更为理性地认识到单行条例立法的必要性。民族法学领域关于"民族立法""民族法治"的研究成果中一般对单行条例立法原理的讨论也会有所涉及。

我国民族法学学者对于民族立法理论的本土构建的研究成果颇多。我国关于民族立法理论和民族问题的基本立场最初都是立足于对马克思列宁主义的社会主义学说中相关论述的借鉴和反思，将两者的思想与中国的实际结合起来后形成我国民族区域自治制度的雏形。对马克思列宁主义民族立法观的研究，在中华人民共和国成立之初曾一度被视为我国民族立法研究的首要任务。❸ 此类研究成果中，较有代表性的是吴宗金与敖俊德合著的《中国民族立法理论与实践》，该书比较完整和系统地构建了以民族区域自治法为主干的整个民族法律法规体系的宏观理论框架，从民族立法的历史、民族立法的原理、民族立法的制度、民族立法的体系、民族立法的实践等多个角度阐述民族立法理论的很多重要命题，为后续的学者开辟了

---

❶ 其中还包括 26 份来源于各地日报公布的省一级人大批准的单行条例决议或自治州或自治县审议的单行条例草案或修改决议等。检索时间：2023 年 7 月 19 日。

❷ 比较而言，篇名中包含"自治条例"的文献共有 294 份，以"自治条例"为关键词的文献有 3723 份，分别是检索到的"单行条例"文献的 2.7 倍和 51.7 倍，而以"自治条例"为关键词或篇名的学位论文中博士论文共有 19 份。检索时间：2021 年 12 月 10 日。

❸ 吴宗金，敖俊德. 中国民族立法理论与实践 [M]. 北京：中国民主法治出版社，1998：151.

新的研究领域并提供了理论引导,书中认为,"民族立法是我国社会主义国家立法的组成部分,法律形态与其他法律没有太大差别,但是在立法的任务、内容上大不相同"❶。

还有一些学者对于"民族自治地方立法"的研究实际上是围绕自治法规立法展开,即在整体意义上概括性地对自治条例、单行条例,以及变通或补充规定立法加以论证分析。细读此类研究成果,也能看到对于单行条例立法程序和立法指导思想的论述。王允武、田钒平主编的《中国少数民族自治地方自治立法研究》一书对于民族自治地方自治立法的理论基础、自治立法的功能与原则、自治机关的立法权与自治立法的职责、自治立法内容,以及如何通过自治立法调整法律冲突等问题进行了深入阐释,而且还分析了西部大开发对于自治立法的诉求以及自治立法中实际存在的一些问题并提出了一些解决思路。❷康耀坤、马洪雨、梁亚民在《中国民族自治地方立法研究》一书中也认为,民族自治地方立法的指导思想与我国立法总的指导思想基本一致,但又由于其"从属性、地方性、民族性"等特征而不完全相同❸,其在书中将民族自治地方立法的指导思想概括为"坚持四项基本原则""坚持以发展本地区经济为中心""坚持改革开放的方针""坚持民族区域自治制度",将民族自治地方立法的基本原则归纳为"立法统一性原则""体现民族特点和地方特色的原则""正确行使变通权原则""保障自治机关充分行使自治权的原则""民主原则和科学原则"。❹尽管其所概括的这些指导思想和基本原则一定程度上是对民族自治地方立法本身的重述,但也基本反映了当前学界的共识。

对于民族法治的建设与完善的路径,主流观点认为应依托于明确央地关系下自治权来实现。如潘弘祥认为,自治立法难的主要原因在于我国缺乏中央与民族自治地方之间的利益沟通机制和立法权限争议解决机制,因

---

❶ 吴宗金,敖俊德. 中国民族立法理论与实践 [M]. 北京:中国民主法治出版社,1998:151.
❷ 王允武,田钒平. 中国少数民族自治地方自治立法研究 [M]. 成都:四川人民出版社,2005.
❸ 康耀坤,马洪雨,梁亚民. 中国民族自治地方立法研究 [M]. 北京:民族出版社,2007:100.
❹ 康耀坤,马洪雨,梁亚民. 中国民族自治地方立法研究 [M]. 北京:民族出版社,2007:101-109,115;康耀坤. 民族立法与我国民族地区法治建设研究 [M]. 北京:法律出版社,2012:61-68.

为自治权限关乎中央和民族自治地方两个主体,利益的平衡需要双方协商达成一致,仅靠地方单向推动是不够的,需要国务院各部委和上级机关对自治法规的起草给予支持和配合,否则民族自治地方的比较优势难以充分发挥。❶ 张文山也认为,加强民族区域自治的配套法规建设是实施民族区域自治的基本要求,民族法治建设的核心在于权力的配置,配套立法的实质就在于明确自治权,即中央与民族自治地方的事权划分;但现实情况是,即使是作为位阶较高的配套立法,国务院的行政法规仍无权对民族区域自治中所涉及的中央与民族自治地方事权作出划分,所以提出在现有配套立法的基础上增加立法解释和央地关系的特别法律,以构建"金字塔型"的配套立法。❷ 另外,以自治条例立法为研究对象的著作中不断涌现对于央地关系下事权划分的关注。彭谦也认为民族自治地方自治权的行使存在一些法律上的缺位,自治条例立法还需要实体法和程序法作为外部支撑,对中央与民族自治地方的权力进行划分,并在财政权方面提出"藏富于民"的划分标准。❸ 同样地,宋才发等对于自治条例立法的基础理论阐述就主要是从央地关系的一般理论到域外比较,再到本土的历史沿革逐步展开的。❹ 上述这些观点当然有诸多合理成分,但如果研究视野过于集中,这一议题就似乎是将民族自治地方的自治立法等同于央地关系下权力划分的产物。

2. 关于立法体制与少数民族习惯法

然而,在相关文献中还可以梳理出民族法治建设的另一种微观进路。毫无疑问,民族自治地方的单行条例立法离不开央地关系的架构,但是单行条例立法在现行法律框架下还是存在一定的自主空间。吴宗金在其专著《民族法治的理论与实践》中对此也有所阐述。在他看来,民族法治的建设与少数民族习惯法联系紧密,少数民族习惯法是少数民族世代相传的一

---

❶ 潘弘祥. 自治立法的宪政困境及路径选择 [J]. 中南民族大学学报(人文社会科学版), 2008 (3): 84-85.
❷ 张文山. 突破传统思维的瓶颈——民族区域自治法配套立法问题研究 [M]. 北京: 法律出版社, 2007: 250-251.
❸ 彭谦. 自治区自治条例与民族区域自治创新研究 [M]. 北京: 中央民族大学出版社, 2012: 220.
❹ 宋才发, 等. 民族区域自治制度的发展与完善——自治区自治条例研究 [M]. 北京: 人民出版社, 2008.

种"传统的法律文化",对于妨碍少数民族进步发展或损害少数民族公民权益的习惯法应坚决制止,同时也应有所甄别、分清利弊地继承和发扬优良的少数民族传统文化,不但可以在"村规民约"中适当吸收习惯法,还可以通过制定民族自治地方的变通和补充规定的办法对习惯法进行废止和改革,因为"这种通过人民的意愿进行的程序,群众容易理解和支持"❶。这一观点在其的很多著作中也多有体现。❷ 对此,我国宪法学界前辈张友渔大体也是持肯定立场,他认为民族地区的法治建设不能停留在表面,要解决深层问题就只能"通过对旧传统的辩证否定来完成",必须认真研究民族地区的习惯法及其法律传统的特点,在分析法律文化的历史演绎过程之后,摒弃维护封建制度的习惯法规,吸收或保留有利于民族团结进步和发展的习惯法,"以便为加强这个地区的民族法治建设提供依据"❸。

在这类研究中,对于单行条例立法基本原理与少数民族习惯法之间逻辑关联的分析也是论述的重点之一。吉雅在《民族区域自治地方自治立法研究》一书中论述了自治立法的基本原理,提出应协调处理好四组关系,即"维护国家法治统一与坚持民族区域自治的关系""民族政策与自治立法的关系""少数民族习惯法与自治立法的关系""自治立法数量与质量,效率和效益的关系"❹;对立法质量的评判提出了五项标准,即合法性、自治性、正当性、科学性和适应性。对于少数民族习惯法在自治立法中价值论述较为具体的是乔世明所著的《少数民族地区生态自治立法研究》一书。该书从民族地区的生态环境保护和法治建设的现状出发,提出完善生态环境保护立法的路径在于在自治立法中整合和吸纳少数民族习惯法中的

---

❶ 吴宗金.民族法治的理论与实践[M].北京:中国民主法治出版社,1998:468-470.
❷ 《民族法学导论》一书在论及对少数民族风俗习惯与现代法治的冲突的解决时,提出既要维护国家法治的统一,又要尊重少数民族的情感不能强行改革;帮助应该是建立在尊重的基础上,应考虑少数民族的特点,参照国家有关法律相应地制定变通和补充规定,对一些于社会发展有益的少数民族风俗习惯,甚至"可直接为单行条例所引用"。吴宗金,陈曼蓉,廖明.民族法学导论[M].南宁:广西民族出版社,1990:305.另外,在吴宗金与张晓辉主编的我国第一本民族法学的教材《中国民族法学》中宏观地探讨了一些民族立法方面的理论问题,也专章论述了"依据少数民族特点变通法律制度",其中的一些观点在现在看来仍具有一定的前瞻性。吴宗金,张晓辉.中国民族法学[M].2版.北京:法律出版社,2004.
❸ 张济民.渊源流近:藏族部落习惯法法规及案例辑录[G].西宁:青海人民出版社,2002:原版序言2.
❹ 吉雅.民族区域自治地方自治立法研究[M].北京:法律出版社,2010:14-15,17.

宗教禁忌、图腾崇拜等传统的生态伦理来提升自治立法的道德感召力和可操作性。❶

与此不同的是，沈寿文则认为，以"民族"特色来衡量单行条例立法不具备充分的法律依据，因为从单行条例立法所依据的法律规范来看，"当地民族的政治、经济和文化特点"应是指民族自治地方聚居的所有民族总体上的特点，而不是在民族自治地方实行民族区域自治的某一主体少数民族的特点；从立法实践来看，单行条例的条文内容多与地方性法规相类似，并不是"展现民族自治地方'民族'特色的特殊法规"。❷ 基于此，他提出了单行条例的功能，主要在于贯彻实施中央对民族自治地方的优惠和照顾。此种观点在一定程度上解释了单行条例条文中缺乏民族特色的合理性，但是这种存在即合理式的背书可能会偏离单行条例立法的既定方向，从而出现王允武在论文中所描述的个别民族自治地方把自治条例理解成了"要饭条例"的情形❸，认为民族区域自治就是中央和上级政府照顾民族自治地方，立法只顾照抄照搬上位法和相关政策的内容，却并未真正从"当地民族的政治、经济和文化的特点"出发，最终动摇我国民族区域自治制度的根本。

3. 关于立法的功能与价值

对于单行条例立法功能的探索，随着改革开放的发展，越来越多的学者强调单行条例应服务于当地经济发展。张文山在分析单行条例立法原则时强调，单行条例"应当以民族经济利益为价值取向，通过法律手段保护少数民族及其地区的经济，从实质意义上平衡以往既存的利益反差"❹。付明喜认为，民族自治地方通过单行条例立法可以充分发挥自治功能以推进治理能力和治理体系的现代化，并提出单行条例"是实现民族区域自治制度价值的关键手段"，是"民族自治地方自治立法的实现形式"，他虽将单行条例的功能归纳为政治、经济、文化、社会四大功能，但其着墨最多的还是经济功能，并结合楚雄彝族自治州的个案分析提出了通过单行条例立

---

❶ 乔世明. 少数民族地区生态自治立法研究 [M]. 北京：中央民族大学出版社，2014.
❷ 沈寿文. "优惠照顾理论"范式下的单行条例功能 [J]. 思想战线，2016，42（1）：75.
❸ 王允武. 民族区域自治制度运行：实效、困境与创新 [J]. 中央民族大学学报（哲学社会科学版），2014，41（3）：8.
❹ 张文山. 通往自治的桥梁——自治条例与单行条例研究 [M]. 北京：中央民族大学出版社，2009：463.

法促进经济社会发展的一些具体举措。❶ 陆海发则通过对云南这一多民族地区省份的现状分析，指出单行条例是促进民族自治地方经济发展的一个重要机制，应充分发挥单行条例服务于地方发展的功能，进一步完善单行条例立法、执法、监督等制度的建设。❷ 诚然，经济的发展是保障少数民族权益的物质基础，但是其毕竟不等同于经济特区法规，尤其是在自治州也享有地方立法权以后，单行条例的功能定位需要再思考。

此外，还有学者认为，单行条例立法的价值还在于其可以为自治条例立法提供一定的前期积累。这些研究成果中较为典型的是，覃乃昌在《广西民族自治地方立法研究》一书中以马列主义、毛泽东思想和邓小平理论为指导，系统性地回顾了民族区域自治制度在广西贯彻实施的历史进程，阐述了民族自治地方地方立法的范围、立法的基本原则与指导思想，以及其在我国地方立法的地位等进行了分析，认为在当前中央与民族自治地方事权界限相对模糊的情况下，应改变思路，先制定单行条例对民族自治地方社会生活的某一方面作出调整，将自治条例中的有关规定逐步具体化后，再在时机成熟时制定自治条例。❸ 与此相关的实证素材还可以在张文山的《自治权理论与自治条例研究》一书中找到，该书结合广西壮族自治区二十多年在自治条例立法方面的努力和起草尝试来剖析自治条例立法过程中的问题与解决措施。❹ 这些为本书深入了解单行条例立法过程提供了重要参考。

（二）关于单行条例立法准备与审议程序的研究

目前学界对于单行条例立法现状已在一定程度上达成共识，普遍认为我国民族自治地方单行条例立法质量有待提高、重复照搬上位法、民族特色不够明显、变通权的行使有限，以及尚未充分满足民族地区社会经济发展的需要等，在此不再赘述。但是对现状产生的原因却呈现多种不同的解读，可谓仁者见仁、智者见智。以下主要结合单行条例立法过程进行

---

❶ 付明喜. 单行条例促进民族自治地方经济社会发展研究：以云南省楚雄彝族自治州的实践为例［M］. 昆明：云南大学出版社，2016：12，16.

❷ 陆海发. 单行条例促进民族区域自治地方经济社会发展研究——以云南省为例［J］. 云南行政学院学报，2015，17（5）：70.

❸ 覃乃昌. 广西民族自治地方立法研究［M］. 南宁：广西民族出版社，2002.

❹ 张文山. 自治权理论与自治条例研究［M］. 北京：法律出版社，2005.

梳理。

（1）关于立法准备阶段的研究，相关成果主要是基于立法实务工作经验的反思。曾任贵州道真仡佬族苗族自治县人大法治委主任的黄逢贵所著的《民族区域自治机关制定单行条例常识》一书，对于在立法准备阶段各个环节有较为细致和全面的阐述。周旺生也曾对此书的现实针对性和系统性给予较高的评价，认为此书对其立法理论研究颇有启发，甚至称其为单行条例立法方面的"第一部完整的著作"❶。黄逢贵用四章的篇幅结合实例论述了制定单行条例之前所应具备的基本条件、所需要完成的准备工作、草案起草的具体步骤，以及草案起草中各种技术问题，尤其是对于在提案人提出草案正式稿之前的13个步骤的分类，直观地呈现了单行条例立法起草阶段各个具体环节中有权制定机关、上级国家机关、起草领导机构、起草机构、起草者、党委等多个主体所起的作用。总体观之，该书的论述正如其书名所揭示的，更多是一种服务于实务部门立法工作的常识性介绍，对立法技术阐述较多，有一定的可操作性，但理论深度略显不足。

单行条例的立法准备还可以从曾任全国人大常委会民族委员会党组成员和副主任的史筠教授对于自治区自治条例立法的论述中窥见一斑。他在《关于制定自治区自治条例的几个问题》一文中强调了党委的领导协调和前期的沟通，认为中国所有立法工作都是在党的领导下完成的，自治区自治条例的起草也应该先由自治区党委牵头，组成由自治区人大常委会和政府部门参加的起草委员会或领导小组后，再组织起草的工作班子具体起草，对于自治条例草案中所涉及的自治机关自治权的行使，自治区内各少数民族之间的关系如何调整，以及自治区经济文化建设如何加速发展等诸多重大问题都应该是在自治区党委的协调下作出的决策；同时，在自治区自治条例的起草过程中，全国人大民族委员会通常会派人参与起草过程中的一些重要工作，在草案基本形成后必须先由自治区党委上报中共中央进行审查，由党中央与中央国家机关协调达成基本共识后，自治区人大常委会再提交自治区人大审议通过，最后再报请全国人大常委会批准。❷

史筠对自治区自治条例立法准备阶段的描述，有助于我们大致了解单

---

❶ 黄逢贵. 民族区域自治机关制定单行条例常识［M］. 北京：民族出版社，2001：序2.
❷ 史筠. 关于制定自治区自治条例的几个问题［J］. 民族研究，1993（6）：4，27.

行条例立法准备阶段所需要经历的流程。而刘锦森结合其在新疆维吾尔自治区人大常委会法工委工作的经验,对于如何慎重选择单行条例立法项目的探索,则在立法准备阶段中提供了一个更为细微的着眼点。他在《刍议民族自治地方单行条例项目的确定》一文中认为,与自治条例不同,单行条例是根据当地民族特点制定的调整某一具体事项的法规,"具有单一性和经常性",所以单行条例立法项目的确定在立法实践中十分重要;他提出了几个确定单行条例项目的原则:"一、'变通规定'是共性中求个性",即应尽量与法律保持一致,只是对个别规定的适当变通;"二、根据少数民族的风俗习惯、宗教信仰等方面的特点确定立法项目";"三、根据民族自治地方地域的地貌、名胜、文物、遗迹和自然资源等确定立法项目"。❶在其另一篇论文《制定单行条例应注意的几个问题》中也有对单行条例立法项目的论述,而且颇具洞见。文中指出,拟定单行条例立法项目要充分研究单行条例立法的必要性与可行性,"如果不是根据当地民族的政治、经济、文化特点,只是对上位法的细化,就无此必要了。因为上位法,特别是省、自治区人大常委会制定的地方性法规已基本上照顾和权衡了本行政区域的具体情况和实际需要及民族的经济和文化特点了"❷。

（2）关于立法审议程序的研究,学界关注的焦点主要集中在立法主体和报批机制。以戴小明、黄木为代表的学者认为,我国宪法和民族区域法中规定的自治条例和单行条例的立法主体为民族自治地方人大,民族地方人大每年开会时间短、次数少,影响自治立法进度,结合实际情况并综合考虑相关法律的规定,应把民族自治地方的人大常委会也纳入自治条例和单行条例的立法主体。❸ 王允武也认为,民族自治地方的立法存在一些制度缺陷,影响了自治立法权的行使和民族区域自治法律体系的完备,具体而言主要是三点:一是现行有关法律的授权变通规定不统一;二是单行条例立法主体的设置缺乏科学性,因为单行条例只是就某一专门问题作出规定,而民族自治地方人大作为单行条例的制定主体难以满足法治建设的需

---

❶ 刘锦森. 刍议民族自治地方单行条例项目的确定 [J]. 人大研究, 2004 (3): 38 - 40.
❷ 刘锦森. 制定单行条例应注意的几个问题 [J]. 新疆人大, 2004 (3): 20.
❸ 戴小明,黄木. 论民族自治地方立法 [J]. 西南民族学院学报（哲学社会科学版）, 2002 (7): 77 - 78.

要；三是自治立法程序中的报批机制不合理，影响了立法的效率和质量。❶

单行条例在立法程序上需要经过上级国家机关的批准才能颁布实施，被很多学者认为是一种有所保留的"半立法权""草案起草权""事前审查""拟制权"等。❷ 学界对于报批机制存有质疑的并不在少数。阙成平认为，批准程序使得自治区自治条例的立法程序严格于一般地方立法，阻碍了民族自治地方自治目标的实现和自治权的行使。❸ 与此相类似，陈绍凡、陈绍皇也认为，我国民族自治地方立法程序中的报批制度是影响自治立法的主要原因。虽然自治条例立法审批程序的设置可以弥补民族自治地方立法人员立法经验不足和立法质量不高的问题，并保障民族自治地方立法工作有序进行，但是报批制度也使上一级人大常委会具有表决生效权，立法自治权一分为二，给民族自治地方行使自治权利带来诸多不便；因为报批制度不但让民族自治地方人大立法时顾虑重重，更是消磨了其在自治立法上的积极性，导致几个自治区对于制定自治条例都持观望的态度，最终给民族自治地方法治建设的整体进程带来负面影响。❹ 与此同时，也有学者试图为报批制的合理性作出一些解释。如刘惊海、施文正将报批制解读为"最终决定权"，认为自治区自治法规的立法主体是全国人大常委会，民族自治地方人大享有的只是"拟制权"，故而报批制的设置是由于自治法规不仅可以制定适用本行政区域内的法律规范，还可以对拟制机关的上级机关的某些与少数民族利益相关的行为进行规范，甚至还可以针对本民族自治地方之外的某些地方作出专门的规定，所以必须经由上级国家机关批准。❺

（3）关于立法审议程序的完善。基于上述关于报批机制和立法主体的

---

❶ 王允武．中国自治制度研究［M］．成都：四川人民出版社，2006：150-151.
❷ 韦以明．对自治区自治条例出台艰难的立法思考——兼谈我国中央和地方立法思维中的非逻辑因素［J］．广西社会科学，1999（5）：98；刘惊海，施文正．我国民族区域自治法律制度的完善［J］．内蒙古社会科学（汉文版），2000（1）：11；中国法律年鉴编辑部．中国法律年鉴（1993）［Z］．北京：中国法律年鉴社，1993：895.
❸ 阙成平．自治区自治立法现状评析［J］．广西民族研究，2015（1）：27-28.
❹ 陈绍凡，陈绍皇．论我国民族自治地方立法的几个问题［J］．西北第二民族学院学报（哲学社会科学版），2006（1）：14-15；陈绍凡．我国民族自治地方立法若干问题新探［J］．民族研究，2005（1）：11.
❺ 刘惊海，施文正．我国民族区域自治法律制度的完善［J］．内蒙古社会科学（汉文版），2000（1）：11，15.

争论，不难想象学界对于立法审议程序的完善思路方面也将主要围绕这两点展开。在立法主体上，以周伟为代表的学者认为，要改进民族自治地方的立法工作就必须完善立法体制，就必须赋予民族自治地方人大常委会制定单行条例的权力，因为这是社会主义民族法律体系建设的需要，关乎民族自治地方立法自治权的行使，也是我国当前政治体制改革和发展的需要。❶ 在报批制度上，李艳君认为应将民族立法监督中的批准程序改为备案，其所阐述的理由中有一点值得深思，她指出宪法文本中关于全国人大、国务院、省一级立法主体与自治地方人大立法使用的都是"制定"一词，而"制定"通常就指通过并生效，实际上是不存在"批准"的空间的，并认为批准程序的设置"破坏了宪法自身的逻辑"。❷ 以吉雅和程建为代表的很多学者也认为，要真正保障单行条例立法的独立性，应以备案制代替报批制，因为实施备案制也可以对单行条例的制定进行监督，只不过是从事前审批变为事后监督，全国人大常委会可以视不同情况，要求责令修改或予以废止，最后同样可以实现确保国家法治统一的目的。❸ 与此相对的，熊文钊和戴小明等学者则认为，以"备案"替代"批准"在现行法律框架下不具有现实意义。他们认为，报批制是为了保证中央立法的权威而采取的立法监督，报批制不应被取消，而是应该被进一步规范化，批准程序于实践中的不足在于，批准机关所依据的原则和标准、批准期限、审议方式等都缺乏具体可操作的规程。❹

当然，也有一些学者对于单行条例立法的公众参与提出了一些综合性的完善建议。陈洪波、王光萍认为，要从制度设计层面确保立法决策主体、决策机制和决策内容的民主化，要拓宽民族自治立法草案的起草渠道，尤其是要让少数民族的人大代表参与民族法律法规立项论证、草案起

---

❶ 周伟. 民族自治地方单行条例立法权研究［J］. 社会科学研究，1998（1）：76 - 78。熊文钊也认为，完善单行条例立法的思路在于扩大单行条例的立法主体。熊文钊. 民族法治体系的建构［M］. 北京：中央民族大学出版社，2012：320.

❷ 李艳君. 民族法学［M］. 昆明：云南大学出版社，2012：102.

❸ 吉雅，程建. 新时期自治县（旗）单行条例的发展与完善［J］. 内蒙古大学学报（哲学社会科学版），2008，40（6）：113；陈绍凡. 我国民族自治地方立法若干问题新探［J］. 民族研究，2005（1）：12；李二桃. 论我国民族自治地方立法程序的完善［J］. 前沿，2009（6）：166.

❹ 熊文钊. 民族法治体系的建构［M］. 北京：中央民族大学出版社，2012：325；戴小明，黄木. 论民族自治地方立法［J］. 西南民族学院学报（哲学社会科学版），2002（7）：78.

草、审议等决策过程；建立立法听证制度，让有利害关系的各方和相关专家参与立法听证和立法辩论等。❶ 张殿军也认为，在民族治理实践中，只有引入协商民主机制才能贯彻落实好自治权和有效促进"族际政治的有效整合"，并最终推动民族区域自治制度的完善；其提出自治立法中民主参与之所以重要，是因为自治立法可以基于当地的特殊情况变通法律的规定，"国家对于特定立法权的让渡"需要通过立法听证来反映少数民族公民的诉求，通过充分讨论来寻求合理的解决方案，把少数民族的真实愿望和意志加以规范化。❷ 另外，田钒平对于自治机关的决策机制的完善思路也对单行条例立法审议有可资借鉴之处。他认为，由政府部门负责人与特定民族人大代表的"传统的垂直型"协商决策模式在保障少数民族权益方面存在不足，应以宪法的基本原则和协商民主理论为指导，增加对话和沟通来改变有利害关系的少数民族群体的信念，还提出通过民族自治地方的社会自治组织参与协商来增强自治机关立法和决策的有效性和正当性。❸

此外，对于变通和补充规定的立法审议程序，我国各部门法授权民族自治地方制定变通和补充规定的立法主体并不统一，引发了学界对于单行条例与变通和补充规定是否应分属于不同范畴的争论。长期以来，宪法学界和民族法学界的诸多教材和论著中都将单行条例与变通和补充规定视为两种不同的立法形式。以陈洪波和蒋永松为代表的"并行论"者认为，由于在制定机关、报批和备案程序、立法依据以及从属的程度不同，变通规定和补充规定与单行条例不是从属关系，而是并列存在的两种不同形式的自治法规，宪法关于单行条例立法的规定不应适用于变通和补充规定的制定。❹ 以熊文钊和洪伟为代表的持"包含论"者则认为，在《立法法》颁布实施后，民族自治地方对法律作出的变通只能是以自治条例和单行条例的形式，而且《立法法》中的"变通"概念包容了"补充"的含义，既

---

❶ 陈洪波，王光萍. 当前我国民族立法工作中存在的主要问题、成因及对策研究 [J]. 民族研究，2001（2）：8.
❷ 张殿军. 协商民主视野的族际政治与民族区域自治制度的完善和创新 [M] //吴大华，王平. 中国民族法治发展报告 2011. 北京：中央民族大学出版社，2012：279，281-282.
❸ 田钒平. 论民族自治地方自治机关协商民主决策机制的完善 [J]. 民族研究，2010（4）：18.
❹ 陈洪波，蒋永松. 中国地方立法概论 [M]. 武汉：中国地质大学出版社，1992：114-117；持这一观点的文献还有：邓建民. 论变通或补充规定与单行条例的区别 [J]. 西南民族学院学报（哲学社会科学版），2002（7）：114.

可以是变通法律法规，也可以是对法律法规的进一步细化和补充，故变通和补充规定应按照新法优于旧法的原则，依据《立法法》的有关规定制定，对于已经制定的应据此进行清理，并认为如果自治州和自治县制定的变通和补充规定不是按照自治条例和单行条例立法程序制定，则实际上属于在这两个层级增设立法权而涉嫌违宪。❶ 对此，陈伯礼和徐信贵还提出了另一种论据，认为单行条例必须具备一定的变通性，否则失去了其存在的基础，但《立法法》关于单行条例可以变通上位法的规定是对于立法内容而言的，而在一些民族自治地方却出现了将"变通"和"补充"作为法规名称滥用的情况。❷

（三）关于单行条例的实施与适用的研究

1. 关于适用的方法：效力位阶

单行条例实施和适用所需要解决的前提性问题是，当与其他法律规范出现竞合时，如何判断效力位阶的问题。学界对于单行条例效力位阶的探讨与学者们对于上述立法程序的解读和再思考密不可分。对于单行条例的立法主体、报批和备案的不同解读所衍生出的一个结论是，对于单行条例效力位阶的判断尚无确切之定论，主要存在如下三种有代表性的观点：

第一，报批制没有改变单行条例的地方立法性质。宋才发、陈绍凡等学者认为，报批制只是国家机关进行立法监督的方式，而不是在创制法律；报批的制度设计有保证自治法规的立法质量之功效，但其根本目的并不是提升其法律地位，而在于行使立法监督权，防止地方权力的扩张，维护社会主义法治的统一性❸；自治法规与法律、行政法规之间总体上应是一种下位法与上位法的关系。因此，报批制没有改变单行条例"作为一级地方性法规的法律效力"❹。韩大元也曾就自治条例的效力位阶发表看法，

---

❶ 熊文钊，洪伟. 试论单行条例及其变通规定的制定［J］. 西北民族大学学报（哲学社会科学版），2013（3）：88.

❷ 陈伯礼，徐信贵. 关于民族立法中"变通规定"的若干思考［J］. 福建论坛（社科教育版），2007（8）：20.

❸ 陈绍凡，陈绍皇. 论我国民族自治地方立法的几个问题［J］. 西北第二民族学院学报（哲学社会科学版），2006（1）：15.

❹ 宋才发，等. 民族区域自治制度的发展与完善——自治区自治条例研究［M］. 北京：人民出版社，2008：218.

其观点对于本书研究单行条例的位阶具有一定参考价值。他认为，从宪法的精神看，自治条例的立法是"民族自治机关的立法活动"，由自治机关自主决定内容和体例形成草案后再报请批准，报批机制不能代表法律等级，只是其生效的必备条件；在他看来，自治条例首先从属于宪法，国家的法律法规在民族自治地方也具有规范效力，而且自治条例依据宪法和法律制定，其效力必须是建立在维护宪法和法律权威的前提之下；所以应将自治条例理解为具有"特殊性质的地方法规"。❶

第二，自治区的单行条例等同于法律，自治州和自治县的效力位阶等同于省一级地方性法规。史筠、张文山等学者认为，依据立法程序，自治区的自治条例和单行条例须经全国人大常委会批准后才能生效，故而其在我国法治体系中的地位应当与国务院提请全国人大常委会审议通过的法律属于同一范畴或居于同等地位，即具有国家法律的性质。❷ "自治区自治条例同其他法律一样，一切国家机关，包括国务院及其有关部委在内，都必须遵守，且有保障实施的责任。国务院的行政法规也不得与它相抵触。"❸此种基于立法程序的论述分析，虽没有直接对自治州和自治县一级的单行条例的效力进行说明，但是基于自治州与自治县的单行条例在报批程序上的差异，可以从中推理出自治州和自治县一级的单行条例必然不可能与自治区的单行条例具有同等地位，只能是等同于省一级地方性法规。

郑毅认为，关于自治条例和单行条例的法律地位的现有研究中混淆了法律地位构成要素中的"规范位阶"与"效力位阶"，在他看来，规范位阶是指"法律规范在法律体系中的应有定位"，效力位阶是指两部法律规范发生冲突时，孰能优先适用的问题，其最后得出的结论是，对于前者，自治条例和单行条例应在地方立法体系中独立排序，在民族自治地方内部再按自治区、自治州、自治县依次由高至低排序，对于后者，与法律法规和地方性法规等法律规范之间的冲突或竞合，应视具体情况而定，对于自治区与自治州、自治县的自治条例、单行条例应区别对待，对于条例中变

---

❶ 韩大元. 论自治条例的若干问题[J]. 中央民族大学学报，1996 (6)：21.

❷ 史筠. 关于制定自治区自治条例的几个问题[J]. 民族研究，1993 (6)：1；张文山. 通往自治的桥梁——自治条例与单行条例研究[M]. 北京：中央民族大学出版社，2009：40；张崇根. 自治条例的法律地位[J]. 中南民族学院学报（哲学社会科学版），1998 (1)：20.

❸ 史筠. 关于制定自治区自治条例的几个问题[J]. 民族研究，1993 (6)：1.

通条款和一般条款也需要分类进行比较。❶ 相比较而言，郑毅的研究显得更为精细化，对自治法规法律地位的分析是通过将法规条文二分为变通条款和一般条款来展开的，但是这种解决方案可能导致一部法规可能同时具备两种效力位阶，使单行条例的效力位阶的厘定显得更为复杂。

第三，民族自治地方的单行条例在我国法律体系中都等同于法律。持此类观点的研究成果大多数针对自治条例展开分析，但是此研究对于单行条例效力位阶的厘定也具有借鉴意义。曾任全国人大常委会办公厅秘书二局局长的王培英同志曾发表相关论文，反驳那些认为不同层级的自治法规具有不同法律地位的观点，他认为这种观点违反了《宪法》和《民族区域自治法》的基本原则，自治条例和单行条例不能约束和规定上级国家机关，认为由于各民族自治地方的自治机关的自治权是平等的，这也是我国宪法文本所规定"各民族一律平等"的体现，所以自治区、自治州和自治县依法行使自治权所制定的自治条例和单行条例的效力等级也应该是相同的；他还认为省一级人大常委会对自治条例和单行条例的批准不是地方本身所固有的权力，是基于1982年《宪法》为适应政治体制改革而作出的授权，而且省一级批准后还要报全国人大备案，"全国人大常委会行使最高立法监督权"，故而自治条例和单行条例的效力等级应高于地方性法规，相当于法律，但其适用范围只能是本民族自治地方，也就是说不能约束其上级国家机关。❷ 持这种观点的还有李丕祺，他认为自治区、自治州、自治县不同级别的自治地方制定的自治条例都有法律属性，因为宪法赋予民族自治地方的自治权是平等的。基于平等的自治权所制定的自治条例其效力等级也应该是相等的，不能因为自治区自治条例的报批程序而认为只有自治区的自治条例才具有法律效力。❸

此外，还有学者在研究这一问题时开始深入探讨自治法规效力位阶的理论基础，其中比较有代表性的是吴恩玉的论证，他从凯尔森和梅尔克的

---

❶ 郑毅. 再论自治条例和单行条例的法律地位——基于规范位阶和效力位阶的二元化视角 [J]. 广西民族研究，2014（1）：28-29，35.

❷ 王培英. 论自治条例和单行条例的法律地位问题 [J]. 民族研究，2000（6）：2，5，7. 黄元姗对此也持相同观点。黄元姗. 民族区域自治制度的发展与完善：自治州自治条例研究 [M]. 北京：中国社会科学出版社，2014：45.

❸ 李丕祺. 论自治条例的性质 [J]. 西北第二民族学院学报（哲学社会科学版），2004（3）：83.

法律位阶理论入手,区分了效力优先与适用优先,认为自治法规中的变通条款优先于被变通的法律法规,属于适用优先的情形,否定效力优先的观点。❶田钒平也认为,法律位阶的划分应基于法律规范之间的"创造与被创造的关系",我国《宪法》《立法法》《民族区域自治法》等宪法性法律为自治法规的上位法,而行政法规与自治法规是否存在位阶关系则应视情况而定,不能一概而论。❷

还有一些学者对于单行条例效力位阶的厘定进行了积极的探索,但没有给出明确的结果。肖秀梧、刘嗣元对于自治条例和单行条例的效力的讨论是从纵向和横向两个维度展开的,他们认为,从纵向来看,自治条例和单行条例属于广义上的法律,是"中央立法的延伸",与国家法律之间是"一种执行性关系",是为解决民族自治地方的实际情况的同时执行宪法和法律而作出的一种协调;自治区与其所辖的自治州或自治县的自治条例和单行条例之间有不同的效力层级,自治区层面所制定的自治条例和单行条例适用于整个自治区,而其所辖的自治州和自治县制定自治条例和单行条例应受其制约,因为自治区一级的立法机关可以在报批过程中对于相冲突的规定不予批准。❸两位学者对于横向的效力问题,则只是分析规范冲突存在的几种可能,其所提出的解决思路是国家通过立法统一适用规则。❹

2. 关于立法完善、实施与司法适用

上述的梳理中已经对单行条例立法程序的完善有所涉及,单行条例立法后文本本身的完善也是一个重要的问题。一些学者从立法监督的角度对此有所论述,大多建议立法机关和其他相关国家机关定期开展对单行条例的执法检查,建立清理制度,明确清理周期和主体、程序等,根据社会现实的变化及时作出相应的修订和清理。❺

---

❶ 吴恩玉. 上下位法间的效力优先与适用优先——兼论自治法规、经济特区法规和较大市法规的位阶与适用 [J]. 法律科学(西北政法大学学报),2010,28(6):34.
❷ 田钒平. 论自治法规与行政法规的法律位阶 [J]. 中南民族大学学报(人文社会科学版),2009,29(1):112.
❸ 肖秀梧,刘嗣元. 论民族自治条例、单行条例的效力 [J]. 中南政法学院学报,1992(2):12-13.
❹ 肖秀梧,刘嗣元. 论民族自治条例、单行条例的效力 [J]. 中南政法学院学报,1992(2):14-15.
❺ 李艳君. 民族法学 [M]. 昆明:云南大学出版社,2012:127;熊文钊. 民族法治体系的建构 [M]. 北京:中央民族大学出版社,2012:325-326.

但更为重要的是，与自治条例一样，单行条例在制定出台以后也面临如何实施的问题，学界对于自治法规的实施和适用的现实意义已有基本共识，在理论方面也有一定积极的探索。付明喜对自治法规的实施问题也有所阐述，认为需要通过建立和完善监督机制来予以保障，这种监督机制需要立法机关、行政机关和司法机关共同完成，具体而言，民族自治地方的人大及其常委会应通过执法检查监督同级政府对自治法规的贯彻执行情况，因为单行条例中很多内容具有"行政行为法"的性质，经民族自治地方政府的贯彻实施才能发挥实效；而各级民族自治地方政府及其民族事务委员会也应协调自治法规制定和实施中的问题，并经常性地开展检查以推动自治法规的实施；司法监督则是所有监督手段中最为重要的，法院对于违反自治法规行为的案件的受理和判决，有助于形成自治法规实施的社会环境。❶ 曾宪义也有类似观点，认为自治法规的实施手段应该具有一定综合性，"既要借助于习惯，也要有一定的惩罚措施；既有行政的、司法的手段，也有说服教育的手段"；强调自治法规的实施还需要进一步落实自治权，加强民族自治地方干部队伍建设与公民权利的保障等。❷ 熊文钊和刘惊海等还提出，民族区域自治制度和民族法律法规体系的贯彻实施需要有相应的司法追责制度，通过诉讼可以推动民族自治机关积极主动地行使自治权和督促国家各部委认真履行应尽的义务，同时也可以及时"纠正或撤销违反民族法律法规的各种行为和决定"，推动民族区域自治法律制度的进一步完善。❸

从对相关研究的梳理来看，关于实施现状的实证研究大多是围绕民族区域自治法的实施情况展开的，即通过田野调查等社会学和人类学的研究方法考察各民族自治地方的少数民族群体及其成员个体的权益能否通过民族区域自治法和自治法规等得到有效保障。最为典型的是周勇与挪威的马丽雅用个案研究的方式从自然资源开发、生态环境保护、都市化和工业化

---

❶ 付明喜. 中国民族自治地方立法自治研究［M］. 北京：社会科学文献出版社，2014：345.
❷ 曾宪义. 民族地区现代化进程中的民主法治建设［M］. 北京：民族出版社，2002：400-401.
❸ 熊文钊. 民族法治体系的建构［M］. 北京：中央民族大学出版社，2012：127-128；刘惊海，施文正. 我国民族区域自治法律制度的完善［J］. 内蒙古社会科学（汉文版），2000（1）：8-18.

进程中少数民族文化的保护，以及少数民族固有规范与国家法的实施之间的冲突等方面对民族区域自治制度在民族地区的实施情况进行研究，为民族政策的制定和理论完善提供了一定的现实依据。❶ 还有以黄元姗、王传发等为代表的学者，以某一民族自治地方为例，从依法行政和公共管理的视角结合民族自治地方的社会实践进行分析，指出了自治法规立法过程中的重复抄袭、越权和自我设权、操作性不强等问题，并在一定程度上揭示了民族区域自治运行过程中出现的变通权行使不充分、自治立法不规范等现象及其产生的内在原因。❷

相对于单行条例的司法适用，学界似乎关注更多的是如何通过推动少数民族习惯法的司法适用来保障少数民族的权益。一些学者认为，能动司法理念为少数民族习惯法的司法适用提供了良好的契机，应对民族习惯法进行系统的识别和整理，通过变通和补充规定以及最高法的司法解释建构少数民族习惯的正式法律渊源。❸ 此类研究成果多热衷于对少数民族习惯法司法适用困境的思考，有学者以藏族习惯法为切入点，对少数民族习惯法的司法适用的具体操作程序中的调查、识别机制不健全，举证责任主体不明确，法官适用习惯法的标准不统一等问题提出相应完善建议。❹ 还有学者对少数民族习惯法在民事司法适用中存在的导入路径和法官适用等局限性进行分析后，甚至认为民族地区应当通过引入习惯法的判例制度为法院审理民事纠纷中的适用少数民族习惯法提供保障。❺

尽管上述研究大多也认识到少数民族习惯法应该通过单行条例来进入司法诉讼领域发挥作用，认为制定法与习惯法之间的冲突与协调不能只是

---

❶ 周勇，马丽雅. 民族、自治与发展：中国民族区域自治制度研究［M］. 北京：法律出版社，2008.

❷ 黄元姗，敖慧敏. 立法自治权行使现状调查及对策研究——基于新疆维吾尔自治区的实证分析［J］. 中南民族大学学报（人文社会科学版），2014，34（2）：12－13；王传发. 偏离与调适：规范民族区域自治运行——兼以西南地区 E 自治县为例［J］. 民族研究，2008（3）：13－17.

❸ 王杰，王允武. 少数民族习惯法司法适用研究［J］. 甘肃政法学院学报，2014（1）：33－34.

❹ 周世中，周守俊. 藏族习惯法司法适用的方式和程序研究——以四川省甘孜州地区的藏族习惯法为例［J］. 现代法学，2012，34（6）：69－70.

❺ 顾梁莎. 少数民族地区民族习惯法的民事司法适用探析［J］. 贵州民族研究，2014，35（7）：22－23.

简单地通过司法过程来解决，还必须将习惯法在立法层面予以规制和整合。❶ 然而，对于民族自治地方已经制定的单行条例的司法适用的研究大多却限于理论层面，有针对性的实证研究方面的成果寥寥无几，只在一些相关论著中有简要阐述。❷ 这对于长期以来热衷于民族自治地方自治立法工作的实务部门和学者而言无疑是一种难以言状的遗憾。

（四）小　结

综观国内研究单行条例立法的既有文献，可以看到单行条例立法相关问题的研究大多分散在自治条例立法、民族自治地方立法，以及民族区域自治制度的相关研究之中。尽管单行条例与上述这些论题联系紧密，但单行条例作为民族区域自治法规体系的重要组成部分，也有其不同于自治条例的特点和不可忽视的建构价值。自 1984 年《民族区域自治法》颁布实施三十余年来，我国民族自治地方自治立法的理论研究从对马列主义民族理论相关经典论述的引介转变为对本土民族问题的反思，已经初步建立一套以宪法为基础和以民族区域自治法为主干的民族法治体系。总的来说，既有研究的成就主要表现在以下几个方面：

首先，对于民族自治地方行使自治权制定单行条例的基本理论以及单行条例立法对于保障少数民族权益的价值已经形成基本共识；而且一些学者已开始分析如何运用单行条例立法解决民族自治地方治理的具体问题。整体而言，单行条例立法的研究已有一定的现实针对性，在一定程度上避免立法理论研究的空洞和碎片化。

其次，对于单行条例立法程序中存在的一些核心问题的研究业已展开。在 1982 年《宪法》中将批准自治州和自治县人大制定单行条例的权限下放到省一级人大常委会后，学界就开始了对于单行条例立法程序的报批制和立法主体的争论，尤其在 2001 年《民族区域自治法》修改前后曾一度是研究和讨论的热点问题，这些观点也随着改革开放以后地方立法权的下放而不断调整和变化，一定程度上推动了单行条例立法理论的发展。

---

❶ 杜宇. 作为间接法源的习惯法——刑法视域下习惯法立法机能之开辟 [J]. 现代法学，2004（6）：53.

❷ 马训祥. 少数民族经济法司法适用问题研究 [D]. 北京：中央民族大学，2010；常亮. 民族地区纠纷司法解决机制研究 [D]. 北京：中央民族大学，2013.

最后，对于单行条例效力位阶与法律地位的分析和论证已有一定关注，虽学界尚未形成确定之共识，但对于单行条例效力位阶的厘定所面临的困境及其背后的原因均已有较为深入的研究。对于单行条例适用过程中所可能面临的法条竞合的问题提出一些分析方法和理论框架，为单行条例司法适用的研究打下了基础。

从笔者所阅读和梳理的文献来看，现有研究成果中也存在以下几点不足：

从研究成果的数量来看，关于单行条例立法的专门性研究较少，这使得民族自治地方自治立法权的行使缺乏足够的理论支撑。在立法实践中，单行条例立法长期与地方性法规立法混同，对于单行条例立法如何实现民族区域自治制度所预设的立法目的以及如何切实保障其有效实施等问题仍然处于探索阶段。

从研究成果所分布的学科来看，以民族学、公共管理学以及政治学的研究为主，宪法学的相关研究相对较少。尽管一些宪法学者曾在阐述立法体系、央地关系以及民族区域自治制度时述及该问题，或是在讨论民族自治地方立法时对单行条例立法程序和法律地位等有所分析，但是这些论述随着法律的修改和时代的变迁有许多内容已经不太能适应现实需要，所以单行条例立法的系统性理论研究中仍有很多需要深入探讨的地方。

从研究的具体内容来看，现有研究多侧重于单行条例立法审议中的报批程序，对于单行条例的立法准备和立法后的完善的研究稍显不足，对于单行条例的实施现状的探讨还是明显滞后于民族自治地方民族事务治理法治化的发展。当然，单行条例实施和适用相关研究滞后的原因是多方面的，比如单行条例本身适用范围有限、民族自治地方通过司法途径解决纠纷的水平本身还有待加强等。

综上所述，这些前期相关研究成果为本书研究单行条例立法提供了一定的理论依据，而且对于论证思路也有一定启示意义。

三、国外相关研究综述

尽管国外学者的研究成果中直接涉及单行条例立法的并不多，但其关于族群文化多元和法律多元等相关理论的研究相对深入，一些国外学者对于我国民族区域自治制度的实施状况与民族自治地方的自治立法也有所关注,梳理这些研究成果能让我们更客观地认识到我国民族区域自治制度上存在的不足,并为我们理解少数民族自治权益的正当性和解决我国本土单行条例立法的问题提供了更广阔的视野和新的思路。以下对于国外相关文献的梳理,主要从国外学者关于少数民族地区立法相关的理论研究、关于我国民族区域自治实施情况的研究、关于我国民族自治地方的自治立法的研究三个方面展开。

(一) 国外关于少数民族地区立法的相关理论研究

1. 文化多元主义

西方学者对于不同族群之间的各种冲突的分析和解决,通常持多元文化主义(multiculturalism)这样一种理论进路。文化多元主义是在20世纪70年代加拿大和澳大利亚等国家在经历殖民压制和抗争后所逐步建构和实践的差异政治和人权理念,使对于弱势族群的态度从追求单一的"大融炉"转变为积极肯定差异的"沙拉盘",强调在同一体制下保留和维护不同族群各自的特质。❶ 国外在这方面研究颇为深入的代表人物有加拿大学者威尔·金利卡(Will Kymlicka)。他的专著《多元文化的公民身份:一种自由主义的少数群体权利理论》追溯了少数群体权利与自由主义之间的历史关联。他认为,依据自由主义的观念可以推理出保护少数民族群体权利的三个理由:一是少数民族处于劣势地位需要群体权利予以纠正;二是历史上少数群体有过诉求或原有主权等;三是文化上的差异具有内在价值。因此,民族认同是人类历史发展的一个短暂阶段,多元文化的公民将享有更大的活动空间,全球化背景下的民族国家已经不切实际。❷ 他还有一部论文集《少数的权利:民族主义、多元文化主义和公民》也被译成了中文,这本论文集围绕民族国家建构与少数群体权利之间的辩证关系展开,试图提出"一个少数群体权利的自由主义理论轮廓",书中提到了西方国家通过"移民多元文化主义和多民族联邦制"处理民族多样性问题,

---

❶ 张锦华. 多元文化主义与族群传播权——以原住民族为例[M]. 台北:黎明文化,2014:9.

❷ 威尔·金利卡. 多元文化的公民身份:一种自由主义的少数群体权利理论[M]. 马莉,张昌耀,译. 北京:中央民族大学出版社,2009:9-12.

但认为自由主义国家的理论和现实之间存在巨大差距。❶ 此外,基思·班廷与威尔·金利卡主编的论文集《多元文化主义与福利国家》中收录了在布鲁塞尔召开的关于"文化多样性与经济稳定"的国际研讨会中学者们关于在民主国家如何承认文化多元与福利重新分配相关问题的深入讨论。❷

还有一些国外学者的论著中也有对于文化多元与少数民族自治权利和民主制度相关问题的论述。简·怀特(Jane Wright)在《少数民族、自治、自决》一文中认为,尽管当前少数民族权益的保障在法律和政治层面受到的关注越来越多,自治应该作为少数民族实现合理请求的建构手段;因为自治反映的是民族平等的原则,也是国家履行尊重少数民族自决权的义务所依托的载体,自治是对主体民族享有的集体权利的一种制衡。此观点认为,各国应该采取主动措施调整由于主体民族建构的国家机构造成的主体民族和少数民族之间的不平衡,应提升联合国关于各国建立友好关系的宣言的法律地位。❸

20世纪90年代以来,由于移民的社会融合等问题,使文化多元主义颇受多方质疑。在约翰·霍顿主编的论文集《自由主义、多元文化和宽容》中收录的12篇论文中前半部分的论文主要是对自由主义、宽容和多元文化的关系的理论探讨,而后半部分则集合了诸多学者关于如何从政治哲学层面对宗教事件宽容的讨论。❹

值得一提的还有查尔斯·泰勒、凯姆·安瑟尼·阿皮亚、哈贝马斯等学者合著的《文化多元:对认同政治的审视》一书中收录了主流学者对于文化多元认同所引发的政治争议的相关思考。在该书中泰勒首先对一个民主自由的政府是否应该承认不同文化的价值提出质疑,这也是该书所讨论的核心问题。哈贝马斯肯定了文化认同的重要性,并认为只有建立在对争

---

❶ 威尔·金里卡. 少数的权利:民族主义、多元文化主义和公民 [M]. 邓红风,译. 上海:上海译文出版社,2005:1-4. 此处"威尔·金利卡"与"威尔·金里卡"为同一学者(Will Kymlick),由于不同译者对于外国学者的中文译名不同所致。

❷ BANTING K, KYMLICK W. Multiculturalism and the welfare State: recognition and redistribution in contemporary democracies [C]. New York: Oxford University Press, 2006.

❸ WRIGHT J. Minority groups, autonomy, and self-determination [J]. Oxford journal of legal studies, 1999, 19 (4): 605.

❹ HORTON J. Liberalism, multiculturalism and toleration [C]. London: Palgrave Macmillan, 1993.

议广泛讨论的基础上所达成民主的决议才有利于促进主流文化与边缘文化的共同繁荣，但是尊重文化的多样性并不保证任何一种文化的传承；而阿皮亚则认为合法的集体权益追求必须放弃纯粹的形式主义，因为个人自治理想与集体身份认同之间存在紧张关系，集体的身份认同可能会限制个体的行为方式，以至于造成以一种暴政代替另一种暴政。❶ 该书所提出的解决办法是在民主审议中尊重个体的权益，而不仅仅是出于保留边缘文化的目的考虑。❷ 此外，在西班牙学者拉蒙·梅茨（Ramón Máiz）与费兰·雷克霍（Ferrán Requejo）主编的《民主、民族主义和多元文化主义》一书中也收录了一些从规范和制度层面对文化多元主义与群体权利的认同等相关问题探讨的论文。❸

2. 法律多元主义

法律多元主义与文化多元主义有一定的重合之处，二者都旨在促进多元的有效融合，而不是简单的同化，但法律多元主义更多地关注在同一个社会中如何让多元的群体与多元的规范共存，如何调和多样化的群体之间的利益及其相互矛盾的规范。法律多元主义（legal pluralism）是西方学者在最初研究非洲和拉美殖民地原始部落社会秩序时提出的一个概念，主要是关于在法律移植之下国家法如何承认和整合殖民地原固有法规范的问题。通常认为法律多元理论基本形成的标志是1969年在布鲁塞尔自由大学召开的以"法律多元"为主题的研讨会以及在1971年出版的该研讨会的论文集中雅克·范德林登（Jacques Vanderlinden）第一次系统性地阐述法律多元的概念及其重要性。❹ 1975年胡克尔（M. B. Hooker）的著作《法律多元》则是该理论成为学术前沿的标识，该书对殖民地原住民的固有法与英法、荷兰等殖民国家移植的法律之间的相互影响的现象进行了深入

---

❶ TAYLOR C K, APPHIAH A, HABERMAS J, et al. Multiculturalism: examining the politics of recognition [M]. New Jersey: Princeton University Press, 1994: x.

❷ TAYLOR C K, APPHIAH A, HABERMAS J, et al. Multiculturalism: examining the politics of recognition [M]. New Jersey: Princeton University Press, 1994: 12.

❸ MÁIZ R, REQUEJO F. Democracy, nationalism and multiculturalism [C]. New York: Routledge, 2005.

❹ VANDERLINDEN J. Return to legal pluralism: twenty years later [J]. Journal of legal pluralism & unofficial law, 1989 (28): 149.

分析。❶

  20 世纪 80 年代末，法律多元论的影响不断扩大并有了进一步的发展，相关研究更多聚焦在西方国家内部的社会规范与法律的关系，以及国家法与非国家法的竞争与互动；同时，法律多元主义的兴起也给法学研究带来了新的研究范式和研究理论。梅丽（S. E. Merry）将法律多元界定为在同一社会中两种或多种法律制度共存的现象，并将其概括为"经典法律多元"和"新的法律多元"，前者的研究多集中于殖民地和后殖民地社会状况，而后者则倾向于将法律多元的理论与当代工业文明发达的欧美非殖民地国家的社会现状相结合。❷ 约翰·格里菲斯（John Griffiths）也认为，法律多元主义是社会多元的体现，法律不只是可归入某一法律系统的制定法，而是源自半自治社会领域多样的自我调节行为。❸ 日本学者千叶正士的《法律多元：从日本法律文化迈向一般理论》一书被认为是东方法律多元理论的代表性研究成果，该书旨在以一种非西方的立场建构"一种分析性的法律多元的一般理论"❹，该书在本民族经验之上对法律多元进行理论建构和批判，提出"法律的三重二分法"，强调对非西方法文化传统的尊重。❺

  伴随着经济全球化的深入发展，法律多元论者中对非国家法的社会认可并无减退的迹象，且研究视域不再局限于某一国家或某一地区。博温托·迪·苏萨·桑托斯（B. Santos）在关注社区法院和传统权威与现代法律规范互动的基础上提出了"法律共生"（legal hybridization）以强调各种法律规范之间的相互影响，认为随着民主制度的深化以及社会经济的持续发展将会打破既有的政治体制中不同法律规范之间的对立，但是尊重社会交

---

❶ HOOKER M B. Legal pluralism: an introduction to colonial and neo - colonial law [M]. Oxford: Clarendon Press, Oxford University Press, 1975: xxii.
❷ MERRY S E. Legal pluralism [J]. Law & society review, 1988, 22 (5): 870, 872.
❸ GRIFFITHS J. What is legal pluralism? [J]. The journal of legal pluralism and unofficial law, 1986, 18 (24): 38 - 39.
❹ [日] 千叶正士. 法律多元：从日本法律文化迈向一般理论 [M]. 强世功，等译. 北京：中国政法大学出版社，1997：前言.
❺ 在该书中，千叶正士将法律分为"官方法、非官方法和法律原理"三个层次，"移植法"和"固有法"两大类。千叶正士. 法律多元：从日本法律文化迈向一般理论 [M]. 强世功，等译，北京：中国政法大学出版社，1997：9 - 10.

往中非官方的、地方法或外国法的多样性并不会导致政治体的解体❶；其在《迈向新法律常识——法律、全球化和解放》一书中还进一步对全球化背景下各种不同法律规范冲突的复杂情况进行了详细阐述，并结合地方和民族等时空因素分析法的一般结构。❷ 布鲁斯·杜图（Bruce Duthu）在《非正式的国家：部落主权和法律多元化的局限性》一书中认为法律多元与自由民主国家的统一主权并非不可调和，部落的利益在国家制度构建内有广阔的空间，因为个人的自由和平等是自由主义政治哲学的核心内容；联邦政府与部落所在地的政府之间可视为合作伙伴关系，二者都是为了更好地保障公民的政治、文化权利和自由，最后还提出应借鉴国际法的做法治定部落主权公约，认为只有在此基础上部落才能更有力地主张政治、文化和领土的保护。❸

与此同时，佩里·萨瓦纳（Perry Shawana）进一步发展了法律多元主义理论，提出法律多元应是两个或两个以上独立存在的法律体系共存或平行运行，并认为只有在没有任何一个法律体系或秩序有绝对优先地位的情况下，才能通过沟通将不同的规范价值和实践从一个法律体系转化到另一个法律体系之中，在此基础上不同法律体系之间的互动才能促成彼此内在的尊重和理解，才能真正实现互动和互补。❹

（二）国外对我国民族区域自治制度的评价

有国外学者秉承中庸客观的态度，既指出了中国民族区域自治制度取得的成就，也提及了存在的不足。在经历了20世纪90年代的"世界第三次民族主义浪潮"后，以苏联为代表的很多国家都深受极端民族主义与民族分离主义的影响而分崩离析，而中国这个多民族的国家却依然保持着相对稳定，因此，世界的目光开始逐渐投向中国，把民族区域自治制度当成

---

❶ DE SOUSA SANTOS B. The heterogeneous state and legal pluralism in Mozambique [J]. Law & society review, 2006, 40 (1)：70 - 71.

❷ 博温托·迪·苏萨·桑托斯. 迈向新法律常识：法律、全球化和解放 [M]. 刘坤轮，叶传星，译. 2版. 北京：中国人民大学出版社，2009.

❸ DUTHU N B. Shadow nations：tribal sovereignty and the limits of legal pluralism [M]. New York：Oxford University Press, 2013.

❹ Quoted from DUTHU N B. Shadow nations：tribal sovereignty and the limits of legal pluralism [M]. New York：Oxford University Press, 2013：186 - 187.

一个解决民族问题的典范。❶ 如挪威奥斯陆大学人权研究中心从 2000 年开始，启动了专门研究我国民族区域自治的科研项目，多次派出科研人员来我国实地调研，并在我国呼和浩特和昆明两地分别召开了学术研讨会，出版了中挪中国民族区域自治制度项目组编的《中国民族区域自治法研究文集》；周勇与挪威的马丽雅主编的《民族、自治与发展：中国民族区域自治制度研究》论文集收录了很多实地调研的成果，涵盖了改革开放以来工业化进程中民族自治地方的自然资源、文化资源、生态环境、民族文化、生活方式的保护现状，以及国家法实施过程中与少数民族习惯法的融合问题。❷

巴瑞·萨特玛（Barry Sautman）在《中国的民族区域自治法与少数民族权利：进步与限制》一文中提到，中国颁布的民族区域自治法赋予了少数民族广泛的权利和优惠政策；同时，他又指出民族区域自治法仍不足以保障少数民族民众广泛的权利，因为少数民族地区的很多权益受到中国市场经济的冲击，如汉族地区和少数民族地区发展差距无法用优惠政策抵消等。该文还认为虽然少数民族优秀人才是少数民族地区与中央关系维持稳定的重要因素，但还需要采取措施拓宽少数民族权利的实质内容。❸

此外，国外民族区域自治的研究还体现在 2001 年国家民委、美国哥伦比亚大学和香港科技大学联合发起和主办的首届民族区域自治国际学术研讨会上，美国、英国、德国、意大利、西班牙等 16 个国家的代表参加了此次会议，会议的成果《国际视野中的民族区域自治》也以论文集形式发表。该书汇集了参会各国在处理民族问题、实施民族自治和帮助少数民族地区的发展方面的实践经验，为我们研究民族区域自治提供了一些启示和重要的素材。

（三）国外对我国民族自治地方自治立法的关注

对于民族自治地方的自治立法在我国民族区域自治制度实施过程中的

---

❶ 周勇，马丽雅. 民族、自治与发展：中国民族区域自治制度研究 [M]. 北京：法律出版社，2007：专家评审意见（一）.
❷ 周勇，马丽雅. 民族、自治与发展：中国民族区域自治制度研究 [M]. 北京：法律出版社，2007.
❸ SAUTMAN B. Ethnic law and minority rights in China: progress and constraints [J]. Law & policy, 1999, 21 (3): 283.

重要价值，国外学者的研究基本持肯定立场。这些有限的研究中也涉及对自治立法现状的成因分析和对问题解决思路的探讨。

马丽雅·伦德贝里（Maria Lundberg）等在《民族区域自治的挑战：规范、实践、完善路径》一文中认为，少数民族管理内部事务的权利在《民族区域自治法》这一"基本法"的框架内应得到保障，但实际上只停留在政治层面，因为5个少数民族自治区的自治条例至今仍无一出台；她还结合《民族区域自治法》实施过程中四个最关键因素区域、族群、自治机关和自治权，主张采用不以地域为限制的功能自治的方式来表达少数民族在处理内部事务上的诉求。❶

南卫理公会大学法学院张海汀博士的《中国少数民族自治区的法律：规范与实践》一文中关于民族自治地方自治立法的观点较为中肯，且具有一定的现实指导意义。该文认为中国央地关系中最为重要的制度安排就是民族区域自治制度，从我国《宪法》和《民族区域自治法》的文本出发，将法律所规定的民族自治地方享有的广泛的自治权限概括为三类：立法权、人事安排权和其他权力，并在此基础上研究了自治机关的本质、自治区自治立法滞后、历史上自治权的脆弱、经济发展不平衡，以及自然资源开发中的一些问题。该文还试图寻找缩小法律规范与现实之间差距的路径，提出首先应提高《民族区域自治法》的法律地位，再进一步完善自治权行使的法律保障，即自治区的自治条例，并认为在自治区自治条例的立法过程中中央政府可能起着主导作用。❷

同样，亚什·盖（Yash Ghai）和索菲娅·伍德曼（Sophia Woodman）在《没有使用的权力：中国的自治立法》一文中也认为民族自治地方的自治权中最为重要的是通过自治立法权变通执行上位法和国家政策，这也是行使自治权的主要方式之一。该文认为，民族自治地方的自治有深厚的历史根基，自治权对民族自治地方未来的经济发展尤为关键。然而，由于民族自治地方的自治权限不清晰，即使民族自治地方有自治的主观意愿，其与中央政府各部门之间的利益平衡仍然是自治立法需要完善的

---

❶ LUNDBERG M, ZHOU Y. Regional national autonomy under challenge: law, practice and recommendations [J]. International journal on minority and group rights, 2009, 16 (3): 269-272, 325.

❷ ZHANG H T. Laws on the ethnic minority autonomous regions in China: Legal norms and practices [J]. Loyola University Chicago international law review, 2012, 9 (2): 251.

问题。❶

(四) 小　　结

诚然，国外少数民族立法的相关理论中的文化多元主义与法律多元主义是基于对西方社会多元化的现实的回应而阐发的一种理想化的目标指向和基本原则，但这些理论学说必须辩证对待，有些内容也不一定适合于解决中国问题。尤其需要指出的是，外国学者所研究分析的"民族"（nationality）或"族群"（ethnic group）与中国语境下的"民族"（Minzu）并不完全相同，对待这些域外的民族理论不能一概接受，还需要谨慎把握相近概念之间的细微差别。但是国外学者的研究中对于公民与民族国家关系、少数人与共同体、少数民族个体与族群的集体权利等相关问题的讨论也将在一定程度上为我们从国际视野来理解和完善我国的单行条例立法提供一些知识上的助益。

四、研究方法与论证思路

(一) 研究方法

鲍亨斯基曾对"方法"作出界定，他认为："方法是任何特殊领域中实施程序的方式，即组织活动的方式和使对象协调的方式。"❷ 然而，诚如皮亚杰所指出的，人文科学"缺乏几乎所有的实验手段又不能使用一般性的计量单位的情况下，如何既达到了历时性的延续，又达到了同时性的调节，并终于为自己建立了相当精确的方法论，得以不停地而且经常是典范性地向前迈进"。❸ 本书在论证过程中使用了一些统计分析方法，但主要还是采用法学研究的一般方法，具体而言，本书使用了历史分析法、实证分析法、比较分析法。

(1) 历史分析法。本书对于该方法的运用主要在于厘清民族区域自治

---

❶ GHAI Y, WOODMAN S. Unused powers: contestation over autonomy legislation in the PRC. [J]. Pacific affairs, 2009, 82 (1): 45-46.

❷ 鲍亨斯基. 当代思维方法 [M]. 童世骏, 等译. 上海: 上海人民出版社, 1987: 9.

❸ 让·皮亚杰. 认识论 [M]. 梅亦愀, 编. 长春: 吉林大学出版社, 2004: 45.

制度在我国建立和发展的历史进程中，单行条例的内涵和功能是沿着什么样的路径在变化和发展，又承担了何种不同的功能；主要是对抗日战争以来我党在陕甘宁边区、晋察冀边区等革命根据地的民族政策，到中华人民共和国成立前夕第一个民族自治地方内蒙古自治区的建立，再到1949年以来单行条例立法的规定在宪法文本中的变迁，全国人大常委会和国务院制定的、与民族区域自治制度相关的法律法规，以及党中央发布的诸多文件的一个基本梳理。在讨论习惯法被国家认可的理论渊源时也对清末民初的一些资料和文献进行回顾，以反思当前语境下的习惯法与国家法的关系。

（2）实证分析法。本书对于单行条例立法现状的一些经验材料进行了加工和整理，在分析单行条例实施和适用现状的过程中也收集整理了实证素材，并借助了统计学中的大量观察法来反映事物的规律性。从大量的裁判文书数据中选择一定数量的文书样本进行统计分析，对法院和诉讼当事人的援引情况进行分类整理后作出一些关于单行条例司法适用现状的推断，再对统计过程中所发现的典型个案进行深度分析，最后再从点到面探究当前单行条例司法适用存在的问题及解决路径。

（3）比较分析法。本书通过对单行条例概念的界定和效力位阶的分析，将单行条例与其他法律规范的共性与差别进行对比，以更好地认识单行条例的本质及其在我国法律体系中的地位。同时，为了探寻完善单行条例立法审议的路径，本书还将我国单行条例中的变通立法与英国私法案（Private Bill）立法中的特别授权进行比较，将西方的协商民主理论与我国单行条例立法审议中征求各方意见的调研和座谈会等吸纳民意的措施进行比较，以实现对单行条例从法案到法过程的优化并通过协商机制的构建厘定单行条例的变通权限。

此外，本书运用规范分析的方法对相关法律法规的条文进行重点解读，以阐述单行条例立法的变通权限、立法程序、效力位阶等，同时，还运用一些其他交叉学科的分析方法，对民族学、社会学、政治学、公共管理学的相关文献进行研读，试图从中探寻我国民族自治地方单行条例立法的实质和解决问题的可行性方案。

（二）论证思路

本书的研究大体遵循"提出问题→分析问题→解决问题"的思路，这类研究思路通常又可再分为两种典型范式,即分析问题型和解决问题型。本书的研究从篇幅分布来看更侧重于解决问题,第一章和第二章从历史到现实,从应然到实然,逐步提出问题和分析问题,第三章、第四章、第五章旨在探索相关难点问题的解决方案。根据 TRIZ 原理,"问题是需求与系统已经达成部分之间的缺口,解决问题就是要缩小这个缺口,并进一步改善系统,让它变得更完美"。❶ 本书主要以立法过程的三个阶段来构建化解单行条例立法现实难题的分析框架,以下将分章对本书的研究思路作进一步阐述:

绪论部分,旨在基于对当前社会现实的剖析,论述本书选题的原因和研究的价值所在。这一部分还将通过相关概念辨析进一步明确研究对象的内涵和外延,再通过对国内外既有研究成果的梳理提出本书研究的基本思路。

第一章,概述单行条例立法的历史演进脉络和立法的应然面向。首先将结合民族区域自治的理论通过相关概念辨析对本书的研究对象单行条例的内涵和外延作进一步明确。同时,还将从历史维度回顾单行条例从新民主主义革命时期以来的发展进程和主要功能。在此基础上,还将从规范和法理层面对单行条例立法所应该遵守的基本原则进行梳理和归纳,即保障各民族的实质平等与少数民族权益的原则,尊重当地民族的政治、经济、文化特点的原则,维护法治统一与适当变通的原则,以期为后续章节中阐述单行条例立法中存在的问题及其解决方法提供一定的基础。

第二章,旨在揭示单行条例立法运行中的现实问题,分析问题产生的原因,并初步提出化解运行困境的可能思路。本章对于单行条例立法现状的分析是对单行条例历史演进的进一步延伸,当前单行条例立法运行过程中的现实问题具体表现为:在立法数量方面,区域立法与民族立法的比例失衡;在立法内容方面,一般地方立法对自治立法的弱化;在立法形式方面,明示的变通条款占比较少;在立法效果方面,颁布后的实施不畅与修改滞后并存。通过分析发现,单行条例立法困境生成的原因主要是:在认

---

❶ TRIZ 是俄文的缩写(Teoriya Reshcniya Izob retatelskikh Zadatch),意为"发明问题的解决理论"。TRIZ 是苏联的一位伟大的工程师兼发明家根里奇·阿奇舒勒在系统总结人类以往在发明和创新方面的想法后提炼出的一系列有效的法则,用以指导人们高效地解决未来的问题。卡伦·加德. TRIZ: 众创思维与技法 [M]. 罗德明, 等译. 北京: 国防工业出版社, 2015: Ⅻ, 41.

知层面，立法的功能定位偏离主线；在规范层面，变通立法的权限模糊不清；在技术层面，立法后实施的配套保障机制不健全。基于此，再结合对立法过程的三个主要阶段分别提出解决思路：通过在立法准备阶段融合少数民族习惯法凸显民族特性，通过在法案到法阶段优化协商民主弥合变通权的不确定性，通过在立法完善阶段推动司法适用保障民族法治的权威性。

第三章，旨在于立法准备阶段解决单行条例立法缺乏当地民族特点的问题。对于这一问题的解答，首先需要对当地民族特点这一抽象概念的具体所指有深刻的认知，通过分析发现，少数民族习惯法承载着当地民族特点中的"地方性知识"和"民族精神"，这一分析使得单行条例如何凸显当地民族特点的问题也进一步具体化为如何理性吸纳少数民族习惯法。通过对习惯法法源地位的相关理论进行分析后，认为习惯法法源地位的国家认可路径比社会认可和主权者默许更适合我国民族自治地方实际情况。在对制定法与习惯法之间的内在关系以及我国少数民族习惯法进入制定法的制度空间进行分析后认为，应从内外两个层面采取措施保障单行条例立法能理性吸纳少数民族习惯法中的积极因素。

第四章，旨在于法案到法的阶段解决单行条例立法变通权限模糊的问题。鉴于目前在我国还难以从制定法层面对民族自治地方自治立法事项明确作出统一规定，这也意味着单行条例变通的权限范围在很长的时间内将主要通过审议过程来决定。所以立法审议中协商机制的优化直接关系到单行条例变通权限的厘定和民族自治地方自治权的行使，本章首先将通过对哈贝马斯的协商民主理论的寻根溯源来梳理其思想脉络，为变通程序的完善提供一些理论指导，再从分析单行条例的审议和报批机制商谈的制度空间和实践情况入手，梳理出变通程序商谈构建的大体思路。同时，英国议会对私主体特别授权的私法案的立法程序对变通程序的商谈构建也有一定的启示和借鉴意义。对这些西方理论和经验的梳理都旨在服务于单行条例变通程序的商谈构建，最后再结合我国本土实际提出了具体的改良路径。

第五章，旨在于立法完善阶段解决单行条例实施不畅和适用不多的问题。从单行条例立法完善与司法的三大基本功能之间的内在逻辑关联看，立法后的完善应依托于司法适用过程的反馈和补强。对于单行条例运行和实施的进一步说明，主要是通过对裁判文书中所记录的法院和诉讼主体对单行条例的援引情况的分析,来论证单行条例司法适用中存在的问题和阻滞因素,问题的根本症结在于,单行条例的效力位阶不明确。对于如何厘定单行条例效力位阶,本章在对梅尔克与凯尔森关于法的效力位阶理论,以及特别法优先于一般法的基本原则进行深入阐述后,将结合单行条例立法程序和立法目的,提出一个厘定单行条例效力位阶的基本方案。在此基础上,进一步提出在单行条例的立法完善阶段与司法适用的互动衔接机制,以保障司法适用的顺利进行和推动单行条例的修改和完善。

结论部分,在简要回顾前文论述的基础上,进一步强调本书所提出的单行条例立法过程完善路径的意义(全书的主体结构如图 0-1 所示)。

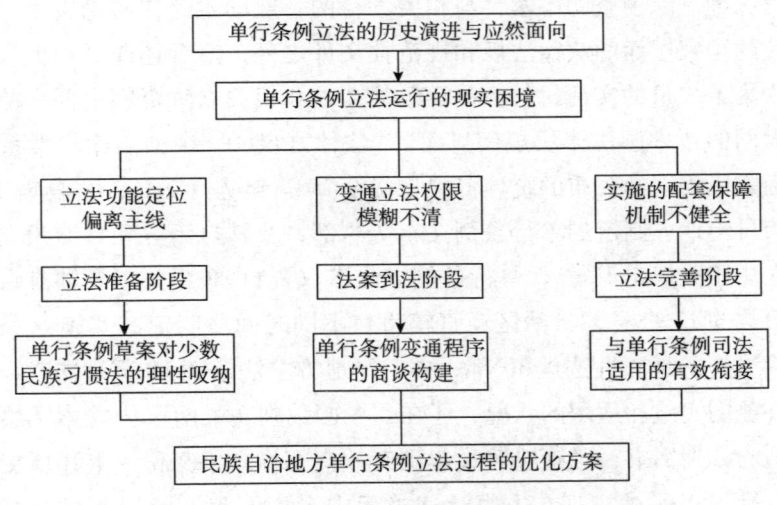

```
┌─────────────────────────────────────┐
│   单行条例立法的历史演进与应然面向   │
└─────────────────────────────────────┘
                  │
┌─────────────────────────────────────┐
│        单行条例立法运行的现实困境       │
└─────────────────────────────────────┘
        │            │            │
┌──────────┐  ┌──────────┐  ┌──────────┐
│立法功能定位│  │变通立法权限│  │实施的配套保障│
│ 偏离主线  │  │ 模糊不清  │  │ 机制不健全 │
└──────────┘  └──────────┘  └──────────┘
        │            │            │
┌──────────┐  ┌──────────┐  ┌──────────┐
│立法准备阶段│  │法案到法阶段│  │立法完善阶段│
└──────────┘  └──────────┘  └──────────┘
        │            │            │
┌──────────┐  ┌──────────┐  ┌──────────┐
│单行条例草案│  │单行条例变通│  │与单行条例司│
│对少数民族习│  │程序的商谈构│  │法适用的有效│
│惯法的理性吸│  │    建    │  │  衔接    │
│    纳    │  │          │  │          │
└──────────┘  └──────────┘  └──────────┘
        │            │            │
┌─────────────────────────────────────┐
│  民族自治地方单行条例立法过程的优化方案  │
└─────────────────────────────────────┘
```

图 0-1　本书主体结构

五、创新点与不足

本书的研究创新主要表现在两个方面:一是研究对象与研究视角;二是论证材料的使用方面。以下将对此进一步说明:

选题有一定的前沿性。本书以立法过程为分析框架探求完善单行条例立法的路径。现有文献中将单行条例立法作为专门的研究对象进行系统性研究的较少,长期以来,单行条例立法被合并在自治条例立法中讨论,忽略了其自身的独特属性以及其对于民族自治地方自治权行使的重要价值,本书在一定程度上对这方面研究作了有益的探索。本书对于单行条例立法的研究与以往的研究不同，不只是局限于立法审议程序，将整个单行条例的立法过程都纳入研究范畴；本书对立法准备阶段中如何在草案起草阶段凸显民族特色等问题进行深入阐述，还用相当长的篇幅集中讨论单行条例立法后的实施与立法完善，并直接从实证角度出发对单行条例实施过程中的重要一环——司法适用中的难点问题进行分析并探索了解决路径，这些都是现有研究中论述不够深入或鲜有论及的领域。

论证材料有一定的说服力。本书运用大量的实证素材使论证更有说服力，同时还追根溯源，查找了一些清末民初的古典文献，使本书的研究更有历史深度。除了查阅本学科与相关学科的一般学术著作和论文，以及现行有效的国家层面的法律法规和规范性文件之外，笔者还通过相关数据库另行收集了大量的实证材料。单行条例文本和相关立法资料主要来源于全国人大网的"中国法律法规信息库""法律之星——中国法律检索系统"，还有国家民委网站公布的统计资料，截至 2017 年 7 月 2 日，共收集了 155 个民族自治地方制定的单行条例文本 788 部，及其自治区和自治州立法条例或立法相关规定 17 部，单行条例立法审议资料 88 份，以及辖有自治州和自治县的 13 个省、自治区、直辖市在不同时间段制定的实施《民族区域自治法》的地方性法规 30 部，省一级地方立法条例 18 部。同时，为分析单行条例实施和适用的状况，还在"中国裁判文书网"中检索了援引单行条例的裁判文书，经筛选后收集到有效文书样本 129 份。上述所提及的这些数量和实证材料都在本书论述过程中有不同程度的引用或分析。此外，在梳理少数民族习惯法相关问题时所援引的清末民初的古典文献主要来源于"鼎秀古典全文检索平台""大成老旧刊全文数据库"，本书直接引注的古文献有 19 份。

与此同时，本书的研究中也不可避免地存在一些局限性，需要予以说明。

在研究思路方面，本书的研究并没有试图去明确单行条例立法的变通权限的具体范围。本书所论述的变通权限的商谈构建只是在现有的立法体制下的一种中观层面的探讨或者说采取了一种保守的改良主义立场，寄希望于民族自治地方自身的主观能动性的发挥自下而上地推动，可能难以从根本上解决变通权限模糊的问题。由于我国目前正处于社会转型期，中央与民族自治地方的关系中很多问题还在探索之中,故而回避了央地关系事权划分中的部分问题;但是单行条例是民族自治地方行使自治立法权的主要形式,在民族区域自治的法律法规体系架构中处于最底层,只有在顶层制度设计中明确权限的情况下,民族自治地方立法机关与批准机关的协商才能真正具有现实意义,所以本书的研究与现实有一定的距离。

  在具体论证方面,本书所提出的在立法准备阶段吸纳少数民族习惯法的合理因素凸显民族特性,更多是一种学理阐释,并没有结合具体的少数民族习惯法深入分析如何理性吸纳进入单行条例草案,这使论证的说服力稍显不足。因为只有当少数民族习惯法不仅是族中长老口中所流传至今的传统,而且还必须是在民族自治地方普遍的社会共识的情况下,少数民族习惯法的合理因素才有进入单行条例草案之必要,但这需要建立在实地调研的基础上才能真正了解。同时,由于我国的 155 个民族自治地方绝大多数是多民族聚居的,在立法准备阶段的整理过程中可能会发现少数民族习惯法之间相互冲突的情况,这种情况下应依据何种标准具体进行取舍,本书限于学科视角对此没有进一步展开。

  在实证数据的加工整理方面,本书所描述单行条例立法现状的过程中将立法事项大致归纳为七类,这种分类和统计可能存在不太科学和精准的地方,因为同一单行条例很可能可以同时归入不同的类别,而且各类别之间存在交叉重合。由于学界和实务部门都没有形成统一明确的立法事项分类标准,本书对此也尚未找到更好的解决办法。

第一章 单行条例立法的
历史演进与应然面向

　　厘清"单行条例"这一基本概念的内涵与外延是研究的逻辑起点,梳理单行条例立法发展演进的历史过程是正确理解单行条例立法现状的必要前提,而对于单行条例立法基本原则的阐释则是进一步深入探讨单行条例立法完善的重要依据。基于此,本章要解决的首要问题是尽可能清晰地界定出本书的研究对象,笔者将结合民族区域自治的理论通过相关概念辨析明确单行条例的概念内涵,以及其与自治条例、地方性法规、变通规定、补充规定等相关概念之间的区别与联系。同时,本章还将从历史的维度,梳理单行条例如何从新民主主义革命时期的一般地方规范性文件,逐步转变为具有建制功能的民族自治地方专有的单行组织条例,最后发展为当前包罗民族自治地方人民生产生活各个方面价值共识的单行条例的演进过程。在此基础上,本章第三节还将对单行条例立法中须遵循的三个基本原则有所阐释,即保障各民族的实质平等与少数民族权益的原则,尊重当地民族的政治、经济、文化特点的原则,维护法治统一与适当变通的原则,以期为后续章节中阐述单行条例立法现状中存在的问题及其解决方法提供一定的参照标准。

第一节 单行条例的界定与相关概念辨析

　　在界定单行条例之前还必须对与其密切相关的一个重要概念"民族自治地方"有所了解。对于大多数少数民族而言,共同的地域是其保持本民族的特征和赖以生存的根本所在,只有在共同地域的物质基础上才可能有共同的文化、语言、心理素质和经济生活的存续和发展。我国民族区域自治制度的实施以民族自治地方为依托，民族自治地方是依据宪法和民族区域自治法建立的少数民族聚居地区。

一、民族区域自治制度下的民族自治地方

在我国宪法文本中民族自治地方有三层含义，一是依据总纲中第4条第3款的定位，各民族自治地方是国家不可分离的组成部分；二是依据第89条第11项，国务院的各项职权中包括，"保障少数民族的平等权利和民族自治地方的自治权利"，可以看出民族自治地方是自治权利的主体；三是依据第30条第3款，民族自治地方在我国包括自治区、自治州和自治县三个不同级别的行政区域。民族自治地方的建立就是为了贯彻实施民族区域自治制度，因为少数民族要真正实现自主管理内部事务行使自治权，就必须以一定的地域为依托。1947年我国第一个民族自治地方内蒙古自治区成立以来，迄今为止，我国共建立了5个自治区、30个自治州、120个自治县（旗），即155个民族自治地方。依据《民族区域自治法》的相关规定，民族自治地方的名称由地名、少数民族名称、行政区域三部分组成❶；民族自治地方是以少数民族聚居地方为基础，根据当地的民族关系、经济发展水平和历史因素而建立的自治地方；民族自治地方是建立在上级国家机关与有关地方机关以及少数民族代表充分协商的基础上，依据法定程序报请批准后成立的。在民族自治地方的自治条例中基本都有专门对本民族自治地方予以说明的条款，通常表述为某少数民族实行区域自治的地方或以某少数民族聚居区为基础建立的自治地方。

与一般行政区域不同的是，民族自治地方还设有由当地人民政府和人大组成的自治机关，自治机关并不仅仅是国务院统一领导下的一级地方政权机关，虽然自治区、自治州、自治县基本对应着省、市、县的行政区划，但同时其还享有自主管理本民族和本地区内部事务的自治权，可自主

---

❶ 但西藏自治区和内蒙古自治区的命名除外，因为"西藏、内蒙的名称是双关的，又是地名，又是族名"。周恩来. 关于我国民族政策的几个问题（一九五七年八月四日）[G] //中共中央文献研究室. 建国以来重要文献选编：第10册. 北京：中国文献出版社，2011：450.

安排使用地方财政收入，安排地方经济建设、教育、文化、卫生等事业，可在经批准后变通或停止执行上级国家机关不适当的决定和指示等，还可以依据实际需要组建维护地方治安的公安部队。在立法方面这种自治权表现为一种更大的自主权，民族自治地方人大可以依据当地民族的特点制定适用于本地方的自治条例和单行条例，在不违背宪法和法律基本原则以及上位法对民族自治地方的专门规定的前提下作出变通。需要强调的是，民族自治地方内部的民族构成复杂，通常既居住着实施区域自治的少数民族，还混居着其他少数民族和汉族。因此，我国的民族区域自治是民族自治与区域自治的结合，既不等同于脱离少数民族的地方自治，也不等同于超越地域的少数民族文化自治。

二、单行条例的内涵与自治条例、地方性法规的异同

对于"单行条例"这一术语有两种常见的解释方案，从广义上来说，它是指享有法律创制权的立法机关就某一事项或特定主体制定的部门性质的规范性法律文件，相对于系统编纂的法典而言，具有临时性和过渡性的特征，也被称为单行法规、单行法、特别法❶；从狭义上来说，它是指民族自治地方人大依据《宪法》第116条和《民族区域自治法》的授权而制定和颁布的专门调整当地民族社会生活某一方面的规范性法律文件。这两种解释从不同的层次描述了单行条例的基本内涵和特征，但是对于单行条例的界定都过于笼统和抽象。有鉴于此，以下笔者将把单行条例与自治条例、地方性法规这些相关概念进行比较，归纳出民族自治地方单行条例立法的基本构成要素。

首先，单行条例与自治条例关系密切，在界定单行条例之前对自治条例的概念加以阐释有利于更好地解读单行条例。自治条例，顾名思义就是规范民族自治地方的民族区域自治的法规，在民族自治地方占有重要地位。自治条例所规范的客体不限于民族自治地方的自治机关，对生活在民

---

❶ 《中华法学大辞典》编委会. 中华法学大辞典（简明本）[Z]. 北京：中国检察出版社，2003：139；肖蔚云，姜明安. 北京大学法学百科全书·宪法学 行政法学 [Z]. 北京：北京大学出版社，1999：47.

族自治地方的民众也有约束效力，还可能涉及上级国家机关对民族自治地方应尽的职责。自治条例与地方性法规一样有从属性、地域性、执行性，但同时又具有自主性、补充性、综合性、民族性。❶ 自治条例在内容上不仅包括民族自治地方内部的自治民族与其他民族之间关系，还涉及自治机关如何行使职权、自治机关与其他国家机关的关系，以及在经济建设、财政和金融管理、生态保护等事项方面的权限。可以说，自治条例是对自治权的"制度化构建"❷，是全面调整民族自治地方民族关系和管理民族事务的总章程，是涵盖民族自治地方经济、政治、文化生活的各个方面的综合性法规。

相比较而言，单行条例中所调整的范围远远小于自治条例，通常是当地民族事务中的某一方面，如宗教、少数民族语言、环境保护、草原管理等；而且单行条例所规范的事项通常不涉及民族区域自治的根本性问题。从立法数量和时效上看，一个民族自治地方只能制定一部自治条例，一经制定一般不能废止，只能根据现实情况进行适时修改或补充；单行条例则更具灵活性，可以根据实际需要制定多部，经法定程序制定后可修改或被废止。从立法主体和立法程序上来看，单行条例与自治条例是一样的，其法定立法主体为民族自治地方人大，但自治区人大制定的单行条例须报全国人大常务委员会批准后才能生效；自治州、自治县的单行条例则须报省、自治区、直辖市一级的人大常委会批准后才能生效，公布后30日内还必须报全国人大常委会和国务院备案。

其次，单行条例与地方性法规都属于地方立法的范畴，由于二者在立法过程中都要结合当地实际情况对地方事务进行治理和贯彻实施上位法，故而可能存在一定的趋同。从法规的形式和名称来看，民族自治地方的单行条例也并非一定要以"条例"为名称，其法规具体名称与地方性法规一样也可能是多样的，可能使用"办法""若干规定""规定"等，如《凉山彝族自治州义务教育实施办法》《甘肃省甘南藏族自治州草原管理办法》《甘肃省甘南藏族自治州保护野生动物若干规定》。从立法程序来看，自治

---

❶ 陆德山，石亮天. 我国地方立法研究［M］. 长春：吉林大学社会科学论丛编辑部，1988：221 - 223.
❷ 熊文钊. 民族法治体系的建构［M］. 北京：中央民族大学出版社，2012：239.

州、自治县的单行条例立法与设区的市制定的地方性法规一样需要向省级人大常委会报批，只不过从立法主体的角度而言，单行条例的立法又相当于地方人大在行使重大事项的决定权。所以在实务部门和学界都有将二者简单等同的现象。实际上，二者在立法权的来源、立法权限、立法程序、立法目的等方面都有较大的差异。

单行条例的立法主体只能是民族自治地方人大，而地方性法规的立法主体可以是地方人大及其常委会，而且省、自治区、直辖市的地方人大常委会制定的地方性法规可以直接审议通过，不需要像单行条例一样报上一级人大常委会批准。然而，单行条例与地方性法规最显著的不同，不在于立法程序和立法主体，而在于立法依据和立法权限的不同。具体而言，单行条例立法根据的是《宪法》第116条所授予的民族自治地方自治机关的自治权、《民族区域自治法》第19条，以及《立法法》第85条第2款中规定的民族自治地方人大可依据当地民族的特点制定单行条例对法律法规中的规定作出变通，但这种变通不能违背法律和行政法规的基本原则，以及宪法和法律法规中专门对民族自治地方作出的规定。地方性法规立法是依据《宪法》第100条、《地方组织法》第10条、《立法法》第80条，地方性法规是为在本地方执行上位法和本行政区域的地方性事务而制定的，其内容不能与宪法、法律、行政法规相抵触。显然，相比地方性法规立法，单行条例立法享有更大的自主空间，这也是单行条例立法程序上需要报批机制来监督和制衡的一个重要原因。

此外，单行条例立法是为了在统一的多民族国家内缓解国家法治的整体贯彻实施与少数民族聚居地方的局部差异之间的张力，其根本目的是在民族区域自治制度下通过立法行使少数民族的自治权。地方性法规立法则是为了避免计划经济时代的全国"一刀切"可能造成的弊端，充分发挥地方的积极性，地方立法机关可以为了在本行政区域贯彻实施上位法而制定实施细则，也可以对中央立法没有涉及的内容进行补充。

三、单行条例的外延：变通规定和补充规定

相对有争议的问题是，民族自治地方的"变通规定"和"补充规定"是否属于单行条例的范畴。问题产生的原因在于，一些部门法对于民族自

治地方制定变通和补充规定的授权与我国《立法法》中规定的单行条例对上位法作出变通规定的立法程序和立法主体并不完全一致。这些法律的规定或是在立法主体上有所扩大或缩小，抑或是在立法程序上省去了报批或备案环节。这些不同的规定不但给民族自治地方立法带来了混乱，还使得学界很多单行条例相关的研究都将变通和补充规定排除在外。其中一种颇具代表性的观点认为，民族自治地方依据法律授权制定的变通规定和补充规定应该作为授权法的一部分，其法律地位由其所授权的法律决定，并且相互之间构成普通法与特别法的关系。❶ 如果这种观点成立，那么就可能推演出法律条文中授权省一级人大及其常委会制定的实施办法都不属于地方性法规，甚至还会进一步推演出这些依据法律授权制定的实施办法或若干规定的法律效力都与该法律相同。显然，这种观点在逻辑上是不周延的，法律之所以授权民族自治地方的立法主体制定变通或补充规定，是我国宪法中的民族区域自治制度在部门法贯彻实施的结果，而不是某部法律所内部生成或独创的规定。换言之，部门法中的专门授权实际上是在贯彻实施宪法对民族自治地方制定单行条例的一般性授权所作出的进一步细化和明确。

从"中国法律法规信息库"的检索来看，民族自治地方实际制定的变通和补充规定中对婚姻法中有关规定的变通和补充占绝大多数，其他法律的授权条文之所以没有相应修改在很大程度上是因为民族自治地方本身适用变通的情形不多；而且在《立法法》出台之前有实际需要的民族自治地方大多已经依据相关法律授权制定变通规定或补充规定，无须另行重新制定。另外，还有一种情形是民族自治地方人大依据当地的实际需要而自主制定的一些以变通规定和补充规定为名称的法规，此类规范性文件在单行法、行政法规、地方性法规中并没有明确授权依据，占比约33.3%。❷ 需要特别说明的是，2021年《民法典》颁布实施后，婚姻法、收养法、继承法等民事单行法律都相继被废止，民族自治地方人大在没有这些民事单行

---

❶ 邓建民. 论变通或补充规定与单行条例的区别 [J]. 西南民族学院学报（哲学社会科学版），2002（7）：114.

❷ 据中国法律法规信息库检索，民族自治地方制定的现行有效的57部变通和补充规定中有19件是民族自治地方人大在没有上位法明确授权的情况下制定出台的，如《长阳土家族自治县实施〈中华人民共和国水土保持法〉的补充规定》《凉山彝族自治县施行〈兽药管理条例〉的变通规定》《阜新蒙古族自治县实施〈辽宁省人口与计划生育条例〉的变通规定》，在此不一一列举。

法律的专门授权的情况下，仍可以依据《宪法》《民族区域自治法》《立法法》的有关规定进行变通立法活动，经"国家法律法规数据库"查询显示，2021年出台的有关《民法典》中婚姻家庭编的变通规定就有7部。❶

因此，尽管部门法专门授权制定的变通和补充规定在立法程序上与《立法法》规定的单行条例存在不一致的情形，但其本质都是结合当地民族的特点在法律实施过程中进行局部调整，变通规定和补充规定可以理解为单行条例的不同表现形式。而且在立法实践中也有一些实务部门是持相同观点的，认为"单行条例包括变通规定、补充规定和实施办法等"❷。综上，本书所研究的单行条例既包括民族自治地方人大依据宪法和《立法法》制定的"单行条例"，也包括民族自治地方自治机关和人大常委会依据部门法授权制定的"变通规定"和"补充规定"。

第二节　单行条例立法的历史演进

回顾单行条例立法发展的历史进程，可以看到其演进的一个基本脉络，单行条例从新民主主义革命时期的一般地方规范性文件，逐步转化为具有建制功能的民族自治地方专有的单行组织条例，最后发展为包罗民族自治地方人民生产生活各个方面功能多样的单行条例，在此过程中单行条例立法为民族区域自治制度的贯彻落实奠定了良好的基础，但同时也面临新的挑战和调整。

---

❶ 如《玉树藏族自治州施行〈中华人民共和国民法典〉结婚年龄的变通规定》《海北藏族自治州施行〈中华人民共和国民法典〉结婚年龄的变通规定》《果洛藏族自治州施行〈中华人民共和国民法典〉结婚年龄的变通规定》《阿坝藏族羌族自治州施行〈中华人民共和国民法典〉继承编的变通规定》《甘孜藏族自治州施行〈中华人民共和国民法典〉婚姻家庭编的变通规定》《峨边彝族自治县施行〈中华人民共和国民法典〉婚姻家庭编的补充规定》《马边彝族自治县施行〈中华人民共和国民法典〉婚姻家庭编的补充规定》。

❷ 《四川省人民代表大会常务委员会关于民族自治地方自治法规报批程序的规定》第2条规定："本规定中的民族自治地方自治法规（以下简称自治法规），是指自治条例和单行条例；单行条例包括变通规定、补充规定和实施办法等。"另外乔晓阳也曾有类似观点，认为单行条例包括"对国家法律作具体实施性的规定以及变通、补充规定"。乔晓阳．中华人民共和国立法法讲话[M]．修订版．北京：中国民主法治出版社，2008：267．

一、萌芽：作为一般地方规范性文件的单行条例

单行条例作为法律术语的使用，最早并非发端于我国的民族区域自治制度。从有文字可考的资料来看，至少可以追溯到北洋政府时期。在1913年袁世凯公布的《省议会暂行法》中就规定了各省议会的一项重要职权是"议决本省单行条例"。❶ 在袁世凯复辟帝制解散国会和各省议会后，各省长官在中断期间都曾自行颁布了一些名义上的"单行条例"，在1916年国会重开后国务院内务部致电各省省长，对于各省已发布的单行条例"经呈报或咨部核准者""经国务会议议决勿庸提交省议会追认"❷，换言之，对于各省已发布的单行条例，在省议会恢复后也只须呈报国务会议通过即可，并不需要省议会再次审议。对此，云南、山西、江西各省都曾致电参议院表示异议并要求咨国务院收回成命，坚持认为国务院是在以命令限制法律，审议单行条例是省议会的法定职权，"除抵触法律命令外自不受何等限制"❸，"本省单行条例云者系对全国通行法律而言，揆立法本意诚恐政府之于人民相去绝远，苟物物裁之，节节制之，不惟流于琐屑，致虞丛脞抑，亦昧于实际不利施行，因以单行条例之议决，权分赋予省议会所以求政治之确实也"❹。可见，单行条例的立法权最初是各省议会在法律框架下施行地方自治的职权之一，基本等同于现在的一般地方性法规。

在抗日战争时期陕甘宁边区的一些法律法规中也可以看到单行条例立法的有关规定。在1943年陕甘宁边区命令［战字第647号］中可以看到当时"凡地方政府颁布单行法规须先呈报批准方可公布"❺，而且如若边区

---

❶ 许崇德. 中华法学大辞典·宪法学卷［Z］. 北京：中国检察出版社，1995：525.
❷ 云南省议会反对单行条例勿庸交会追认电［J］. 参议院公报，1916，2（15）：27.
❸ 江西省议会反对国务会议议决单行条例勿庸追交省议会追认电［J］. 参议院公报，1916，2（14）：84.
❹ 引文标点为笔者另加。山西省议会请决议准咨国务院将本身现行单行条例移交省议会议决文［J］. 参议院公报，1916，2（24）：28-29.
❺ 陕西省档案馆，陕西省社会科学院. 陕甘宁边区政府文件选编：第7辑［G］. 北京：档案出版社，1988：39-40.

政府制定的单行法规增加了边区人民负担,还须经边区参议院"核准或追认"。❶ 此处所表述的单行法规基本等同于单行条例,也可以说单行法规是单行条例的集体名词或抽象意义上的表达,因为"单行条例"曾一度出现在当时的法规名称中。在 1946 年陕甘宁边区第三届参议院第一次会议就曾否决合水县关于婚姻单行条例提案,并发布"陕甘宁边区政府命令——令合水县不须[需]制订婚姻单行条例"❷。这一时期大部分的单行条例都是为了用法律手段保证农民的既得利益和巩固抗日统一战线,较为典型的有 1938 年在晋察冀边区政府颁布施行的《晋察冀边区减租减息单行条例》❸《晋察冀边区汉奸自首单行条例》,1940 年的《山西省第二游击区减租减息单行条例》《晋西北没收汉奸财产单行条例》,以及 1945 年的《太岳区地权单行条例》等。❹ 而且在 1946 年陕甘宁边区的自治宪法草案修正稿中还规定,县议会在"不与边区宪法相抵触"和"不违反边区法令"的前提下可制定县自治法;在边区境内少数民族聚居区域设"民族自治区",按其区域大小参照乡县进行民主自治。❺

中国共产党的民族政策早在新民主主义革命时期就曾经历了几次重要的转变,从第二次国内革命战争时期革命根据地的《湘鄂赣边区革命委员会公告》和中华苏维埃共和国时期的宪法大纲和对内蒙古人民、回族人民的宣言书中所公开承认的民族自决原则,在抗日战争时期转变为陕甘宁边区、晋冀鲁豫边区政府的施政纲领中确立的民族自治原则,到 1949 年中华人民共和国成立前夕内蒙古自治政府成立后,初步奠定了实施至今的民族

---

❶ 此处为 1941 年《陕甘宁边区政府组织条例》草案修正案第 6 条中的表述。陕西省档案馆,陕西省社会科学院. 陕甘宁边区政府文件选编:第 4 辑 [G]. 北京:档案出版社,1988:467.

❷ 《红色档案延安时期文献档案汇编》编委会. 红色档案延安时期文献档案汇编 陕甘宁边区政府文件选编:第 10 卷 [G]. 西安:陕西人民出版社,2013:67.

❸ 在 1938 年"晋察冀边政府关于减租减息单行条例的执行问题指示信"中还专门对喇嘛地的减租问题作了强调,认为"喇嘛地的庄头"对农民剥削最深,减租执行与否关乎少数民族和宗教事宜;《中国的土地改革》编辑部,中国社会科学院及经济研究所现代经济史组. 中国土地改革史料选编 [G]. 北京:解放军国防大学出版社,1988:10 - 11.

❹ 中国第二历史档案馆,《中国抗日战争大辞典》编写组. 中国抗日战争大辞典 [Z]. 武汉:湖北教育出版社,1995:542;晋绥边区财政经济史编写组,山西省档案馆. 晋绥边区财政经济史资料选编:农业编 [G]. 太原:山西人民出版社,1986:1;中共吕梁地委党史资料征集办公室. 晋绥根据地资料选编:第 5 集 [G]. [出版地不详:出版者不详],1984:308;王先进. 土地法全书 [M]. 长春:吉林教育出版社,1990:943.

❺ 艾绍润,高海深. 陕甘宁边区法律法规汇编 [G]. 西安:陕西人民出版社,2007:14 - 15.

区域自治制度的雏形。❶ 1949 年的《中国人民政治协商会议共同纲领》（以下简称《共同纲领》）不仅总结了陕甘宁边区的民族政策的重要经验，对中华人民共和国的民族政策、民族关系、民族区域制度、民族自治区的设置，以及少数民族的权益保障等都作出了前瞻性的规定，同时还奠定了我国现行的国家政权架构和立法体制的基础，县级以上各级人大和政府在职权范围内可以对所辖区域的事务通过行使立法权进行管理。正如《共同纲领》第 12 条所规定的，"国家政权属于人民，人民行使国家政权的机关为各级人民代表大会和各级人民政府"，人民普选产生各级人民代表大会，各级人大选举各级人民政府，各级政府在闭会期间行使各级人大的职权。

在此基础上，1949 年政务院制定的《大行政区人民政府委员会组织通则》和 1950 年制定《省、市、县人民政府组织通则》规定，各大行政区人民政府委员会可"拟定与地方政务有关之暂行法令条例"，须报政务院批准或备案；各省、市的人民政府委员会可拟定与辖区内政务相关的"临时法令条例"，县政府委员会也有权拟定"单行法规"，但都须报上级人民政府批准或备案。❷ 此种分散的立法格局的形成，主要是考虑到中华人民共和国成立后废除了国民党时期的旧法，而国家立法主要集中在如何进一步巩固国家政权，如何确立国家政权的组织形式、镇压反革命、土地改革等方面，在此情况下中央立法很难短时间内制定出地方管理和建设所需要的大量法律法规。❸

这一时期少数民族自治区与各级地方人大和政府制定的单行法规或条例都是为适应当时形势发展需要而制定的临时性规范性文件，在立法程序上也与一般地方立法基本一致，都需要报上级政府批准或备案。在 1952 年政务院政务会议通过中央人民政府委员会批准的《民族区域自治实施纲要》（以下简称《纲要》）中对相关事项进行了细化，分章对自治区的建立、自治机关、自治权利、自治区内的民族关系，以及上级人民政府的领导原则等作出了规定，在当时的历史条件下一定程度上保障了少数民族的

---

❶ 陆德山，石亮天. 我国地方立法研究［M］. 长春：吉林大学社会科学论丛编辑部，1988：132 - 139.

❷ 国务院法治办公室. 中华人民共和国法规汇编 1949—1952：第 1 卷［M］. 北京：中国法治出版社，2005：51，52 - 55.

❸ 朱淑丽. 中国式民主框架下的法治建设［M］. 上海：学林出版社，2015：49.

平等权利和民族自治地方的政治地位。依据该《纲要》的有关规定，各"民族自治区"的行政地位依其人口和区域等相当于乡、区、县、专区等，"各民族自治区自治机关在中央人民政府和上级人民政府法令所规定的范围内，依其自治权限，得制定本自治区单行法规，层报上两级人民政府核准。凡经各级地方人民政府核准的各民族自治区单行法规，均须层报中央人民政府政务院备案"❶。同年，《政务院关于地方民族民主联合政府实施办法的决定》对该《纲要》第 5 条中关于民族自治区建立民主联合政府的内容作出了进一步的规定，强调民主联合政府在"中央人民政府和上级人民政府法令所规定的范围内"制定适合各民族实际情况的单行法规，并在立法程序上强调了层报上两级政府核准后再层报政务院备案。由于当时的立法机关主要是政府，立法审批机关也相应的是上级政府，审批所依据的是上级政府的法令，当时的这一标准与目前地方性法规的合法性审查的模式大体相同。在该《纲要》颁布后的两年间，各少数民族自治区的自治机关制定了一系列的单行法规，按其内容大体可分为两类：一类主要表现为政务院核准备案的政府的施政纲领和政权机构的组织条例，比如《桂西僮族自治区人民政府施政纲要》《湖南省湘西苗族自治区各界人民代表会议协商委员会组织条例》《广东省海南黎族苗族自治区人民政府组织条例》等；另一类是民族自治区对于某项事务的专门规定，如 1953 年制定的草案性质的《关于内蒙古自治区各级人民代表大会代表名额的规定》《贵州省丹寨县苗族自治区关于在苗族中实行〈中华人民共和国婚姻法〉的若干规定》《内蒙古自治区人民政府关于处理人民来信接见人民来访工作的暂行办法》等。❷

然而，由于这一时期我国的法律法规体系和民族区域制度还尚未健全，民族工作的重点仅仅是"搞好团结，消除隔阂"❸；单行条例或单行法规的制定权亦并非民族自治地方所专有，更没有被赋予更大的立法空间，所以当时的单行条例主要承载的是地方临时的规范性文件或一般规范性文

---

❶ 全国人大常委会办公厅，中共中央文献研究室. 人民代表大会制度重要文献选编：（一）[G]. 北京：中国民主法治出版社，2015：119.

❷ 陈洪波，蒋永松. 中国地方立法概论［M］. 武汉：中国地质大学出版社，1992：91.

❸ 此语是 1950 年邓小平同志就西南民族问题发表的讲话中提到的。邓小平. 邓小平文选：第 1 卷［M］. 中共中央文献编辑委员会，编. 北京：人民出版社，1989：161.

件的功能。

二、雏形：作为民族自治地方的单行组织条例

1954年第一届全国人民代表大会第一次会议通过的《中华人民共和国宪法》（下文简称1954年《宪法》）改变了1950年的《省、市、县人民政府组织通则》中地方各级政府有权拟定临时法令条例和单行法规的有关规定，地方各级"人民政府委员会"改称为"人民委员会"，基本确立了集权于中央的立法体制，全国人大是最主要的立法主体，但规定自治区、自治州、自治县的自治机关仍可报请全国人大常委会批准制定自治条例和单行条例，而其他地方各级人大和人民委员会只能依据法定权限发布或撤销决议，不再享有立法权。换言之，1954年《宪法》确定了民族自治地方不同于一般地方的独特的立法地位，在立法程序上自治机关制定的自治条例和单行条例不再是"层报两级行政机关批准"，而是一律上报全国人大常委会批准。

1954年《宪法》颁布后到1966年"文化大革命"之前，全国大部分民族自治地方都已经完成初步建制工作，保障民族自治地方的少数民族实行区域自治的政治权利成为当务之急。这一时期制定的48部民族自治地方的单行条例都是经全国人大常委会批准，由国家主席下令逐一发布的。❶ 这些单行条例中除了1963年的《西藏自治区各级人民代表大会选举条例》外，其他基本都是各自治区、自治州、自治县的组织条例，如1955年的《内蒙古各级人民代表大会和地方各级人民委员会组织条例》和1958年的《广西僮族自治区人民代表大会和人民委员会组织条例》等，均在条例正文总则第一条中明确说明该条例的制定是依据"宪法第二章第五节"，即1954年《宪法》中关于"民族自治地方的自治机关"的规定。这也是由于当时各民族自治地方刚建立，如何组成自治机关、自治机关如何行使自治权、如何处理各级民族自治地方自治机关以及同级人大及其人民委员会

---

❶ 但是这些单行条例在1987年全国人大常委会对1978年以前制定的法律法规清理后全部失效，都已经不再适用。详见《全国人民代表大会常务委员会关于批准法治工作委员会关于对1978年底以前颁布的法律进行清理情况和意见报告的决定》（1987年）。

之间的关系都是当时迫切需要解决的问题，所以这一时期单行条例的功能相对单一，主要基于民族自治地方建制的需要而制定地方人大和人民委员会的组织条例。

1966—1976年的"文化大革命"摧毁了1954年《宪法》初步建立起来的立法体制，整个国家的法治建设都遭受重创，民族区域制度基本上是名存实亡，民族自治地方的单行条例立法也完全处于停滞状态。在此期间，民族问题被视为阶级斗争问题，"民族区域自治"被诬蔑为"搞独立王国"，从全国人大到地方的民族工作机构基本都被取消了，内蒙古自治区、西双版纳傣族自治州、迪庆藏族自治州等很多民族自治地方也都被撤销或支解。❶ 1975年第四届全国人大第一次会议通过《中华人民共和国宪法》（下文简称1975年《宪法》）也不可避免带有"文化大革命"的时代烙印，宪法文本中地方各级"人民委员会"均被替换为"革命委员会"，民族自治地方自治机关也被修改为地方人大和革命委员会；1954年《宪法》中民族自治地方的自治机关专节表述的规定被删减为一个条款，自治权的很多具体内容均被删除了，民族自治地方制定自治条例和单行条例的立法权也不复存在。但是这一条款在宪法文本中只有三年短暂的空白，在1978年第五届全国人大第一次会议通过的《中华人民共和国宪法》（下文简称1978《宪法》）中对1954年《宪法》关于自治条例和单行条例立法程序的规定又得以恢复。虽然我国的民族区域自治在"文化大革命"的十年浩劫中有过曲折和反复，但三十余年的实际历程也充分证明，民族区域自治这一制度在维护国家统一和民族团结的前提下保障了各少数民族自主管理本民族内部事务的权利。人们逐渐认识到少数民族自治权的保障必须以法律和国家强制力为坚强后盾，而中央政府此前所制定的民族区域自治的实施纲要的局限性也愈发明显。

三、发展：作为民族自治地方的单行条例

民族自治地方单行条例立法的真正起步是在1978年党的十一届三中全会后，全国人大民族委员会开始紧锣密鼓地起草民族区域自治法，同时协

---

❶ 职慧勇. 中国民族文化百科［M］. 北京：中国民族摄影艺术出版社，1998：1102.

助民族自治地方起草自治条例和单行条例。1980—1981 年，全国人大民族委员会曾派出三个工作组分别协助内蒙古自治区、吉林省延边朝鲜族自治州、湖南省新晃侗族自治县起草自治条例和单行条例，为民族区域自治法的起草提供了自治区、自治州、自治县层面的地方经验。❶ 而且 1979 年的《地方各级人民代表大会和地方各级人民政府组织法》（以下简称《地方组织法》）规定省、自治区、直辖市人大及其常委会依据本辖区具体情况在与"国家宪法、法律、政策、法令、政令不抵触的前提下"制定地方性法规，但须报全国人大常委会和国务院备案。《地方组织法》的颁布实施不但为地方立法奠定了基础，也为民族自治地方的单行条例立法提供了新的发展契机。如果说此前 1954 年《宪法》之下民族自治地方人大几乎是唯一的地方立法主体，在 1979 年《地方组织法》颁布实施后，地方立法主体开始第一次大幅扩容，五大自治区的人大及其常委会开始享有地方立法权。1980 年新疆维吾尔自治区人大常委会制定了民族自治地方的第一部地方性法规《新疆维吾尔自治区水产资源繁殖保护管理条例》，仅三年内五大自治区人大的常委会都陆续制定了各自的地方性法规，累计共 8 部。

1982 年《宪法》颁布后，奠定了从中央到地方、从权力机关到行政机关的"一元多层次"的立法体制，即在以中央立法为主导的前提之下适当赋予地方一定的立法权作为对中央立法的一种补充。❷ 1982 年《宪法》所建构的这一立法体制改变了过去立法权高度集中的做法，鼓励民族自治地方因地制宜地自主管理。1982 年《宪法》规定，自治条例和单行条例的立法主体是民族自治地方人大而不是自治机关，并赋予了省级人大常委会批准自治州、自治县的自治条例和单行条例的权力，只有自治区的自治条例和单行条例需要报全国人大常委会批准。

"民族区域自治"最早是中国共产党在运用马克思主义的民族理论通过政治过程调适国内民族关系、解决民族问题，以及维护民族利益的一系列措施和方案的总和。❸ 中华人民共和国成立后，"民族区域自治"一度作

---

❶ 全国人民代表大会民族委员会. 第一届至第九届全国人民代表大会民族委员会文件资料汇编（1954—2003）[G]. 北京：中国民主法治出版社，2008：510.
❷ 朱淑丽. 中国式民主框架下的法治建设 [M]. 上海：学林出版社，2015：51.
❸ 任新民，邓玉函. 民族区域自治制度和民族基层组织执行状况问题研究 [M]. 北京：知识产权出版社，2014：6.

为党和国家的民族政策广泛使用,在 1981 年党的十一届六中全会通过的《关于新中国成立以来党的若干历史问题的决议》强调了完善民族区域自治的法治建设和保障少数民族的权利等,此后民族区域自治的地位得以逐渐提高,但真正将坚持民族区域自治从党的政策上升到国家的基本政治制度的高度是江泽民同志在 1997 年党的十五大报告中提出的。❶ 正如亨廷顿所言,"政治制度产生于各种社会势力间的分歧和相互作用,它是解决各种社会势力间分歧的程序,也是组织手段逐步发展的结果"❷。伴随着《民族区域自治法》的制定和修改,民族区域自治正式从法律层面被确认为国家的基本政治制度,此后颁布的相关法律法规中也相继明确了对民族自治地方的变通进行授权,使单行条例立法具有了更高的稳定性和权威性。

1984 年《民族区域自治法》的颁布实施,为民族自治地方自治立法提供了明确的法律依据,民族自治地方的自治法规立法自此开始迅速发展起来。1984—2001 年,四川、青海、广东、云南、甘肃、湖北、辽宁、湖南、河北 9 个省的人大常委会或政府都先后出台了实施民族区域自治法的若干规定。各省制定"若干规定"的目的就在于对作为上级国家机关的"省级国家机关对民族自治地方应尽的职责"进一步明确具体,在民族区域自治法和民族自治地方的自治立法之间起着重要的衔接作用。❸ 1985 年吉林省的延边朝鲜族自治州制定出台了第一部自治条例❹,同年青海的化隆回族自治县制定出台了第一部关于义务教育方面的单行条例,即《化隆回族自治县普及初等义务教育暂行条例》,这也是第一部不同于以往地方建制功能的单行条例。❺ 这一时期单行条例立法数量开始迅速增长,据统计,1979—1997 年,我国各民族自治地方制定的单行条例有 249 件,这些单行条例中有 62 件是对法律的变通和补充规定,其余皆为民族自治地方为贯彻实施上位法或根据当地实际情况而制定的法规,内容主要涉及选举、

---

❶ 张晋藩. 中国法治 60 年:1949—2009 [M]. 西安:陕西人民出版社,2009:277,279.
❷ 亨廷顿. 变革社会中的政治秩序 [M]. 李盛平,杨玉生,等译. 北京:华夏出版社,1988:11.
❸ 崔健行. 贯彻落实《民族区域自治法》的重要途径——试探多民族省制订《实施民族区域自治法的若干规定》的意义和原则 [J]. 民族研究,1988(1):2.
❹ 郑淑娜.《中华人民共和国立法法》释义 [M]. 北京:中国民主法治出版社,2015:208.
❺ 该条例已失效,在 1999 年被青海省人大常委会批准废止。

婚姻、继承、计划生育、资源开发、环境保护等。❶

与此同时，这一时期各地的地方性法规也开始大量涌现，地方立法的速度和数量开始飞速增长。据统计，1979—1986 年，我国各省、自治区、直辖市人大及其常委会制定的地方性法规就有 744 件之多，其中财政经济方面的法规有 279 件，占比 37.5%。❷ 地方性法规的迅速增长与《地方组织法》的两次修改有关，1982 年《地方组织法》修改后授权省会城市和国务院批准的较大市的人大常委会"拟定"本市所需地方性法规，提请省级人大常委会审议。在 1986 年该法的第二次修改中，省会城市和较大市人大常委会"拟定"地方性法规被调整为由其人大及其常委会"制定"，原来的提请审议被改为报批程序，这一修改使得省会城市和较大市的地方性法规与自治州和自治县的单行条例的立法程序趋于一致，而且立法主体还包括了地方人大常委会。这一时期自治州和自治县还没有地方立法权，很多单行条例的功能与地方性法规类似。❸ 地方性法规立法与单行条例立法之所以能并行不悖地发展，是因为当时省会城市和较大市与自治州、自治县行政区划交叉重合的较少，故而地方性法规的立法不但没有影响单行条例立法，反而一定程度上推动了单行条例立法的发展。

另外，20 世纪 80 年代我国改革开放后经济特区的发展需要完善的法律法规体系来支撑，经济特区单行法规立法的授权给民族自治地方的单行条例立法带来了新的启示。1981 年全国人大常委会通过决议授权广东和福建两省的人大及其常委会根据经济管理的需要制定所辖经济特区的单行经济法规，报全国人大常委会和国务院备案，随后在 1988—1996 年，经济特区法规的立法授权后来又通过决议或决定依次扩展到海南省、深圳市、厦门市、汕头市、珠海市人大及其常委会。这种授权实际上是将地方性法规立法中不得与国家法律、法规、政策政令相抵触的原则的进一步扩大适用，经济特区立法必须是在遵循国家法律、法规、法令、政策的基本原则下根据实际需要制定法规。❹ 改革开放以来经济特区法规的立法给特区经

---

❶ 郭道晖. 当代中国立法：下 [M]. 北京：中国民主法治出版社，1998：967.

❷ 转引自陆德山，石亮天. 我国地方立法研究 [M]. 长春：吉林大学社会科学论丛编辑部，1988：32.

❸ 乔晓阳. 立法法讲话 [M]. 北京：中国民主法治出版社，2000：261.

❹ 郭道晖. 中国立法治度 [M]. 北京：人民出版社，1988：32.

济带来的巨大发展，为民族自治地方通过单行条例立法来推动地方发展提供了宝贵经验。

20 世纪 90 年代初，《民族区域自治法》的修改曾一度被视为社会主义市场经济体制建设的一项重要立法任务❶，单行条例的立法也开始与民族自治地方的经济发展、资源和环境的保护、城镇规划建设等综合事务紧密联系。1991 年国务院专门就如何进一步贯彻《民族区域自治法》中有关经济社会发展的内容发布通知❷，强调民族自治地方应根据法律规定的权限加快社会经济的发展，"制定优惠政策，吸引、支持发达地区到本地开发资源、兴办企业"。以贵州省的 13 个民族自治地方为例，在 1994 年以前制定的单行条例都是对婚姻法的变通或补充规定，1995 年的贵州省所辖的民族自治地方在制定了全国第一部经济管理方面的单行条例《道真仡佬族苗族自治县水资源管理条例》后❸，陆续出台了几部与经济发展密切相关的单行条例，如 1995 年的《黔西南布依族苗族自治州鼓励外商和华侨港澳台同胞投资条例》、1998 年的《黔南布依族苗族自治州个体工商户和私营企业权益保护条例》、2000 年的《黔西南布依族苗族自治州天然林保护条例》等。随后，在 2001 年《民族区域自治法》的修改中也充分体现了要高度重视民族自治地方的经济建设的基本精神，进一步强调了上级国家机关给予民族地区财政支持和帮助其加快经济发展的职责，加大在投资、金融、教育等方面的支持，以及国家在民族自治地方开发自然资源时应给予的利益补偿等事项。自 2001 年《民族区域自治法》修改至 2007 年底，约 2/3 的自治州和自治县都对自治条例相应地进行了修订以更好地适应市场经济的发展要求。❹ 据统计，2001—2009 年，全国仅自治县（旗）层面制定的单行条例就有 71 部之多，平均每年制定约 8 部，立法事由主要与环境资源保护和城镇规划管理建设有关。❺

---

❶ 王朝书. 让《民族区域自治法》"活"起来 [EB/OL]. (2015-05-20) [2021-07-20]. http://www.legaldaily.com.cn/locality/content/2015-05/20/content_6091443.htm? node=76204.

❷ 详见《关于进一步贯彻实施中华人民共和国民族区域自治法若干问题的通知》(1991).

❸ 黄逢贵. 贵州首个地方自治性经济单行条例是怎样制定成功的 [M]//谭剑锋. 遵义改革开放三十年纪实. 遵义市：政协遵义市委员会，2008：71.

❹ 周竞红. 试论自治州、县两级自治条例的制定与修订——民族自治地方立法权实践管窥 [J]. 西南民族大学学报：人文社科版，2009，30（1）：54.

❺ 吉雅. 民族区域自治地方自治立法研究 [M]. 北京：法律出版社，2010：84-85.

从上述历史回顾中可以看到，单行条例立法的发展与演进始终与地方立法的发展息息相关，其基本功能也是围绕着各个历史时期所要解决的实际问题而不断调整变化的。我党的民族政策经历了从新民主主义革命初期的民族自决，到抗日战争时期的民族自治，再到中华人民共和国成立后确立的民族区域自治制度的演进。在此历史背景下，少数民族聚居地区的地方机关制定的单行法规最初是作为地方临时性的规范性文件而存在，在中华人民共和国成立初期则成为各自治区、自治州、自治县的行政区划以及组建民族区域自治制度下的自治机关的重要依据，承担着制度建构的功能。尽管在"文化大革命"期间民族区域自治与自治立法被全盘否定，但在1982年《宪法》以后地方立法权不断下放的同时，也推动了民族自治地方单行条例立法的发展，这一时期单行条例立法带有一定的地方管理功能。改革开放以后，随着地方立法权的不断下放，民族自治地方人大从唯一的地方立法主体成为351个地方主体中的一部分❶，地方立法、经济特区立法的发展一方面推动了民族自治地方大量单行条例的出台，另一方面也使民族自治地方的单行条例立法更加注重为地方的经济发展提供保障，单行条例立法正从传统的注重国家整合的政治功能向推动地方发展的综合功能的转变。

然而，在2015年《立法法》修改后，赋予了自治州与设区的市一定的地方性法规的立法权，将单行条例所承担的综合性功能中的"城乡建设与管理、环境保护、历史文化保护"事项分离出来，单行条例立法功能再次面临新的调整。《立法法》的这一修改回应了当前社会现实对地方立法的需求，也使自治州层面的立法开始走向精细化。基于此，单行条例立法最终将回归其最基本的功能，即将民族自治地方少数民族的意志和特殊需求纳入立法层面予以规范化，最终实现在充分尊重少数民族权益的情况下促进国家法律在民族自治地方的融合。

---

❶ 2015年《立法法》修改后，地方立法的主体在原来31个省、自治区、直辖市和49个较大的市和经济特区所在地的市的基础上又赋予其他237个设区的市，30个自治州，《立法法》修改通过后又有两个地区改为设区的市，4个不设区的地级市享有地方立法权，地方立法主体总共达到351个。

第三节　单行条例立法的基本原则

　　立法是一项复杂的系统性工程，需要一定的理论和准则指导实践来保证立法活动的有序进行。依据周旺生的立法学理论体系，立法的研究主要由立法原理、立法治度、立法技术三个要素所构成，其中立法原理是立法的理论基础，具有普遍规律性，对立法活动有着重要的指导意义，而立法原理的重要组成部分就是立法的指导思想与基本原则。立法的指导思想是"为立法活动指明方向的理性认识"，被奉为立法指导思想的通常是执政者所推崇的占据主导地位的社会意识形态，而立法的基本原则是抽象化的立法指导思想与立法实践相结合后的进一步具体化和规范化，是立法主体在立法活动中所遵循的"基本准绳"。❶ 可以说，二者之间存在内在的关联性，立法基本原则的确立离不开立法指导思想，同时立法指导思想需要通过立法基本原则来发挥作用，因为立法基本原则更能直接指导立法活动。

　　我国《立法法》总则的第3～9条对我国立法活动的指导思想和基本原则作出了一些规定，这些规定具有普遍指导意义。与其他形式的立法一样，单行条例立法也应在"遵循宪法的基本原则，以经济建设为中心，坚持社会主义道路、坚持人民民主专政、坚持中国共产党的领导、坚持马克思列宁主义毛泽东思想邓小平理论，坚持改革开放"的基础上践行依法立法、民主立法、科学立法。然而，民族自治地方的单行条例立法具有一些不同于一般地方立法的独特属性，这也决定了单行条例立法的基本原则会有所不同。对于立法基本原则的再阐释是研究单行条例立法所要面对的首要问题，唯有对这个看似简单的问题作出明确清晰的解答之后才能对单行条例立法的科学性和有效性进行判断，为单行条例立法困境的分析提供参照。

　　具体而言，单行条例立法应当遵循哪些基本原则呢？实际上，民族自治地方的单行条例立法与自治条例立法所应遵循的基本原则大体一致。本节根据《宪法》《立法法》《民族区域自治法》的有关规定，并结合我国

---

❶ 周旺生. 立法学教程［M］. 北京：北京大学出版社，2006：66-67.

民族区域自治的相关理论,将单行条例立法的基本原则提炼为以下三条:一是立法根本宗旨应在于保障各民族的实质平等与少数民族的权益;二是法的创制应以充分尊重当地民族的政治、经济、文化特点为客观依据;三是立法的权限范围应是在维护国家法治统一的前提下的适当变通。以下将对此进一步展开论述:

一、保障各民族的实质平等与少数民族权益的原则

单行条例立法应保障民族自治地方各民族的实质平等和少数民族权益的原则是由我国民族区域自治制度的根本宗旨所决定的。2018年新修改的《宪法》序言中明确规定:"平等团结互助和谐的社会主义民族关系已经确立,并将继续加强";《宪法》总纲第4条第1款中明确规定:"各民族一律平等。国家保障少数民族的合法的权利和利益,维护和发展各民族的平等团结互助和谐关系。"从而确认了民族区域自治制度旨在维护和发展各民族之间的"平等团结互助和谐"的社会主义民族关系,民族区域自治制度是"发展社会主义民主、建设社会主义政治文明的重要内容"。❶《民族区域自治法》序言第二段中对此有更为深入的阐述,"实行民族区域自治,体现了国家充分尊重和保障各少数民族管理本民族内部事务权利的精神,体现了国家坚持实行各民族平等、团结和共同繁荣的原则"。

对于民族自治地方的立法机关而言,在制定单行条例时应强调各民族干部与民众之间的互帮互助、相互团结,共同维护国家的统一,不仅要调整好汉族与少数民族的关系,还要调整实行区域自治的少数民族与其他少数民族的关系;单行条例立法还应有利于促进民族地区的经济发展和各民族文化的繁荣,保障各民族的平等权利,这也是民族平等原则的集中体现。

平等原则已经成为现代法治的基石,我国《宪法》第33条第2款中所表述的"公民在法律面前一律平等"的价值理念也已经深入人心。平等原则首先表现为一种形式上的平等,即法律适用上的平等,所有人在法律的权利和义务上享有无差别的同等对待。然而,形式上的平等保护在某些

---

❶ 人民日报评论员. 论坚持和完善民族区域自治制度:人民日报评论员文章汇编[G]. 北京:民族出版社,2009:10.

情形下还不足以保证社会公正，因为我国各民族聚居地区由于所处的外部环境、社会发展水平、历史文化传统等不同，在现实中形式上的平等可能反而会造成实质上的不平等。实质上的平等需要依靠国家的保障来实现，国家应对形式上的平等可能引发的事实上的不平等问题采取积极措施主动干预，理性地予以区别对待，从而缩小由于形式上的平等所造成的差距。❶历史经验也反复证明，"承认和尊重少数人权利并采取积极措施保护少数人权利，以暂时的不平等来实现事实上的平等，才是解决少数人问题、维护和平和秩序的良方"❷。这也是我国出台一系列针对少数民族与民族自治地方的优惠政策的一个重要考虑，如国家对少数民族地区的专项拨款和财政税收方面的政策倾斜，在计划生育与招录考试中对少数民族适当放宽要求等政策中都有基于此因素的考虑。换言之，"国家以优惠待遇的方式维护少数民族利益，以文化宽容政策促进不同民族和睦相处，从而维护国家的统一和社会的和谐稳定"❸。

毋庸置疑，坚持民族区域自治制度就必须保证民族自治地方的自治机关能依法行使自治权，加强民族法治建设才能切实保障少数民族的合法权益。更进一步说，民族自治地方的单行条例立法是旨在通过立法手段进一步落实民族区域自治制度，保障各民族实质上的平等和少数民族的正当权益，确认民族平等的权利并防止其被侵害。尽管少数民族的个体成员同时也是普通公民中的一员，少数民族的权益是"公民基本权利的延伸和具体化"❹，但是少数民族权益的特殊性还在于这种利益诉求的实现有一定的区域性，只有少数民族聚居的地方机关才能较为准确地把握少数民族在生存和发展、文化宗教等方面的诉求，故而我国宪法确立了民族自治地方自治机关的自治权利，以便于其通过各种手段和措施提供必要的扶助和特殊的保障。所以单行条例立法应更多关注少数民族地区的差距，避免依据国家法律"一把尺子量到底"，对少数民族给予基于社会差别之上的平等保护，

---

❶ 张千帆. 宪法学 [M]. 3 版. 北京：法律出版社，2015：240.
❷ 张建江. 身份认同中国法律与政策研究：以新疆为视角 [M]. 北京：中国政法大学出版社，2014：104-105.
❸ 张建江. 身份认同中国法律与政策研究：以新疆为视角 [M]. 北京：中国政法大学出版社，2014：105.
❹ 陆平辉. 散居少数民族权益保障研究 [M]. 北京：中央民族大学出版社，2008：43.

从而切实保障少数民族的正当权益。

二、尊重当地民族的政治、经济、文化特点的原则

单行条例的制定还必须遵循尊重民族自治地方少数民族自身特点的原则，即我国《宪法》第 116 条中规定的，民族自治地方人大有权"依照当地民族的政治、经济和文化的特点"制定自治条例和单行条例。这意味着尊重少数民族群体与汉族所存在的差异。当地民族特点是每个民族之所以存在的根基，是区别于其他民族的相对稳定的特殊性。更进一步说，当地民族特点就是每个民族在长期的聚居生活中所形成的共同的语言、历史传统、心理素质，以及生产生活方式等。

尊重当地民族的政治、经济、文化特点的原则与保障各民族的实质平等与少数民族权益的原则的一脉相承，强调在各民族一律平等的前提下对各民族之间的各个方面的差异有客观认识，并以此作为单行条例立法的参照，通过合理的差别对待促成各民族间的实质平等。正如毛泽东在讨论1954 年《宪法》草案的讲话中所指出的，"少数民族问题，它有共同性，也有特殊性。共同的就适用共同的条文，特殊的就适用特殊的条文。少数民族在政治、经济、文化上都有自己的特点"❶。这一表述实际上是强调基于少数民族的特殊性制定专门的条文来实现各民族的实质平等。从某种程度上说，承认文化多元的"承认政治"的前提是肯定各种不同的文化都具有同等的价值，在我国宪法只是对少数民族的多元文化权利作了原则性规定的情况下，如果要真正实现文化多样，在制度建构层面就必须有效保证不同民族的文化之间与每个民族内部可以平等地对话和交往。❷ 在我国民族自治地方的当地民族的独特性不是通过全国性的法律来解决，而是由民族自治地方的法定立法主体依据当地民族的政治、经济、文化的特点制定单行条例来解决。

同时，尊重当地民族的政治、经济、文化特点的原则在某种程度上就

---

❶ 全国人大常委会办公厅，中共中央文献研究室. 人民代表大会制度重要文献选编：（一）[G]. 北京：中国民主法治出版社，2015：183.

❷ 吴仕民. 中国民族理论新编［M］. 北京：中央民族大学出版社，2006：219.

是一切从实际出发的辩证唯物主义原则在我国民族自治地方立法工作中的具体运用。民族自治地方的自治立法必须从少数民族的特点和民族地区社会经济文化发展水平的客观实际出发,把一些切实可行的经验加以制度化。民族自治地方的单行条例立法之所以必要,正是以各民族自治地方的少数民族的特殊性为基点来确立的,尤其是当前,《立法法》修改后赋予了自治州一定的地方立法权。从立法权力的纵向分布来看,相对于国家层面的中央立法,单行条例立法大体应属于地方立法的范畴,这一原则也体现了地方立法的本质要求。从规范层面来看,单行条例立法与一般的地方立法的不同在于,单行条例立法依据的是"当地民族的政治、经济、文化特点",一般地方立法依据的是"本行政区域的实际情况"。然而,这二者本身是无法泾渭分明的,因为我国的民族区域自治制度是以少数民族聚居区为基础的区域自治,而不是脱离一定地域的民族自治。我国的少数民族大多与汉族交错杂居,各民族的分布呈大杂居、小聚居的特点。民族特性必然是生活在一定地方的民族的特性,需要以地方的发展为依托,地方性法规立法所依据的地方实际情况也不可能完全剔除当地民族的特点。所以民族自治地方的单行条例立法在尊重实行自治的少数民族的特点时,也应该兼顾当地其他民族的特点。[1]

此外,关于单行条例立法所强调的民族特性如何得以呈现的问题,通常据以判断单行条例的标准,主要是以立法主体和立法程序上的报批环节来区分,但实际上,这只是规范层面的一种客观要求。经此程序制定的法规并不必然体现民族特点,只有强调以法案内容为标准才能反映民族自治地方的风土人情、民俗习惯、地域特征等,这也意味着单行条例立法在正式立法之前就需要深入调研,准确掌握当地民族特点。当然,这些当地民族特点是在一定的历史条件下形成的,也还要随着历史的进程而不断发展变化,所以在单行条例立法之前还应认真研究当地民族的社会现实,掌握其发展的内在规律。

---

[1] 吴守金. 中国民族法学 [M]. 北京:法律出版社,1997:164-165.

三、维护法治统一下的适当变通原则

上述这两个原则要求单行条例立法应将保障各民族的实质平等和少数民族的合法权益放在首位，充分尊重当地民族的政治、经济、文化特点，但是单行条例立法还需要确立一个边界，防止权力滥用对他人权益或对国家法治统一构成威胁，所以这两个原则的贯彻都必须是在维护国家法治统一的前提下的适当变通。

与基于地方性事务管理的需要而制定的地方性法规不同，单行条例可以在一定程度上对上位法有所变通。单行条例既可以是依据当地民族特点的创制立法，也可以是基于变通执行上位法的考虑，前者是民族自治地方主动行使自治权的体现，而后者更多的是一种被动立法。❶ 在立法实践中，一部单行条例中可能既有创制性立法，也有变通立法，但是变通权限被认为是单行条例立法的独特属性。全国性的法律不可能完全适用于每一个民族自治地方的实际情况，法律语言也较为抽象宽泛，为地方因地制宜和贯彻实施留有空间，单行条例立法是保障民族自治地方根据当地民族特点贯彻执行党和国家政策以及法律法规的重要形式。所以单行条例立法的核心在于正确行使变通权。

维护法治统一下的适当变通原则为单行条例立法变通设置了基本的边界。这一原则集中体现在《立法法》第85条第2款中的有关规定中，单行条例立法可以"依照当地民族的特点，对法律和行政法规的规定作出变通规定，但不得违背法律或行政法规的基本原则，不得对宪法和民族区域自治法的规定以及其他有关法律、行政法规专门就民族自治地方所作的规定作出变通规定"。由此可以看出，《立法法》明确规定了单行条例立法可以对法律和行政法规的一般规定进行变通，但是同时也对单行条例所不能变通的范围作了规定，以下将结合这两个方面对维护法治统一下的适当变通原则进行阐释：

在维护法治统一方面，单行条例不能变通《宪法》和《民族区域自治法》中的任何条款，不能变通其他法律法规的基本原则及其针对民族自治

---

❶ 付明喜. 中国民族自治地方立法自治研究［M］. 北京：社会科学文献出版社，2014：141.

地方的专门规定。作为国家的根本大法,《宪法》是各族人民共同意志的集中体现,其中也包含了少数民族的共同利益。实际上,《立法法》第85条第2款的这一规定与《宪法》第116条一脉相承,民族自治地方"依照宪法、民族区域自治法和其他法律规定的权限行使自治权"。同样的,民族区域自治法是进一步规范民族区域自治制度的宪法性法律,为民族自治地方行使自治权提供了明确的法律依据。如果允许单行条例对宪法、民族区域自治法进行变通,则无异于否定单行条例立法本身的合法性。❶ 法律和行政法规的基本原则通常是在宪法、社会道德准则、公共秩序或公共利益的基础上制定的,这些基本原则是整部法律的核心所在,如果单行条例对此进行"变通",对整部法律或行政法规而言就会造成颠覆性的后果,而不仅仅是非原则性的改动,将违背宪法授权民族自治地方变通的初衷。至于其他法律对民族自治地方的专门规定,由于这些法律在制定有关规定之前已经对民族自治地方的特殊情况有所考虑进行了变通,故而民族自治地方制定单行条例时不允许对此再进行二次变通。

在适当变通的范围方面,单行条例可以对法律和行政法规中不适应民族自治地方当地民族特点的一般性规定进行变通。从规范层面而言,《立法法》第85条中的概括性表述给民族自治地方行使自治权进行变通立法提供了一个较为宽松的范围,既包括那些对单行条例中的变通权限予以确认的法律法规,也包括那些未列举相关规定的法律法规。具体而言,这些可以变通的上位法包括全国人大及其常委会制定的法律、国务院及其各部委制定的行政法规与部委规章、辖有民族自治地方的省、自治区、直辖市人大及其常委会制定的地方性法规,以及地方政府制定的地方政府规章与其他规范性文件等。

此外,这一原则也体现在单行条例的立法程序中的报批环节。我国《宪法》第116条规定,自治区的单行条例报全国人大常委会批准后生效,而自治州、自治县的单行条例则须报省或自治区的人大常委会批准后生效,并报全国人大常委会备案。这一规定使自治条例、单行条例只有获得批准后才能产生法律效力,就避免了民族自治地方人大滥用变通权限影响国家法治统一的情形。因此,为了保证国家法律法规的有效实施,民族自

---

❶ 李步云,汪永清. 中国立法的基本理论和制度 [M]. 北京:中国法治出版社,1998:267.

治地方在制定单行条例时,必须坚持维护法治统一和适当变通的原则,以宪法和法律为立法的基本依据,不能以当地民族特点的特殊性为由而肆意改变或抵制法律或行政法规中不宜变通的规定。❶

综上,单行条例立法所应遵从的三个原则之间内在联系紧密。"民族平等原则是我党民族政策的基础和核心内容,也是我国民族立法的出发点和要达到的目的"❷;当地民族特点原则是民族平等原则的集中体现,是"民族自治地方立法的生命力所在"❸;而维护国家法治统一原则是单行条例立法的基本要求和变通所不能触及的底线。

---

❶ 李鸣. 新中国民族法治史论 [M]. 北京:九州出版社,2010:186.
❷ 刘茂林. 我国民族立法初探 [J]. 中南政法学院学报,1989 (4):20.
❸ 付明喜. 中国民族自治地方立法自治研究 [M]. 北京:社会科学文献出版社,2014:234.

第二章　单行条例立法的现实问题与成因分析

上述章节从历史维度和应然层面对单行条例立法进行了一般性的阐释，但在实然层面，当前单行条例立法究竟具体存在哪些不足还需要进一步剖析。本章旨在审视当前单行条例立法过程中的现实问题并探究立法困境背后的原因，最后再在此基础上以立法过程为分析框架提出解决单行条例立法中的难点问题的可能思路。此外，需要特别说明的是，本章旨在对单行条例立法现状中所存在的主要问题进行阐释和分析，对于单行条例立法所取得的一些成绩，鉴于第一章第二节对单行条例立法的历史演进已有所述及，故本章不再对此展开论述。

第一节　单行条例立法相关问题的表征

诚如上文所述，从单行条例的历史演进中我们可以看到，随着我国民族区域自治法治建设的进一步发展，民族自治地方的单行条例立法也取得一定成绩，在保障当地少数民族权益方面有着积极意义。限于篇幅，对我国民族自治地方单行条例立法的现状的进一步梳理将主要聚焦于单行条例立法的难点问题和所存在的不足。全国 155 个民族自治地方中除了 5 个自治区以及新疆所辖的 5 个自治州和 6 个自治县至今还未制定出台自治条例，其他 25 个自治州和 114 自治县都已经制定出台了自治条例和数量相对庞大的单行条例。本节所讨论的单行条例的立法数据主要来源于全国人大网在 2016 年 3 月 1 日投入使用的"中国法律法规信息库"。该数据库基本上涵盖了所有现行有效的法律法规，而且该数据库对规范性文件分类严谨合理，检索便捷有效。❶ 通过对目前现行有效的单行条例条文的梳理发现，一方面，单行条例立法与地方性法规立法存在一些共性的问题，如法条内容多重复上位法，条文中倡议性的柔性抽象表述较多，可操作性的禁止性条款和法律责任条款不多，没有充分体现法的约束性。另一方面，民族自治地方的单行条例立法在立法数量、立法内容、立法形式、立法效果方面都还存在一定的问题，以下将分别作深入阐述：

一、立法数量：一般地方立法对自治立法的弱化

依据对"中国法律法规信息库"检索到的数据的梳理，截至 2017 年 7 月 2 日，现行有效的单行条例累计共有 788 件，自治区层面得出 7 件单行条例，❷ 自治州层面得出 383 件单行条例，❸ 其中排前五位的依次为吉林省延边朝鲜族自治州 50 件、甘肃省甘南藏族自治州 22 件、四川省阿坝藏族羌族自治州 20 件、云南省文山壮族苗族自治州 19 件、云南省红河哈尼族彝族自治州 18 件；❹ 而自治县层面得出 398 件单行条例，分布相对分散。❺

---

❶ 该数据库是严格按照全国人大的常用公文种类对所有规范性文件进行分类，在高级检索界面不但可以通过输入标题、正文、资料属性、发文字号、颁布和施行日期、制定机关的关键词来精确检索内容，还可以在检索结果中通过再次检索使最后得出条目与所检索目标信息实现最大限度的关联。该数据库已经于 2021 年 2 月 24 日正式更名为"国家法律法规数据库"，检索界面和内容有所变化。

❷ 以"自治区"为标题关键词，时效性设置为"有效"，制定机关设置为"地方人大及其常委会"进行检索得到 944 个条目。在检索结果中输入正文关键词"全国人民代表大会常务委员会"＋"批准"二次检索得出 72 件"地方性法规规章"，但并没有发现任何经全国人大批准的法规，自治条例和单行条例均为 0，但以"自治区"＋"变通"标题关键词得出有效结果 3 件，以"自治区"＋"补充"标题关键词得出有效结果 4 件。实际检索得到 7 个结果，有效数据删除了 2 份广西人大常委会制定的地方性法规的补充规定和 1 份已废止的补充规定。

❸ 以"自治州"为标题关键词，制定机关设置为"地方人大及其常委会"，时效性为"有效"，检索到 461 件"地方性法规规章"。这一数据剔除了自治州人大常委会在《立法法》修改后制定的地方性法规和其他规范性文件 12 件、废止的单行条例和变通规定的决议或决定 18 件、省人大常委会和自治州人大的其他决议和决定 14 件，以及自治条例 25 和重复出现的单行条例 6 件，最后得出有效结果 383 件，其中包括补充规定 9 件、变通规定 16 件。

❹ 在自治县层面，单行条例立法数量排名前六位的是：长阳土家族自治县 15 件、前郭尔罗斯蒙古族自治县 13 件、阜新蒙古族自治县 11 件、宽甸满族自治县 11 件、杜尔伯特蒙古族自治县 10 件、澜沧拉祜族自治县 9 件。

❺ 以"自治县"为标题关键词，制定机关设置为"地方人大及其常委会"，时效性为"有效"，检索到 558 件"地方性法规规章"。这一数据在剔除重复出现的单行条例、省人大常委会的地方性法规、自治县人大常委会制定的其他规范性文件 17 件、自治条例 120 件，以及废止的单行条例、补充规定、变通规定的决议或决定 23 件，最后得出 398 个有效结果，其中包括补充规定 11 件、变通规定 14 件。

从前述这些数据中可以看出，单行条例绝大多数是由自治州和自治县的法定立法机关制定出台的。

目前，民族自治地方中自治区享有省一级的地方立法权，自治州则享有与设区的市同等的地方立法权。相比较而言，民族自治地方人大往往更倾向于选择立法程序较为简单的一般地方立法，即通过制定地方性法规在一定程度上实现立法的目的。这一部分所要讨论的不限于民族自治地方单行条例的数量，重点还在于对既享有一般地方立法权可以制定地方性法规，又享有自治立法权可以制定单行条例的自治区和自治州两个层面的两种立法的数量进行比较。

从自治区层面的自治立法来看，我国五大自治区的自治条例至今尚无一获得批准❶，自治区的单行条例更是难以出台。尽管如前文所述，1954年《宪法》颁布实施以后，自治区层面在"文化大革命"之前制定过一些单行组织条例，但是这些单行条例现基本都已经被废止。随着地方立法权的下放，自治区人大常委会可以直接审议通过地方性法规，只需要报全国人大常委会和国务院备案。《新疆维吾尔自治区民族团结进步工作条例》《宁夏回族自治区民族教育条例》《广西壮族自治区民族民间文化保护条例》等这些与民族事务有关的地方性法规的制定出台，表面上看是降低了立法成本、提高了立法效率，实际上却使自治区层面对于单行条例立法的努力处于停滞状态。以广西壮族自治区为例，自治区人大在1999—2000年曾起草过水利水电工程移民安置方面的单行条例草案，在草案起草过程中就相关事宜广泛征求了自治区、国务院各部委，以及投资水电工程建设的企业等机构中负责库区移民工作的有关人员的意见，草案前期对于单行条

---

❶ 广西早在1957年就已经开始起草自治区自治条例立法草案，历经19稿，1987年的第13稿和1990年的第18稿都曾正式上报中央；内蒙古自治区也在1980年就开始起草自治条例，已历经22稿，至于宁夏和西藏两个自治区起草的自治条例草案也都有16稿之多；新疆则于1980—1996年虽形成了9稿，但却没有提交自治区人大审议，更谈不上获批。潘红祥．自治区自治条例出台难的原因分析及对策 [J]．北方民族大学学报（哲学社会科学版），2009（3）：55-56；郑毅．驳"以自治区单行条例替代自治条例"论——兼议自治区自治条例的困境与对策 [J]．广西民族研究，2014（3）：47．

例立法的必要性作了充分说明❶，先后历经 8 次修改和补充，法规条文从最初的 50 条增加到 70 条。❷ 然而，由于自治区单行条例在立法周期上从立项到自治区人大的审议可能要三至五年，这意味着在一届自治区人大任期内可能难以完成❸，而且即使自治区层面审议通过也不一定能顺利进入全国人大常委会审议程序，最后广西壮族自治区这一单行条例立法尝试也只能无疾而终。

与此相类似，在自治州层面，2015 年《立法法》修改后，自治州人大及其常委会也可以就"城乡建设与管理、环境保护、历史文化保护等方面"的事项制定地方性法规。据学者统计，自治州已颁布的现行有效的四百余部单行条例中涉及这三个方面的占比高达 83%。❹ 如果从广义上来理解，《立法法》所列举的这三个方面几乎可以包含单行条例立法的所有范畴。❺ 虽然在立法程序上，自治州的地方性法规与单行条例一样都需要报省一级人大常委会批准后才能生效，但是在立法主体上，自治州的地方性法规可以是地方人大常委会，立法周期相对较短，审批标准相对更为明确，即四个月内对报请批准的法规进行合法性审查。如 2016 年 12 月制定出台的《恩施土家族苗族自治州酉水河保护条例》就是恩施州人大在历经两年的立法准备后，最终在有"两个立法权"时决定改以地方性法规的形式出台，成为该州第一部地方性法规。

---

❶ 当时广西壮族自治区人大坚持要采取单行条例立法形式的原因在于，由于当地的水利水电工程的移民安置问题涉及面广，安置难度大，现行的行政法规和部门规章不能适应少数民族地区的移民安置工作的实际需要，而且"单行条例的法律效力高于地方性法规"，可以更好地在广西贯彻实施，因为此前广西曾制定相关地方性法规，但一些中央驻广西企业以"国家企业不执行地方性法规"为理由，拒不执行。张文山. 通往自治的桥梁——自治条例与单行条例研究 [M]. 北京：中央民族大学出版社，2009：482.

❷ 张文山. 通往自治的桥梁——自治条例与单行条例研究 [M]. 北京：中央民族大学出版社，2009：479-480.

❸ 张文山. 通往自治的桥梁——自治条例与单行条例研究 [M]. 北京：中央民族大学出版社，2009：478.

❹ 潘红祥. 论民族自治地方自治立法权和地方立法权的科学界分 [J]. 法学评论，2019 (3)：120.

❺ "从城乡建设与管理看，就包括城乡规划、基础设施建设、市政管理等；从环境保护看，按照环境保护法的规定，范围包括大气、水、海洋、土地、矿藏、森林、草原、湿地、野生生物、自然遗迹、人文遗迹等。"乔晓阳. 《中华人民共和国立法法》导读与释义 [M]. 北京：中国民主法治出版社，2015：244.

依据司法部官方网站查询的信息❶，结合我国吉林、云南、贵州等辖有自治州的 9 个省份正式下放地方立法权的时间［最早的是延边朝鲜族自治州和恩施土家族苗族自治州（2015 年 7 月 30 日），最晚的是克孜勒苏柯尔克孜自治州（2017 年 7 月 28 日）］，我国 30 个自治州从切实享有地方性立法权以来至 2020 年 1 月制定出台的单行条例数目锐减，与此同时，地方性法规的数量则迅猛增长，至少是单行条例的 2～3 倍。此外，很多与少数民族密切相关的事项都是通过自治州地方性法规的形式出台的，如 2019 年出台的《恩施土家族苗族自治州传统村落和民族村寨保护条例》《红河哈尼族彝族自治州非物质文化遗产项目代表性传承人保护条例》，而单行条例正逐渐变为自治县的专属立法权。

可以预见，《立法法》对自治州这一地方立法授权在一定程度上将使自治州层面的自治立法权受到地方立法权的冲击，使民族自治地方行使自治权制定单行条例的立法实践逐渐弱化；如不从理论层面对民族自治地方的地方立法与自治立法进一步加以区分，明确单行条例立法的基本属性；实务部门对于单行条例立法的热情将逐渐消减。

二、立法内容：地方立法与民族立法的比例失衡

通过对现行有效的 788 件单行条例进行梳理后发现，单行条例立法事项所涉及的内容十分广泛，涵盖了民族自治地方政治、经济、文化的各个方面，大致可以归纳为如下几类：

（1）在城乡建设与管理方面，有 167 件，集中体现在：①城乡管理，如乡村环境、城乡环境综合治理、城镇规划管理、城市综合执法、公路管理、畜禽养殖污染防治、土地开发利用、土地监察、土地资产管理、非耕地开发管理；②城乡基础设施建设，如农田防护林建设、邮电通信基础设施、城镇市政公用设施、城镇绿化、城镇供热、供水供电、消防、乡村道路、道路班车客运管理、畜牧业基础设施管护、家畜家禽防疫。

（2）在环境保护方面，有 145 件，集中体现在：①未经人工改造的自

---

❶ 司法部官网（中国政府法治信息网）对每个月的法规备案信息列表均在官网公示，查询网址为：http://www.moj.gov.cn/Department/node_602.html，访问时间 2020 年 2 月 16 日。

然环境的保护，如南勐河流域保护、红河源保护、草原生态保护、湿地保护、乌江沿岸生态环境保护、清江保护；②经人工改造的自然环境的保护，如水利工程、河道、水库管理、自然保护区、风景名胜区、旅游区的保护与管理；③环境保护的综合治理，如城市水污染防治、水污染防治、生活饮用水源保护、生态农业工程、水土保持、河道防护、封山育林、山体保护、草原防火等。

（3）在历史文化保护方面，有104件，集中体现在：①自然遗产的保护，如石林喀斯特世界自然遗产地保护、古树名木保护管理、古生物化石资源保护、恐龙化石保护；②少数民族语言、宗教和传统医药等非物质文化遗产的保护，如锡伯语言文字保护、蒙古语言文字工作、藏语言文字工作、彝族语言文字、哈萨克语言文字工作、蒙古族教育、藏传佛教事务、宗教事务、促进宗教和谐、苗医药侗医药发展、蒙医药管理、发展朝医药、蒙古族文化、东巴文化保护、南涧跳菜传承与保护、朝鲜族传统体育；③历史文化古迹与民族传统建筑保护，如娜允傣族历史文化名镇保护管理、喇家遗址保护管理、沧源崖画保护、拉卜楞寺保护与管理、老司城遗址保护。

（4）在自然资源的保护与管理方面，有107件，集中体现在：水资源保护，矿产资源管理，森林资源管理，渔业资源保护管理，草原管理，菱镁、方解石资源保护，岫玉资源保护，特定林木，野生中药材，菌类植物资源保护管理，野生动植物资源保护管理，特色禽畜资源保护与利用，卤虫资源保护管理，岩溶资源，国土资源开发保护，旅游资源等。

（5）在经济发展与管理方面，有86件，集中体现在：①发展和保护非公有制经济，如农业承包经营权继续承包，促进中小企业发展，个体工商户和私营企业权益、企业和企业经营者权益保护；②促进各产业的发展和管理，如林业、畜牧业、香猪产业、奶业、柑橘产业、渔业、鹿业、茶产业、人参产业、专业农场、蜂业、德宏咖啡产业、建水紫陶产业、石屏豆制品产业、丘北辣椒产业；③维护市场秩序，如农产品质量安全、农作物种子生产经营管理、烟草专卖管理、清真食品管理、玉米种子管理、酒类管理、天然橡胶管理、惩治销售假冒伪劣商品违法行为。

（6）在规范社会生活和公共服务供给方面，有110件，集中体现在：婚姻、殡葬管理、收养、继承、民族团结进步事业、人口与计划生育、禁毒、职业教育、义务教育、科学技术进步、法治宣传教育、老年人权益保障、未成年人保护、法律援助、就业促进、新型农村合作医疗、儿童计划免疫管理、艾滋病防治、农牧民负担管理等。

（7）行政管理与其他事项，有 69 件，集中体现在：档案管理、预防职务犯罪工作、预算外资金管理、政府采购、档案管理、住房公积金管理、水政渔政监察、劳动保障监察、行政执法、住宅区物业管理、城镇暂住人口管理、外国人管理、口岸管理、对外劳务合作管理、旅游管理、突发事件应对处理、社会治安综合治理、防震减灾、气象灾害防御、人民防空等。

从上述对单行条例立法事项的分类统计中可以看出，"城乡建设与管理、环境保护、历史文化保护"此三项在整个单行条例立法数据共有 416 件，占比 52.8%。需要指出的是，这一数据还只是一个保守估计，因为以上分类不太精准，而且各类别之间存在交叉重合。在自然资源保护与管理中与森林资源、水资源、草原资源、野生动植物等相关的单行条例中也有很多的内容涉及环境保护，在规范社会生活、公共服务供给、行政管理的事项中也难以完全将城乡建设管理的内容全部排除在外，在促进经济发展的相关事项中地方特色行业的发展也可能与历史文化的保护息息相关。

此外，上述单行条例的条文对上位法的内容多有重复，很多条文表述过于抽象原则，少数具有较强可操作性的条文中主要是对地方行政管理中权责的进一步明确。可以说，单行条例立法的必要性正因过于注重地方立法功能，导致单行条例民族立法功能体现不足而不断遭受外界质疑，似乎更多只是为了服务于地方政府的管理需要，当地民族特点如何在单行条例立法中凸显成了亟待解决的问题。

三、立法形式：明示的变通条款占比较少

单行条例的法规形式多样，在具体立法实践中单行条例并不是直接以"单行条例"为法规名称，除了在绝大多数情况下使用"民族自治地方＋立法事项＋条例"的形式（约占比 90.48%），还存在其他的表现形式，如以"办法""程序规定""若干规定""工作规定""变通规定""补充规

定"为法规名称。❶虽然"变通规定"与"补充规定"在名称上不一样，但是从内容和属性上看基本都属于对上位法的明示变通。实际上，单行条例中还存在一种未经明确标示的隐性变通，即从法条上看不能直观地辨识其变通属性，只有在法条的适用过程中出现争议，有权机关才会揭示或界定其属于变通上位法的条款。

从上述数据中可以看出，明示的变通规定占比较少，累计以"变通规定""补充规定"为法规名称的共57件，占比7.23%。我国五大自治区仅在1954年《宪法》颁布后制定过一些包含变通条款的单行组织条例❷，随着一些部门法的出台，民族自治地方陆续制定了一些以"变通规定"和"补充规定"形式存在的单行条例，自治区层面有7部，如《西藏自治区实施〈中华人民共和国收养法〉的变通规定》《宁夏回族自治区执行〈中华人民共和国婚姻法〉的补充规定》等；在自治州和自治县层面也有这类为解决民族自治地方在实施国家法律过程中的具体问题而制定的单行条例。❸

然而，这并不意味着民族自治地方对于立法变通权的运用仅限于此，因为通过对各单行条例具体条文的梳理可发现，在以"民族自治地方+立法事项+条例"为名称的单行条例之中也设有一些难以精确统计的隐性变通条文。在单行条例立法中隐含的立法变通条款通常表现为自我设权，如增设资源管理方面的行政许可、提高行政处罚的幅度等方面。如在《天祝藏族自治县矿产资源管理条例》（已废止）中就有类似的规定，该条例第10条第2款规定，采矿人开采"作为商品的普通建筑材料的砂、石、黏土和少量生活自用的矿产，经乡（镇）人民政府审核，报自治县地矿部门审

---

❶ 在检索到的788件现行有效的单行条例中，以"条例"为法规名称的有713件，该数据是基于自治州层面的"条例"355件与自治县层面的"条例"378件，再剔除自治州和自治县所变通和补充的地方性法规以及行政法规中出现的"条例"19次，另外经梳理发现有一份授权决议中出现的两份单行"条例"，故在此基础上再除去1件。以"办法"为法规名称的有10件，占比1.27%，以"程序规定""若干规定""工作规定"为名称的共8件，占比1.02%。

❷ 如1963年的《西藏自治区各级人民代表大会选举条例》、1958年的《广西僮族自治区人民代表大会和人民委员会组织条例》等，这些单行条例现基本都已经被废止。

❸ 从检索结果来看，制定变通和补充规定较多的民族自治地方依次为：阿坝藏族羌族自治州6件，甘孜藏族自治州6件，凉山彝族自治州6件，峨边彝族自治县4件，马边彝族自治县4件；其中30件是来自四川省所辖的自治州和自治县，占比52.6%。这57件变通和补充规定主要涉及7部法律、2部行政法规、12部地方性法规；其中婚姻法18件、继承法3件、森林法3件、收养法2件。《民法典》颁布后，这些民族自治地方的变通和补充规定部分已经被陆续废止。

批，颁发采矿许可证"。依据此款规定，公民个人采挖"生活自用的矿产"与开采"作为商品的普通建筑材料"一样，都需要经由自治县有关部门审批颁发许可证。然而，这一规定与上位法的一些规定完全相左，我国《矿产资源法》第35条明确规定，允许个人采挖砂、石、黏土之类的普通建筑材料和少数生活自用的矿产，而且在国务院制定的《矿产资源法实施细则》第40条中还对此进行了细化，明确了允许个人开采的矿产资源为："零星分散的小矿体或者矿体""只能用作普通建筑材料的砂、石、黏土"。甘肃省的地方性法规中也没有增设这一审批程序的相关规定，而《甘肃省矿产资源管理条例》第30条则规定，"允许个人开采零星分散资源和只能用作普通建筑材料的砂、石、黏土以及为生活自用的少量矿产"。

单行条例中没有被明确标示的变通条款，伴随着行政职权的扩张将给当地少数民族带来负担。与此同时，从收集到单行条例的立法审议材料来看，几乎没有发现与变通条款相关的情况说明，尤其是上级批准机关的审议结果报告或批准决定中对此更是鲜有提及。如上文所提及的《天祝藏族自治县矿产资源管理条例》的审议材料，1995年和1999年甘肃省人大常委会批准天祝县制定和修改该单行条例的两份决定中都没有提及上述条款的相关表述或没有对变通内容进行任何说明。通过在单行条例中设置这种隐含的变通条款来规范开发利用自然资源和分配权责时是否对于聚居当地的少数民族的生存权和发展权的保障已经给予了充分考虑，对上位法设定的行政许可事项的范围和条件，不禁令人心生疑问。❶ 上述这些问题也使得单行条例的功能定位需要进一步深入探讨，其功能的实现机制也需要进一步完善。

四、立法效果：颁布后的实施不畅与修改滞后并存

单行条例立法的最终目的就是发挥实效，产生良好的立法效果。这必然内在要求民族自治地方的公民、法人、国家机关都能严格遵守和执行。然而，单行条例在行政执法和司法审判中的出镜率较低，也不太为民族自治地方的民众所熟知，其实施效果还不太理想。

---

❶ 依据行政许可法的有关规定，地方性法规因地方管理的需要也只限于上位法没有制定行政许可的事项。

在行政执法方面，尽管民族自治地方的单行条例对于与上级国家机关的职责相关的一些条款也都是经过充分协商或是在贯彻实施上位法的基础上制定的，但在行政管理活动中并没有很好地执行。

在司法实践中，曾有法院将民族自治地方的单行条例混同于一般地方性法规适用的情况，甚至在司法适用中还有将单行条例中涵盖的一些相对具有可操作的变通上位法的条文直接认定为无效的情况。换言之，在单行条例实施过程中，由于其法律权威不足，严重影响了单行条例功能的发挥。相比较而言，经济特区立法的数量只有民族自治地方自治条例和单行条例的 1/3 左右❶，而从裁判文书网检索的结果显示援引经济特区法规的裁判文书却高出援引民族自治地方自治法规的文书数量至少 10 倍以上。可见，单行条例中的一些隐性变通规定的规范效力还十分有限，实践中存在诸多影响其适用的阻滞因素。

其必然结果是，耗费高额的立法成本制定出台的单行条例常常被搁置，由于实际适用较少而导致立法后修改滞后。这一现象在自治县层面中尤为突出。据笔者统计，现行有效的 398 件自治县单行条例中有 82 件是在 2001 年《民族区域自治法》修改之前制定的，立法机关对于这些单行条例仍然没有作出任何修改，尽管在近三十年的时间内立法所依据的上位法已作出修改，社会经济环境已发生巨大改变。即便有相当一部分单行条例进行了修改，但是修订工作的滞后也在一定程度上影响了单行条例的进一步实施，最终形成一种恶性循环。

第二节　单行条例立法相关问题的成因

针对上文所揭示的单行条例立法中存在的诸多问题，对于这些现象的成因分析可以从不同的维度展开，从宏观层面追根溯源可以从民族区域自治制度中探讨中央与民族自治地方的关系、自治立法权，以及单行条例的立法目的等，从微观层面可以归因于民族自治地方立法实践中的立法技术

---

❶ 截至 2016 年 8 月，全国的自治条例和单行条例共有 967 件，经济特区法规有 311 件。朱宁宁. 第二十二次全国地方立法研讨会召开［N］. 法治日报，2016－9－9（1）.

的细节。下文的成因分析是基于对上述现实困境整合后的一种中观层面的折中考量。需要指出的是，这三个成因与上述的四个表征之间也并非完全一一对应，如在立法数量上的区域立法与民族立法的比例失衡，在立法内容上的一般地方立法对自治立法的弱化的主要原因都在于认知层面上单行条例立法的功能定位偏离主线，但这其中也不乏规范层面变通立法的权限模糊不清的原因。以下将对单行条例立法困境之所以产生的三个主要原因作进一步深入阐述：

一、认知层面：立法的功能定位偏离主线

我国的民族区域自治是"民族自治与区域自治的正确结合，是经济因素与政治因素的正确结合"。❶ 民族区域自治制度设计的功能定位是一个重要议题，但是实务部门在民族自治地方具体的实施过程中常常忽略了这一基本问题。

单行条例立法所承担的实际功能在很大程度上与地方性法规重合，尽管地方性法规不能变通上位法，但是仍存在一定的自主空间；其直接后果是自治州、自治县的单行条例立法中地方性事务与民族事务比例失衡，自治区层面则因为地方性法规立法更为便捷，对于自治区单行条例立法的探索基本处于停滞状态。可以说，民族自治地方自治立法权的行使正逐渐等同于一般地方。

在实践中，单行条例的一个重要功能就是通过立法将上级国家机关对少数民族和民族自治地方在财政税收、人事、教育等方面的优惠政策和特殊照顾以制定法的形式固定下来，以稳定促进民族自治地方的发展。长期以来，单行条例立法的功能实际上主要是在推动地方经济发展和加强行政管理方面，因此，我国民族自治地方人大将单行条例立法的重心调整为推动本地的经济发展，即单行条例立法为经济建设服务。❷ 经济基础决定上层建筑，民族自治地方基于自身发展的需要也应从立法层面为地方的经济

---

❶ 周恩来. 周恩来选集：下卷 [M]. 中共中央文献编辑委员会，编. 北京：人民出版社，1984：258.

❷ 陈绍凡，陈绍皇. 论我国民族自治地方立法的几个问题 [J]. 西北第二民族学院学报（哲学社会科学版），2006（1）：16.

发展提供保障。

但是从法理层面来看，这种功能定位不太恰当。我国《宪法》第116条规定，"依照当地民族的政治、经济和文化特点"制定自治条例和单行条例，换言之，单行条例立法最重要的标准是结合当地民族特点，即民族性。民族性是任何群体或族群认同和识别的标识，是族群共同体建立的中心动力；民族性指的是一个民族在共同的地域、共同的语言和经济联系的基础上，经过漫长的历史发展后形成的稳定的心理状态和人格特征，通常包括民族习惯、传统、性格、审美标准、行为方式等；同时，民族性也是动态的和不确定的，可随着环境和时代的发展而逐渐发生变化，也可能因特定群体的主客观原因而变得隐蔽和含糊不清。❶ 换言之，单行条例立法中所强调的民族性对应的是当地少数民族社会生活中的共同特征。

在2015年《立法法》修改后，单行条例立法的功能定位应不再是以往的"能者多劳"，而应该是在精细化分工下的"术业有专攻"。因为自治州与设区的市也一样拥有地方立法权，使得原来兼容并蓄的单行条例立法事项中明确为地方性法规立法分离出"城乡建设与管理、环境保护、历史文化保护"。不可否认，改革开放以来，我国民族自治地方的社会面貌已经发生巨大变化，但这种变化主要还是集中在政治制度和生活方式方面，作为社会变革之根基的"文化领域的转型"却发展缓慢，具体表现为少数民族的"传统文化的改造与整合"不充分所导致的长期以来社会发育程度较低。❷ 一味追求经济发展在短期内的突飞猛进，必然是以牺牲生态环境和资源的过度开发为代价，这种缺乏社会内生动力支撑的经济发展模式难以持久。在《立法法》2015年修改后，民族自治地方的单行条例与地方性法规的功能无法继续含混地交错在一起，至少自治州层面已经亟待解决，所以单行条例立法的未来发展趋势应该是回归民族区域自治制度设计的初衷。换言之，单行条例立法的核心功能应该在于变通上位法中不合时宜的规定，通过对全国性法律的局部调整来切实保障少数民族权益和铸牢中华民族共同体意识。

---

❶ 宋希仁，陈劳志，赵仁光. 伦理学大辞典 [Z]. 长春：吉林人民出版社，1989：301；李鹏程. 当代西方文化研究新词典 [Z]. 长春：吉林人民出版社，2003：225–226.

❷ 陈绍凡，陈绍皇. 论我国民族自治地方立法的几个问题 [J]. 西北第二民族学院学报（哲学社会科学版），2006（1）：16.

如果单行条例立法的功能定位不能引起足够重视，那么立法很可能只是单纯对上位法的细化，就成为一种重复抄袭上位法且流于形式的过场，难以显示其立法的必要性，因为通常省一级人大常委会制定的地方性法规已基本权衡了本辖区各行政区域的实际需要和具体情况。这在立法实践中呈现的一种后果则是，我国宪法和法律所赋予民族自治地方保障少数民族的权益的自治权带来的可能只是地方政府行政权的膨胀，尤其是单行条例立法涉及对民族自治地方公共资源和自然资源的统一管理和配置时，如果立法功能定位不清，单行条例会蜕变为地方管理的利器，最终可能对少数民族权益构成潜在威胁，进而激发某些涉民族因素的矛盾。因此，功能定位是单行条例立法的前提和基础，在全面推进依法治国的进程中，有必要进一步深入挖掘民族自治地方单行条例的作用和功能，否则单行条例将被淹没在地方性法规立法的洪潮之中。

此外，单行条例颁布实施后适用较少的一个重要原因还在于，民族自治地方对单行条例的特殊性了解不够充分。在单行条例立法后的实施过程中，行政机关、司法机关对单行条例及其变通条款认知上的偏差，影响了单行条例的执行和适用。

二、规范层面：变通立法的权限模糊不清

我国《宪法》《民族区域自治法》对于单行条例立法强调必须依据当地民族特点，《立法法》第85条第2款为立法变通提供了一个大致范围，"不得违背法律或者行政法规的基本原则，不得对宪法和民族区域自治法的规定以及其他有关法律、行政法规专门就民族自治地方所作的规定作出变通规定"，从这些抽象的表述看，单行条例立法变通的权限范围仍然非常模糊，而且与此相关的配套立法也没有起到相应的功能。虽然国务院出台了实施《民族区域自治法》的若干规定，但这一规定主要是对《民族区域自治法》中关于上级国家机关对民族自治地方的帮扶义务的相关内容进行细化，而各部委制定的解决具体问题的政策性文件则变更频繁，所以处于承上启下地位的省一级地方制定的实施《民族区域自治法》的配套法规和民族自治地方自治条例就尤为重要。然而，这二者都没有很好地发挥应有功能，最为直观的是大多在内容编排上都很大程度上参照了《民族区域

自治法》的结构安排，只是以自治权为标题的专章表述相对较少，将民族区域自治法中"自治权"与"上级国家机关的职责"的相关内容进行整合，按照"经济建设""财政与金融""社会事业"等事项的分类分别设章作出进一步规定。在何种情况下可以对上位法作出变通，如何判断立法是否依据了当地民族特点，这些问题并未得到有效解答，单行条例立法的变通权限的判断具有较大的主观性。

　　这些民族区域法律法规体系中的上位法甚至对于单行条例是否具有设定行政许可、行政处罚权限的问题都难以给出明确的答案。尽管单行条例也属于行政法的渊源之一，可以对自治机关的权限范围和行政机关的行政行为等内容进行规制，但是我国行政处罚法和行政许可法对于地方立法层面都只规定了地方性法规和省级政府规章的设定权，对于单行条例是否存在设定权却没有明确提及。学界对于单行条例的行政许可和行政处罚的设定权是否有理论上的正当性也存在诸多争议。持肯定观点的认为，单行条例有变通上位法的权力，其应该享有与一般地方性法规和省级政府规章一样的甚至更广泛的行政许可的设定权❶，而且由于民族自治地方所处的特殊的自然环境和复杂的社会环境，使其对政府的人、财、物的投入的依赖程度更高。❷ 也就是说，单行条例的实施本身需要政府积极履行法定职能，发挥规制违法行为的作用。对此持否定立场的学者则认为，《行政处罚法》第 14 条和《行政许可法》第 17 条的兜底性条款，已经明确排除了法条列举以外的"其他规范性文件"设定行政处罚和行政许可的可能，但民族自治地方可以根据需要，对上位法中的行政处罚等规定作出变通。❸ 还有一种相对折中的观点认为，自治条例和单行条例应区别对待，单行条例应具有设定行政处罚和行政许可的功能，但自治条例由于其综合性法规的属性使得自治条例不适合也不需要具备这种设定权。❹ 学界的这种争议也长期困扰着单行条例的立法实务部门，在 1996 年《行政处罚法》制定出台

---

❶ 熊威. 论我国自治条例、单行条例行政许可的设定权 [J]. 黑龙江民族丛刊，2007（2）：15.
❷ 吉龙华，安树昆. 论民族自治地方行政许可的设定权问题 [J]. 云南大学学报（法学版），2005（5）：92.
❸ 胡锦光. 行政处罚法适用手册：条文释义·难题解析·处罚适用 [M]. 北京：红旗出版社，1996：50-51.
❹ 杨临宏. 关于自治条例和单行条例设定行政处罚的思考 [J]. 当代法学，1999（3）：38.

后,曾有省人大法工委就能否在自治条例与单行条例中设定行政处罚的问题请示全国人大法工委。❶ 尽管实务部门和学界对此存在各种意见分歧,但在单行条例立法实践中仍存在不少增设行政许可和行政审批事项的现象。

变通权限模糊可能产生的后果是,民族自治地方可能会越权滥用自治立法权限,抑或出于谨慎考虑完全放弃这一法定权力,最终都将一定程度上影响到民族区域自治制度的功能发挥。最典型的就是在进行地方创制性立法时可能会为了寻求更高的位阶,而将不涉及变通的草案通过单行条例立法的方式制定出台,最终给立法审议工作徒增负担,导致应该变通的没有变通,不需要变通的却变通了。❷ 对于那些消极的立法主体而言,变通权限范围模糊会导致其立法积极性不高,单行条例立法成了对上位法的贯彻实施。此外,单行条例的立法实践中与一般地方立法的交叉重合,以及地方性法规立法对于单行条例所可能造成的功能弱化,不仅是变通权限模糊所衍生出的一个问题,还与我国单行条例立法程序中的报批机制缺失明确标准密切相关。

三、技术层面:立法后实施的配套保障机制不健全

单行条例的实施效果与立法初衷的价值目标还存在很大的差距,究其原因,当然与单行条例本身的属性和立法质量有关。通过对单行条例条文的研读发现,单行条例立法文本本身存在一定的问题。一是法条中很多内容属于重复上位法,只是措辞表述稍有不同,如《察布查尔锡伯自治县促进民族团结条例》中关于自治县的有关国家机关维护民族团结的职责的表述,以及诸多类似于各少数民族的风俗习惯应受尊重,应享有平等不受歧视的待遇等类似于普适性真理的表述。二是法条的很多内容属于一种倡议性的柔性表述,如"鼓励和支持""大力倡导"等方针政策中常见的惯用

---

❶ 有资料显示,这样的正式问答在 1996—2005 年至少有三次,当时全国人大法工委的答复是,"自治区制定的地方性法规可以设定行政处罚,自治区制定的自治条例、单行条例也可以设定行政处罚。但是自治州、自治县制定的自治条例、单行条例不能设定行政处罚"。赫成刚,唐燕. 行政处罚相关法律解释链接 [M]. 北京:中国计量出版社,2007:29.

❷ 何立荣,覃晚萍. 西部民族地区农村法治与和谐社会的构建:以法人类学为视角 [M]. 北京:中国法治出版社,2015:179-180.

语，禁止性条款不多，对于违反规定的行为主体的法律责任条款较少，没有充分体现法的约束性。三是法条中有很多概括性或原则性抽象的表述，可操作性不强，如"有关部门""文化主管部门""实行生产性保护"等模糊的表述。❶

基于上述单行条例立法文本的特征，不难想象，作为民族自治地方落实民族区域自治制度的关键环节，单行条例制定出台后在缺乏配套的立法解释或实施细则的情况下仍然会难以实施，有一些自治州为单行条例又制定了实施细则，如大理白族自治州政府就为《大理白族自治州村庄规划建设管理条例》专门制定了实施细则。然而，从现有数据看，围绕单行条例出台的实施办法和立法解释的并不多见。单行条例中这些抽象模糊且具有较大弹性空间的表述，如何能得到有效的贯彻和落实，立法目的如何能真正实现，自然而然地成为横亘在实践中的一个难题。

同时，单行条例的实施效果不理想还与民族区域自治法缺乏足够良好的配套实施机制有关。虽然单行条例在出台之前经过了各种协调沟通的努力使条例得以在上一级人大常委会审议通过，但是在条例的实施过程中仍然面临较大的阻力，尤其是需要上级国家机关履行职责的条款。民族区域自治法中对于民族自治地方自治权的原则性规定，没有配套的实施细则予以说明便难以付诸实践和充分贯彻实施。在上位法配套不足的情况下，自治条例也难以发挥其在民族法治体系中承上启下的作用，难以为单行条例立法提供具体的依据。即使有个别规定得十分明确的条款，也可能因为缺乏上级国家机关的支持和配套的政策而无法实施。❷

单行条例实施过程中的关键问题是上级国家机关不一定认可民族自治地方单行条例的法律效力，更难以自觉遵守单行条例的规定。目前单行条例的贯彻实施主要是依靠行政机关的内部监督。依据相关调研，在实践中通常有两种救济途径：一是自治机关主动向上级国家机关提出意见，进行

---

❶ 详见《云南省楚雄彝族自治州彝族服饰保护条例》(2019) 第 9 条。
❷ 以红河哈尼族彝族自治州为例，该自治州的自治条例第 48 条规定，自治州的自治机关执行税法时根据需要可以报省政府批准后减税或免税，而且在增值税方面可享受中央每年返还部分和省全额返还的优惠待遇。然而实际情况是，法规虽然制定出台，但这些涉及上级国家机关利益的条款却由于种种原因一直没有落实。龙云飞. 民族自治地方民族立法现状、问题及对策——以红河哈尼族彝族自治州为例 [J]. 法治与社会, 2016 (33): 158.

协商后矫正；二是上级国家机关在执法监督时发现问题，及时予以纠正。❶ 我国《宪法》规定，国务院的职责中包括"领导和管理民族事务，保障少数民族的平等权利和民族自治地方的自治权利"。《国务院实施〈中华人民共和国民族区域自治法〉若干规定》第 30 条中也强调了，各级人民政府的民族工作相关部门应每年对本规定的执行情况进行监督检查，并向同级政府报告。自《民族区域自治法》颁布实施三十余年以来，全国人大常委会对该法的实施情况曾开展过两次执法检查，统计了民族自治地方的自治立法数据，并对民族法治的建设情况作了说明。❷ 尽管这些数据对于单行条例立法现状的研究有重要的参考价值，但从执法检查的报告上看，民族自治地方所制定的这些单行条例的实施情况仍然不容乐观。在 2006 年的执法检查中提出的一些进一步提高认识、完善配套立法、加强监督检查等建议，在 2015 年的执法检查中大多还在反复强调；时隔近 10 年，《民族区域自治法》贯彻实施中的配套法规不完善、配套资金减免规定和生态补偿规定落实不到位等问题仍持续存在。❸

诚然，国务院、国家民委以及各级民族工作部门在深入民族地区调研和监督检查时，能在一定程度上督促有关部门协调解决各民族自治地方遇到的这些问题，但这种基于行政机关内部监督的反馈效果和矫正次数十分有限。单行条例本身因为民族自治地方的特殊性而制定，如果上级国家机关没有充分尊重这种特殊性，民族自治地方事务的法治化治理水平就会受到影响。此外，民族自治地方的行政机关的依法执政水平不高，少数民族民众法律意识相对淡薄，民族自治地方的社会经济发展中的矛盾和争议通过行政复议、行政诉讼的正式渠道解决的还比较少，单行条例的实施缺乏有效约束机制。单行条例上报全国人大常委会和国务院备案虽提供了一种事后监督的可能，但对于单行条例在颁布后的实施情况缺乏相应的常态化的反馈机制，使得实施过程中种种问题难以浮出水面。如果不能及时发现单行条例实施过程中的问题，单行条例的修改和完善就必然滞后

---

❶ 张锡盛，朱国斌，字振华. 民族区域自治法规在云南的贯彻执行 [J]. 思想战线，2000 (5)：134.

❷ 在 2006 年的执法检查中公布的单行条例立法的数据是 447 件，变通和补充规定 75 件，而在 2015 年的执法检查的结果是已制定 912 件单行条例，其中现行有效的有 698 件。

❸ 详见 2006 年和 2016 年的全国人大常委会执法检查组关于检查《中华人民共和国民族区域自治法》实施情况的报告，分别载《全国人大常委会公报》2007 年第 1 期、2016 年第 1 期。

于现实的需要。

要实现国家治理能力和治理体系的现代化,单行条例的实施及其立法目的的实现仍需要长效机制来保障,只有建立一套能将立法、执法、司法与公民的守法等各个环节都衔接起来的常态机制,才能从根本上保障单行条例更好地服务于民族区域自治地方的经济社会文化事业的发展。

第三节 单行条例立法相关问题的应对思路

西方哲学家关于过程论的思想和观点为我们提供了新的方法论视角,强调事物由简单到复杂、由低级到高级的动态发展,强调事物之间相互的普遍联系。正如恩格斯所认为的,"世界不是既成事物的集合体,而是过程的集合体"❶。立法研究诉诸过程就是将立法理解为一个不断运动、变化和发展的有机过程,全面、完整地把握"法"这种社会现象发生、发展的过程及其内在变迁的规律,这也正是立法研究的根本任务所在。❷ 因为立法不仅是决策主体对权力进行分配的政治过程,还是各参与主体通过互动形成社会共识的过程,更是各种不同利益主体之间的矛盾通过多次反复进行的博弈以实现相对均衡的过程。以过程论为认知导向,我们就可以理解法的颁布并不意味着立法活动的终结,而且随着时间的推移和社会条件的变化,现有的单行条例在丧失其内在约束力之后,就需要有所修订或重新制定,这实际上意味着新一轮的立法阶段已经开始。因此,要化解单行条例立法中的现实难题,就应该充分了解过程的复杂性,充分考虑立法过程的各个阶段中相互联系的各因素来探究解决的路径。

一、立法过程的三阶段划分

在周旺生看来,立法作为一个过程,可以从三个层面来理解。从宏观

---

❶ 马克思,恩格斯. 马克思恩格斯选集:第 4 卷 [M]. 中共中央马克思恩格斯列宁斯大林著作编译局,编. 北京:人民出版社,1972:244.
❷ 王爱声. 将过程思想引进立法研究的思考 [J]. 北京政法职业学院学报,2010(3):33.

层面来看,在整个人类社会的发展过程中,立法活动始于原始社会人们的社会习惯被认可后成为法,从奴隶社会成文法的广泛出现后到现今各种形式的立法接踵而至,人类社会的立法经历了由简单到逐渐复杂的发展过程。从微观层面来看,立法的每一个细小环节或步骤都可以是一个活动过程,比如立法准备的过程包括预测、规划、创议、决策,以及法案起草等,而法案起草的过程又包括确定起草机关、组织调研、拟出草案提纲、征求意见、修改和审查法案草稿等一系列的活动。从中观层面来看,是指法之所以成为法所需要经历的过程,立法活动可分为前中后三个紧密关联的阶段:即为立法做准备的前立法阶段、法案到法的中立法阶段、立法完善的后立法阶段,这种三阶段的划分意味着立法活动并非局限于法案到法的审议程序,而是始于立法准备,终结于立法完善阶段。❶下文对于立法过程的讨论正是在这样一种中观维度上展开的。

　　立法过程与立法程序密切相关,二者有诸多交叉重合之处,但同时又有一定区别。对于立法程序,通常是指"国家立法机关在制定、认可、修改、补充、颁布和废止法律的活动中,所必须遵循的法定的步骤和方法。它通常包括提出法律草案、审议法律草案、通过法律和公布法律等阶段"❷。对于立法过程,日本学者岩井奉信曾在《立法过程》一书中指出,"最广义的立法过程",不仅包含"议会内部的立法程序",而且还指议会决策过程中"议会内外诸势力之间的正式与非正式的相互作用"的整个过程。❸ 在我国"立法程序"的使用频次相对更高,"立法过程"则更多是学术研究时使用的术语。有学者把立法过程所涵盖的内容都理解成立法程序,只是广义的立法程序包括立法准备阶段、法案到法阶段、立法完善阶段,而狭义的立法程序只包括直接关乎法的形成或确立的法案到法阶段。❹ 实际上,我国法理学和立法学的专家学者普遍认为,立法过程比立法程序所包含的内容更广。如周旺生、张建华认为,立法程序是指在立法活动中有立法权的中央和地方的各级国家机关和行政机关制定法律法规、地方性

---

　　❶ 周旺生. 关于中国立法程序的几个基本问题 [J]. 中国法学,1995 (2):57-58.
　　❷ 许崇德. 中华法学大辞典·宪法学卷 [Z]. 北京:中国检察出版社. 1995:332;沈宗灵. 法理学 [M]. 3 版. 北京:高等教育出版社,2009:302;高其才. 法理学 [M]. 北京:清华大学出版社,2007:274.
　　❸ 岩井奉信. 立法过程 [M]. 李薇,译. 北京:经济日报出版社,1990:前言,15.
　　❹ 韩明德,石茂生. 法理学 [M]. 郑州:郑州大学出版社,2004:210.

法规、行政法规和规章等立法文件时所应当遵循的一般步骤和次序；而立法过程的范围则更广，除了对有立法权的国家机关的参与之外，还强调其他无法定立法权的国家机关、社会组织以及公民个人在立法活动中的参与。❶ 李林也认为，立法程序具有法定性，但由于法律不可能事无巨细地将立法活动所涉及的一切行为和方式都作出规定，否则势必会造成对立法活动的掣肘，在立法活动中还有一些不属于立法程序范畴的行为，却可以归入立法过程，如民众通过媒体发表对法案的看法，以及政党和社团组织对立法活动的影响等，故而"立法过程包括了与立法活动有关的各个主要行为阶段，但不局限于立法程序的那些法定行为"❷。由此大致可以看出，立法过程的内涵和外延比立法程序的范围更广，立法程序只是立法过程中的一个重要的法定环节。

对于立法过程所包含的阶段划分，学界有几种不同的观点。持多阶段的观点认为，立法过程"以立法行为本身的运动规律"为依据可以依次分解为，立法的动机、立法的酝酿、立法的准备起草、提出法案、讨论法案、表决法案，以及签署和公布法律多个阶段。❸ 还有学者将立法过程划分为立法预测、立法规划与立法决策，立法协调，立法的解释与修正，立法监督几个环节。❹ 这些划分虽在一定程度上强调了与立法活动相关的社会环境因素，但对于立法过程的解读还有一定的局限性，而且这种划分稍显烦琐。持两阶段的观点则认为，法的创制过程大致可分为准备阶段和确立阶段，确立阶段又包括上述提到的立法程序的四个步骤，即法律案的提出、审议、表决、公布。❺ 这一阶段划分过于简单，不足以体现立法的整个流程。还有一种三阶段的观点认为，立法过程可以诠释为准备阶段、创制阶段、完备阶段，只是创制阶段包括一般立法程序中的四个步骤。❻ 与此相类似，还有另一种表述方式，即前文提及的周旺生所提出的立法过程可分为立法准备阶段、由法案到法的阶段、立法完善阶段三个阶段。实际上，立法过程的三阶段划分的标准和表述为学界诸多学者所接受，在张文

---

❶ 周旺生，张建华. 立法技术手册 [M]. 北京：中国法治出版社，1999：103.
❷ 李林. 立法理论与制度 [M]. 北京：中国法治出版社，2005：143 – 144，145.
❸ 李林. 立法理论与制度 [M]. 北京：中国法治出版社，2005：144 – 145.
❹ 朱力宇，张曙光. 立法学 [M]. 北京：中国人民大学出版社，2001：155，170，182，209.
❺ 孙国华，朱景文. 法理学 [M]. 2 版. 北京：中国人民大学出版社，2004：254 – 255.
❻ 舒国滢. 法理学阶梯 [M]. 2 版. 北京：清华大学出版社，2012：268 – 271.

显、李清伟、苗金春等学者所著的一些法理学教材和论著中都有对立法过程三阶段的阐释。❶

必须承认的是，周旺生对立法过程的三阶段划分，不仅较好地概括了整个立法活动中的主要流程，而且充分凸显了各个环节的内在联系，将立法理解为一个不断发展的动态过程。相对于立法程序的四个步骤，以立法过程为研究视角既可以强调规范立法机关的活动、关注立法机关如何通过民主、公正、公开地表决和议事形成科学的立法决策，还有助于更好地探讨如何在立法过程中构建公众参与、利益表达和整合的机制，集中多数人的意见形成合意的同时，尊重少数人的意见和利益，以寻求各方利益平衡。❷ 基于此，本书将以立法过程的立法准备阶段、法案到法阶段、立法完善阶段三个阶段作为研究和分析框架，来解构民族自治地方单行条例立法困境，寻求单行条例立法中难点问题的应对思路。

在深入论述具体问题之前，还需要强调的是，此处以立法过程的三阶段为切入点，并不是为了聚焦于具体操作细节的完善，而是试图结合立法过程的阶段划分将单行条例立法困境的解决思路形成一种更符合逻辑的表达。立法准备阶段要解决的是单行条例立法的起始性问题，法案到法阶段要应对的是单行条例草案拟定以后如何获得外界支持并审议通过的核心命题，在立法完善阶段要剖析的是如何让构思精良的单行条例有效实施并日臻完善的过程。

二、立法准备阶段：融合少数民族习惯法凸显当地民族特性

立法准备阶段通常来说大致包括"确定立法项目、采纳立法建议、接受立法创议，作出立法决策、确定法案起草机关、决定委托起草、起草法

---

❶ 张文显．法理学［M］．北京：高等教育出版社，1999：277；李清伟．法理学［M］．上海：格致出版社，上海人民出版社，2013：173；苗金春．法学导论［M］．北京：中国人民公安大学出版社，2009：206．在阎锐所著的《立法过程中的公共参与》中更是都沿用了这一立法过程的三阶段的分析框架；阎锐．地方立法参与主体研究［M］．上海：上海人民出版社，2014：7．

❷ 杨炼．立法过程中的利益衡量研究［M］．北京：法律出版社，2010；李林．立法过程中的公共参与［M］．北京：中国社会科学出版社，2009．

案等方面的程序"。❶ 作为整个立法过程的第一个阶段,立法准备充分与否直接关系到立法质量的高低。1814 年德国历史法学派的萨维尼在《论立法与法学的当代使命》一书中就曾驳斥当时以蒂博为代表的法学家要效仿法国三五年内制定德国民法典的呼声。在萨维尼看来,当时的德国各方面条件尚不成熟,也不具备制定一部统一的民法典的能力。❷ 历史证明,在普鲁士统一德国后于 1900 年施行的德国民法典,由于前期准备充足,最终成为世界法治史上的一部重要法典。反之,由于立法准备不足,造成立法质量低下的实例不胜枚举。正是在此意义上,可将立法准备阶段视为法案提出之前为正式立法奠定基础的所有有关活动和前期准备。

对于单行条例立法而言,为避免重复立法和保障少数民族权益,立法准备最核心的内容是从一开始就要考虑当地民族特点,使立法能有效地摆脱部门利益冲突的干扰。依据我国《宪法》第 116 条的规定,"依照当地民族的政治、经济和文化特点"制定自治条例和单行条例,探讨当地民族特点的目的是为民族自治地方的单行条例立法提供清晰明确的参照。基于此,作为单行条例立法的核心内容,需要在立法准备阶段将"当地民族特点"这一抽象概念内涵具体化。

(一) 少数民族习惯法关乎当地民族特点

在早期的民族学和人类学相关研究中,通常认为风俗习惯构成了民族性,因为每个民族都生活在特定的自然和人文环境之中,在共同的经济基础、生活方式、宗教信仰等内外因素综合影响下都会形成自己独特的风俗习惯。❸ 其具体可表现在饮食起居、婚姻丧葬、服饰节庆等方面的偏好。可以说,风俗习惯是各民族特质的外在表现,是人们辨识一个民族的表面特征;在中华人民共和国成立初期进行民族识别和分类时,风俗习惯也曾被视为重要的参考标准。少数民族的风俗习惯依靠传统权威沿袭下来并经过长期社会实践的检验,在少数民族群体中广泛适用后所形成的共同的行为规范,再逐渐演变成为习惯法。少数民族习惯法的产生也与各民族生活

---

❶ 周旺生. 立法学教程 [M]. 北京:北京大学出版社,2006:241.
❷ 萨维尼. 论立法与法学的当代使命 [M]. 许章润,译. 北京:中国法治出版社,2001:中译本序言 5-6.
❸ 陈云生. 民族区域自治法——原理与精释 [M]. 北京:中国法治出版社,2006:25.

的自然环境、生产方式、社会历史以及禁忌和宗教密切相关。❶ 可以说，少数民族的风俗习惯法是少数民族在长期的生产生活实践中不断积累和总结的产物，同时也反映了少数民族对自然及社会的认识和理解，是少数民族特征的重要载体。

少数民族习惯法作为一种社会规范保障了族群活动的规则性和可预测性，对少数民族的生存和发展发挥着积极作用。任何一种社会结构的正常运转都需要保持一种正常的社会秩序，而少数民族习惯法的社会功能表现在"维持社会秩序、满足个人需要、培养社会角色、传递民族文化"等方面，并通过"指引、评价、教育、强制、预测"等方式影响少数民族成员的行为而实现其规范功能。❷ 换言之，少数民族习惯法根据长期以来的社会实践经验来调整族群内部成员之间的各种关系并解决利益纠纷，维护社会稳定和指导人们的日常生产生活。

（二）单行条例立法吸收少数民族习惯法的重要价值

民族性在我国更为本土化的表述是民族特征，即构成"族类共同体的某些必要因素"，我国有学者将这些因素概括归纳为：语言、地域、经济基础、心理素质、文化、血统、宗教信仰、风俗习惯、历史、稳定性。❸ 民族性与民族固有的文化传统之间多有交叉重合之处，在研究过程中也很难将民族性从民族文化中剥离出来。根据我国民族区域自治的基本原则，自治条例和单行条例的立法应注重当地民族特点的凸显，在我国宪法和法律中所强调的政治、经济、文化特点是指少数民族聚居地区不同于其他地方特殊属性，其中一个重要的方面就是少数民族文化特征的风俗习惯中的习惯法。正如博登海默所言，习惯是被不同阶级和群体所普遍遵守的行为模式，不但与服饰、礼节、仪式等常规活动相关，还可能涉及社会事务中人们的义务和责任，比如婚姻中子女的抚养责任、遗产的继承、债务的履行等；而对于后者是"完全有可能被整合进和编入法律体系之中"。❹

---

　　❶ 吴大华，潘志成，王飞. 中国少数民族习惯法通论 [M]. 北京：知识产权出版社，2014：23-24.
　　❷ 高其才. 中国少数民族习惯法研究 [D]. 北京：中国政法大学，2002：127.
　　❸ 陈云生. 民族区域自治法——原理与精释 [M]. 北京：中国法治出版社，2006：12-29.
　　❹ 博登海默. 法理学：法律哲学与法律方法 [M]. 邓正来，译. 修订版. 北京：中国政法大学出版社，2004：401.

在我国现行的法律体系中，单行条例正是少数民族习惯法进入国家制定法的制度空间。从基本功能上看，依据法律规定，单行条例与自治条例都可以依据当地民族特点对国家法律法规作出变通和补充。不同的是，单行条例的内容不是综合性的，而是专门就某一方面的具体事项作出的规定。单行条例立法本身包含了考虑民族自治地方实际情况的要求，只是与地方性法规立法所依据的实际情况相比多了对民族关系和少数民族权益的考虑。反之，如果单行条例立法不能凸显当地民族的特色，单行条例立法的必要性就不论是在理论上还是在立法实践中都难以为继了。因为在2015年《立法法》修改后，自治州与设区的市一样，可以对"城乡建设与管理、环境保护、历史文化保护"等方面制定地方性法规，所以单行条例的立法与地方性法规的立法必须在功能定位上更加明确，单行条例立法应该回归其本质属性，凸显当地民族的特点。尊重少数民族的风俗习惯意味着要适当考虑让少数民族习惯法中的合理成分进入正式的单行条例的条文之中。

此外，我国对于少数民族地区的治理一直以来都十分重视少数民族传统习惯法的作用。我国的《周礼》《汉书》等史书上都有这方面的记载，大多强调"以其故俗治""各依本俗治"等；清朝更是在"因俗为制"和"华夷并用"的指导思想下制定了《理藩院则例》《苗例》《蒙古律例》《回疆则例》等。[1]尽管我国的民族区域自治制度与以往少数民族地区行政管理有很大不同，但少数民族自主管理本民族内部事务的基本原则却是一致的。我国少数民族地区经济文化的发展相对滞后，其法治现代化转型不可能在短期内实现，单行条例立法中的变通权就必须在国家法与少数民族习惯法之间进行协调，弥补全国性法律在民族自治地方普遍适用时存在的不足。如何在单行条例立法过程中吸收少数民族的传统习惯法，体现民族自治地方的民族特色，将在后续章节中予以详细阐述。

---

[1] 田钒平，王允武．善待少数民族传统习俗的法理思考［J］．贵州民族学院学报：哲学社会科学版，2007（3）：17．

三、法案到法阶段：优化协商民主弥合变通权的不确定性

法案到法阶段是指法案提出到法的公布的过程中所进行的一系列正式的立法活动。这一阶段是整个立法过程至关重要的阶段，也是学界和实务部门最为关注的焦点。我国在宪法、立法法、全国人大组织法、全国人大议事规则、全国人大常委会议事规则、国务院组织法、行政法规制定程序条例中都对提案主体、审议方式、表决方式等立法程序的内容作了一些规定。单行条例立法主体显然与法律、行政法规、部门规章的主体不一样，即使是与同样属于地方立法范畴的地方性法规在立法程序上也不尽相同。单行条例立法程序的独特性固然很重要，但是如果要实现单行条例的立法目的和推动单行条例的立法后完善，就不能脱离立法活动的整个过程。单行条例的草案基本形成后，立法机关与各上级国家机关的各种沟通协调与法案正式审议过程中的协商同样重要，传统的立法学研究多重视后者而忽略前者。基于此，本书所研究的法案到法阶段的审议实际上不仅包括了立法机关内部就提案主体提出的法案的审议，还涉及立法机关就法案草案与上级国家机关、有关部门和社会团体之间所进行的非正式的商谈。

（一）单行条例立法审议程序的复杂性和特殊性

依据《宪法》《民族区域自治法》《立法法》的规定，民族自治地方享有一般地方所没有的变通权，但为了防止变通权的滥用和维护国家法治的统一，在立法程序上也相应设置了报批制度，即民族自治地方人大制定后需要报上一级人大常委会批准后才能生效。所以民族自治地方在行使自治权进行单行条例立法时，通常会遇到上级国家机关与民族自治地方机关之间的权力配置和利益分配的难题，单行条例与地方性法规立法的具体界限不好区分，以及单行条例报批审查标准不明等问题。

尽管民族自治地方的自治权从宪法和法律层面得到确认，但报批机制中审批机关对于审批的内容仍然缺乏明确的标准。在民族自治地方的立法实践中，以1999年《广西壮族自治区水利水电工程移民安置条例》草案

为例，其历经 8 次修改仍然未能进入正式程序。单行条例如果要顺利通过上一级人大常委会的批准，通常在法定程序之外还有烦琐的"前置程序"，不但要与民族自治地方内部的各利益主体多次讨论，还要向上级机关有关部门反复征求意见。❶ 尤其是在自治区层面的单行条例立法中，国务院各部委的相关职能部门的前置审查使自治区的立法主体不得不削足适履地尽量适应国家政令，即便是在经过一系列激烈的利益博弈之后制定出台的草案仍然难以通过，因为国务院各职能部门往往坚持其行政法规或部委规章中的统一安排，甚至直接单方面进行否决。❷

省一级人大常委会对自治州、自治县制定的单行条例的审议基本也是在征求有关职能部门的意见的基础上的合法性审查，最后审议通过的单行条例主要是实施性法规。实践中这样的例子很多，如在《海北藏族自治州高原型藏羊保护条例》的制定过程中是青海省人大农牧委提前介入，在条例草案起草前和自治州人大通过条例后，曾两次向"省人大各专门委员会、省政府法治办、省农牧厅等相关部门和单位征求意见"；再比如在《黔南布依族苗族自治州樟江流域保护条例》的制定过程中贵州省人大民宗委提前介入征求省政法有关部门意见，而且贵州省人大民宗委还专门召开会议，邀请省政府有关部门对条例进行审议。❸ 前述内容都是从这两部单行条例的审议报告中了解到的，而审查意见则多强调条例符合法律、行政法规的有关规定，有较强的可操作性和针对性，几乎没有提及单行条例内容中是否对上位法作出变通，更没有体现审查部门是如何判断这种变通是否合理。

上一级人大常委会在审议民族自治地方的单行条例时，合法性审查当然是重要内容之一，但是更重要的应该还有合理性审查，即是否符合"当地民族的政治、经济和文化的特点"。可对于上级人大常委会而言，如何判断民族自治地方的草案是否符合实际需要，本身就是一个难题；即使能证明民族自治地方完全是基于当地民族特点出发制定的草案，上级国家机

---

❶ 张文山. 通往自治的桥梁——自治条例与单行条例研究 [M]. 北京：中央民族大学出版社，2009：478.

❷ 田聚英. 自治区单行条例缺失的原因分析 [J]. 理论界，2014（1）：88-89.

❸ 详见青海省人大农牧委员会关于《海北藏族自治州高原型藏羊保护条例》的审查报告，贵州省人民代表大会民族宗教委员会关于《黔南布依族苗族自治州樟江流域保护条例》审议结果的报告。

关也不一定能作出妥协以接受折中方案。总之，报批制度下由于缺乏明确标准，审批机关有较大的自由裁量空间，以至于单行条例立法的主动权似乎已经转移到报批机关。

（二）变通权限的明确与审议程序的协商重构

单行条例中变通权限的确定不仅需要国家权力为保障，还需要民族自治地方的各少数民族民众的不懈努力；因为抽象的国家法律条文难以有效保障各个民族自治地方聚居的少数民族的权益，只有权利主体积极提出具体主张才能使这种变通成为必要。正如耶林所看到的，世界上所有重要的法规以及国民和个人的一切权利的存在的前提都在于，权利主体时刻准备着主张权利；"法不仅仅是思想，而是活的力量。"❶ 单行条例法案中所包含的这种权利主张何以能在立法过程中清晰地呈现并得以充分讨论最后上升为法，才是解决变通权限模糊的路径所在。

民族自治地方自治立法权的有效行使需要促成代表民族自治地方局部利益的制度机关与代表整体利益的批准机关之间的共识，在明确这一基本事实的基础上才能更好地寻求解决方法。以自治区层的单行条例立法为例，自治区人大审议的单行条例必须经由全国人大常委会批准后方能生效，意味着自治区的单行条例不仅体现各族人民利益和意志，同时还必须符合全国各族人民的利益和意志。❷ 对于变通立法权限不明和具体功能定位复杂，以及报批程序缺乏刚性标准的问题，在现有法律框架下可能的解决路径在于优化民族自治地方立法审议过程，更好地达成关于变通权限的共识。

西方的协商民主理论认为，"一切法律都由商谈产生"❸、权利源于协商主体间商谈所形成的共识，这些思想为我们在立法过程中解决变通权限

---

❶ 耶林. 为权利而斗争 [M] 胡宝海，译. //梁慧星. 为权利而斗争：梁慧星先生主编之现代世界法学名著集. 北京：新华书店，2000：2.

❷ 敖俊德. 地方立法批准权是地方立法权的组成部分——兼评王林《地方立法批准权不是立法权的组成部分》[J]. 人大工作通讯，1995（8）：34-35.

❸ 哈贝马斯认为，全部法律主体都应该参与法律商谈，因为全体守法者都是立法者，法律中任何问题都可以商量；只有经过商谈才能生成有效的法律，一切法律都是商谈的结果。他认为，"法律商谈使私人领域与公共领域、私人行动和国家行动、生活世界和政治系统互为构成性条件，法律商谈成为社会整合和团结的工具"。李伟迪. 商谈理论对立法及司法工作之启迪 [N]. 检察日报，2011-11-14（3）.

模糊的问题提供了一个新的思路。我国民族区域自治制度的运行过程，实际上应该是"一种多民族共同参与同一政治过程的协商民主过程"❶，单行条例的立法并非简单地、僵硬地依法定程序制定，还应是各民族的各利益主体相互协商的结果。当前，如何进一步挖掘协商民主的"慎思"价值，通过单行条例立法妥善处理好各种涉民族因素的问题并铸牢中华民族共同体意识，已经成为新时期民族工作的重要任务。

　　基于上述考量，如果单行条例立法在法案到法阶段要化解变通权限模糊的问题，应该从以下几点入手：首先，鉴于报批机关在单行条例立法中的重要地位，对审议程序的研究不宜再局限于民族自治地方人大的审议，而应将报批程序涵盖在内。其次，哈贝马斯关于协商民主或商谈民主的理论可以为进一步完善单行条例立法的审议程序提供丰富的养料。再次，在现有法律框架下的基本的解决思路在于，将单行条例立法作为一个权利明晰化的过程。具体而言，通过构建中央与民族自治地方之间，报批机关与民族自治地方立法机关之间，以及民族自治地方内部有效的协商机制来完善，同时单行条例的合法性和正当性也应建立在非公共领域的共同商谈的基础上。

四、立法完善阶段：依托司法功能保障民族法治的权威性

　　立法完善阶段是整个立法活动的最末端，是指法案审议通过颁布实施后，立法机关为了更好地适应不断变化的社会现实和实现立法目的而进行的完善工作。从我国目前的立法现状看，立法完善阶段通常包括法的修改和补充、法的解释、法的废止，以及法的汇编和编纂等环节。其中法的汇编和编纂是从法的外在形式上的完善，而法的废止则是为了保证整个法律体系的有效运行而剔除那些已无存在价值的规范，只有法的修改和解释才是现行法律趋于完善的主要途径，故而这一阶段研究的重中之重是如何对法进行修改和解释。对于已颁布实施的单行条例加以修改和解释无外乎两种情况，即依据变化发展的社会现实审时度势对立法时考虑欠周全之处或

---

❶ 中国社会科学院"云南省民族团结进步边疆繁荣稳定示范区建设研究"课题组. 民族团结云南经验"民族团结进步边疆繁荣稳定示范区"调研报告 [M]. 北京：社会科学文献出版社，2014：124.

由于立法技术的原因所产生的疏漏而进行修缮，抑或为保持法治统一因上位法的修改而对下位法作相应的调整。只有通过司法适用中的鲜活案例才能反复检验单行条例的条文是否存在漏洞和瑕疵，是否能有效约束和规范人们的行为，是否能切实保障少数民族公民的权益。因此，通过司法与立法的衔接来推动我国单行条例立法的不断完善即成为单行条例立法在立法完善阶段的讨论重点。

正如党的十八届四中全会所指出的，"法律的生命力在于实施，法律的权威也在于实施"。"法律实施与法律创制是对应的"，法律创制的是将具体的社会要求和立法者的价值追求上升为一般的法律规范来调整社会关系，而法律实施则是一个将抽象的法律规范转化为人们具体的行为模式的过程。❶ 单行条例司法适用的意义就在于在一系列静态意义上应然的法规之上建构一个现实的法律秩序，即以法律的权威来规范和调整民族自治地方的各个权利与义务主体之间关系的过程，并最终实现"用法律来保障民族团结"的预期目标。❷ 对于单行条例司法适用的关注既是贯彻实施民族区域自治法各项规定的内在要求，同时，也是检验单行条例立法实效和推动立法完善的一项重要指标。

基于此，对于单行条例运行困境中实施不畅与修改滞后的问题，将主要从依托司法适用与立法完善之间的互动来寻求解决思路。此种完善路径，将不但有利于保障少数民族的权益，督促行政机关依法执政，还可以在纠纷解决过程中确认变通条款的效力，促使制定法与少数民族习惯法之间不断调和。

还必须予以说明的是，虽然相对于立法机关的自我完善而言，司法机关对立法完善的推动能形成一些具有操作性和更好地为社会所接受的法律规范，但是由司法适用所带来一些立法完善的积极效果却常常陷入合法性争议。因为一旦由司法机关推动立法完善，就有可能对代表民意的立法机关的立法权构成挑战。

正因如此，司法推动立法完善应有一定的限制。在拉伦茨看来，法官的法律解释与对法的续造并非截然不同的，而是"同一思考过程的不同阶

---

❶ 夏锦文. 法律实施及其相关概念辨析［J］. 法学论坛，2003（6）：27.
❷ 该表述为习近平主席在 2014 年中央民族工作会议上提出的，转引自中央民族工作会议提出用法律保障民族团结［N］. 新华每日电讯，2014－09－30（1）.

段",他认为一般的法律解释就是一种法律的续造,但如果这种解释超越一定的界限,则还可能有"法律内的法律续造""超越法律的法律续造"❶。但是在我国,法的续造只能是在宪法和法律的框架下,司法机关必须在立法机关的授权下遵循立法者的立法目的来解释和适用法;超越法律秩序的法的续造只能由立法机关行使,立法机关可以将司法机关的成熟经验上升为可操作的法律规范。因此,一方面要肯定司法对于法的创造和法的发现的价值,另一方面立法机关对于司法适用要予以引导和积极配合,避免司法权对立法权的僭越,最后在制度层面实现二者的有效衔接使司法适用过程中发现的问题成为推动单行条例立法完善的助力器。

---

❶ 拉伦茨. 法学方法论 [M]. 陈爱娥,译. 北京:商务印书馆,2003:246.

第三章 立法准备阶段：单行条例草案对少数民族习惯法的理性吸纳

从广义上来理解，立法准备阶段是指立法机关提出法案前的前期准备工作，"是为正式立法提供条件或奠定基础的活动"。❶ 对于单行条例而言，明确立法的定位和立法的内容是首要任务，我国《宪法》和《民族区域自治法》都明确规定，民族自治地方的单行条例立法必须"依据当地民族的政治、经济和文化特点"，考察当地民族特点是单行条例立法的基本前提。如果要在立法准备阶段解决单行条例立法功能定位不清晰的问题，就需要对当地民族特点这一抽象概念的具体所指有深刻的认知。只有将"当地民族特点"的内涵进一步具体化，才能进一步探讨单行条例立法如何凸显当地民族特点的问题。更进一步说，单行条例应在充分利用民族自治地方传统的法律文化资源的基础上将其与现代法治融合，而少数民族习惯法就是民族自治地方法治建设最重要的本土资源，同时少数民族依据其习俗和惯例进行自主管理也应是宪法文本中民族区域自治的应有之义。❷ 本章在探讨单行条例立法如何吸纳少数民族习惯法之前，将先厘清习惯法内涵以保证在立法准备阶段能对少数民族习惯法有效识别，再对少数民族习惯法的法源地位与认可模式进行阐释，为少数民族习惯法融入制定法提供理论支撑，最后再进一步阐述立法机关何以需要整合少数民族习惯法融入单行条例草案，以及传统权威主体作为少数民族习惯法的活的载体参与立法准备阶段的价值和方式。

---

❶ 周旺生. 法理学［M］. 西安：西安交通大学出版社，2006：198.
❷ 我国宪法文本中"自治"英译为"autonomy"，该词源于两个希腊语的词根，"auto"，意为靠自己的，而"nomos"指法规和惯例，实际上"nomos"最初指的是习俗，在雅典民主政治兴起才扩及制定法的含义。海因茨. 国际法上的自治［M］周勇，译. //王铁志，沙伯力. 国际视野中的民族区域自治. 北京：民族出版社，2002：210；高其才. 当代中国少数民族习惯法［M］. 北京：法律出版社，2011：总序1.

第一节　少数民族习惯法的价值内蕴：
当地民族特点

正如高其才所说，"中国少数民族习惯法文化不仅仅是个历史范畴，它也属于现在、属于未来"，在历史长河中缓慢形成的少数民族习惯法作为一种"活"的文化对各民族成员仍有较强的约束力，对民族自治地方少数民族的社会生活有不可忽视的作用。❶ 单行条例立法应重视在立法准备阶段吸收民族自治地方实际发挥作用的习惯和惯例，使其能与正式的法律制度之间实现耦合；否则，国家法律法规不但难以有效融入民族自治地方，调整民族自治地方的社会关系，反而可能由于不同的法文化而引发冲突或被束之高阁，被规避适用。所以单行条例的立法只有在立法准备阶段立足于少数民族习惯法的调研并从中汲取有益的养分，才有可能制定出能在民族自治地方的社会治理中发挥实效和凸显当地民族特点的法律规范。

一、少数民族习惯法的概念界分与基本内涵

（一）我国近代语境下习惯法的概观

我国学者对于"习惯法"的认知，与近代西方法学思想的传入密切相关。在我国近代"习惯法"这一术语的使用至少可以追溯到清朝光绪年间，《大清光绪新法令》就中外交涉案件有明确规定，"外国人控告中国人如系民事案件，承审官亦依前项审判，仍可以两造所订之合例、合同，或两造所共认之本地贸易习惯法为准"，类似的规定还有对于"他人之管有权者"的"余物权"，"其种类于未有成文民法之时可按习惯法以判其性质而定之"❷。这一规定在 1911 年完成的《大清民律草案》的第 1 条中有进

---

❶ 高其才. 论中国少数民族习惯法文化 [J]. 中国法学，1996（1）：72.
❷ 端方. 大清光绪新法令 [M]. 刊本. 上海：商务书馆，[宣统年间]：1571，1689.

一步的规定:"民事,本律所未规定者,依习惯法;无习惯法者,依条理。"❶ 再如,晚清士大夫孙宝瑄在将维新变法之难与英国守旧势力进行对比时,认为"英国人视变法甚重,虽有弊害不敢辄改,曰改而有益不能偿变法之害,故以习惯法为国宪大本,虽改宪法亦与习惯法斟酌而行,变法之难如此是故"❷。

从这一时期的很多文献中都可以看到当时人们对于习惯法这一概念的理解。在1910年的《中国风俗史》的序例中可看到当时对习惯法的推崇,"圣人治天下,立法治礼,必因风俗之所宜。故中国之成文法,不外户役、婚姻……盗贼等事,而习惯法居其大半"❸。尤其是商业习惯法,商贾之间合伙引发争议的情形,如果"按合伙法规审断殊失案中真相,此法律所以采习惯法也",❹ 类似的还有,大理院在司法公报中所表示的,商号倒闭破产"如该地方有特别习惯法,自应先于一切条理适用"。❺ 何谓习惯法,"夫大清律者乃历代相传之法典,斟酌乎天理人情以治中华礼教之民,犹外国之有习惯法普通法也"❻。

在各地编纂的地方志中,"习惯法"多用于表述地方风俗或惯例。最典型的是在《清史纪事本末》中记录清廷"傲然自大轻视邻国,误用其奴隶国人之习惯法以对付欧罗巴使臣,强之行跪拜礼"的典故中的"习惯

---

❶ 从该条所附立法的理由看,"条理"与"习惯法"似乎区分不明显,"条理者乃推定社交上必应之处置,例如,事君以忠,事亲以孝,及一切当然应遵奉者皆是法"。标点为笔者所加,仅供参考,以下古文献中的标点同上。俞廉三. 大清民律草案 [M]. 铅印本. [出版地不详]: [法律馆], [宣统年间]: 7. 但从民国时期的司法判例看,判例和前清已废止的律法也具"条理"性质或可作为"条理"适用。商人破产应先适用习惯法函(大理院致江苏高审厅统字第1781号)[J]. 司法公报, 1922(171): 15.

❷ 孙宝瑄. 忘山庐日记 [M]. 抄本. [出版地不详: 出版者不详, 出版年不详]: 479.

❸ 张亮采. 中国风俗史 [M]. 北京: 东方出版社, 1996: 5.

❹ 李起元, 修. 王连儒, 纂. 民国长清县志 [M]. 铅印本. [出版地不详: 出版者不详], 1935(民国二十四年): 252.

❺ 商人破产应先适用习惯法函(大理院致江苏高审厅统字第1781号)[J]. 司法公报, 1922(171): 15.

❻ 刘锦藻. 皇朝续文献通考: 卷253 [M]. 铅印本. [乌程]: [刘锦藻坚匏庵], 1905(清光绪三十一年): 4505. 另外,在一些文献中"习惯法"也指判例法,在沈家本等奏呈的刑律草案中提出"凡律例无正条者,"不应该视为有罪。该条文后所附的立理由中强调了判例法相较于成文法的三大弊端,并指出"因此三弊,故今惟英国视习惯法与成文法为有同等效力,此外欧美及日本各国无不以比附援引为例禁者"。端方. 大清光绪新法令 [M]. 刊本. 上海: 商务书馆, [宣统年间]: 1580.

法"就更多指风俗礼仪。❶ 再如《民国来宾县志》中"国家法物更变民间沿袭旧俗或改或否,晚清近世即征收赋税颁给俸饷,亦有库平关平京平省平之差,工部营造织造两尺律,诸民间之土木裁缝所用俱未悉合岭南千里之间,所为长短多寡轻重者彼此各从习惯,殆以数十计,地方之习惯法亦法学家所不能废矣"❷。此处记载的是各地度量衡的惯例并没有随着国家法度的统一而废除,民间多遵从各自的习惯。

值得注意的是,当时对于习惯法的理解,不仅要求其内容合乎情理,而且还强调需要法律的认可。"凡一方风土习尚之相沿不必有条文之制定而为法律所承认者,谓之习惯法。"❸ 关于习惯法的内容须合乎情理的表述有很多,如"其习俗之不悖乎道义者,定为民法之条规,所谓习惯法是也",❹"习惯如是无形成地方之习惯法,虽不成文亦合乎情理者也"。❺ 对于法律在何种情况下承认习惯法这一问题,在《民国大理县志稿》中对习惯法有明确界定,"凡习惯法有三要件:一曰确定力,二曰为一般所公认,三曰不妨害公共之秩序,则是习惯法者乃成自人民之习俗惯例,而为法律所默认一切行为,且可质诸法庭为裁判上采用之一助也,但在法学中仍属不成文法一类"❻。这一界定与1913年大理院的判例(民国二年上字三号)对于习惯法的四个要件的观点也基本吻合,"(一)须人人确信其为法;(二)须于一定期间内,就同一事项,有反复相同之行为;(三)习惯所支配之事项,系法令所未规定之事项;(四)须无背于公共秩序及利益"❼。此外,民国时期有学者还认为,大理院提出的上述四要件属内容要件,除此之外还应具有地理要件,即习惯法是"通行全国或全国大部分者",而

---

❶ 黄鸿寿. 清史纪事本末:卷14 [M]. 石印本. [出版地不详:出版者不详],1914 (民国三年):141.

❷ 宾上武,修. 翟富文,纂修. 民国来宾县志 [M]. 铅印本. [出版地不详:出版者不详],1936 (民国二十五年):406.

❸ 余谊密,修. 鲍实,等纂. 民国芜湖县志 [M]. 石印本. [出版地不详:出版者不详],1919 (民国八年):10.

❹ 洪汝冲,纂修. 宣统昌图府志 [M]. 铅印本. [出版地不详:出版者不详],1910 (清宣统二年):88.

❺ 民国广南县志:卷5. [M]. 稿本. [出版地不详:出版者不详],1934 (民国二十三年):203.

❻ 张培爵,修. 周宗麟,纂. 民国大理县志稿:卷6 [M]. 铅字重印本. [出版地不详:出版者不详],1916 (民国五年):190.

❼ 转引自王世杰. 大理院与习惯法 [J]. 法律评论,1926,4 (12):2.

且"依法令明文得以采用之地方习惯"❶。

通过对"习惯法"这一词在我国近代语境的考察,可以看出尽管习惯法在我国法律体系中的法源地位与西方英美法系有所不同,其概念内涵也尚在讨论之中并无统一之定论。不可否认的是,在清末民初这一新旧交替时代,习惯法不论是作为特定的法律术语还是作为民间的一般表达,都是客观存在的。当时我国的学者和官方机构都提出了很多关于习惯法的精辟观点。结合萨维尼所提出的识别习惯法的一般特征与审查依据,❷ 习惯法作为乡土社会和民间的一种社会规范,是中国土壤上生根发芽的本土产物,所以认为中国不存在习惯法的观点是失之偏颇的。值得一提的是,民国的地方志中还有依据属人要件强调尊重少数民族的地方习惯法,如其所描述的"其制度于县治无异,惟有时对夷民民事案多牵就地方习惯法"❸。

(二)当前语境下习惯法的概念之争

不管近代语境下对"习惯法"立论的目的和内涵如何,通过这一时期的推广和使用,至少使得关于习惯法的思考和认知有机会向更深处延伸。从当前学界主流观点的梳理来看,习惯法在中国语境下也被广泛用于指代社会规范和民间规范。我国关于少数民族习惯法的论证大多基于社会学、民族学、人类学、历史学视角,依据"读秀"数据库的检索结果,与习惯法相关著作的高产作者依次为高其才、周相卿、张济民、梁治平、徐晓光等。这些学者研究的对象大多集中在少数民族习惯法,其中只有高其才在研究瑶族习惯法以外还有以民事、刑事、婚姻家庭为主题的习惯法研究成果,梁治平的研究主要是围绕关于清代习惯法展开的。为了更全面地理解少数民族习惯法的内涵,以下就以二者的观点进行简要分析。

高其才认为,习惯法是"人类长期社会生活中自然形成的"行为规范的总和,其强制性依靠的是独立于国家制定法之外的某种社会权威,在其

---

❶ 王世杰. 大理院与习惯法 [J]. 法律评论,1926,4 (12):3.
❷ 萨维尼认为,习惯法所涉及的具体行为必须是在相当长的时间内重复出现的或不间断的高频事件,必须是大多数人普遍认可和符合理性的,最后这种行为本身还必须有法的必然性;萨维尼. 当代罗马法体系:第1卷 [M]. 朱虎,译. 北京:中国法治出版社,2010:138-144.
❸ 殷承钧,纂. 民国泸水志 [M]. 石印本. [出版地不详:出版者不详],1932 (民国二十一年):32.

所编著的《习惯法论丛》总序中所强调的是要注重我国传统礼乐文明中固有的法文化和"中华民族内在的精神",并由此推理出作为民族特质传承的习惯法在解决纠纷、建构秩序和凝聚社会共识方面的积极意义。❶ 高其才研究的瑶族习惯法大体就是以 20 世纪 50 年代的瑶族的社会历史的调查为基础,来探讨瑶族在长期以来封闭自足的环境中自然形成或由特定的成员讨论约定的"习惯法"对于现代化进程中构建社会秩序方面的价值。正如高其才本人所承认的,其讨论的"习惯法"是一种广义上的法,只要是依据社会权威保障实施的有一定强制力的行为规范都可以隶属于法的范畴❷,其实质是一种"社会现象""社会文化""社会规范"。❸ 在一定程度上可以认为,高其才所研究的瑶族"习惯法"虽以石碑文为记,有特定的制定程序和方式,甚至还有纠纷解决的处罚方法和依据,但始终属于一种民族社群内部的管理规范。

　　同样地,梁治平在《清代习惯法:社会与国家》中也提到其所研究的清代习惯法是一套不同于国家法的"知识传统",是乡民们在"长期的生活与劳作过程中逐渐形成"的地方性规范,主要是用来解决乡民之间的利益冲突和调整其权利和义务关系。❹ 梁治平的清代习惯法研究的缘起在于对两个现象的关注:一是中国从 8 世纪到 18 世纪时隔千年,中国传统封建社会经历巨大变化,但国家的法律从《唐律》到《大清律例》内容上却保持着高度相似,一脉相承;二是古代法典中没有规定,却在明清社会现实中大量存在的契约文书;由此他认为国家法可能不是全部社会秩序的基础,而且在国家法所不及的地方会生长出另外一种法律秩序,即"民间法"。❺ 但是梁治平在该书还提到其所研究的内容实质上是一种"狭义的习惯法",这种习惯法在形式上可表现为"乡规""俗例""法谚",以及契约中的"套语"等;他认为只有使用这一表述才能自成系统地说明其非正式的法源地位和概括其丰富内容。❻ 由此可以看出,梁治平所讨论的习惯

---
❶ 高其才. 当代中国分家析产习惯法 [M]. 北京:中国政法大学出版社,2014:总序1-3.
❷ 高其才. 中国习惯法论 [M]. 长沙:湖南出版社,1995:3.
❸ 高其才. 当代中国分家析产习惯法 [M]. 北京:中国政法大学出版社,2014:总序3.
❹ 梁治平. 清代习惯法:社会与国家 [M]. 北京:中国政法大学出版社,1996:1.
❺ 梁治平. 清代习惯法:社会与国家 [M]. 北京:中国政法大学出版社,1996:30-32.
❻ 梁治平. 清代习惯法:社会与国家 [M]. 北京:中国政法大学出版社,1996:36-42.

法就是国家法以外的民间自生秩序所形成的社会规范的总和。

从上述的梳理中可以看到，我国学者所使用的"习惯法"与民俗习惯的内涵实际上有一定的趋同性，其外在表现可能因地域、民族、具体事由而有所不同，但其所指的都是国家制定法以外的其他有约束力的社会规范。

然而，对"习惯法"这一概念持反对立场的学者通常认为，这种非正式的法律渊源须经国家认可才能真正成为习惯法，如果国家不认可，那就姑且只能称其为习惯，也就没有所谓的"习惯法"。孙国华、杨思斌认为，如果只要某种社会规范具备国家制定法的类似功能或特征就归结为法的范畴，必将导致法的概念的泛化，而这与马克思主义法律观和依法治国的方略是相矛盾的。❶ 对于是否有必要使用"法"的概念，这一问题的解答还必须从西方的法律文化比较中去寻找，西方语境下的"law"本身就意味着正义、自然规律、规则等，而我国语境下的"法"一般来说是指国家立法机关经法定程序制定的。换言之，持国家法立场的观点，通常认为在国家认可之前没有习惯法，只有习惯和惯例；因为从更广义的范围来看，如果将本土资源中的风俗习惯、道德、宗教、村规民约、行业内部规范等都贴上西方话语体系中的"法"，那么其最后结果可能不一定有利于社会与国家的互动，反而可能会给人们的法律观念带来混乱。

综上，由于学者对"习惯法"概念的界定往往与学者的问题意识和研究旨趣密不可分，使得"习惯法"是不是"法"的问题也因不同的学科视角而存在颇多争议；笔者认为，正如家法、软法、民间法等概念一样，使用"习惯法"这一概念更能表述社会生活中人们自发生成的有约束力和强制力的社会规范，以使其区别于个人日常行为中的生活习惯，这本身也并无不妥。吴宗金也曾指出"习惯法"本身是一个外来词，只是在我国的少数民族中"习惯法不叫习惯法"，各民族各自有不同的叫法。❷ 依据奥斯丁的观点，习惯法是"非政治优势者"依据舆论建立和实施的规则，之所以称为"法"是一种"类比式的修辞活动"和"社会道德规则"在隐喻意

---

❶ 孙国华，杨思斌. "习惯法"与法的概念的泛化[J]. 皖西学院学报，2003（3）：2.
❷ 吴宗金. 民族法治的理论与实践[M]. 北京：中国民法治出版社，1998：466.

义上的表达。❶ 即使学者们使用"习惯法"这一术语，并不意味着将"法"随意插放，在讨论具体问题时也最终必须使用习惯来表达。正如田成有所认为的，习惯法本质上就是指"群体意义上的习惯做法""可以作为一个分析性概念使用，而不能把它当成是一个与国家法相对应的分类概念使用。"❷ 中华人民共和国成立以后，在 1956 年全国范围内开展的民族大调查中大量使用"习惯法"来表述调查过程中发现的各少数民族的长期遵从的禁忌、习惯、习俗、法律等社会规范。❸

在此，笔者无意对学界长期争论的习惯法是不是法的问题作一个裁断，只是试图厘清本书后续的论述思路和明确研究对象。毋庸置疑，习惯不等于习惯法，习惯的内涵和外延比习惯法更广。正如霍贝尔对哈特兰的反驳，如果原始法就是部落习惯这一观点成立，那么就会得出一个谬论，即"陶器制造方法、燧石取火、凿牙、如厕训练"等生活习惯都是"法"。❹ 习惯法是习惯中有法的规范属性那一部分，或者说习惯法是习惯发展到一定程度的产物。本章主旨是从国家法立场寻求单行条例立法中凸显民族特性的途径，为了更好地描述和分析"习惯"这一行为模式中所蕴含的"法"的规范属性，下文将使用"少数民族习惯法"来表述民族自治地方的有约束力和强制力的社会行为规范和风俗习惯等。

（三）少数民族习惯法的基本内涵

少数民族习惯法是我国习惯法的一个重要组成部分，对维护少数民族地区的内部秩序和稳定意义重大，主要是指由少数民族地区的社会权威所确立的或由群体成员共同约定俗成的调整内部社会关系的有强制性的行为规则的总和。❺ 少数民族习惯法是长期的历史发展和生产生活实践的产物，这种共同行为规范既包括一些独立于制定法之外有文字可考的行为规范，如《苗例》《榔规》《款约》《乡条侗理》等，也包括隐含在风俗习惯中有

---

❶ 奥斯丁. 法理学的范围 [M]. 刘星，译. 北京：中国法治出版社，2002：15-16.
❷ 田成有. "习惯法"是法吗？[J]. 云南法学，2000（3）：14.
❸ 胡兴东. 习惯还是习惯法：习惯在法律体系中形态研究 [J]. 东方法学，2011（3）：94.
❹ 霍贝尔. 初民的法律——法的动态比较研究 [M]. 周勇，译. 北京：中国社会科学出版社，1993：21.
❺ 吴大华. 论民族习惯法的渊源、价值与传承——以苗族、侗族习惯法为例 [J]. 民族研究，2005（6）：12.

约束力的不成文的社会规范。风俗习惯通常是指各少数民族的人民群众在"衣着、饮食、居住、生产、家庭、婚姻、丧葬、节庆、娱乐、礼俗等物质生活和精神生活方面的喜好、风气、习尚、信仰、禁忌等"❶。对于风俗习惯中的少数民族习惯法,通常是需要深入挖掘和整理才能梳理出少数民族内部所公认的相对稳定的有约束力的行为规范和准则,因为在我国传统文化中,少数民族风俗与习惯通常是密不可分的一个整体,即"习俗";换言之,少数民族习惯法不是孤立存在的,而是与各种禁忌、规矩、宗教仪式等联系紧密。同时,世代沿袭的少数民族习惯法也会随着社会的发展变迁而发生相应的变化,少数民族地区人们自发制定的"村规民约"就是少数民族习惯法的现代形式。

少数民族习惯法和风俗习惯中都蕴含着本民族成员共同自觉遵守的规则,即国家制定法以外的其他有约束力的社会规范。二者最根本的区别在于是否有强制性,通常人们违反一般的少数民族风俗习惯不会受到惩罚。荀子曾言"习俗移志,安久移质"❷,这句话从侧面强调了移风易俗的重要性,指习俗能潜移默化地改变人的志向和影响人的气质。与此不同的是,违反少数民族习惯法就意味着对本民族成员所信守的行为规范和社会秩序的践踏,将面临内部谴责或受到一定的惩罚,所以主流观点认为少数民族习惯法调整的是少数民族内部或各少数民族之间相互关系,仅在一定区域内实施的有惩罚性质的行为规范,也被称为"准法律规范"。❸ 美国学者霍贝尔在对法的定义中也强调,"法是这样一种社会规范,当它被忽视或违犯时,享有社会公认的特许权的个人或团体,通常会对违犯者威胁使用或事实上使用人身的强制"❹,换言之,法是有指由社会所普遍接受的权威主体实施强制的社会规范。诚如郑永流所认为的,少数民族习惯法从属于民间法,而民间法则是指由国家之外的社会中所自发形成的,"并由一定权

---

❶ 史仲文,祁庆富,等. 中华文化习俗辞典 [Z]. 北京:中国国际广播出版社,1998:2.
❷ 转引自广东、广西、湖南、河南辞源修订组,商务印书馆编辑部. 辞源:第 3 册 [Z]. 修订版. 北京:商务印书馆,1984:2505.
❸ 吴大华,潘志成,王飞. 中国少数民族习惯法通论 [M]. 北京:知识产权出版社,2014:48.
❹ 霍贝尔. 初民的法律——法的动态比较研究 [M]. 周勇,译. 北京:中国社会科学出版社,1993:30.

威提供外在强制力来保证实施的行为规则"❶，这一观点侧重于揭示习惯法作为规则的有效性是社会形成的、依靠非国家机关来保障的基本属性。这种强制不只是舆论的谴责，还有对行为的强制手段，如违反土家族习惯法的行为可能面临罚款、罚站、鞭打、开除祖籍、捆绑送官等惩罚。❷ 但是实际上少数民族习惯法与民俗习惯有一定的趋同性，这二者之间不是非此即彼的关系，更多情况下是相互重合的，很多少数民族习惯法就是包含在少数民族风俗习惯之中或以风俗习惯的形式出现。

二、少数民族习惯法中"地方性知识"的聚合

"法律是一种地方性知识"是由美国学者吉尔兹提出的一个著名论断，在吉尔兹看来，法学与航行术、园艺、政治等一样都是一种具有"地方性意义的技艺"，其运作都是凭借"地方性知识"。❸ 此处的"地方"不仅指特定时空、阶级和各种现实问题，也指隐含于事件描述中对已发生事件的认知和即将发生的事件的特有的本地认知和想象。❹ 吉尔兹的这一观点是基于英美法系下的判例制度提出的，其着眼点在于法学与人类学一样都承载着从局部或个案事实中发现普遍原则的任务，法官通过对法庭上个案事实中的社会行为进行分类和识别，再通过确定的规则作出裁定，以此建立应然与实然之间的关系。❺ 吉尔兹认为，"如果法律因时因地因民族而有所不同，那么它所关注的对象也会不尽相同"；只有"赋予特定地方的特定事务以特定意义"的法律才会"具有特定的形式并产生特定的影响"，强

---

❶ 郑永流.法治四章：英德渊源、国际标准和中国问题[M].北京：中国政法大学出版社，2002：231.
❷ 李圣丹.由土家族习惯法看少数民族习惯法的现代化[M]//贾登勋.区域法治研究：第1辑.兰州：兰州大学出版社，2011：109.
❸ 吉尔兹.地方性知识：事实与法律的比较透视[M]邓正来，译.//梁治平.法律的文化解释.北京：生活·新书·新知三联书店，1994：73.
❹ 吉尔兹.地方性知识：事实与法律的比较透视[M]邓正来，译.//梁治平.法律的文化解释.北京：生活·新书·新知三联书店，1994：126.
❺ 吉尔兹.地方性知识：事实与法律的比较透视[M]邓正来，译.//梁治平.法律的文化解释.北京：生活·新书·新知三联书店，1994：73，77.

调法律对于社会现实所诠释的意义和在此基础上达成的相互理解。❶ 他还认为，国际法在调整国家间关系时不是在共筑世界法律观的最低共同标准或普遍前提，而是将各国"自己的法律观向世界舞台的投射"❷；因为既然任何地方的文化制度都不可能完全与世隔绝，而且在具体事务中的相互影响会日益增多，那么首要问题就不再是关注我们是否都各自持有偏见，而在于是否能够继续通过法律等制度去想象这些知识并导向有章可循的生活，就在于"地方性知识与世界整体意图是否能够协调"。❸

吉尔兹对于地方性知识的立场与后现代法学中关于一切法律知识都是当下知识的推论有一定相通之处，两者都强调尊重多元文化和法律的多样性的基本立场。后现代法学认为，所有法律知识都是相对的，法律没有永恒超越的终极评判标准，所以法律也不存在"统一性权威"。❹ 正如美国学者布拉姆莱所言："隐蔽在法律理论和法律实践中的是一系列政治、社会和经济生活的不断重现或'地方志'"，换言之，"法律以各种形式依赖于有关历史的主张，所以它既界定又依赖一系列复杂的地方志和区域理解。"❺ 这意味着法律是作为一种存在于特定空间的地方性话语，而对法律具体内容和相关概念的理解都应基于"地方化"的语境。有观点认为后现代法学理论中提出"地方性法律知识"的概念是一种策略性的表述，旨在关注主流法律边缘的主张与利益并提出法律的多元论，允许多元的法律知识可以在同一个社会中平等地存在。❻ 与此相类似，吉尔兹的"地方性知识"意味着特定历史情境下所生成的特定的文化群体的认知偏好或价值观等，构成了人们生活中沟通交流和协调行动的有特定意义的符号系统；他所提倡

---

❶ 吉尔兹. 地方性知识：事实与法律的比较透视 [M] 邓正来，译. //梁治平. 法律的文化解释. 北京：生活·新书·新知三联书店，1994：81，145-146.

❷ 吉尔兹. 地方性知识：事实与法律的比较透视 [M] 邓正来，译. //梁治平. 法律的文化解释. 北京：生活·新书·新知三联书店，1994：132.

❸ 吉尔兹. 地方性知识：事实与法律的比较透视 [M] 邓正来，译. //梁治平. 法律的文化解释. 北京：生活·新书·新知三联书店，1994：149，93-94.

❹ 刘星. 法律是什么？二十世纪英美法理学批判阅读 [M]. 北京：中国政法大学出版社，1998：261.

❺ BLOMLEY N K. Law, space, and the geographies of power [M]. New York: The Guilford Press, 1994: xi. 转引自刘星. 法律是什么？二十世纪英美法理学批判阅读 [M]. 北京：中国政法大学出版社，1998：256.

❻ 刘星. 法律是什么？二十世纪英美法理学批判阅读 [M]. 北京：中国政法大学出版社，1998：264.

的比较法研究的目的则是面对差异，而不是将其约化为共性或消灭差异。

在我国这样一个多民族国家中，要实现各民族的共同繁荣就必须在各民族的地方性知识框架下认识和理解多元文化，而各民族自治地方的少数民族在长期的相互交往过程中所积累的传统知识和规则大多都蕴含在少数民族习惯法之中，所以少数民族习惯法在一定程度上就相当于地方性知识。少数民族习惯法通常以特定的地域为依托。适用于特定群体和社区内部的少数民族习惯法通常也调整着特定地域范围的社会生产生活，受地域的影响较大。因为少数民族所聚居的社区通常是一个相对封闭、保守的"熟人社会"，很多少数民族习惯法一般只是在本地区的少数民族内部通行或者只对生活在该地区的群体成员有效，在个别情况下，有的少数民族习惯法甚至只适用于一个少数民族聚居的村镇。❶ 换言之，由于不同地域的居住和生存环境、生产生活方式的影响，各少数民族习惯法在内容和形式上各有不同，而且即使是同一少数民族习惯法也往往因地域分布而有所不同，甚至在同一自治州内不同村寨的同一少数民族的习惯法都可能有所不同。云南德宏自治州所辖的孔木单与盆都两地的景颇族习惯法中的纠纷调解程序就是一个典型例证，孔木单村寨的习惯法规定内部纠纷皆由司郎、山官、寨中长者等共同调解，并由司郎根据大家的意见作出决定，纠纷调解不需出钱或送礼，而该州所辖的盆都的寨内纠纷调解过程中虽偶尔也会请山官和长者参加，但主要由头人调处后作出决定，而且双方都须给调解人送礼，犯错的一方不但要赔偿被害方钱，还要给头人和其他参加调解的各种名目的钱，如"打扫衙门钱"和烟茶钱等。❷ 同时，生活在同一地域各少数民族之间也可能有相同的习惯法，比如北方的达斡尔族与赫哲族都有关于"哈拉"与"莫昆"的习惯法，鄂伦春族与鄂温克族都有"乌力楞"习惯法，这种地域性表明少数民族习惯法的多样化往往因其居住的地理环境不同而具有独特性。❸

少数民族习惯法中还集合了本地的认知偏好和价值观。少数民族习惯法多以极为形象具体的方式来处理社会生产生活中婚丧嫁娶之类的日常事

---

❶ 吴大华，潘志成，王飞. 中国少数民族习惯法通论［M］. 北京：知识产权出版社，2014：60.

❷ 云南省编辑组. 景颇族社会历史调查：三［M］. 昆明：云南人民出版社，1986：42.

❸ 高其才. 中国习惯法论［M］. 修订版. 北京：中国法治出版社，2008：374.

务并引导规范内部成员的行为,通常少数民族习惯法多采用赋比兴的表达方式,借助群体成员生活中直观的本土形象来引发联想后再进一步说理。如瑶族有谚语云:"白天有太阳,晚间有月亮;官家有法律,瑶民有私约。"❶ 通过这种比拟的方式阐明了瑶族习惯法在当地的权威地位。从少数民族习惯法调整本民族社会关系的过程可以看出其对宗教神灵等神秘不可知的因素的依赖。在恭城瑶族自治县的少数民族村寨习惯法中禁止砍伐村寨房屋周边的古榕树,其原因是认为古榕树是"神树"、是村寨的"守护神",一些榕树还被当地少数民族祭拜并缠上了象征吉祥的红布条等。❷ 此外,少数民族习惯法中的地方性知识还体现在其相对于国家法大传统而言的乡土性,因为少数民族习惯法的适用范围局限于特定地域的人群,而且其内容多反映地方传统和体现地方特色。

三、少数民族习惯法中"民族精神"的传承

作为德国历史法学派的开山鼻祖,萨维尼所坚持的历史法律观对 19 世纪的法学产生了深刻影响,不但动摇了当时"把制定法视为唯一法律渊源的主张",还使得人们的关注焦点从国家法律的创制者转移到"民族精神"和文化因素上来。❸ 萨维尼所提出的"民族精神"(Volkgeist)在其著作《当代罗马法体系》《论立法与法学的当代使命》中都有体现,基本观点可概括如下:一是实在法产生于共同体的共同意识之中,这种普遍存在于民族共同意识之中的法最初表现为"生机勃勃的直观",只有赋予实在法一个"外在的承认",阐明和确定实在法才能使错误和邪恶的不法意图得到有效控制;❹ 而立法者则应该是"民族精神的真正代表",处于凝聚民族精

---

❶ 高其才. 中国习惯法论 [M]. 修订版. 北京:中国法治出版社,2008:386.

❷ 廖柏明. 中国—东盟自贸区环境法律问题与对策研究 [M]. 北京:中国政法大学出版社,2011:86.

❸ 德国历史法学派的兴起回应了 1814 年德国学界关于是否需要制定一部统一的法典实现全德的统一的呼声,该学派注重对古罗马法文献资料的研究,主张法律是历史发展的产物,反对无视传统和习惯人为地制定法典。萨维尼. 历史法学派的基本思想:1814—1840 年 [M]. 郑永流,译. 北京:法律出版社,2009:42.

❹ 萨维尼. 当代罗马法体系:第 1 卷 [M]. 朱虎,译. 北京:中国法治出版社,2010:17-18,33,37.

神和价值观念的核心地位,而且这种地位不因国家政体的不同安排而改变。❶ 二是习惯法是人们共同形成的民族信念的直接显现,法律源于习俗和固有的信仰与习以为常的行为方式,共同体个体成员的思想和行为只是共同信念的标志,即习惯只是认识习惯法的手段,而不是其产生的依据。❷ 换言之,在萨维尼看来,"民族精神"是一个民族存在和发展过程中所普遍认同的信念目标和民族习性,是一个民族区别于其他民族永葆生机的独特属性。基于此,萨维尼进一步将民族精神与法律紧密联系起来,认为法律并非立法者的决断,而是民族精神的一个外在表现。

诚然,萨维尼的"民族精神"中的"民族"(Volk)在德语中有不同的解读,既可以指民族或种族,也可以指人民群众,所以有观点认为,萨维尼的"民族"实际上是一个类似于卢梭所提出的共同意志的集合体,是指根植于人民群众集体意识之中的精神。❸ 可是不管从哪个层面解读都可以确认无疑的是,萨维尼的主要立场是:法律与文化一样,都是由不同人类群体在历史发展中形成的,是在根深蒂固的社会秩序中生成的。其所强调法的"民族精神"的一个很重要的内容就是民族习惯或习惯法。此种观点主张与马克思主义唯物史观中所主张从物质生产实践中寻求事物发展的动因的观点基本一致,因为其所强调的民族精神归根到底是人们在物质生产实践中形成的思想观念,只有从实践出发才能揭示事物发展的内在规律。可以说,以萨维尼为代表的历史法学派为我们理解我国的少数民族习惯法提供了一种新的解读视角。

实际上,反观我国的少数民族习惯法,其所承载的"民族精神"也是显而易见的。少数民族习惯法是少数民族历史文化传统的重要组成部分,多元的少数民族文化所产生的少数民族习惯法也各不相同。为维持少数民族聚居群体内部的社会秩序和安定而逐渐形成的少数民族习惯法是少数民族在漫长的历史发展和社会制度变迁过程中不断调整后的产物,集中体现了各少数民族独特的文化心理、思想情感和物质生活水平等方面。少数民族习惯法的形成与地域和血缘因素有一定关联,中华人民共和国成立以

---

❶ 萨维尼. 当代罗马法体系:第1卷 [M]. 朱虎,译. 北京:中国法治出版社,2010:37.
❷ 萨维尼. 当代罗马法体系:第1卷 [M]. 朱虎,译. 北京:中国法治出版社,2010:71;萨维尼. 论立法与法学的当代使命 [M]. 许章润,译. 北京:中国法治出版社,2001:11,14.
❸ 罗伊德. 法律的理念 [M]. 张茂柏,译. 上海:上海译文出版社,2014:193.

前,我国少数民族大多世居在自然条件相对恶劣的地区,由于经济水平低下和生产方式落后,个体的生存多依赖于群体,这些因素促使少数民族内部凝聚力的形成,开除族籍通常被视为少数民族习惯法中较重的处罚。[1]在独龙族的习惯法中就保留了一些父系家族公社的生活特点,其条款规定:每个家族都必须有一个年长且能说会道的人担任"卡桑",即族长,作为习惯法的主要解释者,"卡桑"负责管理本村寨事务和调解纠纷;还规定"余粮内接济缺粮户,不要报酬""个人杀猪宰羊,要分给同寨的人吃",[2]该习惯法在对社会行为的调节过程中体现了一种稳定的熟人社会内部成员彼此互帮互助的精神。再比如,乌江流域的土家族习惯法中有崇尚爱护山林定期封山、禁伐、禁猎的传统,"如有违犯者,必受罚款、罚粮、罚栽树、罚修路等处罚",被处罚者还必须自己鸣锣向大家认错[3],这一古老的法文化观念体现了土家族的一种人与自然和谐共生的精神境界和保护环境的模糊意识。

由前述分析可知,少数民族习惯法不仅是少数民族世代沿袭的生活经验的总结,还构成了少数民族独特的民族标志,以及当地少数民族民族特征的主要内容。正如霍贝尔提出法律的经验来源于社会,而社会存在于"群体内部有组织的行为",每个社会都对其群体成员有凝聚力;[4]同时,每个民族都有其社会控制的手段,都有一套复杂的行为方式和制度化的机制作为其控制体系的一部分。[5]少数民族习惯法是少数民族文化和社会控制的一个重要方面,各少数民族成员对本族的习惯法有天然的认同感,其关于法的观念也从小受习惯法的熏陶和影响,所以少数民族习惯法中集中体现了民族精神的传承。

---

[1] 邹渊. 习惯法与少数民族习惯法 [J]. 贵州民族研究, 1997 (4): 89.
[2] 吴守金. 中国民族法学 [M]. 北京: 法律出版社, 1997: 62.
[3] 邓清华. 乌江流域少数民族习惯法伦理精神探析 [J]. 黑龙江民族丛刊, 2010 (3): 109.
[4] 霍姆斯曾有著名论断"法律的生命不在于逻辑,而在于经验",霍贝尔的这一观点正是对此的进一步延伸. 霍贝尔. 初民的法律——法的动态比较研究 [M]. 周勇, 译. 北京: 中国社会科学出版社, 1993: 6-7.
[5] 霍贝尔. 初民的法律——法的动态比较研究 [M]. 周勇, 译. 北京: 中国社会科学出版社, 1993: 4.

第二节　习惯法法源地位的不同认可模式

通常习惯法在西方语境中所对应的表述是"Customary Law",在被学界奉为圭臬的几部西方法律辞典中,对于习惯法的定义主要强调其内在约束力、民众的认可和非官方属性,也就是社会认可。在《牛津法律大辞典》中的解释为:在某一地区广泛使用的习惯、惯例或通行的做法,当其与书面表述的法律体系一样为人们所了解、认可并具有约束力时即可被称为习惯法。这一词条中还列举了中世纪的欧洲、德意志部落的习惯法作为说明,如法国贵族庄园的《习惯法》《芒蒂尔-勒-杜教令集》、德国的《萨克森之镜》,以及13—14世纪斯堪的纳维亚和俄罗斯的习惯法汇编,还提到了英国遵循先例的普通法也是在古老习惯的基础上发展起来的。❶如果说此处所说的习惯法的约束力和民众的认可度是与成文法作比较得出的共同点,而《布莱克法律词典》的界定则更强调其与制定法的不同:"与制定法不同的是,习惯法被认为是隐性法律,因为习惯并不是由于制定或颁布而生效的,而是随着时间自然生长或演进的;尽管人们可以一般性地描述奉行这种习惯作为行为准则的人群,但习惯却没有明确的作者,习惯也无须通过权威机构的口头声明或书面文字来表述,而仅仅只是通过人们的行为。"❷

与此相对的,根据对国内主流的几部法学辞典如《中华法学大辞典》《中华实用法学大辞典》《法律文书大词典》等❸中对"习惯法"的词条解释进行梳理后发现,这些法学辞典中的定义无一例外地都强调的是习惯法须经过"国家认可"。在《中华实用法学大辞典》中就强调习惯法属于不

---

❶ 沃克. 牛津法律大辞典[Z]. 李双元,等译. 北京:法律出版社,2003:297-298.
❷ GARNER B A. Black's law dictionary [M]. 8th ed. [S. l.]:Thomson Reuters, 2009:1165.
❸ 这些辞典分别为:《中华法学大辞典》(宪法学卷)、《中华实用法学大辞典》《刑事法学大辞典》《经济法学辞典》《中华法学大辞典》(刑法学卷)、《中华法学大辞典》(法理学卷)、《中华法学大辞典》(法律史学卷)、《海商法大辞典》《法律文书大词典》《公证律师实用辞典》。

成文法，是"国家认可并赋予法律效力的习惯"❶，这种表述也是最为常见的定义。还有一种相类似的定义是，在《中华法学大辞典》的法律史学卷和刑法学卷中的解释，"国家认可并由国家强制力保证实施的习惯"。综合这两种表述来看，不管是国家认可后赋予法律效力还是由国家强制力保证实施，其本质都在于说明，习惯法要产生法律效力必须经由国家认可，习惯法作为法律渊源是有条件的。对于习惯法所需具备的条件，在《中华法学大辞典》（宪法学卷）中强调，习惯必须有四个条件才能成为法律渊源，习惯必须是人们长期自觉遵守、内容明确规范、成文法没有相关规定或不与成文法基本原则相抵触才可经国家认可后由国家强制力保证实施。❷

　　如前所述，这两种观点各执一词，似乎都颇有道理。作为行为规范的习惯法是在得到民众认可的同时就有了法律渊源的地位，还是需要经由国家机关的官方认可和赋权才能成为真正作为规则的习惯法？如果答案是后者，那么究竟应在多大程度上承认，如何承认呢？行文至此，如果要对这两种存在重大分歧的观点作出客观评价，就必须对这两种观点背后各自所依托的理论作进一步分析。

一、习惯法的法源地位与社会认可

　　与国家立法机关的制定法不同，关于习惯法何以具有约束力的争议颇多，而习惯法何以具有法的效力之渊源不仅关乎习惯法之所以成为法的核心问题，也直接影响着立法机关、有关当局对习惯法采取何种态度和立场。关于习惯法的讨论，最早应追溯到古希腊和古罗马的先贤哲人对"法律是什么"这一终极问题的思考。以下笔者将从西方早期的柏拉图、亚里士多德、苏格拉底、西塞罗的论著或观点中梳理出习惯法的法源地位是否受到社会认可及其相关的一些起始性问题的线索，再以当前较有影响力的法律多元理论分析社会认可的习惯法之法的效力渊源。

---

❶ 栗劲，李放. 中华实用法学大辞典 [Z]. 长春：吉林大学出版社，1988：122.
❷ 许崇德. 中华法学大辞典·宪法学卷 [Z]. 北京：中国检察出版社，1995：652.

（一）古希腊与古罗马先哲对于法的起源的思索

正如柏拉图的《法律篇》中"雅典来客"所描述的，原始社会是不需要立法者的，那个年代还没有任何文字，人们的生活遵循的是"沿袭下来的习惯和我们所说的'祖传'的法律"。❶ 在柏拉图看来，千变万化的事故和偶然发生的灾难才是这个世界真正的立法者，律法的重新拟定往往是迫于战争的压力，抑或迫于连年瘟疫和恶劣的气候下的极度贫困的折磨。❷ 柏拉图在此基础上得出，只有当国家的统治由一种超验的神的存在来照管人们的利益才能制定出良好的法律，才能实现各族的安定和谐；由此得出的教训是，凡人的统治应该尽可能顺从神的旨意，以地理分布范围的不同来理性地制定"法律"，立法者的权威应该符合"大自然的法则"，使人们自愿愉悦地接受的法律统治。❸ 柏拉图认为：生活在国家之中的人民要想获得和平必须受法律的统治，但其所说的法律不是政府制定的法律，而是指理性的结晶；这种法律不是由人民的多数表决通过或因政治家的决定而制定的，而是由一个国家元老用其冷静的头脑从社会中的种种习惯选择最具道德性的内容宣布为法律。换言之，柏拉图所论述的法律应该是指习惯法。❹

在亚里士多德所著的《政治学》一书中可以看到对于不成文法和成文法的分类，这种分类开始回归到人类自身的社会实践。亚里士多德的完美城邦存在的前提是，城邦人口数量和疆域的大小应以能确保人人都能遵守法律和习俗为限，因为只有人们普遍遵守法律和习俗，才能构建普遍良好的秩序。❺ 在亚里士多德看来，作为法治的法应不局限于成文法，还有不成文的习惯法。他认为，法律是为避免人感情用事时出现偏私和不公正，而作出的一种"中道的权衡"，但是实际上"积习所成的'不成文法'比'成文法'更有权威"，不成文法所涉及的事情也更为重要；这一人之治中

---

❶ 柏拉图. 法律篇 [M]. 张智仁，何勤华，译. 上海：上海人民出版社，2001：75－76.
❷ 柏拉图. 法律篇 [M]. 张智仁，何勤华，译. 上海：上海人民出版社，2001：113.
❸ 柏拉图. 法律篇 [M]. 张智仁，何勤华，译. 上海：上海人民出版社，2001：120，89.
❹ 萨孟武. 西洋政治思想史：第1册 [M]. 上海：新生命书局，1933：77－78.
❺ 亚里士多德. 政治学 [M]. 吴寿彭，译. 北京：商务印书馆，1983：352－354.

个人的智虑可能会比成文法周详,但却未必比所有不成文法还广博。❶ 由此可以看出,亚里士多德对习俗所形成的不成文法的推崇,但亚里士多德对这种分类的阐述并不系统,二者在概念上的区分仍然很模糊。

实际上,早在柏拉图之前,苏格拉底与希皮阿斯关于正义的讨论中就已经涉及了制定法和不成文法。苏格拉底认为"法和正义是一样的",守法就意味着做正义之事;城邦法律是"公民们约定的该干什么不该干什么的协议",不成文法是由比人更高尚的神明为敬畏他的人所制定的。❷ 但是必须注意的是,苏格拉底所说的不成文法仅仅是指神法。

西塞罗在《国家篇·法律篇》中也秉承了苏格拉底的这一思路,但不同的是,他在论述不成文的神法的同时强调了自然理性。他认为法律的本质既不是国家颁布的成文的命令或禁止,也不是人思想的产物,而是根植于统治整个宇宙永恒的自然理性,是神制约、指导万物和衡量正义与否的标准。❸ 西塞罗从人的本质入手,认为人是自然界中唯一与主宰万物的神一样拥有理性的主体,人类的思想、才能和美德等一切都是大自然的产物,人类的美德还是"自然发展和完善的最高点"。❹ 而且对于整个人类社会都有约束力的一个大写的法,正义也来源于大自然的理性,正义不只是"符合成文法和民族习惯",也不是建立在必须以大众投票表决赞同的法令或君王的敕令和法官的判决。❺ 因为在他看来,早在国家和民族出现之前人类所拥有的"神的心灵"就能理性辨认是非,法律始于"神的心灵"中的理性存在;通过指令和禁令来确立正确的行为规范,不是由于文字的表述而成为法律,因为成文法一旦"破坏了诺言和协议"就是邪恶和非正义的,就不能称之"法律"。❻

尽管上述这些西方哲人的论著中对于习惯法还只是一种模糊的认识,甚至对于立法和法律的理解都还处于蒙昧状态;但柏拉图和亚里士多德关于成文法和不成文法的表述对于对人类社会实践和经验的关注,以及苏格

---

❶ 亚里士多德. 政治学 [M]. 吴寿彭, 译. 北京: 商务印书馆, 1983: 169 - 170.
❷ 色诺芬. 真理的殉道者——苏格拉底 [M]. 陈琪, 滕建, 编译. 北京: 中华工商联合出版社, 2015: 126, 128, 130.
❸ 西塞罗. 国家篇 法律篇 [M]. 沈叔平, 苏力, 译. 北京: 商务印书馆, 2002: 158, 187.
❹ 西塞罗. 国家篇 法律篇 [M]. 沈叔平, 苏力, 译. 北京: 商务印书馆, 2002: 160 - 161.
❺ 西塞罗. 国家篇 法律篇 [M]. 沈叔平, 苏力, 译. 北京: 商务印书馆, 2002: 166, 170 - 171.
❻ 西塞罗. 国家篇 法律篇 [M]. 沈叔平, 苏力, 译. 北京: 商务印书馆, 2002: 187 - 188.

拉底和西塞罗把不成文法理解为神法和自然理性的思想对后世对习惯法的思考影响深远。

（二）少数民族习惯法的社会认可与法律多元理论

在人类原始社会时期，习惯法曾一度被认为应当归于神的意志或神的造化，故对这种以一种超自然形式存在的习惯法的拘束力没有任何非议。梅因认为所有的古代法和社会制度在最初起源中都有关于神的信念。在他看来，《荷马史诗》之中体现了古代法的观念，《荷马史诗》中的"地美士"（Themis）就是古希腊万神庙中的司法女神，而其复数形式"地美士第"（Themistes）则表示一个类似于审判或习惯的雏形的概念，指国王在听取民之争讼时根据神意直接感应的结果作出裁判或加以处罚；古代社会组织机构简单，还没有明确的立法者，而适用于处罚类型单一的违反习惯的行为的"地美士第"就是先于所有法律概念之前的神授的习惯法。❶ 同样的，在我国夏商时期盛行甲骨文占卜征求神意，统治者以"天罚""神判"进行统治，❷ 而且从《说文解字》中"法"的解释也可以看出我国古代的法也是一种近似于神明判决的存在，"法"原写作"灋"，其含义是指传说的一种嫉恶如仇的独角神兽用它头顶的角判明疑难案件中的是非曲直，"所以触不直而去之"。❸

随着人类生活的复杂化，人们对这种神授说主张的反对可想而知，如果将习惯法的效力来源归因于对神的崇拜，不仅是对民众的压制，而且也会使习惯法陷入不可知论。实际上，凯尔森也曾提到习惯法与制定法都有一个同等意义的法律创制程序，二者的区别在于，前者是一些不特定的人通过无意识地遵守行为产生的"分权化的法律创造"，而后者是由有约束力的立法机关"集权化地创造法律"；由习惯所建构的一般规范与制定法一样在法律等级体系中都从属于宪法，都决定着主管机关在具体案件中如

---

❶ 梅因. 古代法 [M]. 沈景一, 译. 北京：商务印书馆, 1996：2-5.
❷ 陈鹏生, 程维荣. 简明中国法治史 [M]. 上海：学林出版社, 1988：5.
❸ 许慎撰, 徐铉校订. 说文解字. 中华书局2014：201；转引自柳正权. 法治类型与中国法治 [M]. 武汉：武汉大学出版社, 2015：3.

何创设个别规范。❶ 这一观点在凯尔森的论著中只是简单提及,对于习惯法之所以可以成为法律渊源的原因,法律多元理论对此的讨论和分析最为深入持久。

  法律多元主义最初主要是西方学者在研究非洲和拉美殖民地原始部落社会秩序时提出的一个概念,主要是在法律移植之下国家法如何承认和整合殖民地原固有法规范的问题。基于法律多元的基本立场,在任何一个社会中的法律制度都不仅仅是国家立法机关制定的法律,还应包括社会主体所共同认可的社会内部规范。范德林登最初对法律多元的界定是指在一个社会秩序内的同一情境下可适用多种不同的法律制度。因为任何社会都不是孤立存在的,而且社会内部的规范也是由复杂多样相互联系的网络构成的集合体,但是任何一种规范都不能对内绝对集权或对外完全自治,所以各种法规范之间是一种动态的相互竞争的关系;但是该学者后来对此又提出一个反思性的观点,认为法律多元应基于权利主体而不是法律制度,因为作为社会成员的个体同时处于不同的法律秩序之下,故个人可以同时是多个权利主体,即个体的权利主体层面汇集了多个法律规范。❷ 法律多元主义是相对于传统的以国家法为中心的一元主义的一种法律观,法律多元是社会文化发展不平衡的产物,意味着法律秩序不只是依据国家法,在一定的社会情境下同时存在两种甚至两种以上不同的法规范供人们选择适用。❸ 简言之,由于调整社会秩序的法是多元的,在国家法之外还存在作为社会规范的其他非官方法,即风俗习惯与社会组织内部的行为规则等,法律多元是指两种或多种法律制度在同一社会共存的现象。

  法律多元中所强调的"情境中的法"与"地方法治的相对自治"抨击了长期以来将国家法律视为唯一正当的法的一元中心主义思想,也在一定程度上对国家法的统一建构提出质疑与挑战❹;尽管主流法学曾在很长一段时间内不认可法律多元论,但在当下法律多元已成为一个不容忽视的客

---

  ❶ 凯尔森. 法与国家的一般理论 [M]. 沈宗灵,译. 北京:中国大百科全书出版社,1996:129-130,145.

  ❷ VANDERLINDEN J. Return to legal pluralism: twenty years later [J]. Journal of legal pluralism & unofficial law,1989 (28):157.

  ❸ 肖光辉. 法律多元与法律多元主义问题探析 [J]. 学术论坛,2007 (4):118.

  ❹ 高鸿钧,赵晓力. 新编西方法律思想史:现代、当代部分 [M]. 北京:清华大学出版社,2015:428.

观事实,尤其是在第二次世界大战以后,固有法与继受法之间的冲突以及国家法内部由于文化的异质性所产生的矛盾也愈发明显,国家法与习惯法或民间法并存构成了法律多元的现实基础。法律多元主义是社会多元的体现,法律不只是可归入某一法律体系的制定法,还源自半自治的社会领域的多样性的自我调节行为,故规范的异质性是人类社会无处不在的普遍现象。❶ 鉴于文化的多元性是人类社会的普遍现象,法律多元不只是殖民统治下所特有的社会现象,法律多元也应在"统治集团与宗教、种族、文化的少数民族、外来移民",以及其他从属的非官方社会秩序等领域具有普遍意义。❷ 在全球化趋势下,各国法律由于社会状况、政治经济、文化的发展历史,以及自然环境等因素的差异,仍然具有鲜明的民族特色,而且全球化也并没有全盘否定或排斥法律的多元性,法律的多元是基于各国法律的冲突与融合中形成的共识和规则之下的多元。

因此,法律多元是各领域学者"对法律现代性反思的结果",同时也是对传统西方法学理论的反叛。❸ 这套话语体系从本体论上强调法律的多元属性,使人们从集权主义的意识形态开始转向其他秩序规范和文化,使法律不再仅仅是实施强制力与解决纠纷的规则,而成为一种可以从文化和历史多维度考察的存在。正如贝克曼所言,法律多元并不是要对"国家法"或"地方法"给出一种既定的价值预设,而只是提供一种分析立场,认真对待"地方法",这就意味着"承认其存在,承认它影响着人们的行为,也影响着法律实施的方式"❹。由此可见,法律多元理论对于理解少数民族社会结构内部的运行方式和个体行为规范都尤为关键,也在一定程度上为少数民族习惯法的社会认可提供了正当性说明。

---

❶ GRIFFITHS J. What is legal pluralism? [J]. The journal of legal pluralism and unofficial law, 1986, 18 (24): 38-39.

❷ 孔玲, 沙飒. 法律多元主义的产生及其影响 [M] //何勤华. 外国法治史研究: 第 19 卷. 北京: 法律出版社, 2006: 547.

❸ 杨静哲. 法律多元论: 轨迹、困境与出路 [J]. 法律科学: 西北政法大学学报, 2013, 31 (2): 4.

❹ 此处的"地方法"实际上就是指固有法或习惯法。贝克曼. 朱晓飞, 译. 法律多元 [M] //许章润. 清华法学: 第9辑. 北京: 清华大学出版社, 2006: 303.

二、习惯法的法源地位与主权者的默许

在习惯法法源地位的国家认可与社会认可之间实际上还有一个居中领域，即主权者的默许。对此内容展开论述之前，还必须对与主权者的默许相关的"法律确信说"与"国民意思说"作简要说明❶，因为这些观点不仅可以说明习惯法的效力源自社会认可，同时也可以在一定程度上说明习惯法法源地位是主权者默许的表现。因此，下文将结合博丹和霍布斯的学说对主权者的默许作进一步阐述：

"法律确信说"与"国民意思说"这两种学说认为，人们长期以来遵从和认可的习惯法的法的效力应归因于人民默示的合意或公意的体现，服从习惯法即对自己的意思的遵循，即习惯法被理解为是人民主权原则下人民的直接出场。正如萨维尼所主张的，法律来源于民意，只有主权者的命令与人民的意志一致，人民才会遵从主权者的命令，而人民的意志直接表现为习惯法，任何人都不能剥夺人民所确信的习惯产生的权益，主权者只不过是将人民的意志发布后使之成为成文法，"故习惯法不必由主权者之干涉，苟人民之意确信此为己之权利，则其为法律也合矣"❷。与此相类似，普赫塔也强调习惯是民族精神在社会生活中的体现，"习惯并不创造法，它仅仅是使获取法律的知识成为可能"❸。换言之，习惯法的效力是依据民众或部分民众长期持续的、实施一致的行为过程中所表现出的对法律的确信而服从既有规则，所以关于习惯法的效力无须赘言，因为习惯的发生同时就产生了法的效力。❹

然而，在博丹看来，主权具有至上性，主权最为重要的一个标志是立法；主权者是国家的最高管理者，而主权者的特权就在于其既可以不经任

---

❶ 关于习惯法的这两种观点早在民国时期就已经进入学界的讨论范畴。吴学义. 习惯法论[J]. 国立武汉大学社会科学季刊，1934，4(4)：800，804.

❷ 矶谷幸次郎，美浓部达吉. 《法学通论》与《法之本质》[M]. 王国维，林纪东，译. 北京：中国政法大学出版社，2006：77-78.

❸ 转引自埃利希. 法律社会学基本原理[M]. 叶名怡，袁震，译. 南昌：江西教育出版社，2014：363.

❹ 吴学义. 习惯法论[J]. 国立武汉大学社会科学季刊，1934，4(4)：806.

何人同意为全体臣民制定普遍适用的法律，也可以制定只适用于个别人的专门法律。在《论主权》一书中他提出法律和习惯一样都从属于主权，同时也论述了法律与习惯的区别和联系。他认为，一方面，地方治安官员可以在自己权限范围内制定法令，但习惯则完全由人们自发形成。习惯是基于所有人或大部分人同意后一点一滴逐渐形成的，这一过程必须经长年累月的积累；而法律则由享有绝对权威的主权者颁布后立即生效。习惯是一种柔和的潜移默化的规范，无须暴力作为强制手段；法律则是权力机关公布的刚性要求，很可能有悖于人们的意志。基于此，迪奥·克瑞索托曾把习惯比作仁慈的国王，法律比作暴君。与此同时，法律可以废除习惯，但是习惯却不能与法律背道而驰，否则那些为贯彻实施法律的地方治安官可以在其认为适当之时执行法律❶。

霍布斯也认为，在任何一个国家都只有主权者才能制定法律，法律是关于正义与否的法规，但法律之所以成为法律不在于其是否使用文字表述或篇章结构等外在形式，而在于其是来自立法者或主权者的意志。❷ 当古老的习惯获得法律权威时，这种权威不是因为年岁久远自然形成的，而是由于主权者的默许。❸ 值得一提的是，霍布斯的这一观点是基于对自然法和民约法的相互关系而提出的，自然法是在自然状态下人们"倾向于和平与服从的品质"，可表现为公道、正义、感恩，以及与此相关的道德等；而在国家产生之后，自然法就成为国家的命令，即主权者强制人民服从的民约法，主权者通过法令宣布什么是公道和正义等，并规定违反者所必须面临的惩罚。在他看来，自然法与民约法是相互融合的，服从民约法也意味着服从自然法，对于被征服国家原先以明文规定或其他方式公布的民约法或法规，之所以在被征服后仍被继续沿用，是因为其已经变成了战胜国的民约法；而同一个国家的各省地区的不同习惯长久存在并有效力也不是由于长期沿袭的缘故，而是由于主权者的示意。❹

可以说，霍布斯与博丹的上述观点有一定的相似之处，二者都认为习惯法产生法的效力并非因为长期的惯行，而是源自代表国家意志的主权者

---

❶ 博丹. 论主权［M］. 北京：中国政法大学出版社，2003：57-58.
❷ 霍布斯. 利维坦［M］. 黎思复，黎廷弼，译. 北京：商务印书馆，2016：204-205，209.
❸ 霍布斯. 利维坦［M］. 黎思复，黎廷弼，译. 北京：商务印书馆，2016：206-207.
❹ 霍布斯. 利维坦［M］. 黎思复，黎廷弼，译. 北京：商务印书馆，2016：208-209.

的默许，但由于二者对主权者的理解不同，对习惯法之法的效力来源的理解也有所差别，博丹的主权者享有凌驾于公民之上的至高权力，其所强调的是法律只是君主治理国家和管理社会的工具❶，习惯法的效力来源于君主王权的默许；而在霍布斯看来，则是由于个人将自然权利通过契约让渡给国家后才有代表全民意志的主权者，习惯法的效力来源于社会契约下君主的默许。

三、习惯法的法源地位与国家的正式认可

在近代国家主权观念兴起后，国家立法机关的日臻完备使得立法权成为主权的重要标志之一，国家承认说是建立在法律一元主义的预设下，认为法律就是主权者的命令，制定法是唯一的法源，在制定法为中心的国家多认为习惯法只有补充制定法的效力，无权变更制定法，也没有优于或等同于制定法的地位。实际上，孟德斯鸠在《论法的精神》中描述法兰西的习惯法时就开始强调官方的授权和认可，该书提到法兰西每个领地都使用不同的民事习惯法，这其中既有不成文的习惯法，也有成文的习惯法，成文习惯法最早是由国王的大附庸及其下属在各自领地依据各地实际情况制定的，或是由法学家为各自的采邑编写的，尤其是在法国查理七世时期，国王下令在全国范围内以行省为单位按统一格式编写地方性习惯法，各领主把各自的习惯法送交各省的议会编写。❷

法的一元论是法律实证主义理论的核心，法律实证主义（legal positivism）反对任何超越于现行法律制度的形而上的思辨，主张法理学的研究应将价值考虑和伦理规范等排除在外，认为只有统治者的命令和国家所制定的实在法才是法律。❸ 该学派中最早对习惯法的效力深入阐述的是奥斯丁，他认为当习惯被法院认可作为裁判依据后就不只是人们自行遵守的行

---

❶ 博丹认为，"因为如果君主需经地位更高之人许可，那其实际上就处于从属地位；如果需要经地位相当之人的许可，那其就等于有了同僚，如果需要经下属的许可，如议会或民众，那么其就不能称之为主权者"。博丹. 论主权 [M]. 北京：中国政法大学出版社，2003：56.
❷ 孟德斯鸠. 论法的精神：下卷 [M]. 许明龙，译. 北京：商务印书馆，2015：679 - 680.
❸ 博登海默. 法理学：法律哲学与法律方法 [M]. 邓正来，译. 修订版. 北京：中国政法大学出版社，2004：121 - 122.

为规则，而成为有国家强制力的制定法的一部分；法官所确立的习惯法之所以能作为一项法律规则，是因为法官确认法律的行为是国家最高立法机关授权的，同时国家立法机关仍有权撤销或废除法官所确立的法律规则，也可以以默认的方式允许法官强制实施某些由习惯转变而来的法律规则。❶ 在奥斯丁看来，在制定法条文中明确用语言表述的习惯法的"要求"是一种直接确认，而司法机关适用的习惯法是一种具有"命令"性质的间接确认，但具体应明确表达还是默许承认取决于最高权力机关的意志。❷ 奥斯丁关于习惯法司法认可的观点与英美法系下的判例法紧密联系，但奥斯丁并非一味强调司法认可而否定立法认可的进路。奥斯丁将习惯法视为"未完成的规则"，如果习惯法要转化为法律或"完成的规则"，与道德规则一样，可以通过两种方式获得法律属性：可以由主权者或其从属的立法机关批准而直接转变为法律，抑或通过司法判决获得先例地位后间接转变为法律。❸ 换言之，奥斯丁认为习惯规则要获得法的属性或正式法律效力，可以通过立法和司法两种进路，即经由立法机关制定或司法机关认可。奥斯丁的这一观点是依据其实在法理论而提出的，旨在说明法律是政治上居优位者制定的规定，而不是被统治者自发生成和接受的规范。❹

与此不同的是，哈特则主张习惯的法律地位不是主权者默许或授权的结果，而是源自人们普遍的认可，但是习惯法自身存在的种种弊端需要制定法来弥补才能更好地完善和实施。在哈特看来，法律是由不同类型的规则组成的，习惯法属于"第一性义务规则"，但这一个规则有"不确定性""静态性""社会压力的无效性"的缺陷，故需要通过"第二性规则"中的"承认规则"来引证习惯法规则中的权威性，通过"改变规则"对第一性规则中引入新规则或废除旧规则，通过"审判规则"来使违反规则的"社会压力集中化"，终结个案中对"第一性规则"的争议，并对违规行为

---

❶ 奥斯丁. 法理学的范围 [M]. 刘星，译. 上海：中国法治出版社，2002：38 - 39.
❷ 奥斯丁. 法理学的范围 [M]. 刘星，译. 上海：中国法治出版社，2002：40.
❸ AUSTIN J. Lectures on Jurisprudence (Volume2) [M]. fifth edition, Robert Cambell, John Murray, 1911：536. 转引自魏治勋. 法治的真原 [M]. 西安：陕西人民出版社，2012：104.
❹ 这是博登海默对奥斯丁的评价，博登海默还指出奥斯丁的这一观点在某种程度上与历史法学派所认为的法律是整个社会和民族的法律信念的主要表现形式的观点刚好相反。博登海默. 法理学：法律哲学与法律方法 [M]. 邓正来，译. 修订版. 北京：中国政法大学出版社，2004：493.

作出制裁决定。❶ 哈特所提出的习惯法的效力虽不是立法者的默许，但也强调了习惯法必须通过"一个权威的标志"才能引入法律制度；他认为依靠承认规则的认可赋予习惯法是一种"从属的""独立的"地位，议会制定的法律才具有至上性，制定法具有"最优越的渊源"，习惯法和判例法不仅从属于制定法，还可能被制定法剥夺法的资格。❷

习惯法法源地位的国家认可在英美法系国家的判例法和大陆法系国家近代法典编纂中影响深远，也已经成为现代法律制度的基本共识。显然，上述两种进路中立法认可更适合于我国的国情，少数民族习惯法中法的效力应由立法机关赋予，法官在司法适用中只是确定习惯法的价值和范围。实际上，上述关于习惯法的社会认可与国家认可只是从不同维度对习惯法进行描述，二者实际上并不是完全相互对立而存在；前者是在论述习惯法作为规范被实际遵守的社会事实或法的实效，而后者则是聚焦于规范应当被遵守的法的有效性问题。

第三节　内部主导：深化对少数民族习惯法的整合

如何让少数民族习惯法从社会学的"博物馆"走向中国现代法治的"图书馆"❸，是本节要解决的核心问题。我国宪法和法律中的诸多条文都为少数民族习惯法进入制定法提供了依据，而且我国民族区域自治制度本身蕴含着少数民族习惯法融入制定法的制度空间。然而，民族自治地方的一些立法机关并未真正有效地利用国家法律法规中的制度安排，即通过单行条例立法对合理的少数民族习惯法予以认可，进而导致国家法与少数民族习惯法在司法实践中的冲突。在我国目前法律制度之下，更为直接和妥当的解决方式是在单行条例的立法准备过程中吸收少数民族习惯法中的精

---

❶ 哈特. 法律的概念 [M]. 张文显, 郑成良, 杜景义, 等译. 北京: 中国大百科全书出版社, 1996: 93-98.

❷ 哈特. 法律的概念 [M]. 张文显, 郑成良, 杜景义, 等译. 北京: 中国大百科全书出版社, 1996: 96, 102.

❸ 陈新宇. 习惯中国的法律宿命 [N]. 检察日报, 2011-07-21 (3).

髓，实现二者的融合，此种方式既可以引导少数民族习惯法的现代化转型，又可以使单行条例立法在民族自治地方治理中发挥更大的实效。具体而言，本节将从分析习惯法与制定法的内在关系入手，再从规范层面寻找我国制定法尊重和吸纳少数民族习惯法的依据，最后从操作层面探讨如何将少数民族习惯法的编纂融入单行条例立法草案之中。

一、制定法与习惯法之间的互利共生

制定法和习惯法的内在关系是探讨二者互动融合的逻辑起点。上文通过梳理学界主流观点和比较中西方语境的差异，在一定程度上廓清了习惯法的基本概念内涵，即具有一定强制力的社会规范的总和。制定法的概念相对争议较小，在西方法律著作中"制定法"与"实在法""人定法""成文法""官僚法"等概念内涵大体一致，在我国语境下对于"制定法"概念的内涵与外延也有一定的共识。在此不过多铺陈，仅以《中华法学大辞典》（法理学卷）中对制定法的定义为参考，制定法"既包括专门立法机关制定的法，也包括政府（行政机关）制定的法。制定法是从无到有地创制立法，这就使之区别于习惯法。后者是在习惯的基础上，通过国家认可而成为法的。除此，制定法的结构较为严密，内容比较系统，其形成方式是预先设定种种规定，这又使之与判例法迥然有别"[1]。可见，制定法往往与立法机关及其立法权联系在一起，指立法机关依据法定程序制定的法律法规，以及地方性的规范性文件等[2]；参照此种理解，本书所称"制定法"指的是立法机关和行政机关经由特定程序而颁布的正式法律文件，包括宪法、法律、行政法规、部委规章、地方性法规、自治条例和单行条例等。

回顾世界文明的演进历程，法律与人类社会的发展密切相关，习惯法发展到制定法是历史的必然，制定法与习惯法之间的契合与疏离总是在不断磨合中交替出现的。在人类文明发展的早期都是先产生习惯，随后才从

---

[1] 孙国华. 中华法学大辞典·法理学卷 [Z]. 北京：中国检察出版社，1997：518.
[2] 这与国家法不同，国家法在法学辞典中通常指宪法和宪法性法律，个别也指适用于全国范围的法律；肖蔚云，姜明安. 北京大学法学百科全书·宪法学 行政法学 [M]. 北京：北京大学出版社，1999：171.

习惯中形成法律。在拉德布鲁赫看来，最初的法律仅仅是使"习惯法的规律性上升为法律性"，在古代以血脉、习俗、宗教连接起礼俗社会中"无意识的共同意志"下所产生的法表现为民俗法，即风俗习惯和宗教信仰等。❶ 在文艺复兴和宗教改革后形成了与礼俗社会脱节的"有意识的个人意志"，法律所代表的不再是传统，而是可以任意赞同或否定传统的人类的意志；同时，罗马法的继受使得各国立法者的意志逐渐替代原始的民族精神，法律成了为相互驱逐利益并精于算计的人所制定的法，法律开始以个人的利益或权利作为出发点，即官吏法或制定法。❷ 正如拉德布鲁赫所认为的，习惯发展到法律与民族精神发展到有意识的国家理性一样都具有不可逆转性，这种发展是"由本能到意识""由直觉到理智"，是由共同体发展到社会的历史进程中的必经阶段。❸ 立法者制定的法律规定只有不脱离民众生活实际才能产生实际效力，也就是说，任何偏离人类生活习惯和自然法则的法律都将最终失去效力，因为法律不是人类的发明和规定，法律存在于作为民族共同体的国家之中，但也需要"使之浓缩为习惯法"，赋予必要的确信，所以制定法与习惯法只有通过双向的互动才不至于枯竭，才能"源源不断地产生出协调一致的法律规范"。❹

从上文对习惯法与制定法内在关系的思辨中可以看出，制定法与习惯法关系密切，二者可以相互转化、相互影响。实际上，不论是从欧陆法律发展史还是从我国的法律传统中都可以看出，制定法与习惯法不是僵硬的二分，二者之间不是一种非此即彼的关系，而是一种在特定历史条件下流动性的存在，是一种相辅相成的互利共生的关系。这一观点在上文对拉德布鲁赫的论述的分析中也已经有所呈现，以下还将结合单行条例立法进一步阐述二者之间的内在关系。

---

❶ 拉德布鲁赫. 法律智慧警句集［M］. 舒国滢，译. 北京：中国法治出版社，2001：152，154；拉德布鲁赫. 法学导论［M］. 米健，朱林，译. 北京：中国大百科全书出版社，1997：2.

❷ 拉德布鲁赫. 法律智慧警句集［M］. 舒国滢，译. 北京：中国法治出版社，2001：143－144.

❸ 拉德布鲁赫. 法学导论［M］. 米健，朱林，译. 北京：中国大百科全书出版社，1997：29.

❹ 拉德布鲁赫. 法学导论［M］. 米健，朱林，译. 北京：中国大百科全书出版社，1997：19，26.

（一）社会功能：增强少数民族对制定法的认同感

单行条例立法对习惯法的适当承认对国家法在民族自治地方的贯彻实施大有裨益。诚如梁治平所言，国家法不是整个法律秩序的全部，在国家法之外还有各种不同类型的非官方的法律，这些法律也可能与国家法相抵触，但这不妨碍其成为社会秩序的重要组成部分，因为其不但"填补国家法遗留的空隙，甚至构成国家法的基础"❶。就民族自治地方而言，各少数民族社会生活中广泛适用的往往是根植于传统的相对封闭的生产生活方式习惯法，而立法者的现代法治手段往往由于与当地社会现实脱节而难以发挥实效。少数民族习惯法与国家正式法律制度之间甚至还有冲突的可能，全国范围内普遍适用的法律法规可能存在没有考虑到民族自治地方多元文化特殊性的情形。我国《宪法》《立法法》以及《民族区域自治法》等法律法规中所强调的单行条例可依据当地民族的特点对上位法中的一般性规定作出变通，这种变通的功能就在于缓和二者之间的张力，使国家法能够通过变通而有效地适用于民族自治地方。

如果从哈耶克的个人主义理论的角度来解读习惯法对少数民族个人活动所产生的综合影响，单行条例对少数民族习惯法的尊重和认可就更能言之成理。在哈耶克看来，真正个人主义是一种旨在理解"决定人类社会生活的力量"的社会理论和政治行为规范，这一社会观认为只有通过对那些作用于个人并由个人预期所引导的活动才能理解社会现象，人类社会的许多规章制度的出现都不是源于个人理性的设计，抑或有意识的预先计划；❷正如亚当·弗格森所说，"国家的建立是偶然的，它确实是人类行动的结果，而不是人类设计的结果"❸。哈耶克认为，真正的个人主义并不否定强制力的必要性，只是希望将政府的强权限定在特定的范围内，将社会普遍接受的"能够最好地为社会服务的手段"视为社会秩序的根本原则。❹ 换

---

❶ 梁治平. 清代习惯法：社会与国家 [M]. 北京：中国政法大学出版社，1996：35.
❷ 哈耶克. 个人主义与经济秩序 [M]. 贾湛，等译. 北京：北京经济学院出版社，1989：6-8.
❸ 亚当·弗格森. 文明社会史随笔 [M]. 1767：187，转引自哈耶克. 个人主义与经济秩序 [M]. 贾湛，等译. 北京：北京经济学院出版社，1989：7.
❹ 哈耶克. 个人主义与经济秩序 [M]. 贾湛，等译. 北京：北京经济学院出版社，1989：19.

言之，哈耶克的个人主义理论认为良好的法律制度是自发成长起来的，"人类理性有意识造就的那部分社会秩序仅仅是全部社会力量的一小部分"，国家作为一种"有意识指导的力量"只是整个社会肌体的一部分，国家法律制度应该是一个可以让人们最大限度自由联合的框架。❶ 这一观点所产生的推论是，基于个体自愿联合组成的团体内部的惯例通常比依靠国家强制力的推行法令更能维持社会秩序，因为这些在一个自由社会中缓慢演进的惯例和传统可以在很大程度上为人们预期的行为提供一些指导原则，使得人们在社会交往中自觉服从，不需要强制就可以实行。❷ 因此，如果单行条例要尽可能地消除在实施过程中外在的强制，使当地少数民族自觉服从，就必须对其内部自发形成的共同传统和惯例等予以尊重和吸纳，即使这种人们自发形成的事物表面看起来似乎是超出个人知识范围和理解能力的"非理性的社会力量"。❸

实际上，我国民族自治地方多年来的法治实践也证明了这一点。尽管我国的民族法治建设工作取得了一些成就，但很多少数民族还不能自觉依据国家制定法调整自己的行为，仍沿用旧的习惯法来解决各种纠纷，导致法院的审判有时难以起到定分止争的目的，一些少数民族甚至还会另行寻求民间的"二次审判"。❹ 所以近年来一些学者纷纷呼吁建构少数民族习惯法直接司法适用的路径和程序。❺ 毋庸置疑，习惯法作为社会自发生成的秩序规范往往由于更贴近少数民族的生活，在少数民族内部有较高的认同度；如果单行条例的立法机关脱离民族自治地方的社会现实一味照搬照抄上位法，以至于其制定的规定实际上与习惯法相左，就可能违背了社会内部本来的秩序，最终难以发挥实效也就在情理之中。正如苏力所提到的，社会生活中所形成的习惯是法治不可或缺的组成部分，这不仅是因为法律规定往往存在空白，需要习惯或惯例作为补充，更为重要的是只有那些法

---

❶ 哈耶克. 个人主义与经济秩序 [M]. 贾湛，等译. 北京：北京经济学院出版社，1989：22.
❷ 哈耶克. 个人主义与经济秩序 [M]. 贾湛，等译. 北京：北京经济学院出版社，1989：22－23.
❸ 哈耶克. 个人主义与经济秩序 [M]. 贾湛，等译. 北京：北京经济学院出版社，1989：23.
❹ 邓建民，赵琪. 少数民族纠纷解决机制与社会和谐：以四川民族地区为例 [M]. 北京：民族出版社，2010：234.
❺ 周世中，周守俊. 藏族习惯法司法适用的方式和程序研究——以四川省甘孜州地区的藏族习惯法为例 [J]. 现代法学，2012，34（6）：64.

律中体现了对"通行的习惯惯例的确认、总结、概括或升华"的规定才能得到有效贯彻实施，否则，依靠国家强制力所制定的理性的国家法律即使再公正也难以生效。❶ 因此，鉴于在民族自治地方的社会生活中少数民族的习惯法仍然发挥重要作用，如果在单行条例立法过程中能理性吸纳少数民族习惯法，缓和国家法律法规与当地民族的风俗习惯之间的差异，不仅可以更好地推动国家法律在民族自治地方的施行，也有利于在一定程度上消除文化阻隔和增强少数民族对国家法治的认同感。

（二）建构价值：加速少数民族习惯法的现代转型

少数民族习惯法长期以来在与制定法的冲突磨合中缓慢演进和发展。在诺斯看来，制度是人类自己给自己施加的约束，制度具有稳定性，但同时也是处于渐进式的演进之中的，制度变迁是一定时期个人选择的集合；制度既可以是正式制定的规则，也可以是非正式的形成规则，嵌入在社会之中的习俗和传统等非正式规则不易受革命和武装政变等非连续性正式规则变迁的影响，因为文化变迁通常是以渐进的方式进行的，行动者的主观观念在经由现存的文化所决定的实践中不断修正，但从文化中所衍生的非正式规则与正式规则之间所产生的摩擦推动着经济制度的演进和变迁。❷ 从诺斯对经济制度变迁的一般性概括中，我们可以看出非正式的规则的演进有自身发展的轨道和演绎的逻辑，但二者的不一致所产生的这种紧张关系也不是绝对的，随着新的正式规则的延伸，非正式规则也会逐渐演进，在此基础上的制度变迁才可能呈现出一种均衡势态。❸ 所以从长远来看，制定法与习惯法发展的最终结果是两者之间的有效对接，单行条例立法中吸纳少数民族习惯法只是加速了这种整合。

当前，民族自治地方社会的发展客观上需要少数民族习惯法转型升级。随着我国各民族之间相互交流交往的增加，少数民族所聚居生活的民族自治地方也不再是一个封闭的社区；与此同时，少数民族习惯法自身的

---

❶ 苏力. 法治及其本土资源［M］. 北京：中国政法大学出版社，1996：9-10.
❷ 诺斯. 制度、制度变迁与经济绩效［M］. 刘守英，译. 上海：生活·新书·新知三联书店，1990：6-7，61-62，185.
❸ 诺斯. 制度、制度变迁与经济绩效［M］. 刘守英，译. 上海：生活·新书·新知三联书店，1990：122.

一些缺陷使其难以适应现代化社会交往的需要。习惯法到成文法的发展是"低层次法形式"向"高层次法形式"进化的必然路径和趋势，习惯法只有通过融入制定法才能拥有法定的规范地位和相对稳定的适用空间和实施效果。❶ 如果国家制定法能吸纳少数民族习惯法中的一些内容，通过自治机关的立法手段从少数民族习惯法中概括出一些明确的规则以减少少数民族习惯法的随意性，不仅可以方便地方执法机关适当照顾少数民族的风俗习惯，也可以避免由于习惯法不透明而引发的冲突。古希腊的雅典人通常将法律的产生追溯到德拉古，德拉古所制定的法典在很大程度上是"将繁杂的习惯法编纂成为有序可循的、方便查询的形式"，其立法的目的不是创设一部新的法典，只是避免官员个人意志影响司法公正。❷ 同时，制定法的条文对习惯法的阐明和升华也可以在一定程度上使少数民族习惯法得以记录和传承，并为其继续在人们的现实生活中发挥作用提供正式的制度空间。正如边沁所认为的，法律的制定与形成是人类有意识的活动的结果，法律工作者的任务是分析现实的法律，并基于为最大多数人的最大程度的幸福着想不断改进法律，边沁主张对当时英国旧的普通法治度进行改革，在判例的基础上编纂并制定成文法典使每个人都能掌握，立法的义务应该是"有益于领悟和传播"，使国家制定法在社会生活中发挥增进人们幸福的作用。❸ 立法机关还可以在主动融合的过程中有意识地剔除少数民族习惯法中的恶习或糟粕，通过对不合理成分的适当扬弃，从外部推动少数民族习惯法的良性发展和内部革新，使其更好地适应社会变化，契合社会发展趋势。

总的来说，以上从两个方面论证了单行条例对少数民族习惯法的理性吸纳的必要性以及二者之间互利共生的关系。一方面，制定法保持一定的开放性吸收少数民族习惯法中的合理因子，将其转化成为制定法的条文，可以使制定法得到少数民族的普遍认同并得以有效实施；另一方面，制定法对于那些不合时宜的习惯法的冲击，也可以引导少数民族民众改掉陈规

---

❶ 郑毅. 论国家法对少数民族习惯法的承认 [M] //周佑勇. 东南法学：第6辑. 南京：东南大学出版社，2014：37-38.

❷ 邦纳，史密斯. 从荷马到亚里士多德时代的司法裁判 [M]. 刘会军，邱洋，译. 北京：中国法治出版社，2015：353.

❸ 边沁. 政府片论 [M]. 沈叔平，等译. 北京：商务印书馆，1995：234.

陋习，推动少数民族习惯法的现代转型。

二、我国少数民族习惯法的国家认可规范依据

我国少数民族习惯法的国家认可不但有一定的社会实践基础，在我国的法律体系中还有充分的规范依据和制度空间。可以说，适当尊重和认可少数民族习惯法是我国民族自治地方单行条例立法的应有之意。以下通过对制定法的文本分析为少数民族习惯法的国家认可寻找规范依据，因为法律文本中的具体条文是立法者意志的正式表达，也必然反映出立法者对少数民族习惯法的态度及其在我国当代法律体系中的规范效力。我国现行有效的法律文本中只有《中华人民共和国香港特别行政区基本法》第8条在表述香港原有法律不与基本法相抵触时予以保留，列举了"习惯法"，❶ 我国的法律文本中多使用"习惯"这一术语；鉴于此，以下的分析也主要着眼于对与"少数民族"和"习惯"相关的法律条文的解读。

（一）宪法文本中关于"风俗习惯"的规定

实际上，早在抗日战争前夕中共中央在对待和处理少数民族习惯法方面的态度就已经初见雏形，而且取得了一定的成绩。1935年毛泽东在《中华苏维埃中央政府对内蒙古人民宣言》中阐述了中国共产党尊重少数民族风俗习惯的主张，这些主张无疑在当时团结少数民族共同参与抗日起了很大的推动作用。❷ 随后，在很多党内重要文献中都重申了类似的主张，1939年的《陕甘宁边区抗战时期施政纲领》、1940年的《中共晋察冀边委目前施政纲领》、1941年的《陕甘宁边区施政纲领》和1945年的《论联合政府》等文件中都有关于尊重少数民族风俗习惯的表述。在1946年颁布的《陕甘宁边区婚姻条例》中还将党关于少数民族风俗习惯的相关政策

---

❶ 《中华人民共和国香港特别行政区基本法》第8条："香港原有法律，即普通法、衡平法、条例、附属立法和习惯法，除同本法相抵触或经香港特别行政区的立法机关作出修改者外，予以保留。"

❷ 魏建国. 瓦窑堡时期中央文献选编：上 [G]. 北京：东方出版社，2012：66.

以法规的形式固定下来。❶

在中华人民共和国成立之初，1949 年的《共同纲领》在第六章民族政策的第 53 条第一句就明确规定了"各少数民族均有发展其语言文字、保持或改革其风俗习惯及宗教信仰的自由"。这一规定在 1954 年《宪法》、1978 年《宪法》、1982 年《宪法》中得到较好的传承，1982 年《宪法》总纲第 4 条第 4 款明确规定"各民族都有使用和发展自己的语言文字的自由，都有保持或者改革自己的风俗习惯的自由"。可以看到，除了 1975 年《宪法》文本由于受"文化大革命"的影响使这一内容有短暂的缺位，宪法对于少数民族风俗习惯一直以来持一种认可的态度。

从宪法文本中的规定来看，"保持或者改革自己的风俗习惯的自由"本质上属于一种权利性条款。我国学者汪全胜等对在法律文本中如何识别权利性条款，归纳了几个核心名词作为标志，其中就包括"自由"一词。❷从该条文内容上看，我国宪法中只是确认了各民族享有"保持或者改革"风俗习惯的自由，并未涉及其相应的任何义务，强调的是宪法对于这一权利的保障。这一权利的内容主要是对风俗习惯的"保持"和"改革"，前者意味着对风俗习惯的沿袭和传承，后者意味着对于风俗习惯的自主发展和创新。依据该规定，权利的主体不限于"少数民族"，而是"各民族"，也就是说，包括主体民族汉族在内的各族均同等享有这一权利。由此可见，"保持和改革民族风俗习惯"是一种权利，而这一权利的行使与否遵循自愿原则，由权利主体自行决定，任何其他个人和主体都不能横加干涉或强迫其移风易俗，这一规定无疑体现了我国宪法对于各民族之间的差异和文化多样性的尊重和包容。

（二）国家制定法中少数民族习惯的规范依据

对于少数民族习惯，我国的民族区域自治制度更是提供了一种制度保障。在《宪法》第 116 条赋予民族自治地方人民代表大会依据"当地民族的政治、经济和文化的特点"制定自治条例和单行条例的权利。在

---

❶ 该法规第 3 条中规定："少数民族婚姻，在不违反本条例之规定下，得尊重其习惯"。中国社会科学院近代史研究所《近代史资料》编译室. 陕甘宁边区参议会文献汇辑［G］. 北京：知识产权出版社，2013：335.

❷ 汪全胜，等. 法的结构规范化研究［M］. 北京：中国政法大学出版社，2015：220 - 221.

《民族区域自治法·总纲》第 10 条中进一步强调了上级国家机关和民族自治地方的自治机关对于保障少数民族风俗习惯的国家义务和基本架构，在对自治机关的自治权进行了明确授权的第 19 条中规定，自治机关可对"不适合民族自治地方实际情况的"上级国家机关的规范性文件在上报上级国家后变通执行或停止执行。正如本章第一节中已经重点论述过"当地民族的政治、经济和文化的特点"在很大程度上具体表现为少数民族的各种风俗习惯。虽然"民族自治地方实际情况"涵盖面广，但作为少数民族文化的重要组成部分和影响少数民族经济和社会生活的重要因素，少数民族长期以来形成的风俗习惯也是"实际情况"的应有之意。

值得一提的还有，《立法法》中虽没有明确提及少数民族习惯，但明确了自治条例和单行条例可依据"当地民族特点"在不违背上位法基本原则和上位法针对民族自治地方的专门规定的情况下进行变通。这一表述从授权民族自治地方依法变通的其他法律中也可以看到，依法变通的前提与少数民族习惯相关。如在《中华人民共和国老年人权益保障法》第 83 条中明确规定"结合当地民族风俗习惯的具体情况"依法治定变通或补充规定。

在一些法律法规中还可以看到尊重少数民族习惯是国家机关的职权所在。《地方组织法》第 73 条第 9 项和第 76 条第 5 项中规定的地方各级人民政府行使的职权中就包括"保障少数民族保持或改革自己的风俗习惯的自由"；在《城市民族工作条例》第 17 条和第 24 条中也强调了城市人民政府类似的法定职责。《中华人民共和国全国人民代表大会和地方各级人民代表大会代表法》第 43 条规定，有关部门应在少数民族代表执行代表职能时，在语言文字和"生活习惯"等方面给予帮助和照顾。国务院制定的《全国年节及纪念日放假办法》第 4 条规定各少数民族聚居地的人民政府应按各民族的传统习惯规定节假日。而且依据《刑法》第 251 条，如果国家机关工作人员非法侵犯少数民族的风俗习惯，情节严重的将处两年以下有期徒刑或者拘役。

另外，我国法律中还有国家公权力机关对于特定人群中的少数民族习惯的尊重，《监狱法》第 52 条就规定在刑罚执行时应对"少数民族罪犯的特殊生活习惯"予以照顾。在看守所条例、收容教育管理办法、司法行政机关强制隔离戒毒工作规定等行政法规和部委规章中也类似规定了应在生活上适当照顾少数民族人犯或人员的民族风俗习惯。在国务院制定的《汶川地震灾后恢复重建条例》第 40 条第 1 款中对地震灾害现场的恢复重建中强调对于遇难者遗体的处理，应"尊重当地少数民族传统习惯"。还有在《大中型水利水电工程建设征地补偿和移民安置条例》第 11 条第 2 款规定，在编制移民安置规划时应"尊重少数民族的生产、生活方式和风俗习惯"。

此外，我国法律法规中也对其他社会主体和个人提出了尊重少数民族习惯的要求。如《旅游法》第 10 条规定，旅游者的民族风俗习惯应当得到尊重；《电影产业促进法》第 16 条第 3 项规定，电影中不得含有"侵害民族风俗习惯"的内容。《出版管理条例》第 25 条第 4 项规定，任何出版物都不得含有"侵害民族风俗、习惯的"内容。

（三）地方制定法中少数民族习惯的规范内容

中央层面的法律法规为尊重少数民族习惯提供了一个整体框架和基本态度，而地方性法规、地方政府规章与少数民族的日常生活联系最为紧密，故地方层面的制定法条文也应最能反映少数民族习惯所调整的具体内容。从"北大法宝"法律法规库中检索到，涉及少数民族习惯的现行有效的地方性法规 400 件。❶ 经梳理后发现，这些地方性法规和规章所具体调整的内容，主要体现在以下四个方面：一是关于少数民族发展和各民族关系，法规标题上表现为某地的"民族团结进步条例""自治条例"。二是对少数民族权益的保障以及对特定弱势群体权益保护条例中的专门强调，如老年人、消费者、妇女、未成年人、进城务工人员的权益保护条例中有提及少数民族习惯。三是关于少数民族文化和资源的保护，表现为风景区、矿产资源、土地等，以及非物质文化遗产、地名、语言、教育等。四是与少数民族日常生活相关的家禽牲畜屠宰、清真食品、肉食品加工、殡葬、继承、婚姻、饮食习惯等。

依据"北大法宝"检索的数据，现行有效的自治条例和单行条例条文

---

❶ 以"少数民族""习惯"作为全文关键词，在"北大法宝"的地方性法规中包括省级地方性法规、设区的市的地方性法规、经济特区法规、自治条例和单行条例。以上涉及少数民族习惯的地方性法规中包括 238 件自治条例和单行条例。检索时间：2023 年 7 月 20 日。

中出现"风俗习惯"的有259部，但直接使用"少数民族习惯"这一表述的主要是两处，分别是《玉树藏族自治州自治条例》第66条第3款规定，藏历新年、穆斯林开斋节、传统赛马节等少数民族习惯的节日，由自治州人民政府规定放假日期；《阿坝藏族羌族自治州施行〈中华人民共和国民法典〉继承编的变通规定》（2021年修正）第4条第2款规定，"经继承人协商同意，也可以按照少数民族习惯继承。"其他的法规中多表述为"少数民族的风俗习惯""当地民族风俗习惯""各民族的风俗习惯"等。总体而言，自治条例和单行条例基本上都表现出对少数民族习惯的重视，这些少数民族习惯的相关概念多与"民族语言文字""宗教信仰""传统节日""民族团结""民族文化""人格尊严"等并列使用。这些条文内容主要表现为"尊重""改革""保持""结合"民族风俗习惯，以及对"侵害"民族风俗习惯的行为追究法律责任等。

综上所述，从中央到地方的各级制定法中都有涉及少数民族习惯的规定，这些规定的积极意义在于尊重并承认了少数民族习惯在调整社会关系中的规范作用。诚然，这种梳理也存在一个不足，因为在实际立法中可能存在将少数民族习惯融入具体条文规定中，但表述上并不强调少数民族"习惯"或"习俗"。总体来看，我国制定法中对于少数民族习惯的认可大多是通过引入抽象的概括性条款，对于如何尊重少数民族习惯还缺乏可操作的具体程序和方法。因此，如果制定法中对于少数民族习惯的尊重要在社会生活中真正发挥作用，少数民族习惯法国家认可的相关研究就需要提上日程。

三、立法调研：整合少数民族习惯法融入单行条例草案

马克思曾语："立法者应该把自己看做是一个自然科学家，他不是在制造法律，不是在发明法律，而仅仅是在表述法律"❶。萨维尼也认为法律并非立法者的专断意志所孕就，立法的技术问题就是法的形式与历史留存下来的全部法律之间的联系，即如何让立法与习俗携手揭示真正的法律——

---

❶ 马克思，恩格斯. 马克思恩格斯全集：第1卷 [M]. 中共中央马克思恩格斯列宁斯大林著作编译局，译. 北京：人民出版社，1956：183.

"民族的固有意志"❶。这些精辟的论述实际上都在一定程度上阐明了从习惯法到国家制定法的演绎过程,但这一过程绝不仅仅是简单的记录和表述。因为习惯法内容繁杂多样,其中既有有利于社区安定和谐的积极因素,也不乏一些愚昧落后神判式的消极思想,既有有文字可考的村规民约或宗规族约,也有人们世代口耳相传潜移默化的惯例和禁忌;只有通过研究比较分析,去粗取精后,才能从少数民族生产实践中的文化积淀中挖掘出与现代国家法治相契合的内容。

故而少数民族习惯法的整理加工是其转型升级融入制定法的重要一步。从立法学角度看,法的汇编通常只是法的集中化和系统化的表达,汇编的主体也不限于立法机关;而与此不同的是,法的编纂则是指立法机关"在法的清理和汇编的基础上,将现存同类法或同一部门法加以研究审查,从同一的原则出发,决定它们的存废,对它们加以修改、补充,最终形成集中统一的、系统的法"❷。编纂过程更强调立法机关对现存法律规范的体系化改造,对于空白之处可能要增加部分内容,对于混乱重复之处也可能要进行删减。少数民族习惯法整合的过程正是类似于法的编纂的过程,立法者需要对少数民族习惯法进行重述,进一步规范其所调整的社会关系,将社会认同的规则上升为国家强制力保障实施的正式法律规范。

严格来说,整合少数民族习惯法本身就是民族自治地方立法机关立法调研中应尽的职责之一。我国《宪法》第116条和《民族区域自治法》第19条都规定了,民族自治地方人大有权依照"当地民族的政治、经济和文化的特点"制定单行条例,《立法法》第85条还进一步规定了单行条例"依照当地民族的特点"中对上位法作出变通的情形。从这些规定中可以看出,民族自治地方的自治立法享有比一般地方立法更大的自主权,但其前提是立法要反映当地民族特点,变通的目的也是更好地保障国家法治的统一,变通必须在法定的框架下进行。同时,这些规定也为民族自治地方立法机关将蕴含当地少数民族特点的习惯法中的优良资源转化为国家所承认的法律规范提供了依据。立法调研从字面理解就是围绕立法所开展的一

---

❶ 萨维尼. 论立法与法学的当代使命 [M]. 许章润, 译. 北京: 中国法治出版社, 2001: 17.
❷ 周旺生. 立法学教程 [M]. 北京: 北京大学出版社, 2006: 557.

系列调查研究活动。有观点认为，立法就是一个不断调查研究的过程，因为立法的各个环节阶段都可能根据实际需要开展调研，在制定立法规划时要围绕立法事项调研、在起草草案时要围绕草案条款的具体规定调研、在审议阶段还要围绕草案中的相关问题调研。❶ 但通常来说，立法调研主要是集中在立法准备阶段，指法案起草人员所进行的一些调查和研究活动，其主要形式有：调查走访、实地考察、座谈会、听证会、专家论证会等。❷ 立法调研的价值在于，通过各种途径了解真实情况和听取各方意见，使立法能够去伪存真，真正体现人民的意志。对于单行条例立法而言，最为关键的就是要凸显当地民族特点，否则在当前自治州也享有地方立法权的情况下，其单行条例立法就无实质之必要，所以单行条例立法调研的重心就应聚焦在承载当地民族特点的习惯法，而对少数民族习惯法的整合也只是对立法调研成果进行总结所必须的步骤。

上述分析实际上是从法理和规范层面分析民族自治地方立法机关整合少数民族习惯法的正当性，但如果要使之成为切实可行的方案还需要一定的制度保障。在此，本书只讨论如何从程序上保障民族自治地方立法机关对少数民族习惯法的整合，并使这种整合在立法过程中发挥实效；具体来说，可从以下四个方面入手：

首先，在民族自治地方"立法条例"中应明确少数民族习惯法调查的主体和程序。我国《立法法》中对法案的提出、审议和表决的一般程序性规定主要侧重于保障国家法治的统一，故而民族自治地方的"立法条例"在此基础上结合本地立法实际的情况增加一些关于明确立法过程的具体事项的规定也无可厚非。然而，纵观各民族自治地方的"立法条例"，大多是照搬照抄《立法法》中的相关规定，这不仅使各民族自治地方的规定大体趋同，而且与地方性法规的立法条例也基本相似。如果民族自治地方的"立法条例"本身缺乏保障凸显民族特点的程序或机制，在实际操作过程中就难以发挥实效和区别于一般地方性法规的立法。民族自治地方只有在"立法条例"的统一部署下，少数民族习惯法的编纂才可能赢得民族自治地方党委、政府机关、司法机关的支持并形成合

---

❶ 李明璞. 地方立法的过程与方法 [M]. 武汉：湖北人民出版社，2013：111.
❷ 张洪明，苏波. 人大立法工作手册 [M]. 北京：中国民主法治出版社，2009：30.

力,当地民众才会积极配合少数民族习惯法调查。所以单行条例立法中民族性的凸显应先从细化和完善"立法条例"入手,将少数民族习惯法的调查机构的职责权限、汇编整理程序,以及运行规则等从规范层面予以法定化。

其次,可考虑将少数民族习惯法的调查和整合纳入民族自治地方人大常委会法治委员会的职责范围,因为法治委在日常工作职责中就包含了解和掌握当地法治方面的情况和信息,以及围绕有关立法议题进行调查研究和提出意见等。❶ 民族自治地方法治委员会在就某一特定立法事项开展习惯法调查时也不一定要专门增设任何机构,在有需要时可邀请立法事项相关的专门委员会成员组成调研领导小组,要求地方政府机关如民政部门等机构组织人员协助调查,还可以聘请有关专家和人员深入实地调查,或委托高校和研究机构共同对少数民族习惯法进行收集整理并汇编成册。另外,如果民族自治地方"立法条例"中的规定要进一步贯彻实施,法治委员会还应根据需要再制定习惯法调查的具体实施细则。此种做法在民国时期的习惯调查中已有先例,一份资料显示有关当局曾就习惯法调查的采集人员配备和薪酬、资料收集注意事项、纂修程序等制定专门的章程。❷ 由于民族自治地方的经济社会发展变化迅速,少数民族习惯法也处于不断变化之中,这种习惯法调查也应有一定的持续性,5 年至 10 年内必须进行一次全面调研以形成长效机制确保动态编纂,持续的立法调研既可以适时引导落后的社会习俗,也可以为民族自治地方立法提供一些新鲜的血液,彰显当地民族特色。

再次,少数民族习惯法整合应明确不得违背公序良俗的基本原则。如前所述,我国各少数民族习惯法纷繁复杂,即使是在同一民族自治地方内部也存在区域差异,甚至是相互矛盾的情形,可谓"十里不同风,百里不同俗"。故而习惯法的编纂必须遵照一定的基本规则,否则立法机关可能白白耗费大量的人力物力效果却不显著。反观世界各国在对习惯法进行编纂赋予其法律效力时都一再强调,被批准的习惯必须是"善""合理的"

---

❶ 法治工作委员会工作职责 [EB/OL]. (2017-11-17). http://www.klq.gov.cn/newsfb/renda/gzjg/gzjg3.htm.

❷ 江北县志局. 民国重修江北县志采访表略 [M]. 民国铅印本. [出版地不详:出版者不详,出版年不详]: 10-11.

"符合社会利益的",而且还必须具有"公开性""经过了反复实践的""永久性"等特征。❶ 习惯法的编纂实际上意味着立法机关对少数民族所遵从的社会规范作出一种评介性的价值判断,对当地正在适用的少数民族习惯法的体系化梳理后所编纂成册的资料可以方便立法机关日常查阅和了解,但这还只是少数民族习惯法迈向现代转型的第一步。

最后,单行条例草案应在现有法律框架下吸纳少数民族习惯法中的积极因素。少数民族习惯法的编纂如何融入单行条例草案的条文之中是立法准备阶段的关键环节,其实质是将习惯法的内容与现代法治基本精神相结合的过程。但是这一过程还需要结合具体立法事项具体分析。少数民族习惯法中有些内容只能成为单行条例立法的一种价值取向,难以将其直接转化为法规条文。同时,少数民族习惯法中有些内容在经过实务部门深入研究后可以从中提炼概括出一些抽象的原则或直接吸纳融入单行条例条文之中,如四川省的一些苗寨之间共同制定的《榔规》中对不同类型的林木如楠竹、杉木、松木的砍伐设立不同标准和范围,还对偷盗野生树木、失火等行为设有多元的处罚方案,这些适用《榔规》的地区森林覆盖率大多在50%以上,远远高于四川其他地区28%的平均水平。❷ 单行条例立法中吸纳习惯法中关于森林资源的保护性规定可以在一定程度上弥补我国森林法中的不足。当然,从少数民族习惯法中所提炼出的抽象条文可能存在与上位法规定不一致的地方,立法机关应当从有利于民族自治地方治理的角度出发,在不违背《立法法》相关规定的基础上,运用民族自治地方自治立法的变通权制定变通和补充规定,适当吸收少数民族习惯法中的合理因素。

诚然,单行条例草案中理性吸纳少数民族习惯法的有关内容只是立法准备阶段凸显民族性的重要方式,这些条文能否真正上升为正式的法律规范,还需要在审议过程中进一步综合考量和取舍。尤其是某些少数民族习惯法有一定的属性,如何保障单行条例作为地方立法的统一性又兼顾辖区内各个少数民族的特点,还需要在立法实践中不断摸索前进。毋庸置疑的

---

❶ 梅兰特,等. 欧陆法律史概览:事件,渊源,人物及运动 [M]. 屈文生,等译. 2 版(修订本). 上海:上海人民出版社,2015:64-65,172.

❷ 周健宇. 环境与资源习惯法对国家法的有益补充及其互动探讨——以四川省宜宾市周边四个苗族乡的习惯法为例 [J]. 中国农业大学学报:社会科学版,2015,32(4):17.

是，民族自治地方的立法机关应重视少数民族习惯法的价值，当国家法治与少数民族的社会规范不一致时应尽可能地适时作出调适和引导，积极充当二者的中间转换机制，促进双方良性互动与协调补充，这才是单行条例立法的生命力所在。

第四节 外在补充：依托传统权威主体深描现代法治图景

实际上，少数民族习惯法的编纂只是对当地民族特色的一种静态保存，精通少数民族习惯法的传统权威主体才是当地民族特色的活的载体。少数民族习惯法只是传统权威的有机组成部分，传统权威主体则是少数民族习惯法得以确立和实施的基础，因为传统权威主体在运用习惯法解决当地纠纷和化解矛盾的过程中使习惯法得以反复实践，从而强化了少数民族的共同记忆，使其得到进一步传承，促进新的规则形成。通常在少数民族部族内部都有各自所尊崇的传统权威主体，如侗族的"寨老"、景颇族的"山官"、彝族的"德古"、回族的"阿訇"、苗族的"榔头"，以及藏族的"活佛"和"部落头人"等。少数民族多世居在相对封闭的生产生活环境中，基于历史的惯性，对于传统权威的认同往往要高于对国家机关的认同；也可以说，正是由于少数民族的传统文化与现代法治之间可能存在冲突才凸显了单行条例立法调和差异的必要性。同时，不可否认的是，传统权威主体对维护民族自治地方社会秩序的稳定有积极意义。鉴于传统权威主体在某种意义上就是少数民族独特的传统文化的象征和外化形式，要解决单行条例立法中民族特色不足的问题，就必须开门见山地抓住主要矛盾，在立法准备阶段充分发挥少数民族传统权威主体的重要作用。

一、传统、权威与秩序建构

诚如福克纳所言，"过去从未死亡，它甚至没有过去"❶，传统是秩序的组成部分，同时，传统中又蕴含秩序。传统意味着从过去沿袭至今的物质实体、信仰、观念、惯例和制度等，是人们理性的道德认知和行为中"不言而喻的成分"。❷尽管世代相传的传统并不必然意味着强制性，但人们常常出于有效的经验或是对祖先的崇敬而有意识地尊重从过去沿袭的事务并用以指导自己的行为。在哈耶克看来，秩序不是理性设计的，任何试图凭借理性建构的规则都不可能比社会传统中演化而来的规则更有效，因为即使建构出了这样的规则，也必须是在所有人都能遵守的情况下才能发挥效力。❸传统中所析离出的适应社会发展的一般性规则能够不断被传承，在人们遵循规则实现自我目标或适应各种情况时就形成了自发的秩序，一种常规的"并非有意构建的行为模式"。❹从这种意义上说，秩序就是传统进化的产物，传统的存续才得以形成稳定的秩序。

更进一步说，过去的传统不仅影响着当下的秩序，还将持续影响未来秩序的建构。在阿伦特看来，过去与未来一样，都代表了一股力量，而人类就处于二者之间的裂隙，人类的存在打破了时间的单向流动，使之分裂成两股敌对力量，过去将人们往前推，而未来则将人们往后驱赶；如果人类想要立足中间就必须与二者都进行持续的战斗，"就如同每个新人都要让自身切入到一个无限的过去和一个无限未来那样，每一代人都必须重新发现和开辟自己的道路"❺。传统社会中指导人们行为的信仰也可能并不必然受道德支配，所以人们有时会认为传统阻碍进步，必须予以废除。然

---

❶ 转引自阿伦特. 过去与未来之间［M］. 王寅丽，张立立，译. 南京：译林出版社，2011：8.
❷ 希尔斯. 论传统［M］. 傅铿，吕乐，译. 上海：上海人民出版社，1991：15－16，44.
❸ 哈耶克. 自由秩序原理［M］. 邓正来，译. 北京：生活·读书·新知三联书店，1997：77，73.
❹ 哈耶克. 自由秩序原理［M］. 邓正来，译. 北京：生活·读书·新知三联书店，1997：72.
❺ 阿伦特在书中最开始描述的是一个以"卡夫卡"为主人公的寓言故事，通过分析，阿伦特认为"卡夫卡"的处境是存在于地球上的人类所共有的现象，而时间的裂隙是一个非时空的精神场域。阿伦特. 过去与未来之间［M］. 王寅丽，张立立，译. 南京：译林出版社，2011：5，10.

而，完全脱离传统的变革将使人们失去联系彼此的精神纽带，使人的意识充满了虚无主义又不得不应对"文化和社会结构之间的断裂"所形成的紧张关系和精神危机。[1] 故而传统的延续和发展在于那些继承传统的新一代人能在旧制度有用部分的基础上添加新的部分，不断修订和完善，使之更能被接受，即哈耶克所说的人们任何时候都只能在既定的"价值框架"内去改进制度，而不能整体上重新建构。[2] 因为每个个体所存储的理性是微乎其微的，最明智的做法是"利用各个民族和各个时代的总的库存和资产"，从普遍的偏见中发现潜在的智慧，"让这些偏见及其所包含的理性一起流传下去"，确保理性的行动也能有持续下去的动力和热情。[3] 这种改良的办法对于激进主义者来说毫无疑问过于漫长，但是埃德蒙·柏克认为这种方法的妙处就在于可以"把时间当作一种助因"，在难以察觉的情况下潜移默化地完成[4]，只不过"建构工作要有技艺才行，而要毁弃的话，仅有暴力和狂怒就足够了"[5]。

与此同时，传统权威对秩序的影响及其建构价值更是一个不容忽视的事实。虽然秩序的形成与传统存续密切相关，但权威的存在才最终使秩序得以有效保证。权威对于秩序的重要性在于，一旦没有权威，社会就可能处于无序状态，维持社会秩序的稳定需要权威。权威通常表现为行动者的一项命令被特定群体所服从，但权威不能简单等同于强制力，对于权威的这种服从依靠的是一种更深层次的情感要素而存续的社会关系，即"对正当性的信仰"[6]，换言之，权威是具有正当性的支配体系，是既定的合法权力的体现，权威者的地位具有效力就是指在既定情况下满足了正当性的要求；但是权威又是一个"庞大的人为之物""权威只有在人们运用、理解和服从它的情况下才能存在"[7]。

---

[1] 贝尔. 资本主义文化矛盾 [M]. 赵一凡，蒲隆，任晓晋，译. 北京：生活·读书·新知三联书店，1989：133，97.
[2] 哈耶克. 自由秩序原理 [M]. 邓正来，译. 北京：生活·读书·新知三联书店，1997：73.
[3] 埃德蒙·柏克. 法国革命论 [M]. 何兆武，许振洲，彭刚，译. 北京：商务印书馆，1998：116-117.
[4] 埃德蒙·柏克. 自由与传统 [M]. 蒋庆，王瑞昌，王天成，译. 北京：商务印书馆，2001：127.
[5] 埃德蒙·柏克. 自由与传统 [M]. 蒋庆，王瑞昌，王天成，译. 北京：商务印书馆，2001：121.
[6] 韦伯. 经济与社会：第一卷 [M]. 阎克文，译. 上海：上海人民出版社，2010：319.
[7] 斯克拉顿. 保守主义的含义 [M]. 王皖强，译. 北京：中央编译出版社，2005：19.

对于权威的类型的论述最具代表性的是马克斯·韦伯（Max Weber）的理论，他认为根据合法性来源的不同，权威可分为三种纯粹类型：基于规则和规则制定者的合法性以及科层制的管理模式而产生的"合法权威"，基于对个人非凡的才能、超自然的品质、领袖气质、英雄气概及其所创立的规范秩序的信任和追随而产生的是"魅力型权威"，以及基于传统的神圣性和正当性的"传统型权威"。❶ 依据韦伯的阐释，"传统型统治"的原始类型表现为"老年人政治"和"家长制"❷，随着统治的发展又演变为"世袭制""等级制"等；"传统型权威"是建立在历史遗传下来或"历来就存在"的制度和统治权的基础上的一种统治，统治者是依据传统规则所确定的个人，统治者的尊严是固有传统所赋予的。❸ 诚然，正如韦伯本人所承认的，其所作的这一类型化分析是一种理想化的概念分析，历史经验也表明任何权威都不是纯粹的单一的类型，但大多能从中找到与其近似的类型。❹ 通常"传统型权威"中也可能包含"超凡魅力权威"的某些因素和特征，但是传统权威与现代国家的合法权威由于价值取向、权力来源及其运行方式等方面的差异，二者之间的张力还是显而易见的。

传统权威主体作为当地的地方性知识的活的有机载体，权威主体可以通过对民众的引领和教育，从而进一步规范人们的行为和强化内部秩序，同时也可以在纠纷解决过程中，通过与国家权力机关建立联系，共同化解矛盾，维护社会秩序的稳定。如前文所述，少数民族习惯法所呈现的实际上是一种固有传统，在这种传统权威之下，也建构了当地或族群内部的社会秩序。因此，鉴于传统的变迁影响着秩序的建构，而且传统权威对于维护社会秩序的稳定有积极意义，现代法治也应当充分利用这些因素来服务于当前和谐社会的构建。

---

❶ 韦伯. 经济与社会：上卷 [M]. 林荣远，译. 北京：商务印书馆，1997：241 - 242，251，269；韦伯. 经济与社会：第一卷 [M]. 阎克文，译. 上海：上海人民出版社，2010：322 - 323.

❷ 这两种制度指由团体内部最年长的人作为最了解传统的行家和由某一继承规则而确定的个人来实施统治的制度。韦伯. 经济与社会：上卷 [M]. 林荣远，译. 北京：商务印书馆，1997：256 - 257.

❸ 韦伯. 经济与社会：上卷 [M]. 林荣远，译. 北京：商务印书馆，1997：251 - 252.

❹ 韦伯. 经济与社会：上卷 [M]. 林荣远，译. 北京：商务印书馆，1997：242.

二、传统权威主体在少数民族习惯法的传承与变革中的地位

韦伯关于传统型权威的论述为我们分析少数民族文化中的固有权威提供了一个参照。这一部分将以韦伯的理论为基础，结合我国民族自治地方的社会现状，进一步分析在少数民族习惯法以及其他固有传统中涉及的非正式的民间权威主体的地位和影响。本书所讨论的传统权威主要是相对于国家机关的正式权威而言的，通常表现为来源于历史传统和风俗习惯等为人们所景仰信服的具有一定威望的群体或个人；在我国少数民族聚居地区曾经存在多种形式的传统权威，通常主要由宗教人士、部族村寨的头人和年长的智者等组成。各少数民族传统权威的产生方式和衡量标准可能各有不同，但是其一经产生社会功能就基本趋同，即运用其权威制定群体内部规范或保障其有效施行，以维护正常的生产生活秩序。❶

同时，在少数民族习惯法的传承与变革中，传统权威主体的地位不容小觑。在彝族聚居区，自元朝以来就一直有一个特殊职业群体"德古"，作为民间纠纷的调解人，"德古"本身并不是世袭产生而是自然形成的，但通常表现为通晓彝族习惯法和家谱民谚的"头人或家支的核心人物"。❷据调查发现，凉山彝族自治州所辖布拖县法院每年审理的案件总计约为百余件，其中大多为刑事案件，而彝族传统权威"德古"每年依据习惯法和先例协调解决的案件数量是县法院的 10 倍以上。❸可以说，"德古"作为传统权威主体对当地少数民族习惯法日常的言传身教推动了少数民族习惯法的传承，同时在纠纷解决过程中的灵活运用也不断变革着习惯法以适用新的社会生活需要。

然而，不可否认的是，传统权威主体固守习惯法也可能给民族地区社

---

❶ 廖小东. 传统的力量——民族特色仪式的功能研究［M］. 北京：中国社会科学出版社，2015：38.

❷ 罗大玉，等. 西部少数民族地区纠纷解决机制研究［M］. 北京：中国人民大学出版社，2015：17；卢凯，王德和. 少数民族法律文化价值探析——以凉山彝族民间调解为例［J］. 西昌学院学报（社会科学版），2013，25（1）：97.

❸ 杨玲，袁春兰. 多元纠纷解决机制背景下的彝族司法调解人——"德古"［J］. 宁夏大学学报（人文社会科学版），2009，31（5）：85.

会的发展和进步带来消极影响。在实践中，少数民族的传统权威主体所传递出来的信息中也不乏反科学的迷信思想。诚如梅特兰所说，"只要法律是不成文的，他就必定被戏剧化和表演。正义必须是呈现出生动形象的外表，否则人们就看不见他"❶。景颇族的山官或头人所主持的"闷水""鸡蛋卦""滚铓"等神明判决就是典型例证。❷ 同样的，在彝族中"德古"调解不了的疑难案件，还会请祭司"毕摩"借助神明的力量通过"捞沸""铁火""血迹"等方式来判断是非曲直和解决纠纷。❸ 神判的产生与当地社会生产力水平低下有关，人们对于超出自身能力范围的事情只能寄希望于超自然的力量来作出最后的判决，神判的效力来源于人们内心对传统权威主体的敬畏和信任，但是事实上，这些传统权威主体也并非事事都能不偏不倚，也可能出现利用子虚乌有的神判来颠倒是非，迎合不合理的诉求的情形。❹ 还有一个必须正视的事实是，尽管这些带有原始宗教色彩的神判早已经不占主流，但这种仪式化的纠纷解决方式仍然影响着少数民族的日常生活。

正如前文已述及，传统权威主体在民族自治地方社会治理与少数民族习惯法的传承与变革中的地位至关重要，但对其存在价值也必须有所甄别，辩证地看待，传统权威主体对于维护当地的社会秩序和调解少数民族的内部矛盾纠纷方面发挥着重要的作用，但同时也可能由于其落后保守的观念而阻碍社会的进步和发展。

三、立法建议：保障传统权威主体的建言献策

单行条例处于我国整个民族区域自治法律体系的最末端，其存在的意义本身就是依据当地民族的特点作出具体规定来解决民族自治地方的现实问题。如何充分发挥传统权威与现代法治的叠加效应，引导传统权威主体

---

❶ 转引自伯尔曼. 法律与革命——西方法律传统的形成 [M]. 贺卫方，高鸿钧，张志铭，等译. 北京：中国大百科全书出版社，1993：69.
❷ 赵天宝. 探寻少数民族习惯法的公正与权威——以景颇族神判为中心考察 [J]. 甘肃政法学院学报，2008（5）：83-84.
❸ 杨素侠，陶冉冉. 凉山彝族传统社会的神判研究 [J]. 赤峰学院学报（汉文哲学社会科学版），2010，31（11）：9.
❹ 赵天宝. 探寻少数民族习惯法的公正与权威——以景颇族神判为中心考察 [J]. 甘肃政法学院学报，2008（5）：87.

发挥维护社会稳定的积极效能也应是单行条例立法的意义所在。在建构新的权威语境的过程中，既应该超越传统，作出一些创造性的改变，也应有更广阔的胸襟，宽容地对待传统权威，如此才能在阿伦特所描绘的过去与未来的时空间隙中平衡好外部的法律权威和内心的归宿。少数民族习惯法要融入单行条例必然面临重构与转型，同样地，在新的时代背景下，传统权威主体要更好地推动民族自治地方的社会发展在单行条例立法中发挥余热，也需要进行一系列的整合与调试。鉴于传统权威主体在适用习惯法和稳定地方秩序方面的积极意义，在立法准备阶段应适当引导传统权威主体积极参与正式立法过程，以便其能为单行条例立法建言献策，同时，立法机关对于传统权威主体所传递的来自基层的立法建议和意见也应该充分考虑。

从法定程序上看，单行条例立法准备阶段要经过前期起草、调研、论证、征求各方意见等一系列工作后才能提出法案草案，但实际上这一阶段的公众参与情况不容乐观。单行条例立法的提案主体、审议程序、表决方式等方面基本都与一般地方立法程序保持高度一致，所以地方性法规立法中呈现出的问题在单行条例立法中也是普遍存在的。从规范层面分析，我国的单行条例立法试图通过提案主体建构一个多元利益表达的渠道。根据各民族自治地方立法条例中的有关规定，单行条例的提案主体通常为主席团、常委会、各专门委员会、本级政府，以及十人以上代表联名。理论上这些提案主体的类型既有代表临时性的利益共同体的主席团和代表局部利益的代表团，又有长期代表地方整体利益的人大常委会；既有政府机关可聚焦行政管理的需要，又有一定数量的人大代表可以提出民众关注的热点民生问题。然而，现实情况是地方人大常委会每年通过的地方性法规绝大多数还是由政府部门提出的。如昌吉回族自治州主任在访谈中提及，自治州2008—2012年的立法规划就是由本届人大常委会与州人民政府协商后，并根据前期调研情况研究和筛选后拟定的。❶ 2007年博尔塔拉蒙古自治州的立法规划和年度立法计划也是先经由州政府以建议的形式提出的，再由州人大常委会审议通过。❷ 可以看出，我国单行条例立法的多元利益表达

---

❶ 李娜，付探花．结合实际做好地方立法工作——昌吉回族自治州人大常委会主任马登峰访谈录［J］．新疆人大（汉文），2012（4）：34．

❷ 王晓明．博州人大积极探索民族自治地方立法办法［J］．新疆人大（汉文），2008（10）：21．

机制在制定地方立法规划和年度立法计划之初并没有太多体现。尽管在各地单行条例立法的规定中，大多都规定要广泛征集立法项目建议，也有的规定了各国家机关、事业单位、企业、社会团体和公民，可以向地方人大常委会提出关于制定地方性法规的建议❶；但是针对具体如何鼓励民间主体参与立法提出建议，目前尚缺乏明确的可操作方案，立法机关回应这些立法建议的义务和方式也规定得非常含糊，这些因素都制约了民间主体参与立法的积极性的发挥。

虽然在我国现行法律体系之下，传统权威主体不具备提出议案的权能，但这并不妨碍我们在现行制度之下适当吸收传统权威主体作为公民个人或代表社会团体所提出的立法建议和意见。立法准备阶段公共意志的表达直接关系到法案的可操作性和立法审议的必要性，必须足够宽广才能广泛吸纳民意、民智，又必须有适当的过滤机制有所甄别，以免浪费立法资源和产生恶法。❷ 单行条例立法必须回应社会发展和基层民众的需求，因为生活在当地的居民每时每刻都在"立法调研"，都在检验各种行为规范的约束力。❸ 如果能有一套设计精良的方案，真正调动少数民族民间权威主体参与单行条例立法的积极性，不但可以减少立法调研成本，还能有效推动单行条例的贯彻实施。

在实践中，传统权威主体参政议政已经具备一定的前期积累并取得一定的成绩。少数民族的传统权威主体顺应社会和时代的发展，积极参与地方管理和建设的例子并不少见。如广西瑶族的石牌头人之后盘振武就曾担任村组干部，并当选金秀瑶族自治县六巷乡人代会代表，在盘振武看来，村规民约与瑶族的石牌习惯法是一脉相承的，只是现在的村规民约规定得更详细。❹ 再如贵州省委对于民族工作的开展就充分肯定贵州的传统权威"寨老"在解决日常纠纷方面的作用，明确强调"吸纳少数民

---

❶ 比如《昌吉回族自治州立法条例》第 44～45 条，《恩施土家族苗族自治州人民代表大会及其常务委员会立法条例》第 9 条都规定了公民个人和社会团体可以提出立法建议，但也有自治州将立法建议的主体局限为提案主体，如《博尔塔拉蒙古自治州立法程序规定》第 33 条第 2 款。

❷ 樊安，樊文苑. 构建科学的立法提案权配置机制——基于对省级地方性法规立法程序的分析 [J]. 学术探索，2015 (6)：94-95.

❸ 周伟. 论地方立法项目征集制度的完善 [J]. 江汉大学学报（社会科学版），2016，33 (1)：47.

❹ 高其才. 桂瑶头人盘振武 [M]. 北京：中国政法大学出版社，2013：73，90.

族内部具备权威的代表人物参与社会管理"。❶ 在民族地区的治理中一些传统权威主体同时具备现代法治权威的身份并不矛盾,因为传统权威主体同时也是普通公民中的一员,宪法赋予所有公民平等享有选举权和被选举权,传统权威主体的参政议政也是基于对其个人综合素质的考量和选择。

因此,为了提高单行条例立法回应社会现实需要的能力,在立法规划的提出环节应保障传统权威主体的立法建议得到有效反馈;鉴于传统权威主体中有相当一部分是在体制外的,故而其参与立法的方式应从公民参与立法的途径中探寻,具体而言,可以从三个方面进行探索:第一,从制度层面,构建以民间传统权威主体为依托的基层立法联系点,使各地少数民族的心声能够直达民族自治地方的立法机关。❷ 鉴于少数民族民间传统主体往往也一定程度上承担着解决内部纠纷的功能,可以在各民族自治地方设立与少数民族民间纠纷解决机制相结合的基层立法联系点,这样的设计便于更好地动员少数民族民众参与立法过程、配合立法调研,最终提出一些能真正服务于民族自治地方基层治理的立法建议。第二,在立法规划和年度立法计划中,应预留出一定比例的份额给传统权威主体个人及其所对接的基层立法联系点提出的立法建议。同时,对于立法建议的征求应全程公开,整个建议提交、筛选、反馈流程要通过官方网站向民众公示,明确立法机关回应立法建议的义务,无论采纳与否都应给予回复和说明理由,避免立法建议提出后被置之不理或石沉大海的情况。第三,在物质保障方面,对于正式采纳的立法建议,立法机关可以视其前期立法调研情况适当给予一定的财政补贴作为鼓励和支持。当然,更重要的是,传统权威主体还需要凭借个人影响向少数民族民众阐明提出立法建议的必要性,动员大家共同参与立法建议的提出,配合完成立法调研,包括临时聘请法律顾问来完善立法项目建议报告书等。此外,从长远来看,还可考虑在时机成熟后逐步拓宽单行条例立法的提案主体,进一步保障传统权威主体参与立法。

---

❶ 卢梦君. 贵州省委统战部长:吸纳少数民族内具备权威代表参与社会管理 [EB/OL]. (2015-11-26) [2017-01-20]. http://www.thepaper.cn/newsDetail_forward_1397233_1.

❷ 实际上,"建立基层立法联系点,推进立法的精细化",是党的十八届四中全会就明确提出了的,近几年包括全国人大在内的各级人大常委会都在相继开展试点基层立法联系点的试点。

第四章　法案到法阶段：
单行条例变通程序的商谈构建

　　法案到法阶段是整个立法过程的核心阶段，其决定着立法准备阶段所形成的草案能否上升为正式法律文本。与一般地方性法规不同的是，民族自治地方单行条例的法案到法阶段包含了一个错综复杂的审议过程，单行条例立法审议的焦点不仅仅是条款的合法性问题，更重要的是如何能使单行条例的批准机关与制定机关通过有效沟通和交流并形成共识，承认单行条例中变通条款正当性的问题。鉴于我国目前正处于社会转型期，中央与民族自治地方关系中的很多问题还在探索之中，在现行央地关系模式下还难以从制定法层面对单行条例的立法事项明确作出统一规定，而且每一个民族自治地方基于自身特点对于自治权限所需要涵盖的内容理解也不一样。上述这些因素使得单行条例中变通条款的合理性证成在很长的时间内通过民族自治地方单行条例立法实践中与批准机关的沟通协商来实现。现代国家理念中的人民主权的基本原则决定了立法权与其他权力一样都最终属于人民，正是从这个意义上说，立法活动的实质也应是一个公共意见和意志的汇集和升华过程。因此，立法审议中协商机制的优化直接关系到单行条例变通权限的具体厘定和民族自治地方自治权的行使。本章试图通过对哈贝马斯协商民主理论的寻根溯源来梳理其思想脉络，以期为单行条例抽象的变通权限如何通过法案到法阶段中商谈程序来构建提供一些理论指导。

第一节 变通程序商谈构建的理论之基：
哈贝马斯的协商民主

协商民主（deliberative democracy）的思想在古希腊的民主制中就能寻觅到踪迹，作为特定术语最早出现于20世纪80年代毕塞特（J. M. Bessette）的论文《协商民主：共和政府的多数原则》中，被认为是"古典传统的一种复兴"❶。协商民主理论是西方近二三十年中政治思想最重要的发展之一，❷其中比较有代表的是德国学者哈贝马斯和美国学者罗尔斯等人。哈贝马斯的协商民主理论的核心观点在于，认为只有在作出决策时让所有可能受决策影响的个体平等地参与对话和交流，才能形成合理合法的决策。与罗尔斯一样，哈贝马斯的合法之法不是建立在形而上学的命题之上的先验论，而是建立在一种特定程序之上的"程序论"，❸同时，与罗尔斯的公共理性不同的是，哈贝马斯的理论中保留了基于某种文化认同建构法律秩序的必要性和可能性。❹哈贝马斯的这些基本思想在一定程度上契合我国民族区域自治制度下民族自治地方的自治立法。基于此，以下将对哈贝马斯的协商民主理论作一个深入梳理，先从交往行为世界的关联入手分析商谈伦理的基本原则，再进一步阐释哈贝马斯的双轨制协商民主的核心思想。

---

❶ BESSETTE J M. Deliberative democracy: the majority principle in republican government [M] //R. A. Goldwin, W. A. Schambra, eds. How democratic is the Constitution? Washingtong: American Enterprise Institute, 1980: 102 – 116. 转引自高鸿钧，赵晓力. 新编西方法律思想史：现代、当代部分 [M]. 北京：清华大学出版社，2015: 386 – 387.

❷ 江国华，高冠宇. 协商民主及其中国实践模式 [M] //刘茂林. 公法评论：第7卷. 北京：北京大学出版社，2011: 160.

❸ 周赟. 论程序主义的合法性理论——以罗尔斯、哈贝马斯相关理论为例 [J]. 环球法律评论，2006 (6): 656 – 657.

❹ 杨晓畅. 罗尔斯"公共理性"观的法哲学之维：启示与限度 [J]. 法学评论，2013, 31 (2): 69.

一、理论渊源：交往行为与世界的关联

哈贝马斯早在 20 世纪 80 年代初就在《交往行为理论》一书第一卷中系统性地提出交往行为理论，该理论吸纳了索绪尔（F. de Saussure）普通语言学中的一些思想，在语用学层面拓展了以促成理解为目的交往行为的范畴。

哈贝马斯的交往理论中关于世界的概念是以波普尔（Karl Popper）的"三个世界"的理论为基础，并结合对贾维（I. C. Jarvie）在运用波普尔的理论描述社会机制时存在的不足的反思的基础上提出的。波普尔在其演讲报告《没有认识主体的认识论》中系统性地提出了三个世界的理论，波普尔划分的三个世界依次是："物理客体或物理状态的世界"，即一切存在于客观世界的物质和现象所构成的物理世界；"意识状态或精神状态的世界"，即个人主观精神活动所构成的精神世界；"思想的客观内容的世界"，即人类主观精神活动中观念和思想的产物所构成的世界；波普尔认为这三个世界都具有实在性，相互之间直接或间接发生作用。❶ 贾维认为，"社会源于行为主体的解释过程""社会是处于'坚硬的'的物质世界与'柔软的'心灵世界之间的一个独立领域"，社会生活是人类精神的客观产物，但其又有相对独立性，作为社会行为主体的人很难准确把握这个世界，因为社会和社会成员总是处在不断自我发现和创造的过程之中。❷ 在哈贝马斯看来，贾维的观点解释了社会学中行为与行为者的世界之间的关联，同时也将波普尔的三个世界的理论从认识论运用到行为理论之中；但哈贝马斯同时认为贾维的观点抹杀了文化传统的价值，否认了文化价值与规范制度的区别，所以哈贝马斯对此有所修正，提出了"用构成论的世界概念取代了本体论的世界概念"，❸ 认为三个世界中只有客观世界有本体论意义，

---

❶ 波普尔. 客观的知识——一个进化论的研究 [M]. 舒炜光, 卓如飞, 梁咏新, 等译. 北京：中国美术学院出版社, 2003：109 - 111.

❷ 转引自哈贝马斯. 交往行为理论：第 1 卷 行为合理性与社会合理化 [M]. 曹卫东, 译. 北京：人民出版社, 2004：78.

❸ 哈贝马斯将波普尔第三世界"人类精神产物"作了两种理解，一是作为"文化知识的储备"使社会主体从中得出解释，二是作为文化传统本身存在的问题让参与者有所反思；同时哈贝马斯还根据有效性标准区分了第三世界和文化传统中的"客观精神"或"非认知内容"。哈贝马斯. 交往行为理论：第 1 卷 行为合理性与社会合理化 [M]. 曹卫东, 译. 北京：人民出版社, 2004：80 - 82.

但这三个世界共同构成了交往过程中的关系系统。正是通过这个关系系统，哈贝马斯在对"生活世界"与"三个世界"作出区分后又将其连接起来，使得交往过程中参与者之间的沟通成为可能。

哈贝马斯的生活世界由语言和文化传统所构成，具体表现为交往活动参与者的"自我理解力或不可动摇的信念的储蓄库"❶，生活世界作为交往行动者的一种背景性因素，为主体间交往过程中的理解与沟通提供可能，是促成意见一致的行为规范和价值观念等。在哈贝马斯看来，生活世界构成了语境或背景，其存在的意义在于，通过大量的"主体间所共有的非主题知识"使言语者对客观世界中存在的事物的立场能得到他者的理解❷；而行为者的交往是循环过程中的一个环节，是社会化过程中自身传统或所属群体的产物，同时又是"生活世界再生产的媒介"。❸哈贝马斯的交往行为理论在这样一个充满哲学色彩的场域中将行为者的交往行为与其他社会行为分别与客观世界、社会世界、主观世界之间的内在关系作比较，阐释行为者如何通过言语与世界建立联系进而产生不同形式的效力。

哈贝马斯的交往行为理论将行为者的社会行为分为四种类型：目的行为、规范调节行为、戏剧行为、交往行为，以下将对哈贝马斯所提出的这四种行为模式与世界之间的联系作进一步阐述：

（1）目的行为与客观世界的关联。目的行为是指行为者通过某种方法与手段实现特定的目的，即行为者通过有目的的手段与客观存在的世界中的事物产生联系。目的行为提供了一种由认知到意志的模式，通过施加有目的的干预将其付诸实践；在语义学层面表现为"内涵的陈述或意图命题"，行为者将对客观世界中所存在事物的感知与事物本身联系起来，将行为者的意图和愿望与客观事物联系起来，而行为者与世界的关系是否成

---

❶ 哈贝马斯. 交往行动理论：第2卷 论功能主义理论批判 [M]. 洪佩郁，蔺青，译. 重庆：重庆出版社，1994：171.

❷ 哈贝马斯的生活世界与胡塞尔从现象学的视角解释日常生活实践中的内在知识领域，即"非主题知识"（unthematisches wissen）密切相关，但在此基础上有所延伸；主题知识通常以言语行为中陈述内容的命题为载体，非主题知识是"交往行为者必须涉及的前提"。哈贝马斯. 后形而上学思想 [M]. 曹卫东，付德根，译. 南京：译林出版社，2001：61，73.

❸ 哈贝马斯. 后形而上学思想 [M]. 曹卫东，付德根，译. 南京：译林出版社，2001：81.

立应用真实性和现实性来衡量。❶

（2）规范调节行为与客观世界和社会世界的关联。规范调节行为指行为者的行为不是作为孤立的单个主体的行为，而是社会群体成员共同的价值规范的表现。在此种行为模式中，行为者不仅与客观世界产生联系，还与周围的社会世界和个体产生联系；但与目的行为不同的是，行为者对于客观世界不是要实现某种目的，而是在表达过程中采取一种符合规范的立场，"扮演规范接受者的角色"。❷ 由于行为主体间对规范内容的认可而产生普遍约束力，规范调节行为基于规范的正当性而产生效力。

（3）戏剧行为与主观世界和客观世界的关联。戏剧行为是行为者在公众面前有意识地表现自己的观点、意图、愿望，以及情绪等主体性，而使公众一定程度上关注和接受行为者的行为及其"对待外部世界的主观立场"❸；行为者的这种自我陈述与主观世界相联系的同时，又与客观世界发生联系，在这一互动过程中，行为者与其他参与者相互影响，互为观众，这种交流以真诚性为基础。

（4）对于交往行为，哈贝马斯在导入这一概念时强调，交往行为是"具有语言和行为能力的主体之间的互动"，是行为者通过沟通协商明确共识和协调行为的行为模式。❹ 实际上，在上述三种行为模式中，语言沟通也是必要的中介，在目的行为中，语言被作为一种为实现自身目的而向言语者施加影响的媒介，在规范行为中，语言是作为文化的传承和共识重复而出现的，在戏剧行为中，语言是一种自我表现的媒介，用以陈述认知和以言行事；但哈贝马斯认为，只有在交往行为中，语言才是一种有效的沟通媒介，通过语言，言语者和听者可以进入同一个语境，并通过反思的方式将各自的生活世界与三个世界建立关联，把这三个世界整合成一个系

---

❶ 哈贝马斯. 交往行为理论：第1卷 行为合理性与社会合理化 [M]. 曹卫东，译. 北京：人民出版社，2004：83, 86.
❷ 哈贝马斯. 交往行为理论：第1卷 行为合理性与社会合理化 [M]. 曹卫东，译. 北京：人民出版社，2004：84, 89.
❸ 哈贝马斯. 交往行为理论：第1卷 行为合理性与社会合理化 [M]. 曹卫东，译. 北京：人民出版社，2004：84, 92.
❹ 哈贝马斯. 交往行为理论：第1卷 行为合理性与社会合理化 [M]. 曹卫东，译. 北京：人民出版社，2004：84.

统，使其成为言语者"用于达成沟通的解释框架"。❶ 由于不同的交往主体有着各自不同的生活世界，在寻求共识的过程中，还必须通过沟通协商，明确作为文化背景和语境的生活世界的内容；这就意味着所有交往参与者共同完成解释，"把他者的语境解释包容到自己的语境解释当中"，从而尽可能在不同语境的解释中相互理解，意见一致。❷

结合上述分析可以看出，交往行为是行为者为了寻求共识而平等交流和对话，基于参与者的相互理解所形成的合意来产生协调行为的效果，而目的行为、规范协调行为、戏剧行为则是通过施加影响来协调行为。在交往行为发生的过程中，生活世界作为主体间知识储备和自我理解的背景使得行为者与主观世界、客观世界、社会世界发生联系，并最终与参与者达成理解。以下将上述分析的这四种行为模式与世界的关联及其有效性要求、行为协调方式等通过图 4-1 直观呈现出来。

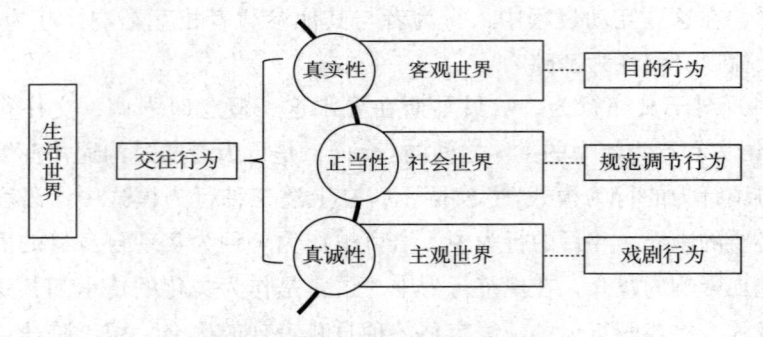

图 4-1　交往行为与世界的关联 *

*：虚线表示施加影响，大括号表示基于合意。

二、理论内核：交往理性与商谈伦理

通常认为，哈贝马斯的协商民主理论以交往行为理论与商谈伦理为核心。二者皆是以哲学领域的主体间性的社会实践为基点，强调在语言互动

---

❶ 哈贝马斯. 交往行为理论：第1卷 行为合理性与社会合理化 [M]. 曹卫东，译. 北京：人民出版社，2004：95，99-100.

❷ 哈贝马斯. 交往行为理论：第1卷 行为合理性与社会合理化 [M]. 曹卫东，译. 北京：人民出版社，2004：100-101.

过程中，通过语言建立听者和言语者之间的主体间性。❶ 交往理性是指作为主体的人与他者之间交往行为的合理性，意味着交往主体依据一定社会规范在对话中达成相互理解与协调一致。交往理性以交往行为的有效性为前提，而商谈伦理则是交往理性在道德实践中进一步延伸所形成的基本价值规范。

（一）交往行为的有效性与商谈伦理的提出

在哈贝马斯看来，交往行为的协调功能是基于听者对言语者的言语行为的肯定回答，只有得到听者的认可，二者才能就言语的内容达成共识，才能确保在通过言语行为进行交流后产生相应义务，或产生言语之外的效果，使听者和言语者建立能有效协调的人际关系，为听者的行为提供可能的指引。❷ 哈贝马斯认为，交往行为的这种协调效力不是来源于社会规范或强制制裁，其有效性在于，在交往过程中，言语者的陈述必须具有真实性，言语必须符合规范语境表述正确，还必须言由心生具有真诚性，交往有效性的这三个前提通常被称为真实性、正当性、真诚性。❸

这一有效性主张是从语义学和言语者的角度定义的，哈贝马斯在后来的著作中又从语用学角度对有效性问题重新作出阐释，认为更重要的是言语者和听众能通过话语"建立主体间性的承认关系"，才能使言语者与听者通过可理解的言语行为就世界中某一主题达成共识，使听者能基于其合理动机作出肯定的回应；在这一过程中，言语行为具有自我阐释功能，但只有听者能够从参与者立场、从"具有主体间性结构的生活世界"中反思后才能理解。❹ 更进一步说，交往行为有效性的实现是以主体间的相互承认为前提的，这一主体间结构即参与交往的主体之间自由平等的交互

---

❶ 哈贝马斯. 后形而上学思想［M］. 曹卫东，付德根，译. 南京：译林出版社，2001：25－26.

❷ HABERMAS J. Remarks on the concept of communicative action［M］//Seebafl G, Tuomela R, eds. Social action. Dordrecht：D. Reidel Publishing Company, 1985：168－170.

❸ 哈贝马斯. 交往行为理论：第1卷 行为合理性与社会合理化［M］. 曹卫东，译. 北京：人民出版社，2004：100.

❹ 哈贝马斯. 后形而上学思想［M］. 曹卫东，付德根，译. 南京：译林出版社，2001：108，53.

关系。❶ 交往过程的参与者必须有共同的生活世界,以确保听者和言语者通过语境明确行为计划,使听者能理解和接受言语行为的内在约束力,或通过言语行为发现相互之间存在的分歧,最终达成"以言行事的目的"❷。这与目的理性之下对客观世界的干预所产生的因果关系不同,交往理性是在交往过程中以"言语行为的合理性"为前提而形成的"非强制性共识力量"❸。对于交往行为而言,这就要求行为者从以自我为中心的目的立场转向"第二人称"的言语表述,进入"交往理性的公共范畴"❹。

商谈伦理是哈贝马斯交往行为理论在实践层面的一种延伸❺,是交往行为理论在社会领域和政治领域的一种应用。在哈贝马斯看来,人类社会行为从行为者的视角可以分为两类:一是以目的为导向,旨在对他者产生功利性影响的策略性行为,二是为了通过交流寻求主体间共识的交往行为;这两种行为都参与了生活世界的再生产,生活世界的物质再生产与目的行为有关,而生活世界抽象符号的再生产则与交往行为中的合意有关。❻具体来说,传统的形成、团结的巩固、个体的社会化等都需要在日常交往过程中的即兴予以阐释才能形成合意,只有通过语言符号构筑的主体间性才能传递文化内涵;生活世界的物质再生产则不以这些情境作为目标,是有目的的集体合作活动的产物,其行为语境被功能化地固定下来结成系统

---

❶ 哈贝马斯认为,纯粹的主体间性(pure intersubjectivity)是指"我和你""我和他"之间的对称关系,但纯粹的主体间的相互交流只有在言语双方的关系完全对等才能出现。HABERMAS J. Towards a theory of communicative competence [J]. Inquiry: an interdisciplinary journal of philosophy, 1970, 13 (4): 371. 哈贝马斯认为,在近代社会发展中"主体—客体"结构关系一直占据主导地位,这种主客体的结构关系不仅体现在人与自然的关系中,在人与人的交往中也广泛存在,导致了很多不合理、不平等的交往,因此,哈贝马斯对于主体间性的强调既是对现代性的反思,也是对哲学领域主客体二元论思想的批评。马新颖. 异化与解放:西方马克思主义的现代性批判理论研究 [M]. 北京:中央编译出版社, 2015: 186.
❷ 哈贝马斯. 后形而上学思想 [M]. 曹卫东, 付德根, 译. 南京: 译林出版社, 2001: 59.
❸ 哈贝马斯. 后形而上学思想 [M]. 曹卫东, 付德根, 译. 南京: 译林出版社, 2001: 57.
❹ 哈贝马斯. 后形而上学思想 [M]. 曹卫东, 付德根, 译. 南京: 译林出版社, 2001: 61, 70.
❺ 德文、英文表述分别为 Diskursethik, discourse ethics, 中文中还有几种译法为"言语伦理""话语伦理""对话伦理"。
❻ 生活世界抽象的象征性结构是"通过有效知识的连续化、集团联合的稳定化和具有责任能力的行为者所形成的途径再生产的",也被称为生活世界的文化再生产,这一再生产过程将生活世界的文化、社会和个人与新的状况联系起来。哈贝马斯. 交往行动理论: 第2卷 论功能主义理论批判 [M]. 洪佩郁, 蔺青, 译. 重庆: 重庆出版社, 1994: 189.

性的关联。❶ 在此基础上,哈贝马斯根据社会整合的不同方式把社会分成生活世界和系统,也可以说,是将系统从生活世界中独立出来;系统通过金钱和权力作为交流媒介来约束人的行为,在制度化的经济和行政行为中,社会交往与规范、道德、合意完全无关。❷ 然而,随着生活世界的合理化,社会系统的复杂性不断上升,肆意的系统命令使生活世界工具化,以至于影响了生活世界对社会行为的控制。❸ 这种马克斯·韦伯式的工具理性不断分化发展到一定程度就会导致"生活世界的殖民化",即狭隘短视的系统渗透和入侵作为文化领域的生活世界,破坏和改造了生活世界的逻辑和秩序,而商谈伦理就是哈贝马斯在诊断出现代社会的合法性危机后开出的"药方"。

(二) 商谈伦理的核心思想与基本原则

有学者将哈贝马斯思想归纳为:以技术理性批判为出发点,以交往行为理论中的"主体间性和对话为核心",再从社会哲学与政治哲学两个维度进一步探讨交往理论中的生活世界和商谈伦理。❹ 与交往行为这一概念一样,商谈也承载了哈贝马斯从语用学维度对社会问题的思考。上文提及的交往行为的有效性主张,只是促成言语双方有效交流达成共识的一种规范和前提;当言语双方出现分歧导致交流难以继续时,或者听者对这种有效性主张所依据的理由提出质疑时,就必须进入商谈才能达成共识。所以有学者评论,哈贝马斯的商谈概念不是言语的同义词,而是在行为情境中以理性共识为目的对未达成共识的交流的"一种反思性交流",是"调节现代社会日常冲突的缺省机制"❺。

哈贝马斯的商谈并不是指随意的交谈,而是高度复杂有严格的限制条

---

❶ HABERMAS J. Remarks on the concept of communicative action [M] //Seebafl G, Tuomela R eds. Social action. Dordrecht: D. Reidel Publishing Company, 1985: 174-175.

❷ HABERMAS J. Remarks on the concept of communicative action [M] //Seebafl G, Tuomela R eds. Social action. Dordrecht: D. Reidel Publishing Company, 1985: 175.

❸ 哈贝马斯. 交往行动理论:第2卷 论功能主义理论批判 [M]. 洪佩郁,蔺青,译. 重庆:重庆出版社,1994:208.

❹ 衣俊卿,丁立群,李小娟,等. 20世纪新马克思主义 [M]. 修订版. 北京:中央编译出版社,2012:312.

❺ 芬利森. 哈贝马斯 [M]. 邵志军,译. 南京:译林出版社,2010:40.

件并且必须遵守"语用学预设"的商谈规则。哈贝马斯在《道德意识与交往行为》一书中将其概括为三点：（1）商谈的主体是所有有言语和行为能力的人；（2）商谈过程中所有人都有权质疑他人的观点，同时能真诚地提出自己的主张并表达自己的愿望和要求；（3）商谈主体行使前面两点所规定的权利时不受任何胁迫或阻挠。❶ 由此可以看出，商谈的有效性与商谈的主题无关，只取决于商谈主体的言语行为是否符合生活世界中主体间相互认可的交往规范；这些规则不仅构筑了哈贝马斯的"理想言谈情境"，还规定了"共识何时可被当作通过论证而有效建立起来的共识加以考虑"，为日常生活中的论辩提供了评价标准和预设条件。❷

从某种意义上说，商谈伦理可直观理解为哈贝马斯将交往行为理论运用于探讨道德和伦理问题。哈贝马斯以分析失去宗教性基础后道德判断中个人道德认知的价值为起点❸，揭示了在现代世界社会转型过程中任何一个共同体成员都可能面临的尴尬处境，即尽管产生共同体道德规范的公共习性已经不复存在，但人们还依据其作出道德判断，其必然结果是引发道德冲突。哈贝马斯认为，如果不想诉诸暴力，就要进入话语状态，通过沟通来解决冲突，并在世俗世界建立共同的伦理观念。❹ 但是在实际操作中，这一点并不容易实现，在差异明显的人之间寻求平等尊重意味着对他者的包容，而这种包容的内在要求是"既不同化他者，也不利用他者"。❺ 哈贝马斯认为，道德对行为者的行为有约束性，这种约束性源于在主体间相互承认或日常实践中"令人信服"的方式。换言之，道德的约束力源于理由；同时，道德规范具有自我关涉的性质，与行为者自身的认知有关。❻

哈贝马斯通过言语行为理论来论证道德规范的有效性，其商谈伦理的

---

❶ 转引自芬利森. 哈贝马斯［M］. 邵志军，译. 南京：译林出版社，2010：40.
❷ 菲特丽丝. 法律论证原理：司法裁决之证立理论概览［M］. 张其山，焦宝乾，夏贞鹏，译. 北京：商务印书馆，2005：61-62.
❸ 哈贝马斯认为，交往行为所产生的规范的普遍性应扩展到整个共同体中所有有交往能力的主体，因为共同体规范在没有宗教神学的支持后，只能依靠主体间的共同性或话语语境来自行建立规范。哈贝马斯. 包容他者［M］. 曹卫东，译. 上海：上海人民出版社，2002：44.
❹ 哈贝马斯. 包容他者［M］. 曹卫东，译. 上海：上海人民出版社，2002：42.
❺ 哈贝马斯. 包容他者［M］. 曹卫东，译. 上海：上海人民出版社，2002：43.
❻ 哈贝马斯. 包容他者［M］. 曹卫东，译. 上海：上海人民出版社，2002：3-4.

核心思想可以概括为两条基本原则：❶ 第一，普遍性原则，"一个规范产生效力就意味着，这一规范得到人们普遍遵守，而且当这一规则对于每个个体特殊利益产生不良后果或负面影响时，人们都能自愿接受"；第二，话语原则，"规范的有效性还在于，所有利益相关的人都能尽可能地参与商谈实践，并对规范达成一致认可"❷。依据哈贝马斯提出的这两条原则，道德规范只有在商谈实践中得到所有参与商谈的当事人赞同才具有有效性，同时这种赞同必须是在平等尊重各参与者的价值取向与利益的前提下论证得出的，因为依据话语原则所表达的规范最终需要普遍性原则来论证。

哈贝马斯导入的这两条原则看似简单，实则与道德伦理研究的很多方面联系密切，哈贝马斯对其所作的说明与论证背后隐藏着"一种更高形态的伦理意识"❸。哈贝马斯在将交往行为理论融入商谈伦理的建构过程中对科尔伯格（Lawrence Kohlberg）的心理学理论进行了改造并作为论据。❹ 依据哈贝马斯的观点，行为主体的交往资质是交往理性形成的前提条件❺，即行为主体对交往行为结构的掌握程度与行为主体的成长与"自我同一性"的形成密不可分；行为主体在儿童时期进入社会参与互动后开始理解符号化的普遍性规则，在逐渐习得与各种社会活动相协调的认知能力和资质后，"角色的同一性被自我的同一性所取代"❻。与此同时，哈贝马斯还从这三个不同层次推导出个体道德意识的感知，认为只有个体的自我需求通过适当转移后被允许纳入社会符号化的普遍规则，自我才能再进入相互

---

❶ 这两个原则德文表述分别为 Uinversalisierungsprinzip，Diskursethischer Grundsatz，在译著中多称为"U 原则""D 原则"。
❷ HUDSON H. Review moral consciousness and communicative action [J]. The journal of speculative philosophy，1995，9（1）：75-76.
❸ 薛华. 哈贝马斯的商谈伦理学 [M]. 沈阳：辽宁教育出版社，1988：2.
❹ 科尔伯格将道德意识的形成分为三个层次六个阶段，第一，前习俗层次，通常指儿童时期能对好坏对错的文化规则作出回应，包括阶段一：惩罚和服从，阶段二：工具相对主义；第二，习俗层次，指个体不仅能遵从社会规则，而且能积极维护社会规则，个人与集体规范趋于同一化，分为阶段三：听话的乖孩子，阶段四：法律和秩序意识；第三，后习俗层次，指个体自身能界定某些道德原则或价值主张，可分为阶段五：社会契约倾向，阶段六：普遍伦理倾向。哈贝马斯. 交往与社会进化 [M]. 张博树，译. 重庆：重庆出版社，1989：82-83.
❺ 有学者将哈贝马斯的交往资质（communicative competence）概括为"选择陈述性语句的能力、表达言说者本人意向的能力以及实施言语行为的能力"。汪怀君. 人伦传统与交往伦理 [M]. 济南：山东大学出版社，2007：105.
❻ 哈贝马斯. 交往与社会进化 [M]. 张博树，译. 重庆：重庆出版社，1989：87-89.

作用以外的领域，即个体的道德判断与道德行为之间出现差异。❶

哈贝马斯认为，道德规范的商谈所提供的理由可以更有效协调共同体成员的社会行为，所以其对个体道德认知的关注是因为希望能够通过商谈伦理来解决现代社会文明的冲突。但在现代世界向多元化社会转型的过程中，任何一个道德共同体的成员都会面临的尴尬境地是：尽管道德规范所产生的公共习性已经不复存在，但人们还是一如既往地用其作为道德判断的理由，这就必然纠缠在其所调节的行为之中带来道德冲突；而商谈伦理中话语原则就是对这种尴尬处境的一种回应。但是哈贝马斯的商谈伦理并没有就如何在当前社会中建立共同的伦理观念作深入阐述，对于人们如何进入这种理想情境，使参与者愿意通过商谈而不是通过暴力来解决冲突或达成妥协，也只是提供了一种可供参考的大致思路。

三、理想范式：双轨制协商机制

从上述关于商谈伦理的阐释中我们不难看出，商谈的社会功能的实现不仅关乎道德规范，还与现代社会的法律规范的合法性相关。尤其是，如果从康德主义出发，道德就等同于正义，而立法也同样关乎正义，只是在立法中具体表现为一个国家如何为平等保障所有人的利益而确定优先顺序。❷ 同时，依据法定程序制定的实定法至少应与法律共同体所公认的道德标准相兼容。基于此，哈贝马斯从商谈伦理的角度对法律的合法性来源作了新的解读。

（一）法律的合法性来源：商谈的合意

哈贝马斯在《在事实与规范之间：关于法律和民主法治国的商谈理论》一书中将交往理性和商谈民主作为解决现代合法性危机的范式。他的一个核心观点是，现代社会只有通过民主才能重建法律的合法性，即只有那些由享有平等权利的主体基于商谈所形成的意见而制定的法律才具合法性。换言之，法律的合法性取决于是否符合人民主权原则下的民主立法程

---

❶ 哈贝马斯. 交往与社会进化 [M]. 张博树，译. 重庆：重庆出版社，1989：94.
❷ HABERMAS J. Three normative models of democracy [J]. Constellations, 1994, 1（1）：5.

序，因为只有公民在这一过程中"就共同生活之规则达成理解"后所生成的法律才具有合法性，同时，法律只有与交往行为的社会整合功能相联系时，才能在现代社会的公众中形成稳定的期待。❶ 在哈贝马斯看来，人权与主权之间所寻求的内在关系既不是人权的道德阐释，也不是人民主权的伦理解读，他否定了康德和卢梭将主体的理性意志与自主性统合起来的观点，认为私人自主和公共自主同根同源，二者之间不是相互隶属的关系，而是互为前提而存在。哈贝马斯的这一分析路径实际上揭示的是自我立法与民主立法之间的关系。他还提出，如果与人权和人民主权相关的规范体系要充分实现其功能，就不能将人们平等享有的自由权利当作对主权者立法的外部限制，也不能工具化地将其作为实现立法目标的前提；而应将商谈程序作为形成合意的场所，即法律的合法性依赖于"一种交往的安排"，权利体系应呈现法律建制化的立法过程所需要的交往形式，确保"守法者同时也是立法者"❷。

哈贝马斯从交往行为理论中引入适合于社会整合的现代法律规范的范畴，认为法律不仅是为了满足复杂的社会功能，还必须在道德中立的领域远离以利益为导向的个体，满足交往行动中相互理解所必须的不确定的条件，即确保有效性主张的可接受性。❸ 哈贝马斯认为卢梭关于法律的合法性主张中所强调的"实质平等"无法通过抽象的语言来定义，也就是说，这种"平等地有利于所有人"的可接受性只有在合理的商谈语境中才能澄清，也只有通过交往过程中"商谈性意见形成和意志形成"才能得到有效保障；因为在理性的商谈中，唯一具有强制力的是基于相关信息提出的"更好的论据"。❹ 从这些观点中可以看到，哈贝马斯的理想言谈语境的投射，每个人都应作为共同的立法者参与到立法实践的交往过程，依据主体

---

❶ 哈贝马斯. 在事实与规范之间：关于法律和民主法治国的商谈理论[M]. 童世骏，译. 北京：生活·读书·新知三联书店，2003：105.

❷ HABERMAS J. Between facts and norms: contributions to a discourse theory of law and democracy [M]. William Rehg trans. Cambridge, Mass: The MIT Press, 1996: 104.

❸ 哈贝马斯. 在事实与规范之间：关于法律和民主法治国的商谈理论[M]. 童世骏，译. 北京：生活·读书·新知三联书店，2003：104.

❹ 即使法律共同体的成员作为理性商谈的参与者必须审视有争议的规范，考察其是否能够得到所有可能影响的相关人员的同意。哈贝马斯. 在事实与规范之间：关于法律和民主法治国的商谈理论[M]. 童世骏，译. 北京：生活·读书·新知三联书店，2003：126.

间性来检验有争议的规范是否应具有普遍约束力,人们支持或反对的某一有效性主张时不受外界的压力或影响,而只是通过说理来说明其所支持的主张成立;但在商谈过程中,与每个人密切相关的不是个人的价值取向,而是为了追求沟通而"检验规范话语的一种认知努力"❶。

(二) 合法之法的产生:双轨制协商机制

哈贝马斯突破了长期以来将国家作为中心的社会模式,强调国家和社会之间的内在关系。正是基于这样一个前提性认知,哈贝马斯提出了双轨制协商机制。哈贝马斯将立法从政治过程中剥离出来进行分析,在对不同的民主模式进行比较后提出了一个双轨制的民主程序方案,不仅将公共领域的非正式商谈与立法机关的正式商谈联接起来,同时还将法律规范与社会现实联系起来。在他看来,政治系统既不是社会的顶点或中心,也不是社会结构的核心,而仅仅是社会诸多系统中的一个,商议性政治也只是复杂社会的一部分;商议政治与理性的生活世界中的妥协情境之间存在内在联系,商议性的政治交往不仅依赖于生活世界的资源和自由、开放的社会,还依赖于形成舆论的各种团体。❷ 同时,在意见和意志形成后,经过建制化可满足民众的期待,实现社会整合,并形成一个特定的法律共同体。❸ 政治系统也只有以法律为媒介,与"其他具有合法秩序的行动领域进行交往"才能提供解决威胁社会整合问题的路径和安全阀。❹

双轨制程序性范式实际上是将商谈伦理的适用范围扩展到所有社会组织和团体之中,使其成为调节人们共同生活秩序的民主程序,其合理性来源于商谈结构或交往形式在意见和意志形成过程中的重要性。哈贝马斯的双轨制方案的核心内容在于,民主的意见和意志形成都需要非正式的公共意见的供给,"弱"公共领域的意见形成过程与"强"公共领域的意志形

---

❶ 哈贝马斯. 包容他者 [M]. 曹卫东,译. 上海:上海人民出版社,2002:34.
❷ 哈贝马斯. 在事实与规范之间:关于法律和民主法治国的商谈理论 [M]. 童世骏,译. 北京:生活·读书·新知三联书店,2003:375.
❸ "它具有特定的空间界限和时间界限,具有特定的生活形式和传统。但是这种与众不同的文化认同并没有标明它作为一个公民的政治共同体的特征。"哈贝马斯. 在事实与规范之间:关于法律和民主法治国的商谈理论 [M]. 童世骏,译. 北京:生活·读书·新知三联书店,2003:380.
❹ 哈贝马斯. 在事实与规范之间:关于法律和民主法治国的商谈理论 [M]. 童世骏,译. 北京:生活·读书·新知三联书店,2003:372,374.

成过程应分属两个相互联结的阶段。❶ 其具体内容以下将进一步阐释：

1. 公共领域的非正式商谈

在哈贝马斯看来，公共领域的非正式商谈是公共领域中分化出来的一个可感知、辨别和处理社会问题的领域。在这个领域人们既不需要把主权集中，也没有必要将其让位于国家机关和国家权力，个体则消解于法律共同体的无主题的交往之中，但这只是将人民主权从主体间性角度进行阐释，并不等于否认人民主权的观念。公共领域意见形成过程不应只是局限于人们通过选举投票后按议程召集起来进行谈判再作出决议的运作方式，因为在这种预先安排的正式程序下，决策部门为公共领域的边界、时间、论辩形式、议题都作出了限制，作为公共领域的议会所构造的主要是一种"辩护性情境"，其意义在于通过辩论在不同的解决方案中作出选择，对于新问题的敏锐感知十分有限。在这种情况下就需要有一个由不受程序控制的公共领域中的"发现性情境"作为补充供给非正式的公共意见。❷

公共领域非正式商谈的优势还在于，这种与决策相分离的"弱"公共意见的形成不受制于时间、社会阶层、讨论议题，可以说是"无限制的交往之流"，是在"一个由诸多重叠的亚文化公众集体所构成的开放的、包容的网络中进行的"。❸ 因为尽管公共领域的非正式交往是一个完全不具组织形式的"未受驯服的"复合体，这种自发形成的组织结构比议会这种受程序调节的公共领域更容易由于不平等的社会权力和结构性暴力等因素而变得压抑和排外；但是同时在一个世俗化社会中人们通过交往行为承认彼此的权利就可以处理与陌生人之间的摩擦，通力合作就能处理共同生活中的复杂问题并能相互团结，所以这又是一种自由开放无限制的交往情境，在这里通过语言纽带连接起来的交往主体共同地调节其生活秩序，人们可

---

❶ 有学者认为，哈贝马斯对"弱"公共领域的提出是在弗雷泽的观点的基础上的进一步系统化，哈贝马斯的弱公共领域指的是市民社会非组织化的舆论载体，而强公共领域对应的是高度结构化的政治领域，尤其是立法机关。谈火生，吴志红. 哈贝马斯的双轨制审议民主理论 [J]. 中国人民政协理论研究会会刊，2008（1）：33－34，36－37；FRASER N. Rethinking the public sphere: a contribution to the critique of actually existing democracy [J]. Social text, 1990, (25/26): 74－76.

❷ 哈贝马斯. 在事实与规范之间：关于法律和民主法治国的商谈理论 [M]. 童世骏，译. 北京：生活·读书·新知三联书店，2003：381.

❸ 哈贝马斯. 在事实与规范之间：关于法律和民主法治国的商谈理论 [M]. 童世骏，译. 北京：生活·读书·新知三联书店，2003：381.

以更广泛地商谈任何新感知的问题并促成自我理解,集体共识的形成和需求的表达遭遇的阻力要远远小于程序化立法审议中的商谈。❶

2. 立法审议中的正式商谈

哈贝马斯的双轨制商谈机制还基于这样一种认知:商谈民主既可以用于公共领域非正式的意见形成过程,也可以用于正式程序所支配的建制化意见和意志形成过程;而且这两种商谈之间是可以相互作用的,只有将交往程序与交往的预设建制化,以"非中心化的"途径将人民主权制度与政治公共领域边缘的交往网络联系起来,在这一过程中,交往主体才可基于"一种高层次的主体间性"而达成理解。❷ 换言之,只有"建制化商议过程"与"非正式形成的公共舆论"之间形成互动,才能保障商谈政治的成功,在实现建制化的过程中,公共意见所形成的"交往之流"才能通过立法过程将"舆论影响和交往权力转译为行政权力"(见图 4-2)。❸

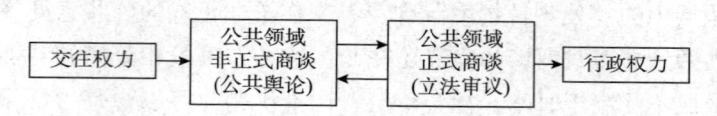

```
交往权力 → 公共领域       公共领域      → 行政权力
           非正式商谈  ⇄  正式商谈
           (公共舆论)     (立法审议)
```

图 4-2 公共舆论与立法审议的互动模型

哈贝马斯对这两个层面的商谈的衔接也可以理解为,集体的行为者与个体的行为者、参与者与观察者之间的协调和相互融洽。依据哈贝马斯的观点,法律共同体中商谈的交往模式并不会扩展到整个社会所内嵌的政治系统之中,更不会直接干预政治机构;虽然民主意见和意志的形成过程和交往的预设都是为了通过商谈确保行政部门合法决策的合理化,但真正能决定或改变行政权行使的只能是专门负责作出集体决议的政治系统,公共领域的交往结构只是一个可以对社会问题作出反应并影响舆论的庞大的"传感器网络",因为通过民主程序形成的公共舆论转变为交往权力后也只

---

❶ 哈贝马斯. 在事实与规范之间:关于法律和民主法治国的商谈理论 [M]. 童世骏,译. 北京:生活·读书·新知三联书店,2003:381.
❷ 哈贝马斯. 在事实与规范之间:关于法律和民主法治国的商谈理论 [M]. 童世骏,译. 北京:生活·读书·新知三联书店,2003:371.
❸ 哈贝马斯. 在事实与规范之间:关于法律和民主法治国的商谈理论 [M]. 童世骏,译. 北京:生活·读书·新知三联书店,2003:372.

能对行政权的行使提供某些参考。❶ 对于公共意见的表达，哈贝马斯所坚持的是古希腊直接民主的立场，认为公众可以不需要被代表，直接在公共领域自由商谈和辩论以实现由以社会为基础的公共领域对政治权力的制衡，同时通过这种双轨制协商民主可以冷却人们的激情和欲望，以实现理性决策。❷

最后，哈贝马斯的双轨制协商机制实际上是在对自由主义与共和主义的民主观比较分析后的博采众长。有学者曾评价哈贝马斯的研究是致力于在启蒙思想指导之下"带领信徒开启通过乌托邦式的协商民主取代代议制的十字东征"❸，这一观点其实失之偏颇，因为哈贝马斯的观点与共和主义和自由主义都存在一些共通之处，似乎更像是直接民主和代议制的调和而成的第三种民主模式。❹ 自由主义通常认为，国家和社会之间的缺口是无法消除的，只有通过民主过程的沟通才能实现权力和利益的平衡，民主意味着基于平等选举的代议制下的利益妥协；而共和主义则认为，国家与社会是一体的，共同体通过公民的集体意志行事，民主就是政治化的社会的自治组织媒介，依托于公民的共识而实现社会整合和"伦理政治的自我理解"❺；哈贝马斯表现的是一种折中的立场，国家既不是自由主义的"经济社会之监护人"，也不是共和主义的"伦理共同体"，其所提出的民主概念之核心在于商议性程序，这一程序旨在保证信息的流动和对信息的处理在不受阻塞的前提下建立"自我理解性商谈和正义性商谈之间的内在关联"，使得立法所依赖的正当程序和交往预设中应确保制定规范的理由可通过程序形式呈现出来；也就是说，实践理性只存在于社会交往过程中交往行为的有效性所要求商谈和论辩的规则和形式之中。❻

---

❶ 哈贝马斯. 在事实与规范之间：关于法律和民主法治国的商谈理论 [M]. 童世骏，译. 北京：生活·读书·新知三联书店，2003：373.

❷ 许纪霖. 两种自由和民主——对"自由主义"与"新左派"论战的反思 [J]. 经济管理文摘，2002（19）：44.

❸ O'NEILL C. Understanding Habermas: communicative action and deliberative democracy [J]. Contemporary political theory, 2005, 4 (1): 99.

❹ HABERMAS J. Three normative models of democracy [J]. Constellations, 1994, 1 (1): 9.

❺ 哈贝马斯. 在事实与规范之间：关于法律和民主法治国的商谈理论 [M]. 童世骏，译. 北京：生活·读书·新知三联书店，2003：368-369.

❻ 哈贝马斯. 在事实与规范之间：关于法律和民主法治国的商谈理论 [M]. 童世骏，译. 北京：生活·读书·新知三联书店，2003：368-369；HABERMAS J. Three normative models of democracy [J]. Constellations, 1994, 1 (1): 6.

哈贝马斯的协商理论可谓内容宏大，包罗万象，囿于笔者所掌握的文献和学科视角的限制没有一一展开，但本节所阐述的内容已经可以在一定程度上管中窥豹。如前文所述，哈贝马斯的协商民主理论与其早期的交往行为理论和商谈伦理一脉相承，商谈伦理是交往行为理论的进一步延伸，而协商民主则是商谈伦理的实践面向。哈贝马斯不仅在规范层面上定义了交往行为与商谈伦理，阐述了商谈应遵循的有效性原则与"理想言谈语境"的构成，基于此还提出了产生合法之法双轨制商谈的程序性范式——立法审议中的正式商谈与公共领域的非正式商谈。同时，哈贝马斯所构造的这一双轨制范式为本书如何让生活世界中少数民族的自治权利获得公共领域的认可，上升为制度化的单行条例立法的变通权限，提供了一种新的解读方式。

第二节　单行条例审议过程中变通程序的协商空间与实践探索

哈贝马斯的协商民主思想为我们勾勒了一幅和谐世界的美好图景，但其可操作性也一度遭受质疑，福柯曾评价哈贝马斯的理论只是一个"交往的乌托邦"，布尔迪厄也认为其只是一种"乌托邦现实主义"的善意愿望，但是哈贝马斯却一直坚持他作为哲学家所特有的终极关怀并乐观地对此作出回应，认为乌托邦与幻想的不同在于，幻想是永远无法实现的无根据的想象，而乌托邦则始终蕴含着希望，不仅承载着对一个与现实不同的未来的向往，还可以为开创未来提供精神动力。❶ 我们不必僵化地遵循哈贝马斯的规范性定义而陷入对概念与方法论之争，因为任何实证分析与理论研究之间必然存在张力。较为理性的一种态度是，将其协商民主理论作为一种宏观的指导思想运用于单行条例的立法实践中，从经验层面将法的制定者与观察者的两个维度结合起来，以交往行为理论来审视变通条款的合法

---

❶ 哈贝马斯，哈勒. 作为未来的过去：与著名哲学家哈贝马斯对话 [M]. 章国锋，译. 杭州：浙江人民出版社，2001：123.

性预设，在商谈中凝聚社会共识，形成厘定单行条例的变通权限的合力。

一、单行条例立法审议过程中协商的制度空间

民族自治地方在依据《宪法》和《民族区域自治法》行使自治权进行变通立法时，通常会遇到中央与民族自治地方之间的权力配置和利益分配的难题。目前，我国五个自治区的自治条例均尚未出台，自治区层面除了几部"变通规定"和"补充规定"以外，依据《立法法》规定的法定程序制定的单行条例也没有实现真正意义上的零的突破。从制度层面来说，其原因主要在于立法程序中报批制与"自治"的关系，即民族自治地方人大可依据当地的政治、经济和文化特点制定自治条例和单行条例，可在不违背宪法和法律的基本原则以及对民族自治地方的专门规定时对上位法作出变通，但同时又规定必须经上一级人大常委会批准后才能生效。鉴于我国当前复杂的央地关系，民族自治地方事权和自治权限还难以划分明确，因此通过协商民主在立法审议过程中构建单行条例变通权限的具体边界显得更为迫切。

结合民族自治地方关于自治立法的有关规定[1]，民族自治地方人大对单行条例的立法审议程序可概括如下：首先由提案人在全体会议上对议案作出说明，再依次须经由各代表团审议、有关的专门委员会审议并提出修改意见、法治委员会审议并汇总修改意见提交修改稿和审议结果，最后由主席团会议通过后提请大会表决；主席团在必要时还可以召开代表团团长会议或召集代表团推选的相关代表进行讨论，而且如审议中有重大问题须进一步研究，大会全体会议经主席团提出后可授权人大常委会再进一步审议，作出决定或修改，并将结果向自治区人大下次会议报告。

当然，这一流程并不是单行条例立法审议的全部，因为通常在交付民族自治地方人大审议之前，还须经民族自治地方人大常委会审议。由于民族自治地方人大闭会期间只能向常委会提出单行条例草案，提案人必须先将单行条例草案提交常委会办公室，常委会的有关工作委员会向主任会议

---

[1] 根据我国《立法法》第17条的规定，单行条例的审议和表决程序主要是依据《地方组织法》的规定和参照《立法法》中关于全国人大和全国人大常委会立法程序的。

提交审查意见后，由常委会主任委员会决定是否纳入常委会会议议程；单行条例案一旦进入议程，则由提案人在常委会全体会议作出说明后再由分组会议审议，有的民族自治地方还可能要求专委会提出审议报告，最后由法治委员会提出草案修改报告和草案表决稿，提请常委会审议决定是否提请民族自治地方人大审议。❶ 另外，单行条例立法审议还有一个不容忽视的关键环节就是提请上一级人大常委会批准。民族自治地方在本级人大审议通过后，应在法定期限内向上一级人大常委会上报单行条例文本及其相关说明材料，上一级人大常委会主任会议在将报批的单行条例纳入议程之前通常会先征询涉及民族事务的专委会的意见，并由其向主任会议提出审查意见并在常委会会议上对单行条例进行说明，以及整合修改意见，提出批准表决的草案，❷ 最后再由主任会议提请常委会全体会议表决通过后单行条例才能正式获批和颁布实施。

　　单行条例立法审议过程的烦琐和复杂常被视为强加给民族自治地方自治立法的负担，但实际上这同时也为公共领域的非正式商谈的嵌入提供了广泛的制度空间。一方面，在立法机关的正式商谈过程中，与其他法案的审议一样，单行条例立法的商谈中也包含大会全体会议、联组会议、代表团会议、分组会议、法律委员会会议、有关专门委员会会议几种常规形式，对于法案中的重大问题，人大主席团常务主席还可以另行召集各代表团团长或由代表团推选的代表会议。另一方面，在审议法案的过程中，立法机关还通过组织各种会议与立法机关以外的其他主体进行非正式的商谈，这种形式也被学者称为"组织外交涉"。❸ 在代表团会议和分组会议审议时，提案人会派人列席听取意见和回答询问，审议还可根据需要要求其他相关部门、组织机构派人介绍情况；在涉及民族事务的有关专门委员会和法律委员会审议时，不但可要求有关机关和组织派人说明情况，还可以

---

❶ 此处综合了《伊犁哈萨克自治州制定单行条例程序规定》第 11～14 条，《湘西土家族苗族自治州人民代表大会立法程序条例》第 10 条、第 11 条中的有关规定，《博尔塔拉蒙古自治州立法程序规定》第 26 条、第 30 条。

❷ 此处综合了《吉林省人民代表大会常务委员会批准民族自治地方自治条例和单行条例工作程序的规定》第 9 条、第 11 条、第 14 条、第 15 条，《四川省民族自治地方自治条例和单行条例报批程序规定》第 4 条、第 5 条、第 11 条。

❸ 陈多旺. 通过交涉的议决——对全国人大及其常委会立法审议程序的检讨［J］. 河北法学, 2016, 34（2）：156.

邀请相关专家和代表列席发表意见,并通过座谈会、听证会以及论证会等形式征求非特定主体对条例草案内容的意见。在协商的方式上,除全体会议是以单向度的主题发言为主外,其他审议会议中参会人都可以进行双向度的交流讨论。从上述规范分析中可以看出,立法审议过程中存在广泛的协商空间,单行条例的提案主体与本级人大常委会的工作机构、有关专委会、法治委员会之间存在协商的可能,民族自治地方人大常委会与上一级人大常委会的工作机构、有关专委会、法治委员会之间也存在协商的可能,同时,这两级人大常委会还与其他政府部门、国家机关和社会组织等也有协商的可能。

从宏观架构而言,建构民主协商机制首先必须明确协商主体。在自治区的单行条例立法过程中,自治区层面与中央层面的协商尤为重要。自治区人大在行使自治权制定单行条例调整内部的各种现实问题时,通常会遇到如何让国务院有关部委让利放权的难题,而且如果中央层面没有充分承认民族自治地方的自治权利并出台相应的实施细则提供指导,自治区的单行条例的立法和自治权的行使就难以顺利推进。尽管从民族区域自治制度在我国发展历程中可以看到中央与地方一些良性互动的因素,但是如果全面客观地分析民族法律法规体系,其建构过程中也存在一些不容忽视的问题。所以自治区与中央层面的协商对于民族区域自治制度的贯彻实施有着重要价值,而且二者之间也还存在较大的商谈空间。

对于自治州和自治县的单行条例立法而言,其与省一级人大常委会的协商至关重要。在我国现有立法体制下,辖有民族自治地方的省、直辖市和自治区享有结合实际情况执行上位法的执行性立法权、对地方事务的创制性立法权、对上位法立法空白事项的先行立法权,而且对民族自治地方的自治立法需要上报省一级人大常委会批准。民族区域自治法中的一些概括性规定也从某种程度上为其在地方的贯彻实施提供了一个宽松的氛围,对于自治州和自治县的单行条例立法而言,关键还在于辖有民族自治地方的省一级实施民族区域自治的配套法规能否结合地方实际发挥地方的主动性,给予民族自治地方立法机关和批准机关予以明确的指引和充分的保障。2015年新修改的《立法法》授予了所有设区的市和自治州地方立法权,明确规定由各省、自治区人大常委会在综合考虑所辖设区的市、自治州的"人口数量、地域面积、经济社会发展情况以及立法需求、立法能力等因素"后，确定其开始制定地方性法规的具体步骤和时间。省一级地方的积极性的发挥不仅可以使这些新授权的地方立法主体切实享有地方立法权，对于自治立法也有不可小觑的重要意义。从各省所辖民族自治地方的立法规定或条例的内容来看，以省一级为单位呈现出一些不同的特点。比如，内蒙古所辖的鄂温克族、鄂伦春族、莫力达瓦达斡尔族三个自治旗的立法条例内容几乎完全一致，只是2003年颁布的《鄂温克族自治旗立法条例》第29条关于自治法规公布应标明制定机关和批准机关和相应的日期的规定合并到了2004年颁布的《鄂伦春自治旗立法条例》第25条和《莫力达瓦达斡尔族自治旗立法条例》第24条。这样的例子并不是个案，在其他省、自治区也有类似情况。这一方面说明自治立法在省一级行政单位内部的协调统一，另一方面也说明省一级地方在保障民族自治地方权益上有一定的自主空间。

基于此，如果要建构一种有效的商谈机制，单行条例的报批机关必须将民族自治地方的立法机关视为平等协商主体并充分尊重民族自治地方的特殊性地位。民族自治地方与中央的关系应有别于一般的地方行政机关，因为依据我国《宪法》的规定，民族自治地方实际上有双重属性，民族自治地方既是国务院统一领导下的地方行政机关，同时也是少数民族行使自治权的最主要载体。民族自治地方的自治机关是少数民族公民权益和共识的集合，其作为与上一级国家机关平等协商主体的合法性是内在自生的。对这一平等协商主体地位的确认无关国家主权，而只是在处理少数民族地方事务过程中权衡各方利益的一种方式。

二、单行条例报批环节中商谈的实践样态

从上述立法审议的流程可以看出，单行条例草案的审议与一般地方性法规的审议最主要的区别在于，民族自治地方人大审议通过后还有一个繁琐的报批程序，上一级立法机关还会结合草案内容进行审查并讨论是否应表决通过或提出修改意见。虽然上一级人大的有关专门委员会和法治委员会对单行条例草案进行的审议无权通过该议案，但在这两个审议环节中所作出审议报告或审查情况说明、审议结果、修改情况汇报等会印发全体会议，而且这两个机构还可能负责起草单行条例草案的最后批准决议的表决

稿，其态度和立场在一定程度上影响大会对单行条例的表决结果。诚然，这些正式印发大会的审议材料主要是为议事机关全面客观地理解和评价单行条例草案的内容服务的，但对这些审议过程中通报的审议意见和报告的系统性梳理还是可以让关注单行条例立法相关研究的学者从外部观察和了解立法审议程序的真实运行方式和法条背后所蕴含的立法精神。基于此，以下将结合从"中国法律法规信息库"检索到的相关背景资料❶，解读在报批过程中民族自治地方及其立法机关与上一级立法机关是如何通过协商促成单行条例法案出台的。

（一）立法审议中的正式协商主体：各专委会、政府部门、党委

民族自治地方人大制定的单行条例须报上一级人大常委会批准后生效，但与设区的市报批的地方性法规的合法性审查不同，在这一过程中不是省级人大的法治委员会而是各专门委员会扮演着重要角色，尤其是涉及民族事务的专门委员会。从各地的立法实践和立法规范中可以看出，在报批之前，自治州和自治县人大为了保证报批的单行条例能在省一级人大常委会上顺利获得批准，在本级常委会编制年度立法计划草案和法案起草阶段，以及在本级人大审议通过单行条例草案之前都会提前与省一级涉及民族事务的有关专门委员会进行沟通，并邀请报批机关涉及民族事务的委员会或常委会其他工作机构介入参与整个立法过程并反复征求其意见，以便省一级人大常委会的有关专委会"提前介入、协调指导"❷。以《云南省文山壮族苗族自治州水工程管理条例》的修订为例，在自治州人大着手修订条例的过程中，云南省人大的民族委员会一起参与实地调研，与州人大、州政府及其有关部门一起对条例的修改进行论证。❸ 与此相类似，在《岫岩满族自治县饮用水水源保护条例》的起草过程中，辽宁省人大的民侨外委的领导更是四次到该自治县实地考察和沟通意见，通过"精心指导和严格审

---

❶ 笔者从"中国法律法规信息库"检索到单行条例中有近百余份另附有立法相关资料，经梳理发现这些相关资料为 2010 年至 2016 年提案人在大会全体会议作出的制定单行条例的说明、批准决议或修改决定，以及各专委会和法治委员会对单行条例的审议结果报告和审议意见。
❷ 详见《辽宁省人民代表大会及其常务委员会立法条例》第 44 条、第 45 条。
❸ 详见云南省人民代表大会民族委员会"关于《云南省文山壮族苗族自治州水工程管理条例（修订）》审议结果的报告"，2010 年 3 月 23 日在云南省第十一届人民代表大会常务委员会第十六次会议上。

查"来保障该条例的科学性。❶ 更有甚者，个别省一级的民族事务委员会在指导自治县单行条例立法过程中还有"逐条逐句帮助论证修改"的情形。❷

当然，其他相关专门委员会也可能对单行条例的出台有重要影响，具体情形则因民族自治地方所分布的省一级行政区域不同而有所差异。青海省单行条例的审查意见就主要是各专门委员会根据职责分工，分别负责不同法规的审查工作。海西蒙古族藏族自治州在本级人大常委会审议该州的城镇市容和环境卫生管理条例的过程中就专程赴西宁征求青海省人大财政经济委员会的意见，并据此进行修改后，州人大常委会才审议通过提交州人大。❸ 该州起草的另一部与藏传佛教事务相关的单行条例草案则是在州人大常委会初审后就上报青海省人大的民侨外委并根据其修改建议作出修改，但在这种提前介入的情况下，在单行条例正式上报后，上一级人大的专门委员会审查过程中还将在表决稿中提出修改建议。❹ 在单行条例立法过程中这类情况普遍存在，这实际上使得单行条例的最后批准程序在一定程度上前置了。

此处必须强调的一点是，不管是自治州和自治县人大常委会征求省级人大涉及民族事务委员会还是征求其他专委会意见，这些委员会的介入及其所提出的修改建议都不只是代表委员会内部成员的意见，而是一种多层次的协商的累加。因为通常这些条例草案还会被送交其他相关部门和专家征求意见，省一级人大的专门委员会对这些征求意见稿认真讨论后才与州人大常委会进行沟通并提出修改意见。在法案审议过程中，民族自治地方的立法机关除了要与涉及民族事务的专门委员会进行协商，还必须与其他专委会、党委、政府部门和机关等进行积极沟通。

在法案到法的这一过程中，利益协调最集中的还是在上下级政府的各

---

❶ 详见辽宁省岫岩满族自治县人大常委会"关于制定《岫岩满族自治县饮用水水源保护条例》的说明"，2015 年 5 月 19 日。

❷ 详见云南省人民代表大会民族委员会"关于《云南省新平彝族傣族自治县水资源条例》等 5 件单行条例审议情况的报告"，2015 年 3 月 25 日在云南省第十二届人民代表大会常务委员会第十七次会议上。

❸ 详见海西蒙古族藏族自治州人大常委会"关于《海西蒙古族藏族自治州城镇市容和卫生管理条例》的说明"，2010 年 5 月 24 日在青海省第十一届人民代表大会常务委员会第十五次会议上。

❹ 详见青海省人大民族侨务外事委员会"关于对《海西蒙古族藏族自治州藏传佛教事务条例》的审查报告"，2010 年 5 月 24 日在青海省第十一届人民代表大会常务委员会第十五次会议上。

个部门和机关之间，而且单行条例的变通规定可能会对涉及上级国家机关既有的职责权限划分的再调整。省一级人大各专委会提前介入所辖民族自治地方的单行条例立法在进行立法指导的同时，主要还是为了加强与省一级各政府部门和有关单位的协调和沟通。如在连山壮族瑶族自治县制定的森林资源保护管理相关的单行条例的过程中，广东省人大民宗委提前介入，将条例的草案文本发送至广东省法治办、发改委、财政厅、环保厅、林业局等多家省直属单位征求意见后再反馈给自治县人大常委会❶，不仅在民族自治地方人大审议通过之前需要与政府各相关部门和机关协商，即便是在审议通过正式报批后还需要持续进行沟通协商。例如，恩施土家族苗族自治州在提请湖北省人大批准该州的星斗山国家级自然保护区管理条例后，湖北省人大民宗委向省法治办、环保厅、林业局等有关部门征求了意见，并召开了立法协调会，与省法治办和林业局就条例草案中与执法主体有关的问题进行了磋商，在达成共识后才将民宗委的审议意见提交省人大常委会表决。❷

另外，依据我国《立法法》与各地关于立法程序的规定，党委不直接参与单行条例的立法审议和报批，但是在辖有民族自治地方的省一级专门委员会的审议或审查报告中却频频出现"党内送审稿"与"党内送审稿修订本"等字眼，使我们不得不将目光聚焦在党委的协调功能上。这方面表现较为突出的是云南省，以其所辖的西双版纳傣族自治州的城镇市容和环境卫生管理条例的修订为例，州人大在综合各方意见形成条例的修订稿后先将其报州党委，在征得州党委同意后再由其将条例的"党内送审稿"报送省委，而省委则再将这一党内送审稿转交省人大民族委员会研究，在广泛征求省人大和政府的意见和结合自治州层面的意见后形成该条例的"党内送审稿修订本"；该草案经由省人大常委会党组审查后再报省委，最后自治州人大在省委批复同意这一修订草案后才依据法定程序审议通过并报

---

❶ 详见"关于《连山壮族瑶族自治县森林资源保护管理条例》的审查报告"，2014年11月24日在广东省第十二届人民代表大会常务委员会第十二次会议上。

❷ 湖北省人民代表大会民族宗教侨务外事委员会"关于《恩施土家族苗族自治州湖北星斗山国家级自然保护区管理条例》的审议意见"，2010年7月16日在湖北省第十一届人民代表大会民族宗教侨务外事委员会第二十七次会议上。

省人大常委会批准。❶ 可见，即便是法律法规对此都没有明确提及，党委在单行条例立法审议中的协调作用也不容小觑，征求党委意见也是单行条例立法审议正式协商中的一个核心环节。

（二）立法审议中的非正式协商主体：专家学者、社会民众

一般认为，公众参与立法活动主要集中在草案起草过程中的前期调研，但其实在审议过程中也存在一定程度的非正式的对话和协商，一些民族自治地方立法审议程序都要求立法机关向社会公开征集单行条例草案的意见，各专家学者、利害关系人、社会民众所反馈的意见能在一定程度上间接影响单行条例的审议结果。

专家学者在立法审议中在一定程度上充当智囊团的作用。虽然单行条例的提案主体通常包括民族自治地方人大主席团、常委会、各专委会、政府、一定数量的代表联名，有的地方甚至还有法院和检察院，但在自治立法实践中，由本级政府部门起草的单行条例占多数。同时，即使是其他提案主体组织起草的法规草案，在广泛听取各方意见的过程中，相关政府部门的建议都是必须要加以考虑的，而专家学者的中立地位和专业知识可以在一定程度上抑制政府主导立法所产生的部门利益倾向。在自治州、自治县单行条例报批过程中涉及专家学者的商谈主要通过邀请其参与省级人大涉及民族事务的专委会组织召开的论证会来实现。在黔南布依族苗族自治州人大审议通过该州的促进茶产业发展条例之前，贵州省人大民宗委和法治委协助州人大常委会在贵阳组织召开了省级层面的论证会，这个论证会除了有贵州省人大相关专委会和省直属相关部门负责人出席外，还邀请了有关专家出席并对该条例草案进行论证，自治州人大常委会也结合论证会上的意见和建议对草案进行修改。❷ 这些出席论证会的专家在参与立法过程中所表达的见解不仅推动了法案内容的完善，也为该条例草案正式报批后顺利通过省人大常委会的审议打下了坚实的基础。

---

❶ 云南省人民代表大会民族委员会"关于《云南省西双版纳傣族自治州城镇市容和环境卫生管理条例（修订）》审议结果的报告"，2010年3月23日在云南省第十一届人民代表大会常务委员会第十六次会议上。

❷ 关于《黔南布依族苗族自治州促进茶产业发展条例》的说明；贵州省人民代表大会民族宗教委员会关于《黔南布依族苗族自治州促进茶产业发展条例》审议结果的报告，2014年5月13日在贵州省第十二届人大常委会第九次会议上。

相比专家学者，社会公众在立法商谈中的参与程度和深度相对较低，在协商过程中的声音也较弱。然而，对于单行条例实施而言，与少数民族民众的商谈实际上比专家学者更能带来深刻的影响，特别是在一些关乎少数民族切身利益和权利的立法方面。因为如何平衡各个主体之间的利益关系是单行条例立法必须解决的问题，这也是各地立法程序规定中所强调的在审议之前和审议过程中都必须采取多种形式广泛征求意见的原因所在。然而，一般公民参与立法的途径和渠道相对有限，专家学者可能受立法机关委托独立起草单行条例，或受邀请共同参与起草过程，或是作为第三方提出参考意见，而一般民众主要依靠立法机关将立法审议中的有关信息面向社会媒体信息公开或以座谈会的方式征求意见。如湖北省人民代表大会民族宗教侨务外事委员会在收到所辖自治县人大常委会报请批准的《长阳土家族自治县学校安全条例》后，将该条例分送省政府有关部门和机构以及省人大常委会的立法顾问征求意见后，通过座谈会的形式听取了自治县一级的人大常委会、政府有关部门和省人大代表的意见和建议，以及一些学校的教职员工和学生家长的看法。❶ 从这些立法审议材料看，立法机关所谓的广泛征求意见大多是对当地一般社会民众统一发布的，专门邀请法案的利害关系人介入参与协商的相对较少；更为重要的是，即使社会民众在立法审议阶段有机会参与，参与效果和意见的采纳也是有限的。

尽管专家学者和社会民众在立法审议中参与协商的过程处于边缘地位，其所表达的观点和立场对于立法机关意志的形成也不具有任何强制性，可能并不完全符合哈贝马斯所强调的无组织匿名公共领域的非正式商谈，但这仍然是公共领域发挥影响的一种方式，也只有通过这种参与和表达，才能逐步消解公共领域的立法商谈和非正式商谈之间的鸿沟。

三、单行条例变通程序商谈构建的改良方向

从上文中对规范层面和实践层面的梳理来看，民族自治地方的单行条例立法审议和报批环节绝不只是上传下达的公文往来或是科层化的行政职

---

❶ 湖北省人民代表大会民族宗教侨务外事委员会关于《长阳土家族自治县学校安全条例》的审议意见。

能，而是一种需要通过多层次多维度的协商才能妥善解决的利益权衡的综合考量。我国《宪法》和《民族区域自治法》对民族自治地方的自治权限的划分具有概括性和抽象性，中央层面与自治区之间，辖有民族自治地方省一级与自治州和自治县之间在财政、税收、贸易、投资、金融等具体事务的权限方面有争议很正常，但是这种权限争议必须有妥善的解决渠道或沟通协商机制。在单行条例的立法审议过程中，通过协商建构变通权限需要制度化的程序来保障，但首先必须明确这一制度设计所应具备的一些基本属性。

一方面，应重新审视民族自治地方与上级国家机关的关系，保障二者作为交往主体的平等性。与一般行政区域不同的是，民族自治地方的自治机关既是在中央统一领导下的一级地方机关可行使地方行政机关的职权，同时又依据《宪法》和《民族区域自治法》享有广泛的自治权。此外，我国《民族区域自治法》中也有专章规定"上级国家机关的职责"，对于民族自治地方的"自治权"的调整也是基于自治权力与自治权利两个维度展开：作为自治权力，民族自治地方受上级国家机关的监督制约，以保证权力不被滥用；作为自治权利，民族自治地方需要通过上级国家机关履行帮助义务来保障，同时，自治机关可依法采取积极措施作出适当变通，以抵御上级国家机关的不作为给民族自治地方合法权益带来的潜在风险，所以二者之间不是上下级的命令与服从关系。这也就意味着在实践中必须摆脱认知上的误区，上级国家机关不应把自治机关提出的一些合理要求视为"争权夺利"的地方保护主义，或以市场经济下"公平竞争"为由而推卸应尽的帮助义务。❶ 正如 2020 年习近平总书记对毛南族实现整族脱贫作出的指示，"全面建成小康社会，一个民族都不能少"。❷ 民族自治地方的发展关乎整个国家的利益，民族自治地方的落后和分离也必然影响国家的繁荣和稳定。如果上级国家机关与自治机关之间能通过交往理性下的沟通和协商来解决变通立法中的分歧，也必将最终促进国家法治在民族自治地方的有效融合。

---

❶ 韦以明. 对民族自治权与上级国家机关领导帮助的关系的再认识 [J]. 广西法学，1996 (4)：11-12，14.

❷ 汪晓东，李翔，王州. 共享民族复兴的伟大荣光——习近平总书记关于民族团结进步重要论述综述 [N]. 人民日报，2021-08-25 (1).

另一方面，为确保不同观点的有效表达，应增强审议程序中的交涉性。正如哈贝马斯所看到的，立法的过程就是一个利益表达和沟通协调的过程，而主体间的相互理解需要通过以语言为沟通媒介的交往行为中的有效表达来保障。哈贝马斯的主体间性和商谈规则实际上可以通过"交涉性"来理解，交涉就是一个"讨价还价"的谈判过程，同时也是"一个彼此认知、相互妥协和理性选择的过程"；而立法程序的交涉性就是指立法过程的参与者能依据法定程序充分辩论和协商，最终达成各方都能接受的妥协方案，实现决策结果的双赢性。❶ 交涉性的强弱在很大程度上决定了议案能否得到充分地讨论，还可以反映出立法程序的内在活力。从上文可以看出，在单行条例的立法实践中重在事先进行非正式的协调，在审议过程中反而缺乏法案辩论维度，这虽然有利于确保法案的顺利通过，但也在一定程度上使得协商过程和协商内容不够透明。然而，由于不同文化的差异，上级国家机关以及民族自治地方内部都可能存在不太认可少数民族群体在各自的生活世界中固有的自治权利的情形，以至于对于这种分歧所产生的争议都没有第三方或仲裁机构能够有效调解。所以在审议过程中，如何让少数民族在生活世界中所形成的多元的价值观能真正有机会进入公共领域的正式辩论和商谈，对于自治权利和变通权限的共识的形成十分重要。

第三节　变通程序商谈构建的经验与启示：英国私法案的立法程序

在立法审议过程中，建构单行条例的变通权限需要有制度化的程序设计来保障民主协商机制，这种制度化的程序具体应该如何构建需要立法实践中长期的积累和摸索，本节试图从比较法视野入手，为此寻找一个可参考的模型，以期能对此有所助益。西方的议会制起源于平等的商谈，议会的重大功能之一就是为对立的不同意见提供辩论的场所，直到通过商谈找

---

❶ 孙潮，徐向华. 论我国立法程序的完善［J］. 中国法学，2003（5）：58.

到彼此较为满意的解决方式。英语中议会"parliament"一词就源于法语"parlement",原初含义就是指"谈话",曾被用于描述法国国王与教皇之间的正式会谈,在 13 世纪被用于指英国国王亨利三世召集贵族成员进行会谈,此后才逐渐演变为现在所泛指的制定法律和讨论国家重大问题的专门机构。❶ "议会之母"英国的议会立法一直是学界关注的焦点,学界对英国立法体制关注最多的是法案在议会的审议流程,也就是通常理解的两院的三读程序,对于不同类型的法案如公法案(Public Bill)、私法案(Private Bill)、混合法案(Hybrid Bill)之间在立法程序上的差异很少关注,对于私法案的基本特征、价值和意义更是缺乏历史维度的深入阐释。

私法案立法旨在"在通用法律之外更多地赋予、或与通用法律相矛盾地赋予任何一个人或群体以特别的权力或优惠"❷。换言之,私法案是议会为了调和已制定的法律的普遍约束力与某一地方、团体或个人的特殊情况之间存在的矛盾而作出的一种平衡和灵活变通。私法案内容大多是要求议会在法律之外授予提案人特定权力或豁免特定义务,与公共利益无太多直接关联。英国议会的这种超出一般法律规定特别授权的立法模式能否给我国民族自治地方的变通立法带来新的思考呢?基于对这些困惑的探究和思索,本节将先从私法案历史发展脉络和立法程序入手,并结合对英国下议院官网最新审议的私法案的研读,以期对私法案立法的实质有一个理性的认知,最后再进一步考察英国私法案立法程序中的利益权衡与商谈机制。

一、英国私法案的历史演进与授权变通之理

私法案是由特定的利益主体以请愿的方式向议会提出主动申请来寻求一般法律规范之外的保障或授权。需要注意的是,公法案与私法案的界分也不是绝对的,有时政府法案可能会被认为对特定的利益群体和地域有影

---

❶ 修文乔,戴卫平. 英语与英国社会文化研究 [M]. 广州:世界图书广东出版公司,2015:223.

❷ ADONIS A. Parliament Today [M]. Manchester University Press, 1993:110. 转引自蒋劲松. 议会之母 [M]. 北京:中国民主法治出版社,1998:511.

响，这时就会采用混合法案的形式提出。❶ 可以说，英国的公法案被广泛用于制定调整社区公共利益的公共政策，可以直接由议员提出；而私法案则不包含任何的公共政策的特征，只影响特定的人群或地域，通常由个人、社团、特定机构、商业公司等向议会提起。

（一）英国私法案的起源与发展

追本溯源，英国的私法案和公法案都起源于中世纪的议会向国王请愿申述冤屈的传统。❷ 当时人们向普通法院申诉冤屈和不满得不到有效救济，人们就开始向国王请愿，当时这种受理和审理请愿的活动更多是一种司法行为而不是立法行为。金雀花王朝为了解决一般性的法律规定可能对个人造成的不公正，经国王特批后请愿者可以不必遵守某些法律，王室的信函中有大量专利法令和密封敕令，对那些在法律程序中受阻的人的特别授权。❸

在亨利四世在位的时候，大量的请愿开始在下议院得到解决。早期的议会为保障私人利益的特别法令与为纠正不公而作出的司法判决在形式上和内容上都存在较大的趋同性。与此同时，衡平法院分担了议会的很多司法救济功能。在司法和立法的界限明确以后，提交议会的请愿不再仅是为了在衡平法院寻求救济，而开始更多地用于立法救济；议会就通过下议院提交国会的请愿而发布的命令就是只适用于私人个案或某一地方的特别法令。议会制定私法案的过程一定程度上保留了古代司法和立法相混合的特点。❹ 这一点从"Bill"一词的词义解释中还能找到一些印证，在《牛津法律大辞典》和《布莱克法律词典》中该词有两层含义，可指诸多不同形式的书面起诉状，包括普通法院的起诉文书或衡平法院原告的控诉状，以及

---

❶ 当公法案涉及特定的私人权益，或私法案涉及公共政策，此时该法案被视为混合法案，混合法案在立法程序上既要议会两院三读同意，又要与私法案立法一样，征求受法案影响的民众的意见。

❷ EARL OF ONSLOW. The rise and development of local legislation by private bill [J]. Journal of the royal statistical society, 1906, 69 (1): 4.

❸ PULLING A. Suggestions for improvements in our system of legislation by private bills [G] // Knowsley pamphlet collection. [s. l.: s. n.], 1860: 1 - 2.

❹ MAY, T E. A treatise upon the law, privileges, proceedings and usage of parliament [G]. South Hackensack, New Jersey: Rothman Reprints Inc., 1971: 301 - 302.

向下议院和国王提交的请求。这种请求就是最初的立法建议。在这一含义的基础上衍生出了该词的第二层含义——议案，即提交给议会审议的立法建议草案。❶

私法案在 17 世纪安妮女王执政时期开始大量涌现，在乔治三世在位期间迅速增长，其数量甚至远远超过了议会的一般立法。❷ 因为在 1680 年"光荣革命"之后，英国国内的政治力量对比发生重大变化，议会开始成长为稳定性的政治力量并拥有较高的权威，同时，下议院的议事规则、法案起草以及游说议员等事项也逐渐为民众所知晓；其结果是，之前通过庄园法庭或衡平法院批准的圈地协议开始转向法治意味更浓的私法案立法程序，一旦议会审议通过私法案，就相当于普通法的判例，属于一种准法律的创制行为。❸

一直持续到 19 世纪，英国议会通过了很多私法案，这些私法案可以分为两类，在个人事由方面，主要是归化入籍、离婚许可以及房产或遗产争议等，而在地方事由方面，主要涉及地方公共工程和实业公司，如河道的扩建、修建铁路、新建码头、海港、供水系统，新建钢铁厂或纺织厂等相关事务。❹ 当时很多全国性法律无法满足 19 世纪后半叶的工业时代和社会变迁的需求，而很多较大城镇的市政官员热衷于操控议会选举却无暇顾及改善城市的发展条件，新的地方机构不断通过私法案授权承担改进地方的某些市政工作❺，当时地方的大部分基础设施建设都是以地方提交的私法案的方式实现的❻；19 世纪后，私法案基本取代了特许状（Charter）成为地

---

❶ 沃克. 牛津法律大辞典 [M]. 李双元，等译. 北京：法律出版社，2003：117；GARNER B A. Black's law dictionary [M]. 8th ed. [S. l.]：Thomson Reuters，2009：487.

❷ EARL OF ONSLOW. The rise and development of local legislation by private bill [J]. Journal of the royal statistical society，1906，69（1）：6.

❸ 彭錞. 英国征地法律制度考察报告——历史、现实与启示 [M] //姜明安. 行政法论丛：第 14 卷. 北京：法律出版社，2011：101；马华，姬超. 中国式家庭农场的发展：理论与实践 [M]. 北京：社会科学文献出版社，2015：73.

❹ KELLY R. Private bills in parliament：House of Commons background paper [EB/OL]. House of Commons library. parliament and constitution centre，2014：1. （2014 - 01 - 07）[2018 - 01 - 24]. http：//researchbriefings. parliament. uk/ResearchBriefing/Summary/SN06508.

❺ P. E. Municipal origins. An account of English private bill legislation relating to local government，1740 - 1835；with a chapter on private bill procedure. By Spencer Frederick H. [J]. American political science review，1912，6（4）：633.

❻ 詹宁斯. 英国议会 [M]. 蓬勃，译. 北京：商务印书馆，1959：474.

方机关请求议会授予地方某些权力的主要方式❶。对于19世纪的苏格兰人而言，私法案就意味着提案人、证人和地方的民众必须长途跋涉才能在威斯敏斯特参加议会审议程序。为了改变这一状况，英国议会1899年通过了《私法案程序法》（苏格兰），这一部法律的颁布被认为是苏格兰地方立法发展的第一步；尽管在英国实行权力下放后已经将威斯敏斯特议会对很多私法案的审查权下放到苏格兰议会，但对于保留事项的临时法令的起草和确认至今仍然需要经过英国议会同意。❷

随着地方立法需求的不断增长，私法案立法程序显得复杂繁琐又颇费财力和时间，后来在此基础上发展出了相对简便的法令确认法案、临时法令和特别程序法令等。在1992年的《英国交通与工程法》、1986年禁止近亲结婚的《英国婚姻法》等法律颁布实施以后，私法案所涉及的很多事项都逐步通过一般性法律进行规制。目前，绝大部分私法案主要用于地方机关或其他法定机构向议会争取更多的权力，以便更好地履行职能。

（二）英国私法案中的地方授权变通

从英国私法案自15世纪持续至今所产生的积极影响来看，私法案为英国社会的发展和文明的演进提供了突破口。实际上，私法案不仅在英国近代央地关系的发展和法治化进程中留下了浓墨重彩的一笔，对于美国、加拿大、澳大利亚、新西兰等英美法系国家也影响深远。具体来说，私法案为地方自治机关根据地方实际需要灵活执行国家法律提供了合法空间，促使英国的央地关系不断改良，适应社会发展的新需要。尽管私法案形式上是议会审议通过的法律，但如果从私法案历史进程中所扮演的角色来解读，私法案有着深刻的地方立法内涵和意蕴，最直观的表现为提案主体多为地方机构，法案所涉及事项也主要是地方自治机关的权限范围的调整，

---

❶ 王凤，陈成.中央与地方社会保障事权配置法治化的比较研究［J］.新疆社会科学，2015（3）：92.

❷ 在苏格兰地区实施类似于私法案立法的临时法令申请制度，由国务大臣审核后颁发临时法令，再经英国政府向议会提交临时法令确认法案，议会批准后生效。House of Commons Information Office. Order confirmation bills and special procedure orders UK factsheet L9 legislation series［EB/OL］.［2018 - 01 - 20］. https：//www.parliament.uk/documents/commons - information - office/l09.pdf.

其适用范围更是非常有限；从立法实际效果上看，私法案不但推动了地方自治的发展，还为国家立法提供了重要的地方经验。

一方面，私法案为地方自治机关提供了明确授权。英国私法案中有很多与议会通过专门立法设立的独立于政府部门的法定机构（Statutory Corporation）密切相关。在英国，各级地方政府的法律地位相当于法人，而法人经法律的明确授权后才产生默示的合法权力。[1] 在英国各地有很多依据法律授权独立运营的法人机构，这些机构在为地方提供公共服务和进行公共管理方面发挥着重要作用，曾被认为是减轻政府财政负担和保障公众利益所必须的民主机构。[2] 此类机构有一定的行政机关的属性，但又有一般行政机关所没有的直接由议会立法授予的权力。当这种授权在社会环境有新的变化时有可能不合时宜，地方自治机构就需要通过议会再修改法案或授予新的权力。[3] 理论上"地方团体有随时扩张权限的可能"[4]，但实际上私法案立法又是议会对地方立法实施监督的方式，其目的与欧洲大陆国家的"行政监护"基本相同。[5] 地方机关的私法案提案权属于英国地方自治的一个重要组成部分。在单一制下的英国地方自治权是议会通过立法的方式授权的。英国议会授权地方自治的法律除了对地方机关和对特定事项统一授权的一般性法律，还有议会对个别地方机关单独授权的私法律，这种由地方请求而通过的法案可使某一地方机关在一般性法律之外享有某种特别权力，以便于其依据地方的实际情况自主管理地方公共事务。[6] 可以说，私法案一定程度上促进了英国地方自治的发展。

另一方面，私法案的"先行先试"为国家立法提供了地方经验。在英国地方立法影响国家立法的途径主要是通过非官方的地方政府联合会的建议和地方机关提出的私法案；通常一个地方机关提出私法案获得议会批准后，其他地方也可能会效仿，从而形成"统一的示范条款"，最终上升为

---

[1] 胡建淼. 论公法原则［M］. 杭州：浙江大学出版社，2005：337.
[2] BOYER R. The statutory corporation as a democratic device［J］. Australian journal of public administration，1957，16（1）：36.
[3] 罗志渊. 地方自治的理论体系［M］. 台北：台湾商务印书馆，1970：93.
[4] 萨孟武，刘庆瑞. 各国宪法及其政府［M］. 修订增补版. 台北：清水印刷厂，1978：79.
[5] 詹宁斯. 英国议会［M］. 蓬勃，译. 北京：商务印书馆，1959：465.
[6] 张千帆. 宪法［M］. 2版. 北京：北京大学出版社，2012：524.

一般法律规范。❶ 大部分与地方相关的法律都是先从私法案授予的特殊权力后逐渐转化而来的。回顾近代英国历史，私法案推动了国家层面法律的制定和完善的例子比比皆是。1801 年的《英国圈地法》的制定就与这一时期私法案的井喷式增长密切相关。在 1606 年安妮女王执政时期英国议会通过了第一个圈地私法案，而据统计，在乔治三世时期这类私法案高达 3500 部之多。❷ 这些私法案中所涉及个体利益虽各不相同，但其所包含的圈地程序的规定实际上大体相同，所以英国议会将私法案立法的相关经验进行整合，在 1801 年通过了《英国统一圈地法》，对圈地作出了统一的程序性规定。再比如，1834 年的《英国济贫法》、1835 年的《英国公路法》、1875 年的《英国公共卫生法》所规定的内容也都是把地方法案已经存在的规定一般化，甚至 1890—1936 年《英国公共卫生法》的四次修正也基本都是从地方经验中总结出来的。❸ 类似的例子近年来都还有不少，1992 年《英国交通工程法》也是在 20 世纪中期大量涉及地方工程项目的私法案不断涌现的背景下产生的。❹

综上，诚如前文所述，私法案在英国从封建王朝向资本主义国家的转型过程中曾经兴盛一时，但是在英国法律制度、行政手段、司法体系逐渐完善以后，议会对私法案的态度表现为一种谨慎克制。近年来，英国议会审议通过的私法案数量其实已经微乎其微了，但私法案之所以仍保留至今，其原因就在于，依据戴雪的议会主权理论，议会制定的法律有普遍约束力，除议会自身以外，任何其他机构都无权修改或否定议会制定的法律；私法案使得议会可以在维护已经颁布实施的法律的普遍约束力的前提下灵活地处理地方机关、社会团体或个人的特殊情况，同时议会也可以统一把握这种变通或调整的时机和程度。❺ 此外，私法案在特定的历史时期曾作为一种合法化的私

---

❶ 任进. 比较地方政府与制度 [M]. 北京：北京大学出版社，2008：293.
❷ EARL OF ONSLOW. The rise and development of local legislation by private bill [J]. Journal of the Royal Statistical Society，1906，69（1）：6.
❸ 詹宁斯. 英国议会 [M]. 蓬勃，译. 北京：商务印书馆，1959：474.
❹ 为了进一步推动公共工程和基础设施建设，2008 年的《英国规划法》又作出补充规定，由规划委员会对全国性的基础设施工程审批并颁发同意开发许可，这一许可的颁发与交通部的法令申请流程基本一致，在一定程度上沿袭了私法案的立法程序。Planning Act 2008，section6 - 8，p. 4 - 5 [EB/OL]. [2017 - 03 - 21]. http：//www. legislation. gov. uk/ukpga/2008/29/pdfs/ukpga_20080029_en. pdf.
❺ 蒋劲松. 议会之母 [M]. 北京：中国民主法治出版社，1998：511.

主体立法倡议有效地保障了议会回应民众的具体问题的能力，其对于维护英国威斯敏斯特议会制度或议会主权原则的稳定仍有着重要意义。❶

二、英国私法案立法的基本程序与主要流程

私法案与公法案在立法程序上基本一致，都必须在议会的上议院和下议院通过，经过三读程序和委员会审议。不同的是，私法案在立法过程中有些额外因素要考虑，程序显得更为复杂。大体而言，私法案的立法程序有浓厚的庭审辩论的传统，强调对提案主体和受法案影响的主体之间利益的权衡，反对方可以通过递交请愿进入反对法案委员审议阶段，从而影响法案的修改和通过。

首先，私法案的提交与初步审核。私法案通常由地方机关，私营企业等团体或组织机构提出请求，而且这种立法请求的提出通常需要支付一定的费用，❷ 提案人还必须委托专业人士来帮助其在议会呈交法案。提案人可以在上议院和下议院任何一个院提出私法案立法请愿，分别由下议院负责财政和税收的筹款委员会主席和上议院各委员会主席基于审议的便利考虑决定该法案应该在哪一议院提交。私法案一般在每年的 1 月 21 日前正式提交议会，但在此之前还有预备阶段，一般需要提前一个多月提交私法案请愿，供审核人员审核是否遵守了议会关于私人事务的议事规则。❸ 私法案的起草和审议的程序复杂，依据英国议会有关规定，提案者必须委托在

---

❶ KRUMM T. Private Bills in angelsächsischen Regierungssystemen Legitimitätsressource oder Unterlaufen der Gewaltenteilung？[J]．Zeitschrift für Parlamentsfragen，2007，38（2）：326．

❷ 依据英国议会议事规则，私法案在下议院法案一读到三读要支付 8000 英镑，在上议院提交要另支付 400 英镑，而且提交反对请愿也要向议院支付 20 英镑；依据议事规则，对于与慈善、宗教、教育、文学或科学目的相关议案、发起人个人不可能获得私人利润或好处的法案，以及由当地政府发起的那些不太可能获得大量个人或团体利益的法案，可能只需支付上述费用的 1/4。The House of Commons. Standing orders of the House of Commons - private business [G/OL]. London：The Stationery Office Limited，2005：141.（2005 - 07 - 21）[2018 - 02 - 01]．https：//www. publications. parliament. uk/pa/cm200506/cmstords/441. pdf.

❸ KELLY R. Private bills in parliament：House of Commons background paper [EB/OL]．（2014 - 01 - 07）[2018 - 01 - 24]．http：//researchbriefings. parliament. uk/ResearchBriefing/Summary/SN06508；

The standing orders of the House of Lords relating to private business [EB/OL]．（2005 - 07 - 20）[2017 - 03 - 20]．http：//www. publications. parliament. uk/pa/ld/ldstords/ldprords. htm.

议会登记注册的专业议会代理人（parliamentary agent）来帮助其呈交法案。❶ 议会代理人是提案者在议会审议私法案期间的法定全权代表，其职责就是负责私法案的起草和推动议会通过，并就法案的具体事宜在进入议会立法程序之前和整个审议环节与各方进行协商。私法案提交议会后，提案人必须尽快发布公告，通常要在每年 12 月 11 日之前在当地的报纸和官方公报上发布告示，并以书面形式告知所有私法案利益相关人所要提交的法案。两院的审核人员严格审核私法案请愿是否遵守了议会关于私人事务的议事规则，是否充分履行了告知义务，是否提交了相应的支撑材料；不符合规定的法案将被转交议事规则委员会裁定是否撤销。

其次，私法案的一读与反对请愿。私法案的一读不需要宣读，只需要经私法案办公室提交议会议席，并记录在投票表决程序栏上。私法案公布后，不支持该私法案立法的可以提出请愿表示反对。反对私法案立法的请愿人也可以聘请专业的议会代理人，可以自己提交或由他人代劳。❷ 反对者也可能会联系议会议员在法案审议的不同阶段提出反对动议。反对者有两次提交请愿的机会，但都有严格的时间限制，反对者必须在上议院或下议院任意一院一读后的 10 天内提交请愿。❸ 如果提案者认为请愿者无权要求听证，将由下议院的仲裁所负责审核请愿者反对私法案的理由是否正当后作出裁决，只有与法案有直接利害关系才有干涉权（Locus Standi）。❹

---

❶ 如英国议会官网公布了 7 家可以作为议会代理人的法律事务公司的联系方式和地址，这些代理人通常都是长期参与私法案立法实践、熟悉私法案立法程序并得到议会认可的人。详见英国议会官网，http：//www.parliament.uk/about/how/laws/bills/private/parliamentary‐agents/，2017 年 3 月 21 日访问。

❷ 英国议会网站公布的这些代理人名单也被称为"Roll A Agents"，实际上还有一类限于反对法案的请愿者适用的"Roll B Agents"，这一类代理可以是请愿者正式授权的任何人，但对于律师以外的人或之前没有在议院注册过 Roll B Agent 的人，必须提供议员、地方法官、律师签署的信誉的证明（certificate of respectability）。理论上，任何受该私法案影响的个人或群体都可以向议会两院提交请愿表示反对，但实际上只有受法案直接影响的利害关系人或与法案有特别利益关系的人才可以提出请愿。如果社区的权益受到侵害，社区的代表也可以代为请愿，比如乡镇议会、教区议会、文物古迹保护协会。

❸ How to petition against a private bill in the House of Commons ［G/OL］. Session 2016 ‐ 17，p4. ［2017 ‐ 03 ‐ 21］. http：//www.parliament.uk/documents/commons‐private‐bill‐office/Commons% 20Petitioning%20Kit%202016‐17.pdf.

❹ 裁判所（The Court of Referees）是由多名资深后座议员组成的委员会，通常由议长法律顾问协助筹款委员主席主持。

再次，私法案的二读与委员会审议。私法案二读审议由书记员宣读法案的标题，如果没有反对，二读就不经辩论直接表决。任何议员都可以提出反对动议，一旦有议员提出反对，法案进入后续程序的时间就要推迟到政府事务讨论环节之后。二读审议期间也可以就有关法案中的技术问题征求政府部门意见。私法案二读通过后，就可能会送交反对法案委员会或无反对法案委员会。❶"反对"是指法案一读后的法定请愿期间反对该项私法案立法的请愿，而不是议员的反对意见。在请愿阶段，仲裁所负责审核反对私法案的请愿者的理由是否正当，只有与法案有直接利害关系才有权听证。对于有请愿反对和无请愿反对的法案，委员会都会召开一种半司法性质的会议，但是反对法案委员会和无反对法案委员会都只听审有干涉权的提案者和请愿者提交的证据，以及报告中所提到的政府部门对此法案的意见。❷

在无反对法案委员会的审议过程中，提案者的工作相对简单，只需要证明该法案立法的必要性，然后再由委员会深入研究法案中的技术问题。委员会审议的结果只有两种：一是认为法案序言的内容在法条中没有体现，这等于对整个法案否定了，相当于公法案二读被驳回；二是认为法案的立法目的在法条中得到了恰当的体现和细化，委员会可能还要再进一步讨论法案是否需要作任何修改，以更好地平衡请愿反对者的利益或者限制法案中的过分请求。很多提案者会相应地自行提交修正案，修正案也会征得请愿者的同意。❸

最后，私法案的三读与御准。如果私法案经委员会审议之后有所

---

❶ 下议院的反对法案委员会（Committee on Opposed Bills）由遴选委员会提名的 4 位议员组成，这 4 名议员都必须签署书面声明表明与本人及其所代表的选区都与该法案无直接利害关系，并保证持公正立场；无反对法案委员会（Committee on Unopposed Bills）包括 7 名议员，筹款委员会主席及其两名副手，以及由遴选委员会推选提名的 4 人。House of Commons Information Office. Private bills UK factsheet L4 legislation series ［EB/OL］. London，2010：5 ［2018 - 03 - 20］. https：//www. parliament. uk/documents/commons - information - office/l04. pdf.

❷ House of Commons Information Office. Private bills UK factsheet L4 legislation series ［EB/OL］. London，2010：5 ［2018 - 03 - 20］. https：//www. parliament. uk/documents/commons - information - office/l04. pdf.

❸ KELLY R. Private bills in parliament：House of Commons background paper ［EB/OL］. House of Commons library. parliament and constitution centre，2014：7. （2014 - 01 - 07）［2018 - 01 - 24］. http：//researchbriefings. parliament. uk/ResearchBriefing/Summary/SN06508.

修改，议会代理人会重新打印后提交议会审议。在下议院的审议还有一个报告阶段，议员还可以提出修改意见，提案者也还可以作相应的修改，但是修正案的范围是严格受限制的，只可以在法条的字词语法层面稍作调整，未经再次请愿环节不能对法案实质内容进行修改。三读阶段议会还可驳回法案，议员可以最后对法案进行辩论或反对动议的通过。如果私法案在委员会阶段没有修改，也可以不经审议直接进入三读。私法案在两院分别三读通过后，还需呈交国王御准才能正式上升成为法律。❶

以下是私法案在下议院提交后审议的程序，如图4-3所示，法案经上议院提交程序也基本一致。上议院和下议院都分别设有各自的私法案办公室，便于公众了解私法案的立法程序，对于私法案在议会会期的进展情况可以在英国议会官方网站查询。私法案一经制定出台后就成为国家法律，将会发布在议会的《地方和个人法》（Local and Personal Acts）编撰系列中。

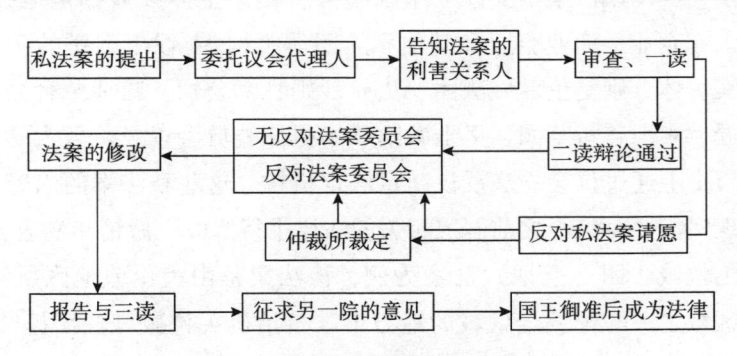

图4-3 英国私法案立法流程

三、英国私法案立法中商谈构建共识的具体实现过程

哈贝马斯认为，人类必须在交往理性的基础上进行商谈，才能防止系

---

❶ 如果获得御准，会在私法案上标注"按请愿者的意愿办"（soit fait comme il est desire），而公法案则会标注"女王意愿"（La Reyne le veult）。KELLY R. Private bills in parliament：House of Commons background paper [EB/OL]. House of Commons library. parliament and constitution centre, 2014：8. （2014 – 01 – 07）[2018 – 01 – 24]. http：//researchbriefings. parliament. uk/ResearchBriefing/Summary/SN06508.

统对生活世界的侵蚀。作为商谈基础的交往理性不同于为实现特定目的而将自己的观点强加于他人的工具理性,交往理性强调不以说服对方为目的,尊重对方立场,始终保持一种倾听的态度,通过深入讨论促进相互理解,最终提出能让对方产生共鸣的"妥当要求"。❶ 英国私法案是由非官方的主体或地方自治机构向议会提出的立法请愿以获得议会授权享有一些优惠待遇或特权,对这种特别授权如不加以节制,不但可能侵害公民个人利益,还有可能影响法治的统一。那么,其立法程序是如何在赋予提案主体以特殊权力的同时,保障受提案影响的群体的利益呢? 以下将结合英国议会官网发布的在2016—2017年度审议的一些私法案个案具体内容,进一步深入阐释私法案立法是如何运用交往理性达成共识的。

(一) 英国私法案立法程序中商谈的前置程序

目前,英国私法案很少涉及个人事务,提案主体大多都是地方机关、大学、国有企业、商业企业和其他私人团体机构。❷ 以下列举的7个私法案的提案主体分别是伦敦城法团、法弗沙姆牡蛎公司、哈博戴舍公司、中段航道局、索斯盖特墓园、里士满镇草场租佃委员会以及伦敦大学,大多都是在历史上通过议会立法授权制定法定机构。这些私法案的内容多为依据社会现实需要对议会之前制定相关的法律进行修改、撤销和变通。

以伦敦城法团(空地)法案为例,该法案是由大伦敦地区所辖的33个行政区域之一的伦敦金融城的地方市政自治机关伦敦城法团提交。❸ 提案人的目的是变通1878年的旧法中对这些空地租赁期的规定,以便于空地

---

❶ 小川仁志. 完全解读哲学名著事典 [M]. 唐丽敏, 译. 武汉: 华中科技大学出版社, 2016: 64 - 66.

❷ 赞德. 英国法: 议会立法、法条解释、先例原则及法律改革 [M]. 江辉, 译. 北京: 中国法治出版社, 2014: 98.

❸ 伦敦城法团(以下简称法团)是一个早于地方政府存在普通法的法人团体,既有地方机关的属性,又在伦敦城外有大量地产,名下还有三所学校。伦敦城虽然总面积只有1.579平方公里,但却是国际金融中心。法团自19世纪70年代开始陆续用地产投资的收益购买周边本隶属于大伦敦地区的绿地作为本地居民健身和娱乐之用。1878年法中议会已经授予法团对这些空地的管控权。House of Common. Opposed bill committee oral evidence: City of London Corporation (open spaces) bill [EB/OL]. (2016 - 11 - 15) [2018 - 03 - 18]. https: //www. parliament. uk/documents/commons - private - bill - office/2016 - 17/Opposed%20Bill - City - of - London - Corporation - (Open - Spaces) - Corrected - tran. pdf.

基础设施的投资，并进一步明确其对空地上的反社会行为和公共事件的管辖权和处置权，使空地相关的各利益主体的权责更透明。与此相类似，索斯盖特墓园和火葬有限公司提出的索斯盖特墓园法案❶，该法案的立法目的在于通过立法授权二者可以剥夺某些长期无人使用的墓地的下葬权，重复利用废弃的墓地，为新下葬的人节省更多空间。再比如，中段航线法案是由依据1810—1874年的《中段航道法》成立的法定公司中段航道局提交的，其主要职责是负责中段的水位和对辖区内有160公里可航行的水路的管理，以及防洪防汛工作。❷ 该法案要求通过立法确认其对该航段船只登记收费和进行处罚等一系列行政管理权限，旨在为中段航道提供更好的管理和基础设施。

  私法案立法程序中商谈的前置程序中最核心的是，在私法案提交议会初步审核之前，提案人必须保障公众和议员对法案内容的充分知晓。依据议事规则，私法案在正式提交议会前，不但要在当地报纸上发布两次告示，说明该法案立法的目的和具体内容、议会对私法案进行规范审查的日期，并公布提案人或者其议会代理人的联系方式；同时，还必须在《伦敦公报》上发布告示，任何受该法案影响的个人和团体都可以提交反对请愿，并明确告知具体期限和方式，以及公众可以在相关办公室购买该私法案的副本和查阅依据议事规则第27条和第36条提案人所应提交的其他资料的途径。❸ 对于法案的利害关系人还要另行以书面形式告知，尤其是涉及土地征用或使用，或可能征收建设费的事宜必须通过书面方式专门告知

---

 ❶ 索斯盖特墓园是《1855年北伦敦墓园法》授权建立的，该公司是经《1976年北伦敦墓园法》授权移交其管理的，而后又经《1990年索斯盖特墓园和火葬法案》将部分墓地的所有权移交给英国巴哈伊教总会。现该公司和英国巴哈伊教总会共同管理索斯盖特墓园的殡葬相关事宜，英国巴哈伊教总会也支持这一法案。

 ❷ 因为中段周边的土地都低于水平面，只能依靠复杂的防洪工程和水位控制系统才能免于洪灾，如果没有中段航道局和其他当地的内部排水部门，在当地生活和工作的1万多人的生命和财产安全就会受到威胁。详见中段航道局（middle level commissoners）的官网介绍 http://www.middlelevel.gov.uk/about-us.aspx，和提交议会的法案 http://services.parliament.uk/bills/2016-17/middlelevel.html，2017年3月20日访问。

 ❸ 如果私法案是由地方机关提交或旨在改变地方机关的职能，依据法案的内容和影响范围，还可能要在多个地方的报纸上刊登，也可能是在《爱丁堡公报》或《贝尔法斯特公报》上发布告示。The House of Commons. Standing orders of the House of Commons - private business [G/OL]. London: The Stationery Office Limited, 2005: 12-14. (2005-07-21) [2018-02-01]. https://www.publications.parliament.uk/pa/cm200506/cmstords/441.pdf.

可能受影响的土地所有人、承租人、使用人法案的内容和公告的发布情况,以及提交反对请愿的期限等其他相关信息。❶ 此外,下议院工作人员对私法案的某些记录和审议流程等信息也对公众开放。这些保障公众知情权的措施和规定为公众进一步表达反对意见,参与私法案审议过程提供了可能,同时也为法案颁布后的实施提供了民意基础。

反之,如果在前期,法案利害关系人的告知程序上有瑕疵,就可能导致在反对请愿委员会阶段遭受多方的反对和质疑,中段航线法案就是一个典型的例子。该法案于 2016 年底在下议院提交后,在下议院法定请愿期(2017 年 1 月 24 至 2017 年 1 月 30 日)内下议院收到 6 份反对私法案的请愿,比如其中有 2 份就明确提到,"请愿人反对还因为中段航道局声称咨询过所有利害关系人的意见,并征得绝大多数人的同意……但是实际上其根本没有对告知受该法案直接影响的在该航段有泊位的上百名居民"❷。"在请愿人看来,中段航道局所咨询的中段航道用户委员会无法代表请愿人的利益,请愿人此前根本不知道该委员会的存在。……请愿人也与在该河段周边生活和工作的人交谈过,大家都不知道该法案将要被提交。"❸ 这些请愿无疑给中段航线法案在议会的通过带来了阻力,所以大部分的提案人及其议会代理人会在请愿阶段提前积极与私法案的潜在反对方就相关事宜进行协商,并作出适当的妥协以达成谅解,比如在法案中加入保护性的条款、对权力的行使边界有所限制等,因为这比在议会委员会审议阶段聘请律师辩驳反对意见要更为便捷和实惠。❹

私法案立法程序"旨在保护公众免于受到私法案赋予私人无限制的特

---

❶ The House of Commons. Standing orders of the House of Commons - private business [G/OL]. London:The Stationery Office Limited,2005:134.(2005 - 07 - 21)[2018 - 02 - 01]. https://www.publications.parliament.uk/pa/cm200506/cmstords/441.pdf.

❷ "Christopher - Taylor - Petition against Middle Level Bill in House of Commons session 2016 - 17:5 [EB/OL].(2017 - 01 - 30)[2018 - 03 - 10]. https://www.parliament.uk/documents/commons - private - bill - office/2016 - 17/Middle - Level - petitions/Christopher - Taylor - Petition.pdf.

❸ Derek - Paice - Petition against Middle Level Bill in House of Commons session 2016 - 17:8 [EB/OL].(2017 - 01 - 30)[2018 - 03 - 10] https://www.parliament.uk/documents/commons - private - bill - office/2016 - 17/Middle - Level - petitions/Derek - Paice - Petition.pdf.

❹ 在 1927 年就出现过在一读后有 20 份反对请愿的私法案在两院的委员会审议阶段没有受到反对质疑的例子. 詹宁斯. 英国议会 [M]. 蓬勃,译. 北京:商务印书馆,1959:472 - 473.

权而带来的侵害"❶。私法案立法准备阶段的资格审核就特别强调提案人必须提前发布告示,保证所有可能受法案影响的利益群体和利害关系人对法案的内容充分知情;也正因为有前期的告知程序,处于被动地位的民众才有进一步表达自己反对意见的机会。如果说公法案立法差不多都掌握在内阁阁员手中的话,那么关于私人或地方权益的私法案则完全在他们的掌控之外。❷ 实际上,私法案的审议进展顺利与否一定程度上取决于反对意见,这也迫使提案立体不得不积极主动地提前与法案利害关系人沟通协商,并在法案中设定一些保护性或限制性条款。

(二) 英国私法案立法程序中的商谈与利益权衡机制

1. 提案人与法案反对方的半司法性质的辩论

由于私法案立法请求的内容通常超出了普通法和成文法的授权,而这种僭越法律的请求很可能会招致不满和反对。为了让那些受法案消极影响的人的意见能有机会能被议会听到,二读后会由私法案委员会牵头召开一个有准司法性质的审议会议。有干涉权的反对请愿人可以申请由本人或其代理人向委员会陈情,并传唤证人来支持他们的立场;提案方的律师也可能会传唤证人并展示一些证物,请愿反对方或其代理人再对此作出回应。反对方可以要求完全否定私法案,也可以要求对私法案的某些条文进行修改。如果反对方在请愿书中陈述的意见被纳入审议范围,提案人和反对方都可以就相关问题交叉询问对方的证人,同时,委员会也会反复盘问提案者在序言中所提出的主张,或要求反对方就请愿书中的理由提供更具体的说明。虽然议会是在通过私法案履行其立法功能,但这一立法程序也有司法的特征。申请通过私法案特别授权的人与那些认为其利益可能会因此受到影响的人双方都有机会相互辩驳,这一过程保留了很多法庭辩论的传

---

❶ 这是加拿大前下议院议长卢西恩·拉穆勒(Speaker Lucian Lamoureux)1971 年 2 月 22 日的议会辩论中裁定中的表述。Private bill practice [G/OL] //House of Commons procedure and practice. 2nd ed. House of Commmon, 2009 [2018 - 01 - 25]. http://www.ourcommons.ca/procedure - book - livre/Document.aspx? Language = E&Mode = 1&sbdid = B629FFD7 - DE44 - 435A - 9538 - CAE07CDD3095&sbpidx = 1.

❷ 罗威尔. 英国政府·中央政府之部 [M]. 秋水, 译. 上海: 上海人民出版社, 1959: 360.

统，律师们盘问证人就如同民事法庭的庭审。❶

在伦敦城法团（空地）法案中，伦敦城法团与英国养犬俱乐部就是在事先协商无果的情况下进入反对法案委员会的审议环节。❷ 在委员会审议一开始，提案人律师和证人就向委员会陈述伦敦城法团空地法案的立法背景、目的，以及在提交法案前的咨询工作等作了详细的介绍，并接受委员会的质询，比如委员会成员问及伦敦城法团的一些地方是否受地方政府财政的资助，以及该法案第 12 条中关于伦敦城法团通过"社区保护通知单"警告处分权的合法性和必要性。❸ 随后反对方律师陈述了请愿核心观点，认为法案中规定法团可对公众作出"社区保护通知单"警告处分的授权超出了法律授予一般私人土地所有者的权力；而这种授权可能导致空地的使用者面临刑事责任，法团必须与其他行政机关一样，为公众的知情权提供充分保障，以便于公众的监督和审查。❹ 委员会在充分了解双方立场和观点后对法案条文逐条进行讨论，对法案中的多处提出修改意见，其中最主

---

❶ JACK M, HUTTON M, JOHNSON C, et al. Erskine May: parliamentary practice [Z]. 24th - ed. London: Lexis Nexis, 2011: 922.

❷ 出席这场公开对话的双方代表是，提案人律师和法案议会代理人、作为其证人的伦敦城法团议会代表和空地管理局局长、埃平森林负责人，以及作为反对请愿方的英国养犬俱乐部代表及其律师，而主持和见证这场辩论的是由遴选委员会提名的 4 位与法案无利害关系的议员。House of Common. Opposed bill committee oral evidence: City of London Corporation (open spaces) bill, 1 - 2 [EB/OL]. (2016 - 11 - 15) [2018 - 03 - 18]. https://www.parliament.uk/documents/commons - private - bill - office/2016 - 17/Opposed%20Bill - City - of - London - Corporation - (Open - Spaces) - Corrected - tran. pdf.

❸ 社区保护通知单（community protection notices）是当年满 16 岁以上个人和机构的不理智的行为对周围的社区产生持续消极影响时，执法人员为阻止其行为带来不良后果而发出的一种书面警告；如果行为人没有遵照通知单上进行改正，将面临高额罚款和法院的强制执行令。这一处分只有地方机关或经国务大臣发布法令授权的机构才有权作出，而伦敦法团只是这些空地的产权所有人，并不是地方机关。详见《2014 年反社会犯罪行为治安管理法》（Anti - social Behaviour, Crime and Policing Act 2014）第 43 条、第 48 ~ 49 条；http://www.legislation.gov.uk/ukpga/2014/12/contents，访问时间：2017 年 3 月 22 日。

❹ 2000 年的《英国信息自由法案》（Freedom of Information Act）中赋予了公民从行政机关获取信息的一系列权利，并对信息获取的程序和范围等作出了具体规定，行政机关设专门的工作人员在收到获取信息的请求后作出明确回复。养犬俱乐部需要从有关部门获取信息曝光行政权是否被滥用，并通过这些数据来说服地方机关作出改变，比如允许导盲犬进入公共空地。House of Common. Opposed bill committee oral evidence: City of London Corporation (open spaces) bill, 29, 32 [EB/OL]. (2016 - 11 - 15) [2018 - 03 - 18]. https://www.parliament.uk/documents/commons - private - bill - office/2016 - 17/Opposed%20Bill - City - of - London - Corporation - (Open - Spaces) - Corrected - tran. pdf.

要的就是要求提案人对第 12 条的内容全部重新拟定。然而，最终提案人基于其他考虑没有对该条文作具体的修改，而是经委员会同意完整删除了第 12 条。

2. 立法机关基于公共利益的仲裁与权衡

在罗威尔看来，私法案立法治度的优点就在于，私法案可以置身于议会政治讨论的一般领域之外，避免了议会制之下的议员们为所代表的选区争夺利益的情形，使议会可以更多地关注地方的公共利益或公共事务。❶ 在无反对请愿法案的审议过程中，不同利益主体之间的权衡与博弈是通过无反对法案委员会基于公共利益与提案人就法案内容的探讨和厘定过程来实现的，一旦发现任何涉及公共政策的重大问题，就可能在报告中建议否决或要求加入修正案。但是由于无反对法案委员成员会并不是固定的，对公共利益的考量标准会有所偏差，对公益可能也会有考虑不周的情况。❷ 为了均衡各方利益，议会通常在通过私法案授权某些公司特许经营权的同时，也在采取措施防止企业法人可能凭借特别授权而作出损害公共利益的行为，比如要求天然气公司的收费在公司收益上涨后按一定的比例有所下调，对于电力和公共照明则规定必须由地方机关购买。❸ 无反对法案委员会的审议也遵循了非常严格的步骤，提案人也需要对法案进行充分的论证，委员会也会对法案的内容进行斟酌，不只是对法条的科学性和严谨度的进一步完善，还有对法案内容的实质性修改。

在索斯盖特墓园火葬公司提出的索斯盖特墓园法案的审议中也充分体现立法机关基于公共利益的权衡与取舍。该法案的目的在于通过立法授权剥夺某些长期无人使用的墓地的下葬权，重复利用废弃的墓地，为新下葬的人节省更多空间。这一法案在下议院二读辩论期间曾就索斯盖特墓园是否必须遵守《伦敦市政府的墓地再利用的技术指导》中的规定、提案人是否已经与宗教团体进行过磋商，以及该墓园的再使用要遵守哪些登记规定等问题征求过英国司法部的意见，政府部门的意见通过无反对法案委员会反馈在法案的修正案中，将原法案第 3 条中关于对墓

---

❶ 罗威尔. 英国政府·中央政府之部 [M]. 秋水, 译. 上海：上海人民出版社, 1959：381.
❷ 罗威尔. 英国政府·中央政府之部 [M]. 秋水, 译. 上海：上海人民出版社, 1959：385.
❸ EARL OF ONSLOW. The rise and development of local legislation by private bill [J]. Journal of the Royal Statistical Society, 1906, 69 (1): 9.

地的挖掘和重埋进行登记的第 10 款扩展成独立的第 5 条,并对登记的内容和公众查询方式等作出了更为详尽的规定。此外,该提案人还被要求公开作出书面承诺,保证在依据法案对废弃的墓地的循环利用之前将对可能受法案影响的宗教团体进行调查,确保其相应的宗教信仰和风俗习惯得到尊重,并在调查中提出最好的实施方案。提案人还被要求将依据《伦敦市政府的墓地再利用的技术指导》的有关规定对墓园地表进行自然保护评估。❶

从上述英国私法案的审议程序中可以让我们更深刻地理解"立法是一项妥协的艺术,也是权力配置合理下的利益表达、意志设定过程"❷。私法案立法的实质是对权力和权益在局部范围内的再分配和调整,是在对不同利益主体的赋权和限权之间二次平衡和取舍。如何保障这一过程的公平和公正,英国议会审议私法案的过程从某种程度上说充满了对这一问题的思辨推理,更显示了其为实现各种利益博弈的均衡的一种有效尝试。

第四节 报批制下单行条例变通程序商谈构建的路径优化

上文所讨论的哈贝马斯商谈伦理中的"普遍化原则"强调所有参与论证的参与者的普遍承认,也就是说,通过讨论达成的规范应能得到所有社会成员自愿地接受和遵循。哈贝马斯的商谈伦理的另一重要原则是"话语原则",该原则强调共识的形成是有言语和行为能力的主体自由平等地参与论证的结果。双轨制协商机制的理想范式则要求公共领域的非正式商谈能与立法审议中正式商谈两个层面有效衔接起来。哈贝马斯所构建的这些理论对于单行条例变通程序的商谈建构有重要的指导意义。在操作层面,

---

❶ 详见索斯盖特墓园提交下议院的承诺书 [EB/OL]. [2017-03-20]. http://www.parliament.uk/documents/commons-private-bill-office/2016-17/New-Southgate-Cemetery-bill-undertakings-170202.pdf.

❷ 秦前红. 地方立法权主体扩容利弊 [J]. 新华月报,2015(3):56.

英国私法案立法程序中所蕴含的准司法性质的抗辩因素在一定程度上体现了这两个原则和双轨制协商机制的价值目标，也拓宽了单行条例变通程序商谈构建的思路。基于私法案与单行条例立法在立法实效和终极目标上的趋同，本节将立足于立法程序的操作层面的考察比较，以期从不同的历史文化背景下更深刻地理解本土问题，最后尝试从域外经验和理论中探求对我国单行条例立法审议的具体完善路径。

一、单行条例报批审查标准的重新定位

从权力运行的表象来看，我国民族自治地方的单行条例立法与私法案的授权变通似乎有着基本相同的模式；因为单行条例制定后还需要经过上一级人大常委会的批准才能颁布实施。一些学者认为这种报批机制下的自治立法权是"半立法权""草案起草权""事前审查"。实际上，通过对比英国私法案的立法程序，我们能从不同的历史文化背景下更深刻地理解本土问题。

单行条例报批中所遵循的合法性审查更接近于私法案立法程序中的初步审查，即提交法案之前的初步审核是在所有审议环节之前的基础性资格审查，只有审查人员上报认为该法案的提出遵循了所有相关议事规则后，法案才能被正式上呈议会进行一读。然而，私法案能否成为法律最为关键的一步是议会的委员会审议阶段，在这个过程中，需要沟通协调，充分考虑法案相关的各方利益，并据此对法案具体条款作实质性修改，把可能出现的矛盾纠纷化解在审议过程。这一点对于我国单行条例报批和审查标准的重新定位有着重要的启示意义。

在我国立法实践中，辖有自治州和自治县的省一级人大常委会批准单行条例大多是参照合法性审查的标准。在修订单行条例的决议中，可以看到因条例的规定"与上位法不一致、不衔接"而作出修改的比比皆是，尽管这些所谓的不一致与不衔接实际上是法律允许变通的范围之内。❶ 这一做法也代表了主流观点，报批程序设计的初衷主要出于对各民族自治地方

---

❶ 详见"宽城满族自治县人民代表大会关于修改部分条例的决定"第3条，2011年5月26日河北省第十一届人民代表大会常务委员会第二十三次会议批准。

的立法水平参差不齐的顾虑，通过增加一道审核机制以保障国家法治的统一。❶ 地方性法规所依据的立法合法性审查的标准相对具体，有较强的可操作性，遵循的是"不抵触原则"，即宪法、法律、行政法规中的明文规定不能违反，这种审查可以参照上位法的文本逐一比对，但严格来说是一项不需要大会审议的技术性工作。如果一味适用地方性法规的合法性审查标准，必将导致民族自治地方自治立法名不副实，这可能也是单行条例地方立法功能与民族立法功能失衡以及民族特色难以凸显的一个重要原因。然而，我国《立法法》第85条第2款对于单行条例的变通权限表述非常宽泛，只规定了不能变通上位法的基本原则和对民族自治地方所作的专门规定；如果依据这一规定作为合法性标准，单行条例立法在实践中不太可能出现明显超越法律之外的越权变通的情形，完全可以在遵从法律规范的前提下合法地作出很多变通。而且在自治州和自治县单行条例的正式提请报批之前，省一级人大的有关专门委员会通常会提前介入协调和指导工作，这实际上在一定程度上保障了立法质量，如果在最后的报批过程中还继续以合法性审查为标准，这种重复的审查并无太多实际意义。

需要指出的是，单行条例之所以需要批准机关审查的一个重要原因在于单行条例立法中可以有变通上位法的条款，这些条款何以成为正当的问题是审议过程中最不容忽视和最需要充分讨论的核心内容。此处所争议问题的焦点不在于是否要维护国家法治统一的问题，而是怎样恰如其分地科学地维护国家法治统一的问题。诚然，为了维护国家法治的统一，合法性审查是必要的，但是为了保证民族自治地方的自治权，更重要的还应将合理性审查明确纳入审查标准之中。为了法治的统一和稳定，国家制定的法律法规不应随意被变通，只有能证明现有法律规范确实不足以有效保障民族自治地方发展的现实需要或不符合少数民族群体的实际情况时，才有变通立法之必要，只有变通立法对当地汉族民众或其他非主体少数民族民众的正当权益构成侵害时，在反对意见得以有效表达之后，才有制定实施之正当性。

从规范层面来看，变通立法的必要性与正当性本身也应该是单行条例

---

❶ 全国人大常委会法治工作委员会国家法室. 中华人民共和国立法法解读[M]. 北京：中国法治出版社，2015：278.

报批中审查的重要标准。从我国《宪法》《民族区域自治法》《立法法》中的有关规定可以看到，民族自治地方制定单行条例最基本的是应"依照当地民族的政治、经济和文化的特点"，在此基础上才要求其不能违背宪法和法律的基本原则和专门规定。然而，在维护法治统一的合法性审查思维的主导下，单行条例立法可能出现一种诡异的现象，越是切合民族自治地方实际采取灵活措施作出变通的，越是难以获得报批机关的批准；反而越是不尊重地方民族特色或片面追求与上位法一致性的，越是容易获批通过。❶ 但是对于单行条例中的变通是否符合"当地民族的政治、经济和文化的特点"，如何作出准确判断，批准机关实际上在审查时是难以把握的；如果以此为标准，也会造成批准机关"批了可能是走形式，不批又没有足够理由"的尴尬境地。❷

基于此，本书倾向于认为，单行条例报批中以变通的合法性和必要性为审查标准，最终应通过平衡各方利益来具体化。如果说民族自治地方人大的审议是协调内部的各族人民群众的利益，那么报批环节所调整的则是民族自治地方的局部利益与所辖的省一级地方，甚至是国家整体的利益。全国人大民委的敖俊德先生曾将报批制度设计的宗旨归纳为三点：一是法律关，二是利益关，三是质量关。其所言第一点和第三点分别强调变通不能超出法律规定的范围和幅度，不能随意设置行政审批事项，实际上都可以归为合法性审查的范畴；而第二点中提到的内容十分切中要害，他认为由于我国目前的法律还不够完备，尽管某些地方规定不与上位法相抵触，但是从国家整体利益来看，却不具备可行性，比如在我国目前的社会主义市场经济体制下，如果地方要实行地方保护主义，那么必将阻碍国内统一市场的形成，这样的法规就不能被批准。❸ 由此可以看出，报批的关键在于协调局部与整体之间的利益关系，只有重新定位单行条例报批和审查标准，才能更有效地推动单行条例立法，使其顺利通过报批环节。

---

❶ 韦以明. 对自治区自治条例出台艰难的立法思考——兼谈我国中央和地方立法思维中的非逻辑因素 [J]. 广西社会科学，1999（5）：99.
❷ 韦以明. 对自治区自治条例出台艰难的立法思考——兼谈我国中央和地方立法思维中的非逻辑因素 [J]. 广西社会科学，1999（5）：99.
❸ 敖俊德. 地方立法批准权是地方立法权的组成部分——兼评王林《地方立法批准权不是立法权的组成部分》[J]. 人大工作通讯，1995（8）：35.

二、变通条款的审议引入反对方的辩论机制

对于单行条例报批过程中面临的实际困难,必须通过完善变通程序中的商谈机制来寻求解决办法,因为这样一个权衡各方利益的环节是目前的报批制和备案审查所不能全部涵盖的。单行条例立法审议的重点应该是对单行条例中变通上位法条款设置的必要性和正当性的证成。从目前全国人大网的"中国法律法规信息库"所公开的内容来看,部分民族自治地方人大常委会在公布单行条例的同时还附上了立法说明、审议意见、审查报告、审议结果等与立法相关的文件和资料;然而,除了以"变通规定"和"补充规定"作为法的名称的单行条例,其他单行条例的立法资料中绝大多数只有立法背景和立法过程的一般性介绍,尚未发现直接讨论或提及变通上位法的内容。由于我国155个民族自治地方就意味着155个拥有一定地方变通权的立法主体,如果不加以制衡和监督,将会对国家法治的统一和公民合法权益构成威胁;同时,不经立法审议充分讨论的变通条款难以逻辑自洽地说明自身的合法性和正当性,在实施和适用过程中只能被视为掩人耳目而塞进来的条款。所以在单行条例立法审议程序的操作层面探求我国单行条例的报批机制中引入反对方的辩论机制的路径,可具体从如下两个方面入手:

第一,在立法信息公开中保障利害关系人的知情权。如何平衡各个主体之间的利益关系是单行条例立法必须解决的问题,这也是各地的立法程序规定中都强调在审议之前和审议过程中都必须采取多种形式广泛征求意见的原因所在。在单行条例立法过程中,首先应在民族自治地方内部与各少数民族或利益群体充分协商形成共识,而这一过程只有通过立法信息公开才能确保立法决策的合理有效。立法审议过程的公开透明是一个老生常谈的问题,但是即使立法审议过程能形成制度化和常态化的网络直播,也可能面临民众对参与公共决策的漠视而难以发挥实际效果,所以信息公开还应强调对利害关系人的充分告知。我国目前的单行条例与其他形式的立法一样,大多是由政府部门先提出立法建议,经人大常委会同意后再进一步起草;如果在立法过程中不听取相关利害关系人的意见,势必最终会造成"部门利益法治化",导致单行条例在执行过程中因损害民众利益而引

发争议。所以要实现民主立法和科学立法，就必须满足一个前提，确保利害关系人能参与立法过程，进行有效协商和对话，表达利益诉求。

具体而言，在制定立法规划草案和立法调研起草时应广泛吸纳各方建议，还应在立法审议之前公开立法背景说明、调研情况、草案文本、专门委员会审议意见等资料，便于民众客观地了解单行条例立法将对日常生活产生的后果和影响。因为民众只有充分知晓即将出台的法规以及相关条款的内涵，才能真正参与讨论并发表意见，在此基础上广泛收集的民意才有针对性。而且随着现代高效的信息技术和传媒手段的不断发展，尤其是互联网时代的大数据分析为民众超越时空限制参与立法过程提供了无限可能。立法机关可以以低成本的方式公开立法信息和收集反馈意见，公民也可以便捷地提出立法建言和表达自身利益诉求。毋庸置疑，目前立法过程的公共参与基本已不存在技术障碍，更为重要的是，利害关系人的立场能否得到尊重，而这很大程度上取决于立法治度层面的拓展和立法机关推进立法公开的决心。

第二，在单行条例的委员会审议中引入反对方辩论机制。社会民众只有在通过各种渠道理解了正在审议的单行条例草案后，才能对此发表评论和意见，但如果公众提出的这些意见和建议完全不被采纳，也无益于问题的解决，所以利害关系人的反对意见应纳入立法审议的考量范围，尤其是针对单行条例中变通条款的意见。我国民族自治地方自治立法的提案主体、审议程序、表决方式等方面都与国家立法程序保持着高度的一致，而对于代表地方自治机构利益的私法案立法程序英国却制定有详细的专门规定，其内容接近于一部正式的法典，其篇幅相当于议会关于公法案立法程序规定的 5 倍。❶ 反观我国地方立法审议过程中大多是整齐划一式的全票表决通过，反对意见的有效表达方面确有不足。究其原因，我国的地方立法重在前期立法调研和座谈中了解吸收不同意见，但必须指出的是，这种征求意见更多的是专家学者对法规内容的合法性论证；也有学者认为反对意见难以有效表达是由于我国目前各级人大代表绝大多数是兼职的，审议过程中代表对议案的讨论和表决可能受制于行政级别的不平等，更难以形

---

❶ 这些关于私法案立法的详尽规定中有相当一部分是惯例。罗威尔. 英国政府·中央政府之部 [M]. 秋水, 译. 上海：上海人民出版社，1959：361.

成体制内的辩论和观点的交锋,而且代表们由于参政议政水平参差不齐,对于立法的原则和目的都不一定能准确把握,更缺少主动发表言论的激情。[1] 不管我国立法审议中辩论维度的不足是基于何种原因,但如果我们能通过程序化的设计,让不同利益主体的意见在权力配置的初期以正当合法的渠道得以有效表达,就可能避免在法的实施过程中社会主体寻求其他非法渠道释放情绪。

更进一步分析,这一反对方的辩论环节置于报批环节最为合适。以自治州和自治县的单行条例为例,在省级人大常委会正式批准自治县的单行条例之前,可由自治区人大法治委员会和专门委员共同遴选一组人员对变通条款的反对意见进行初步审核并主持辩论,最后再基于公共利益对提案人与反对方的辩论结果作出权衡和抉择。如此,可以避免单行条例的制定主体既当运动员又当裁判员而影响程序正义,又可以让报批过程中的审查更具有可操作性。同时,此举也可促使民族自治的立法机关在立法之初和立法过程中积极与潜在的反对方沟通协商达成共识。只要民族自治地方人大常委会能够真正回应这些来自体制外的反对或质疑的声音,那最后报批环节中可能由于没有反对意见而使得反对方辩论并不是一个必经程序。审议过程中确保反对意见的出场是单行条例中变通条款正当性证成的关键。单行条例的立法是否依据了当地民族的特点,还是纯粹为了增加地方政府的管理职权或保护地方特定主体的利益;任何确实可能受条例影响的利害关系人都应有权提前知晓法案内容,并能够在必要时经过法定审核程序授权其代理人在审议过程中提出这种质疑。同时,这也意味着单行条例的批准机关要尽量以法官的精神对待提案人和反对方不同观点的表达,并基于公共利益作出公正的裁断。当然,这一目标的实现还需要很多配套制度的完善,上文所提及的私法案中的听证模型只是给我们提供了一种可参考的思路。

三、对于争议较大的变通条款实行逐条表决

在报批环节反对意见的提出意味着单行条例在立法过程中对于各利益

---

[1] 唐丰鹤. 略论我国立法审议程序的论辩维度 [J]. 法治研究,2011 (3): 68.

主体之间存在的分歧没有得到有效调和，对于单行条例中的变通条款所引发的争议尤其应该慎重对待。在整体表决制下，提案被作为一个整体提交表决，而逐条表决以提案中的条文为单位逐一进行表决；❶ 在这种情况下，对包含个别争议条款的条例草案进行表决时可能会出现两种偏离真实意思表达的表决结果：一是为顾全大局而勉强同意；二是因个别条款而影响整部条例的通过。❷ 在单行条例的报批过程中，更多的情况可能是后者，即批准机关对报批的法规久拖未批的现象。为避免整体表决方式所带来的弊端，有必要在单行条例报批环节中建立对于存在重大反对意见的变通条款的逐条表决机制。换言之，依据前文的制度设计，经过严格审核提交批准机关的反对意见可以从某种程度上表明其重要性和存在的分歧，报批机关对于提案方与反对方辩论的结果作出裁决后，如仍存在较大争议，应采用逐条表决的方式，因为通过这种方式可以保证不同意见充分表达后审议机关能基于此作出科学理性的表决。

同时，对于存在重大反对意见的变通条款的单独表决机制也已经有了良好的制度基础。近年来，逐条表决对于保障立法的科学性和民主性的价值也不断得到中央和地方立法层面的重视和认可。在2015年《立法法》修改之前，辖有民族自治地方的省一级地方如重庆市、黑龙江省的立法程序中就对此作出过相关规定。❸ 在2015年新修改的《立法法》中，在全国人大常委会的立法程序中新增加了"重要条款"单独表决的规定，即在第44条第2款中规定"法律草案表决稿交付常务委员会会议表决前，委员长会议根据常务委员会会议审议的情况，可以决定将个别意见分歧较大的重要条款提请常务委员会会议单独表决"。实际上，对于争议较大的变通条款的逐条单独表决也是单行条例备案审查的内在要求，依据《立法法》第109条，民族自治地方制定的单行条例正式公布后，需要报全国人大常委会和国务院备案，报送备案时"应当说明对法律、行政法规、地方性法规作出变通的情况"。经过逐条表决的变通条款更能突出审议重点，有利于

---

❶ 刘卿. 法规案争议条款单独表决程序解析［J］. 山东人大工作，2009（6）：21.
❷ 闫鹏涛. 完善单项表决制度的几点思考［J］. 上海人大月刊，2015（3）：49.
❸ 详见《重庆市地方立法条例》（2010年）第46条第2款"对法规草案表决稿中有重大争议的条款，法治委员会可以提出供选择的修改方案，由主任会议决定提请常务委员会全体会议单独表决"。《黑龙江省人民代表大会及其常务委员会立法条例》（2002年）第56条"对于法规草案中意见分歧较大的条款，常务委员会会议可以就此条款先行单独表决"。

对单行条例中的变通规定作出更为审慎的决定。

对经反对方提出质疑的单行条例中的变通条款实行单独表决制度，实际上只是明确了表决的适用对象，这一制度的顺利运行还需要考虑单独表决动议的提出主体和适用阶段、作出启动决定的主体，以及表决结果的处理等环节。从操作层面看，批准机关对于反对方与民族自治地方人大常委会就条例中的个别变通条款的辩论作出裁决后，如在相关条款作出修改后仍存在重大分歧的，可由民族自治地方人大的主任会议在向大会提交条例案正式表决稿之前提出单独表决的动议，再由主任会议提请全体会议单独表决来解决争议。在这种情况下，逐条表决的结果只是针对个别存在重大分歧的变通条款，其结果不影响单行条例草案的整体表决，以避免出现单行条例立法因报批程序过于烦琐而导致立法周期过长或迟滞不前的情况。

第五章　立法完善阶段与单行条例司法适用的有效衔接

立法完善阶段是立法的后续阶段，是指法案上升为法之后，"为使该法进一步臻于科学化，更宜于体现立法的目的和适应不断变化的新情况，所进行的立法活动和立法辅助工作构成的立法阶段"❶。立法完善涉及对已颁布生效的法律的解释、修改、废止、制定配套实施细则等环节。立法的完善之所以重要是因为社会现实是不断变化发展的，立法只有不断完善才能回应社会现实的需要。司法适用对于立法完善的积极意义则在于"从经验的角度来看，司法机关由于具体承担了适用制定法裁判案件的职能，这使得司法机关对于制定法的漏洞与不足最为敏感和最有深切体会，为司法机关通过审判活动推动法律的完善提供了得天独厚的条件"❷。基于此，本章将首先深入阐释单行条例司法适用对于立法完善的价值，再从法理层面分析单行条例司法适用的可能性和正当性。同时，本章还将以"裁判文书网"检索的裁判文书为切入点，考察单行条例司法适用的现状，分析法院与诉讼当事人援引单行条例产生的积极效果以及司法适用存在的问题和不足，最后再从学理和实践层面提出保障单行条例司法适用促进其立法后完善的可行路径。

第一节　单行条例立法完善与司法适用的关联

在法律创制的基础上构建一个良好的法律秩序需要确保法律的有效运

---

❶　周旺生. 法理学 [M]. 西安：西安交通大学出版社，2006：199.
❷　刘仲屹. 司法实践对我国立法完善的必要性分析——以司法实践与立法完善的关系为视角 [J]. 比较法研究，2016（2）：192-193.

行和适用,即社会主体、行政机关、司法机关都自觉将自身的行为置于法律规范的约束之下。❶ 然而,如何衡量单行条例实施和适用的效果呢?依据凯尔森的观点,一般法律规范中所规定的构成要件只有通过个案才能予以明确和适用,而法院的裁判既是对抽象的法律规范的具体化,也是法律创制过程从一般到个别的延续。❷ 换言之,司法裁判是法律事实进入个案事实的重要环节。法院在案件审理中对单行条例的援引情况直接影响到单行条例能否通过国家强制力贯彻执行。单行条例的司法适用对于建构民族自治地方的法律秩序、检验单行条例立法效果,以及推动立法后的实施与完善等方面有着十分重要的价值,以下将结合司法在权利救济、制约公权力、定分止争等三个方面的基本功能对此进一步展开论述。

一、单行条例立法目的的实现与司法的权利救济功能

"立法分配权利,执法落实权利,司法救济权利",现代法治的精髓在于保障权利,任何权利没有司法救济的保障,都将难以名副其实。❸ 单行条例的立法内容相对广泛,可设定一系列涉及少数民族切身利益的条款,关乎实行区域自治的少数民族的政治、经济、文化等方面的权利,具体表现为少数民族的招考录用、计生政策、财政转移支付、税收返还、税率和利率等方面的倾斜性措施等。❹ 单行条例立法的重要目的之一就是切实保障民族自治地方少数民族合法权益;然而,立法目的在单行条例的实施过程中并不一定都能清晰地体现出来。

因为立法技术往往落后于社会现实的发展,对民族自治地方的社会经济关系进行规制也可能超出必要限度。同时,在实施过程中,条例的立法

---

❶ 此处引用谢晖教授对法律运行的阐释来概括法律适用,虽然法律运行的概念的外延比法律适用更为广泛,但其实质内涵都是法律的实施。谢晖. 法学范畴的矛盾辨思 [M]. 济南:山东人民出版社,1999:88,100,122.
❷ 凯尔森. 纯粹法理论 [M]. 张书有,译. 北京:中国法治出版社,2008:90-91.
❸ 周玉华. 新时期人民法院的三大司法功能 [N]. 法治日报,2012-09-05 (11).
❹ 如《云南省红河哈尼族彝族自治州发展个体工商户和私营企业条例》中相当一部分内容是对国家和省市的优惠政策的细化和整合,如私营企业在何种情况下可登记为"劳动服务型就业企业""民政福利企业"享受相关优惠政策,以及个体工商户在何种情况下可以减免税收和管理费等。

空白和抽象条文的不确定性等因素都可能削弱其对执法者的约束，使执法者可能利用法律的漏洞将行政管理变为一种纯粹的管控。如何避免法律条文的僵化对社会经济的发展形成压制，同时又保证法规的条文在实施过程中具有可操作性，这需要立法者拥有高超的立法技术并对立法所调整的各种社会关系发展有全面深刻的认知，还需要一个能迅速将社会现实的发展从立法层面有所反映的传递机制。❶ 换言之，通过立法手段来解决民族自治地方的各种利益纠纷有时并不能一蹴而就，而司法机关在日常的司法实践中，基于立法目的适用法条作出的裁判却能有效减少对少数民族公民权益的损害。

因为司法是制约公权力的最后一道防线，对于确保单行条例的严格执行和防止公权力的滥用有着重要意义。因为民族区域自治法本身对于违反该法的行为没有明确设置任何法律责任条款，其他各级配套的法律法规也大多对此含糊其词。然而，单行条例是行政法的渊源之一，在一个民族自治地方单行条例可能有几部，甚至十余部，而其立法内容很多涉及民族自治地方行政机关的行政管理范畴和公权力的行使边界。所以司法机关对违反单行条例的公民、法人、国家机关追究责任或对少数民族的权利提供救济，才能使少数民族公民个人切实享有民族区域自治带来的法定权益。如前所述，当前，单行条例所调整的事项极为广泛，涉及民族自治地方政治、经济、文化生活的各个方面，所以违反单行条例的行为主体不仅可能是行政机关，还可能是其他社会团体和个人，不仅可能涉及行政责任，还可能涉及民事责任和刑事责任。❷

正如耶林所说，"目的是整个法的创造者"❸，在单行条例的司法适用过程中对立法目的的强调对于防止法律的僵化、弥补法律的漏洞，以及纠正立法中的瑕疵有着重要作用；但是由于我国司法权威在民族自治地方尚未真正树立，导致司法的权利救济功能还没有全部得到发挥。

此外，从我国民族自治地方的社会现实来看，近年来经济发展迅猛，

---

❶ 孙昌军，郑远民，易志斌. 网络安全法 [M]. 长沙：湖南大学出版社，2002：264.

❷ 刘惊海，施文正. 我国民族区域自治法律制度的完善 [J]. 内蒙古社会科学（汉文版），2000（1）：17.

❸ F. Wieacher, Privatrechtsgeschichte der Neuzeit, 2. Aufl., Göttingen 1967, S. 582, Fußnote. 59. 转引自魏德士. 法理学 [M]. 丁晓春，吴越，译. 北京：法律出版社，2013：233.

城乡差距拉大,违法犯罪案件的数量随之攀升。权利的保障不仅关系民生问题,还直接关系到民族自治地方的社会稳定和发展。只有充分发挥司法的权利救济功能,在正当权益受到非法侵害时及时提供有效救济,人们才能从内心信仰法律,自觉遵守法律,才能切实保障宪法所赋予的民族自治地方在政治、经济、文化等方面的自治权。

二、变通权限的具体确认与司法的纠纷解决功能

司法的核心功能是定分止争,通过依据法律作出判决来化解社会矛盾和纠纷。在单行条例的实施过程中,各个权利义务主体对变通规定的效力往往存在争议,很多人认为一旦单行条例中的条文与上位法不符,应遵从上位法的规定,由此产生了单行条例难以贯彻实施的难题。解决实施过程中的难题,不仅需要不断加强普法工作,而且需要司法机关在裁决各类纠纷和争议时能依据单行条例的变通条款来定分止争。

法院对单行条例中变通条款法定效力的确认之所以重要,是因为法院以理性的方式程序化地解决复杂社会矛盾,能以较小的社会成本化解矛盾纠纷、维护社会的和谐稳定。正如赫克所认为的,"法官是立法者的助手",对于完全缺乏社会评价的法律问题,法官也有义务在漏洞领域自己作出评价。[1] 任何法律秩序都在一定程度上存在漏洞,这种漏洞既可能是"违背计划的非完整性",也可能是立法者"意味深长的沉默"。[2] 由于法律语言不可避免地存在抽象模糊的情形,法官在适用法律前必须作出一个基本判断,法律是否有明确规定;对于法律规定不明确的,法官则可能会依据经验、惯例、法理等作出理性判断或予以补充,使抽象法律规定变得清晰和具体,贴近人们的社会生活。可以说,法院在处理纠纷时通过中立的裁决维护了法律尊严和权威。

从司法的角度而言,法院的职能不仅在于解决具体纠纷,而且在于通过案件的裁判给社会主体以稳定的预期以减少纷争。我国最早论述法律的

---

[1] Ph. Heck, Gesetzesauslegung und Interessenjurisprudenz. AcP112 (1914), S. 227. 转引自魏德士. 法理学 [M]. 丁晓春,吴越,译. 北京:法律出版社,2013:235.

[2] 魏德士. 法理学 [M]. 丁晓春,吴越,译. 北京:法律出版社,2013:347-349.

定分止争功能的应该是商鞅的《商君书·定分》，在该书中，商鞅认为法律通过明确权利与义务可以减少不确定性引发的纠纷❶；但这实际上是在说明法的预测功能，法律通过给人们的行为提供一种稳定预期来维持社会的有效运作。尽管我国法官并无造法之权限，只能适用法律裁决具体案件，但法官在个案中依据自由裁量权对于抽象的法律语言和条文中的不确定因素所作出的价值判断，不仅在一定程度上起到了弥补法律规定的缺陷和漏洞之效果，而且法官所作出的这种符合法律精神的积极阐释实际上也提供了一种与立法趋同的预期和警示作用。

同时，法院在案件审理过程中适用单行条例定分止争，就意味着法院在具体案件中再次构建单行条例的真实权威。单行条例颁布生效后，虽然通过当地报纸和网站予以公布，但是民众对于单行条例条文的理解更多的是要通过法官的判决才能有具体的感性认知。只有法院在案件的审理过程中积极地适用单行条例，并公正地裁决单行条例实施过程中出现的各种纠纷，才能使单行条例的法律效力在人们心中得以确立，成为真正的"看得见的正义"。

三、立法后的实施完善与司法的监督功能

毋庸置疑，法的实施对于单行条例的立法后完善尤为重要。在成文法国家中，法的创制是将具体的社会关系和要求等上升为代表国家意志的抽象的法律规范的过程，而与此相对应的法的实施则是将法律规范再次注入人们的社会生活之中转化为现实的过程，是法律从"应然到实然，由可能性向现实转化"的过程，也是法定的权利义务转化为现实的权利义务的过程。❷ 可以说，法的创制是具体到抽象的过程，而法的实施则是抽象到具体的过程，而且法的实施也是法律发挥作用的主要途径，法的功能与法的

---

❶ 《商君书·定分》中提到"一兔走，百人逐之，非一兔可分以为百，由名分未定。夫卖兔者满市而盗不敢取，由名分已定也"。商鞅此处所谓的"定分"大意为，一只野兔四处乱窜，引来上百人都在争先恐后地追逐，究其原因在于野兔归属不明；而市场虽有很多兔子在卖，但是除了买兔的人无人问津，究其原因在于市场上的兔子的归属明确。

❷ 韩明德，石茂生. 法理学［M］. 郑州：郑州大学出版社，2004：255.

权威都是在法的实施过程中实现的。❶ 法的实施对于法的完善有着积极意义；由于立法者认知能力的局限性使法可能一开始并不十分完善，这就必须通过法的实施将法置于社会生活实践中进行检验，才能不断发现法条中存在的缺陷和不足，从而使立法者可以基于新的认知对法进行补充、修改和完善。

司法适用本身是法的实施过程中的重要一环。通常依据法实施的主体可分为：法的遵守、法的执行、法的适用。法的遵守是指国家机关和各个社会主体都依据法律行使权利和履行义务；法的执行基本等同于行政执法，即指国家行政机关依照法定职权和程序实施法律的活动；法的适用则是指司法机关依据法定职权和程序适用法律处理具体案件的活动，对于化解矛盾纠纷、惩治犯罪、维护社会秩序等都有积极作用。❷ 法律是维持社会秩序和调整社会关系的重要规则和行为规范，对人的行为有导向作用；如果法律制定后不能被遵守，社会就可能会陷入混乱和无序状态，人们的生命财产安全就难以得到有效保障，所以法的执行与适用都对社会经济的发展和稳定、公民权利的保障等具有重要价值。

司法机关通过适用单行条例推动立法完善的优势，可以从以下两个方面分析：一是可操作性强。司法机关推动的立法完善有自生自发的性质，司法机关由于长时间运用法律裁决具体案件，对法律制度中所存在的问题有较为深切的认知，其在案件审理过程中的试验性举措往往具有较强的可操作性。司法机关基于对这些试错经验的总结，能逐步发现法律法规中存在的漏洞和适合民族自治地方实际情况的变通思路。如果这些司法经验能经过认真筛选后转化为有法律约束力的制度安排，将能弥补单行条例立法中操作性不足的问题。二是社会效果明显。司法机关推动立法完善可以有效解决实践中存在的各种问题和化解社会矛盾，产生良好的社会效果。因为司法机关推动立法完善有一定的渐进性，制度的形成不只是需要良好的立法理念，还要结合基层的实践经验，再将那些能普遍推广的做法上升为制度设计，才能避免立法层面大的调整可能带来的社会震荡和抵触情绪。更为重要的是，法官在具体案件中更容易对条文适用和实施过程中的问题

---

❶ 公丕祥. 法理学 [M]. 上海：复旦大学出版社，2002：372.
❷ 韩明德, 石茂生. 法理学 [M]. 郑州：郑州大学出版社，2004：256，259，262.

有感性认识，也能较好地反馈社会主体的立法需求，同时诉讼主体也在司法适用的过程中对自身的权益有更清晰的了解，最终将促进整个社会对法的遵守。因此，如果法院在审理民族自治地方的具体案件时能准确适用单行条例处理矛盾纠纷并作出裁判，不仅有利于构筑民族区域法治的权威，还能及时发现法律条文中的漏洞，在一定程度上推动单行条例立法后的修缮。

第二节 单行条例司法适用的学理阐释与实证分析

对于单行条例司法适用，需要解决的前提性问题是法院依法审理案件时单行条例处于何种地位，是否可以作为裁判和说理的依据等。对于前述这些问题的解答，直接关系到单行条例在民族自治地方的实施。以下的学理阐释将首先从单行条例作为法院裁判依据是否存在正当性入手，再结合最高人民法院的司法解释和法律文本中对单行条例在不同类型的司法审判中能否作为裁判或说理依据分别展开论述，最后在此基础上再对此一一作出学理分析。鉴于裁判文书作为"司法运作的终端和公共产品"是对司法适用最好的总结和载体❶，对于普通民众而言，单行条例的效力最直观的反映就是法院裁判文书中对相关条文的援引和适用。所以以下的实证分析将以裁判文书网检索的 128 份裁判文书为样本来分析单行条例司法适用的积极效果，以及单行条例立法中的症结对司法适用造成的消极影响。

一、单行条例的司法适用何以成为可能

当前，对于单行条例作为裁判依据的讨论尚未成为学界关注的热点。从单行条例具有的地方立法的属性来看，单行条例在司法适用时作为法院

---

❶ 翟永峰，尹海萍. 裁判文书瑕疵补正程序的检讨与规制——以中国裁判文书网 303 份补正裁定书为样本 [C] //贺荣. 尊重司法规律与刑事法律适用研究——全国法院第 27 届学术讨论会获奖论文集（上）. 北京：人民法院出版社，2016：424.

的审判依据也将与地方性法规一样，面临两方面质疑：一为是否会影响法律的权威，二为是否会改变地方法院的职能。对此持反对意见的观点通常认为，从地方法院的产生来看，地方法院由地方人大选举产生，对同级人大负责，受同级人大监督，但这并不意味着要忠实执行地方立法机关制定的法律规范，因为依据《地方组织法》第2条第3款对于地方各级人大的执行机关只规定了地方各级人民政府，并没有提及地方各级法院。如果地方法院认为地方立法中存在为了局部利益僭越立法职权的现象，仍机械地加以适用，将使得原本旨在维护公平正义的法院异化为捍卫地方利益的利器，最终从根本上摧毁国家法治的统一。❶

上述这种观点看似逻辑自洽，实则没有抓住问题的症结。首先，单行条例是依据法定程序制定的，即使是有填补空白的创制性立法或变通立法，也是在《立法法》所规定的框架下行使立法权制定的，其创制过程和结果都是受法律监督的。依据凯尔森的观点，低级规范的创制本身就是在执行法律，法院依据低级规范再创制个别规范，即对个案作出裁决，也是执行法律的过程。❷ 而且单行条例的创制在一定程度上只是为了结合当地民族特点，贯彻实施国家法律法规或依据法律解决地方的实际问题，条文内容大多只是对抽象的法律规定的具体化。所以地方法院在审判中的适当适用并不会对国家法治统一构成威胁。

其次，单行条例比全国性的法律法规更贴近当地民情，法院的适当适用可以确保法律实施效果和社会效果的良好统一。通常单行条例内容上更关注当地的民俗风情、生产生活方式，以及与此相关的地方性知识等，能更好地满足当地日常社会治理的需要，更切实地保障少数民族的权利。我国对于民事纠纷的处理，如果法律没有规定，在不违背公序良俗的情况下，可以适用习惯。这实际上说明，"习惯"在司法适用中有法定效力。经过法定立法程序上升为法的地方习惯应该比一般民间习惯的法律地位更胜一筹❸，而单行条例正是少数民族习惯法律认可的最重要载体，所以审

---

❶ 刘志刚. 地方性法规在司法审判中所处的地位及适用[J]. 法治研究，2017（2）：114.
❷ 凯尔森. 法与国家的一般理论[M]. 沈宗灵，译. 北京：中国大百科全书出版社，1996：150–152.
❸ 谢晖. 从"可以适用习惯"论地方性法规的司法效力[J]. 法律科学（西北政法大学学报），2018（6）.

理相关案件时也理应适用。

最后，如果鉴于地方立法中可能出现的僭越职权的问题，法院就不适用单行条例，无异于因噎废食；法院在审判工作中适用单行条例，有利于通过司法的能动功能检验单行条例的立法质量，可促使立法机关发现立法中存在的问题，并推动立法的进一步完善；反之，如果法院不适用，单行条例立法中的问题就更难以浮出水面。

此外，单行条例还有不同于一般地方立法的情形，使得其更有司法适用的必要性。因为单行条例可以对上位法中不符合民族自治地方实际的规定作出适当的变通，如果在法院案件审理中这种变通规定不被充分认可，只作为一种内部默示的规范而存在，那将难以彰显我国民族区域自治制度对少数民族合法权益的保障。因此，单行条例作为法院的审判依据不但不会影响法律的权威，也不会改变地方法院的职能，而且还有利于通过司法的能动功能推动法律法规的实施，最终将更好地维护国家法治的统一和尊严。

上述对于单行条例作为法院裁判依据的合理性论证是一种整体上的评述，在不同类型的司法审判中，单行条例所处的"依据"地位却不甚相同。以下就刑事、民事、行政三种类型的审判中单行条例的地位分别作出规范分析，以期能从中梳理出法院在不同案件审理过程中适用单行条例的一般方法。

1. 单行条例在刑事诉讼中的适用

我国《刑事诉讼法》中并没有对单行条例在审判中的地位作出任何规定，该法第 3 条第 2 款只强调了人民法院在刑事诉讼中必须遵守刑事诉讼法和其他法律的相关规定。根据《立法法》第 11 条的规定，关于犯罪、剥夺政治权利、限制人身自由的处罚和强制措施等都只能由制定法律予以规制，行政法规、部门规章、地方性法规等均不可以设定。然而，《立法法》第 85 条规定了民族自治地方制定单行条例时可在一定程度上变通上位法，而且《刑法》第 90 条中也明确规定了民族自治地方在适用刑法时对于不适当的规定，可根据当地民族特点依法定程序作出变通。❶ 但是目

---

❶ 《刑法》第 90 条规定："民族自治地方不能全部适用本法规定的，可以由自治区或者省的人民代表大会根据当地民族的政治、经济、文化的特点和本法规定的基本原则，制定变通或者补充的规定，报请全国人民代表大会常务委员会批准施行。"

前由于种种原因，我国民族自治地方对于刑法的变通无一出台，使得对于刑法的这种变通权成为被搁置的权力❶，所以这一规定只是在理论上为单行条例进行刑事诉讼作为裁判依据提供了可能途径。

按照《最高人民法院关于裁判文书引用法律、法规等规范性法律文件的规定》（法释〔2009〕14 号），法院在审理刑事案件时，除非属刑事附带民事诉讼的情形，否则不能在裁判文书中引用单行条例。这一规定似乎排除了单行条例在裁判文书中作为说理依据的可能，但是实际上，由于刑法条文中的空白罪状和类型化概念的存在，单行条例进入刑事审判还是存在一定的可能性。空白罪状是指刑法作为制裁规范，在条文中只规定制裁的前提条件和结果，但"行为模式则由补充规范之条文补充"，即犯罪事实的认定必须参照其他相关规定来确定。❷ 如《刑法》第 407 条中关于"违法发放林木采伐许可证罪"的构成要件强调了林业主管部门违反《森林法》或"违反规定"滥发林木采伐许可证的情形，对于规定的具体内容需要参照其他法律规范。对于民族自治地方而言，林业管理单行条例中多对此有相关规定，而且单行条例也是当地林业主管部门行政执法的重要依据。在这种情况下，法院对于具体犯罪事实的认定就有可能要援引单行条例来说理。此外，刑法中类型化概念的情形也基本一致，在诉讼过程中对于"情节严重""数额巨大""依法执行职务"等概念的内涵也可能需要借助包括单行条例在内的其他法律规范中的规定来诠释和说理，在此不再作深入阐述。

2. 单行条例在民事诉讼中的适用

很多学者在对民法渊源的论述中都将单行条例列为民法的渊源之一。❸《最高人民法院关于裁判文书引用法律、法规等规范性法律文件的规定》第 4 条中也明确强调在民事案件中"对于应当适用的行政法规、地方性法

---

❶ 张殿军. 民族自治地方法律变通研究 [M]. 北京：人民出版社，2016：134.

❷ 王瑞君. 罪刑法定：理念、规范与方法 [M]. 济南：山东大学出版社，2006：180 - 181. 通常主要表现为条文中出现的"违反国家规定""违反……的法规""违反……管理规定""违反……规章制度""违反规定"等表述，这些条款也被学者称为"准用性规定条款"。汪全胜，等. 法的结构规范化研究 [M]. 北京：中国政法大学出版社，2015：457.

❸ 李开国. 民法总则研究 [M]. 北京：法律出版社，2003：57 - 64；马俊驹，余延满. 民法原论 [M]. 3 版. 北京：法律出版社，2007：28 - 31；余能斌，马俊驹. 现代民法学 [M]. 武汉：武汉大学出版社，1995：29 - 35.

规或者自治条例和单行条例，可以直接引用"。但这种引用是作为裁判依据还是说理，并不十分明确。实际上，民事案件也需要适用单行条例来填补法律存在的空白，如在《最高人民法院关于审理涉及农村土地承包纠纷案件适用法律问题的解释》（法释〔2005〕6 号）中规定，法院对于农村集体经济内部成员请求分配相应份额的征地补偿费，应予以支持，但已报备案的单行条例中如对农村土地补偿费的分配办法另有规定的除外。❶ 换言之，最高人民法院在案件审理过程中，对于单行条例中的有关规定的规范效力是认可的，在相关案件审理过程中就很可能需要援引单行条例进行说理。在改革开放后到 20 世纪 90 年代中期，最高人民法院下发的通知、批复，以及印发的会议纪要中都可以看到对民事案件尤其是经济纠纷案件中单行条例在法律文书中的引用和作为案件审理的依据，最高人民法院曾一度持一种较为支持的态度，甚至曾经明确强调在民族自治地方的行政区域内单行条例中的变通条款和法律未作规定的条款要优先适用。❷

相比较而言，在《民法典》颁布之前我国民事法律对民族自治地方制定变通规定的专门授权的较多，如原《民法通则》第 151 条、原《民事诉讼法》第 16 条、原《婚姻法》第 50 条、原《收养法》第 32 条、原《继承法》第 35 条都作出了相似的规定，民族自治地方人大可依据法定程序，结合当地民族的特点，制定有所变通的单行条例。❸ 民事法律中相应的专门授权规定为民族自治地方的单行条例进入民事诉讼提供了重要途径。在民事案件审理的司法实践中，以变通和补充规定形式出现的单行条例被法院作为说理和裁判依据广泛适用，有些法院甚至在裁判文书中将民族自治地方变通《婚姻法》的单行条例作为唯一的依据。❹

---

❶ 此处司法解释原文为"但已报全国人大常委会、国务院备案的地方性法规、自治条例和单行条例、地方政府规章对土地补偿费在农村集体经济组织内部的分配办法另有规定的除外"。
❷ 最高人民法院对此有明确规定的相关文件是：《最高人民法院关于加强经济审判工作的通知》〔法（研）发〔1985〕28 号〕、《最高人民法院关于人民法院制作法律文书如何引用法律规范性文件的批复》〔法（研）复〔1986〕31 号〕、《最高人民法院关于印发〈全国经济审判工作座谈会纪要〉的通知》（法发〔1993〕8 号），但上述三份文件均已在 2013 年被最高人民法院发文（法释〔2013〕2 号）统一废止。
❸ 其中《收养法》第 32 条中规定的立法主体是民族自治地方的人大及其常委。
❹ 在裁判文书最后直接载明，"依照《甘南藏族自治州施行〈中华人民共和国婚姻法〉结婚年龄变通规定》第二条之规定，判决如下"，详见录某某与完某某离婚纠纷一审民事判决书(2016) 甘 3022 民初 19 号。

3. 单行条例在行政诉讼中的适用

一般认为，单行条例属于我国行政法的正式渊源之一，因为单行条例中多涉及民族自治地方行政管理方面的事项，关乎行政权的配置与行使，其所包含的这些法律规范都应属于行政法规规范或行政法范畴。❶ 我国《行政诉讼法》第 63 条第 2 款规定，法院在审理民族自治地方的行政案件时应以当地的自治条例和单行条例为依据；而规章则处于参照地位。换言之，当事人可就违反民族自治地方单行条例的行为向人民法院起诉，法院必须受理并依据其作出判决。最高人民法院也基本秉承相同的立场，《最高人民法院关于印发〈一审行政判决书样式（试行）〉的通知》（法发〔2004〕25 号）和《最高人民法院关于印发〈关于审理行政案件适用法律规范问题的座谈会纪要〉的通知》（法〔2004〕96 号）都对此进行了重申，即法院在行政案件的审理中应"依据法律、行政法规、地方性法规、自治条例和单行条例，参照规章"。"参照"的表述一般意味着在适用之前要进行合法性审查和评价，对合法有效的才适用，同时还隐含法院对于违反上位法规定的可以拒绝适用❷；而单行条例在行政审判中的"依据"地位则意味着法院对于单行条例的合法性无权作出判断。

目前在单行条例立法事项中行政管理所占比例较大，单行条例是民族自治地方行政执法的重要依据之一。在执法过程中，社会主体可能会对此持不同意见而诉诸法院，尽管在行政审判中，法院因案情需要将单行条例作为说理较为常见，但是由于种种原因，在司法实践中法院极少将单行条例作为行政案件裁判的依据，使得单行条例在行政诉讼中适用的实效也相对有限。

综上所述，单行条例在不同类型的诉讼案件中适用的方式有所不同，在刑事诉讼中单行条例主要是通过空白罪状或类型化概念作为法院说理的依据存在，至多在刑事附带民事诉讼的个别情形下才可能作为审判的依据；在民事诉讼中则由于在民事领域民族自治地方制定的明示变通的单行

---

❶ 应松年，朱维究. 行政法与行政诉讼法教程［M］. 北京：中国政法大学出版社，1989：31；方世荣. 行政法与行政诉讼法学［M］. 北京：中国政法大学出版社，2015：7；关保英. 行政法与行政诉讼法：理论·实务·案例［M］. 2 版. 北京：中国政法大学出版社，2015：9；钱锦宇. 行政法与行政诉讼法［M］. 武汉：华中科技大学出版社，2015：10.

❷ 蒋中东. 论行政审判依据——以成文法依据为中心［J］. 公法研究，2005（2）：189.

条例相对较多，单行条例可作为法院说理和裁判依据；在行政诉讼中单行条例作为行政法正式渊源之一，在《行政诉讼法》中也明确规定在审理民族自治地方的案件时，应将其作为"依据"，故单行条例在理论上也应可同时作为法院说理和裁判的依据。但是诚如前文所述，上述分析只是为单行条例在不同类型的案件中的司法适用找寻规范依据，在司法实践中，要实现实然与应然的统一，还有诸多因素要考虑。

二、实证分析：法院与诉讼当事人援引单行条例产生的积极效果

当前，大数据时代使得人们获取信息的方式跨越了时间和空间的限制，互联网为获取单行条例司法适用的实证素材提供了可能。2013年最高人民法院组建开通了专门发布裁判文书的"中国裁判文书网"，裁判文书网收录了全国范围内各级人民法院的各类裁判文书，网站强大的搜索引擎功能极大地拓宽了裁判文书公开的广度和深度，在一定程度上弥合了长期以来理论研究与司法适用实践之间的鸿沟。因此，下文将尝试从裁判文书的角度探讨我国各级人民法院援引单行条例的现状，并进一步剖析具体个案中法院和诉讼当事人在援引单行条例过程中存在的一些问题，以期在一定程度上推动学界对单行条例司法适用的关注，并为完善单行条例的立法提供一些考量。这一部分的实证分析将基于裁判文书网检索梳理得出的128份裁判文书作为样本，以下对文书的检索和梳理方式作简要说明。

首先，筛选援引单行条例的裁判文书。通常单行条例的具体名称中不会包含"单行条例"字样，而是表现为"某地＋某少数民族＋自治州/自治县＋事由＋条例"。笔者在关键词的选择上使用了"自治州"＋"条例"和"自治县"＋"条例"两种组合进行全文检索，分别得出16 483个结果和15 346个结果。❶ 因为根据设置的这些条件所检索出的法规无法从名称确认其单行条例的属性，还必须将搜索到的法规逐一进行查询和验证，并依据法规中关于立法主体和立法程序的说明判断其是否属于单行条

---

❶ 这种检索方法没有囊括所有援引单行条例的文书，因为单行条例在名称上个别还可能表现为"若干规定""办法"等，但总体而言，以"条例"为名称出现的法规占绝大多数。

例。为了提高检索结果与单行条例的关联度和精确度，笔者在高级搜索中的"法律依据"一栏分别输入"自治州""自治县"两组关键词，分别得出253个结果和252个结果。其中引用单行条例的仅有36份裁判文书，为了尽可能保证检索数据的完整性，笔者再将这36份裁判文书中出现的单行条例的名称逐一作为关键词再次进行全文检索，筛选出有效裁判文书样本共113份❶，共涉及吉林、云南、湖北、湖南、新疆、青海、贵州、重庆、辽宁9个省、市、自治区的民族自治地方于2015年3月15日《立法法》修改之前制定出台的21部单行条例。❷

再次，筛选援引变通和补充规定的裁判文书。民族自治地方依据法律授权制定的变通规定和补充规定，通常在名称上表现为"自治区/自治州/自治县+执行/施行+法律名称+的变通/补充规定"，基于这一结构特征，在"全文检索"关键词上选择"自治区/自治州/自治县+变通规定"和"自治区/自治州/自治县+补充规定"，分别三次检索后累计文书总数分别为27份和884份。这些裁判文书中出现的"变通规定"很多与经济特区法规的适用有关，而"补充规定"则主要是由于其被广泛使用于一般规范性文件的名称中，所以检索到的文书数量较多，经逐份筛查后，得出其中援引民族自治地方"变通规定"的文书仅8份，援引民族自治地方"补充

---

❶ 实际上累计收集123份文书，上述数据剔除了相同的文书9份和1份同时援引两部单行条例的文书，检索时间2017年7月14日。

❷ 因2015年《立法法》修改后赋予了自治州地方立法权，单行条例与地方性法规从立法主体与立法程序上难以区分，故选择这个时间节点。这些单行条例按援引的裁判文书数量排列依次是《恩施土家族苗族自治州人口与计划生育条例》56份、《昌吉回族自治州城镇供热条例》14份、《大理白族自治州洱海保护管理条例》7份、《靖州苗族侗族自治县林业条例》5份、《延边朝鲜族自治州牧业用地管理条例》4份、《延边朝鲜族自治州土地资产管理条例》《恩施土家族苗族自治州乡村公路条例》《城步苗族自治县林业管理条例》均为3份、《宽甸满族自治县林业管理条例》《文山壮族苗族自治州水工程管理条例》《恩施土家族苗族自治州乡规划建设管理条例》均为2份，《延边朝鲜族自治州劳动保障监察条例》《延边朝鲜族自治州城镇供热条例》《延边朝鲜族自治州生态环境保护条例》《红河哈尼族彝族自治州个旧城市管理条例》《红河哈尼族彝族自治州异龙湖管理保护条例》《湘西土家族苗族自治州土家医药苗医药保护条例》《昌吉回族自治州城乡规划条例》《果洛藏族自治州草原管理条例》《黔东南苗族侗族自治州城乡规划建设管理条例》《彭水苗族土家族自治县城乡建设管理条例》均为1份。另外，还检索到3份文书中有对"单行条例"这一抽象概念进行说理和阐述，此处也纳入分析，分别为贵州省黔东南苗族侗族自治州中级人民法院行政判决书（2014）黔东行终字第45号、云南省文山壮族苗族自治州中级人民法院民事判决书（2015）文中民二终字第303号、（2015）文中民二终字第307号。以上数据的累加不等于有效文书样本的总数，因为有部分文书同时援引两部单行条例。

规定"的文书仅 7 份，而且这 15 份文书均为民族自治地方对《婚姻法》的变通和补充规定。❶

笔者将援引单行条例、变通和补充规定的两组检索数据汇总后，得出有效样本共 128 份，其具体分布情况，如表 5－1 所示。

表 5－1　128 份裁判文书样本分布情况

裁判文书分布时间	数量（份）	占比（%）	裁判文书所涉案件类型	数量（件）	占比（%）	制作裁判文书的主体	数量（份）	占比（%）
2014	28	21.9	行政案件	78	60.9	高级法院	3	2.3
2015	73	57.0	民事案件	45	35.2	中级法院	31	24.2
2016	27	21.1	刑事案件	5	3.9	基层法院	94	73.4

然而，上述数据和样本也存在一些不足，因为裁判文书网本身还没有涵盖全国范围内各级法院的所有裁判文书，而且检索的结果也仅限于 2014—2016 年援引单行条例的裁判文书，这些文书的类型尚不够丰富，其分布也不均匀，行政裁定所占比例过大。本书受限于研究样本，可能无法反映单行条例司法适用的全貌，但是通过这 128 裁判文书仍然可以窥见单行条例司法适用的一个横截面，对于这些样本精细研读和分析，也将有助于发现单行条例司法适用中存在的一些问题。

（一）诉讼当事人援引单行条例的情形及其效果

裁判文书中诉讼当事人将单行条例作为表达诉求和辩称的依据，在一定程度上说明了单行条例在民族自治地方正发挥着实际作用，其操作性、合理性、有效性都已经有所提升。原告和被告对单行条例的援引由于其在诉讼中地位不同而有所不同，但这些援引至少从一个侧面说明，单行条例也不是完全如某些学者所批评的"内容空洞、套话连篇"、无法用来解决

---

❶　共涉及 8 部变通和补充规定，其中《宁夏回族自治区执行〈中华人民共和国婚姻法〉的补充规定》5 份，《青海省海南藏族自治州施行〈中华人民共和国婚姻法〉的变通规定》《甘肃省甘南藏族自治州施行〈中华人民共和国婚姻法〉结婚年龄变通规定》《黔南布依族苗族自治州执行〈中华人民共和国婚姻法〉的变通规定》均为 2 份，《新疆维吾尔自治区执行〈中华人民共和国婚姻法〉的补充规定》《云南省南涧彝族自治县执行〈中华人民共和国婚姻法〉对农村结婚年龄的变通规定》《甘肃省临夏回族自治州施行〈中华人民共和国婚姻法〉的变通规定》《甘孜藏族自治州施行〈中华人民共和国婚姻法〉的补充规定》均为 1 份。

具体问题。❶ 具体援引情况通过以下几个案例予以说明，如表 5-2 所示。❷

表 5-2 诉讼当事人援引单行条例的部分案例

案例序号	案由	文书编号	诉讼当事人援引单行条例的表述	判决结果
1	陈某某、赵某某诉利川市卫生和计划生育局计生行政征收案	湖北省利川市人民法院行政判决书（2014）鄂利川行初字第 00035 号	原告诉称，按照《湖北省人口与计划生育条例》第五十一条的规定，我们计划外生育二孩的行为应适用《恩施土家族苗族自治州人口与计划生育条例》。根据该条例的规定，经批准，我们是可以生育第二个小孩。未领取《生育证》生育了第二个子女，应当按照该条例征收社会抚养费，而被告却按照《湖北省人口与计划生育条例》中规定的标准征收社会抚养费，明显适用法律错误……并由被告承担诉讼费用	驳回原告诉讼请求
2	汪清县林业局天桥岭林场诉被告汪清县畜牧局牧业用地行政许可案	吉林省敦化市人民法院行政裁定书（2015）敦行初字第 73 号	原告汪清县林业局天桥岭林场诉称，被告未按《延边州牧业用地管理条例》第九条"属于委托经营的牧业用地，由所属林业部门与被委托方签订经营合同，发给使用单位牧业用地使用权证"的规定，在未签订牧业用地委托合同的情况下，给第三方发放了无期限的《牧业用地使用证》。被告汪清县畜牧局辩称……1996 年，经省人大常委会会议批准，州人大颁布了《延边朝鲜族自治州牧业用地管理条例》，其中第 21 条规定"委托经营的牧业用地，在原有使用期满后允许再延长 20~30 年"	驳回原告的起诉

---

❶ 黄琪. 对民族自治立法问题的思考 [J]. 学术探索, 1999（2）: 52.

❷ 该表格框架的设计和列举方式借鉴了宪法司法适用的有关研究成果，下同。邢斌文. 法院如何援用宪法——以齐案批复废止后的司法实践为中心 [J]. 中国法律评论, 2015（1）: 133, 136.

续表

案例序号	案由	文书编号	诉讼当事人援引单行条例的表述	判决结果
3	张某某、吴某、陈某某、张某红生产、销售假药案	湖南省湘西土家族苗族自治州中级人民法院刑事裁定书（2015）州刑二终字第16号	上诉人张某某及辩护人提出，"诊所用药并非制剂，不属于假药，按照《湘西自治州土家医药苗医药保护条例》第十二条的规定，无须取得制剂许可证"	驳回上诉，维持原判
4	刘某某诉天柱县人民政府山林权属行政处理决定案	贵州省黔东南苗族侗族自治州中级人民法院行政判决书（2014）黔东行终字第45号	上诉人刘某某答辩称"……田管三丈，土管三尺"的民俗，黔东南州人民代表大会并没有将该民俗变通为民族自治条例或单行条例，该民俗不能作为处理行政案件的法律依据，其提供的调查笔录不属行政诉讼的证据类型，且调查笔录的主体是瓮洞镇法律服务所的法律工作者，该调查笔录不能作为定案依据	驳回上诉，维持原判
5	陈某某诉汪清县人力资源和社会保障局案	吉林省敦化市人民法院行政判决书（2015）敦行初字第29号	被告汪清县人力资源和社会保障局辩称"……我们作出《用工主体不合法（非法用工）确认书》，并根据《延边朝鲜族自治州劳动保障监察条例》第十七条的规定采取张贴的方式送达陈某某"	撤销被告作出的《用工主体不合法（非法用工）确认书》

从表5-2可以看出，诉讼当事人对单行条例的援引表明单行条例已经在民族自治地方的社会生活的各个方面有所影响，只是从援引效果来看，诉讼当事人对单行条例的这种援引并不都具有很强的说服力。比如，案例1中少数民族公民因不服当地卫生和计划生育局的社会抚养费征收而援引的《恩施土家族苗族自治州人口与计划生育条例》，实际上依据原告生育二孩时间，应适用2004年制定的《恩施州人口与计划生育条例》，而依据该《条例》第13条规定，只有夫妻双方户籍都在恩施州且符合规定条件的夫妻，经批准才可以再生育一个子女。被告提交的证据中可以看到原告女方为户籍在陕西的汉族，不符合当地少数民族生育二孩的法定条件。再如，案例3中诉讼当事人为了辩护其非法生产药剂的行为，援引《湘西自

治州土家医药苗医药保护条例》就失之偏颇，因为依据该《条例》第 12 条规定，此条例适用的主体是"取得执业医师资格的土家医药苗医药传承人"，该条例所允许的制药只限于"自采、自制、自用药材"，而被告在无执业医师资格的情况下大量加工、生产、销售药品的行为已大大超出该条例所规定的范畴。

行政机关作为诉讼当事人在法庭举证和事实陈述环节也多援引单行条例证明其具体行政行为的合法性。但需要指出的是，行政机关援引单行条例的"辩称"和"诉称"却也始终是出于其自身利益考虑，并不存在更为理性的适用，如案例 5 中❶，汪清县人力资源和社会保障局所辩称的依据《延边朝鲜族自治州劳动保障监察条例》第 17 条采取张贴的方式进行送达合乎法定程序，但是实际上回避了该条适用的前提条件，属于适用法律不当。❷

从诉讼当事人援引单行条例的效果来看，这种援引不仅为诉讼当事人提供了维护自身权益的依据，还使单行条例的立法主体、立法程序、立法事项和调整范围也在诉讼过程中得以进一步传播。如在案例 4 中上诉人否认少数民族地区的"田管三丈，土管三尺"的民俗习惯可以作为处理山林权属争议的理由是：这一民俗没有通过民族自治地方人民代表大会制定的自治条例或单行条例予以确认，不能成为处理行政案件的法律依据；还有案例 2 也是比较有代表性的，被告在援引《延边朝鲜族自治州牧业用地管理条例》时强调该条例是在 1996 年经过省人大常委会批准，由州人大颁布实施，这在一定程度上说明了单行条例立法程序的特殊性已经引起诉讼当事人的关注。❸

---

❶ 这样的例子还可以在辽宁省丹东市中级人民法院行政判决书（2015）丹行终字第 00053 号中看到，限于篇幅不再列举。

❷ 《延边朝鲜族自治州劳动保障监察条例》第 17 条的全部内容是，"拖欠劳动者工资的用人单位负责人或雇工的个人逃匿的，劳动保障监察机构可以采取下列方式送达法律文书：（一）在用人单位负责人或雇工的个人住所地、办公地点、生产经营场所或者建设施工项目所在地张贴；（二）送交其单位管理人员或者近亲属；（三）公告送达"，而该案中雇主并未逃匿，只是患脑梗死正在治疗，故被告依据该条例采取张贴的方式进行送达的行政确认行为程序违法。

❸ 还有的案件中体现了关于单行条例立法主体的讨论，上诉人认为"《文山壮族苗族自治州物业管理暂行办法》相较于《物业管理条例》《物业管理条例实施细则》来讲是特别法，是在文山州范围内优先于其他物业法规适用的自治州立法"。法院依据对《立法法》第 72 条第 1 款和第 75 条第 1 款的解读，认为地方性法规、自治州条例和单行条例的制定主体都不包括自治州人民政府，对于《文山壮族苗族自治州物业管理暂行办法》在文山州内与国务院制定的《物业管理条例》相比，应予优先适用的主张，不予支持，驳回上诉，维持原判。详见云南省文山壮族苗族自治州中级人民法院民事判决书（2015）文中民二终字第 307 号、（2015）文中民二终字第 303 号。

因此，无论这些案件最后的判决如何，诉讼当事人的援引使得控辩双方、法院都需要回应单行条例的适用而进行说理或辩驳，这使单行条例得以更多地进入公众的视野。换言之，诉讼当事人对于单行条例的援引是法院对单行条例司法适用的开端，甚至在法院作出判决以后对单行条例相关问题的讨论还远没有结束，上诉人不服法院判决提起上诉，在二审、再审阶段还在继续援引单行条例表达诉求的也不在少数。❶

（二）法院援引单行条例的表现形式及其效果

从裁判文书自身的结构来看，主要由首部、正文和尾部三部分组成，而正文则通常包括事实和证据的审查、说明适用法律的理由、作出判决结果。法院可能援引法律法规的情形主要集中在正文部分。法院适用法律法规对案件基本事实进行审查与说理环节中援引单行条例的本质都是对诉讼当事人的诉求和辩称的回应。基于此，以下的分析将把事实审查与说理部分合并讨论，主要从裁判文书正文的说理和判决两个环节展开，重在剖析法院援引单行条例的效果和影响。

1. 法院援引单行条例作为说理的依据

法院在裁判文书的说理部分援引单行条例的频率和数量远远超过了诉讼当事人的援引。法院的说理性援引既可能是基于回应诉讼当事人在表达诉求和辩称过程中提出的法律依据而被动援引，也可能是法院自主选择适用单行条例来解决纠纷或明确当事人责任等。从检索数据来看，法院更多是基于案件中认定基本事实的需要和单行条例本身的规范属性而主动援引（见表 5-3）。比如在昌吉州的供热纠纷案件中，法院主动援引单行条例《昌吉回族自治州城镇供热条例》进行说理的概率较高，在 14 份援引《昌吉回族自治州城镇供热条例》的裁判文书中，有 6 份属于法院主动援引该条例进行说理的情形，以下列举案例 6 作为说明。因为法院必须援引该条例才能明确合同纠纷中供热单位与热用户双方的权利与义务，包括计费方式、缴费义务等基本事实问题。

---

❶ 详见新疆维吾尔自治区高级人民法院行政裁定书（2015）新行监字第 62 号、吉林省延边朝鲜族自治州中级人民法院民事判决书（2014）延中民四终字第 141 号。

表5-3 法院援引单行条例说理的部分案例

案例序号	案由	文书编号	法院说理援引	判决结果
6	星光热力公司与闫某某供用热力合同纠纷案	新疆维吾尔自治区奇台县人民法院民事判决书（2015）奇民一初第01206号	本院认为：原告与被告存在事实上的供用热力合同关系。被告对收费标准无异议，本院予以确认。根据《昌吉回族自治州城镇供热条例》第二十六条第（1）~（4）项的规定……人民银行的管道及片区共同使用的换热站均不属于热用户户内供热设施，热用户不应承担无法供暖的责任，被告辩称由于人民银行管道破裂致使无法正常供暖因此不愿交暖气费的意见本院予以采纳。根据《昌吉回族自治州城镇供热条例》第四十一条第一款规定，热用户应当按时主动履行缴纳热费义务，原告要求被告支付暖气费的请求符合法律规定，本院予以支持	一、被告闫某某于判决生效后十日内向原告奇台县星光热力有限责任公司给付暖气费1345.83元；二、驳回原告奇台县星光热力有限责任公司的其他诉讼请求
7	余某某、岑某某诉丘北县双龙发电运行有限责任公司生命权纠纷案	云南省丘北县人民法院民事判决书（2014）丘民初字第51号	本院认为，根据《云南省文山壮族苗族自治州水工程管理条例》第二十二条规定，"大坝自建筑物边线向外划定。小型蓄水工程80米为管理范围"，据此，自大坝80米是被告的管理范围。为加强坝达电站库区的安全管理，自2006年8月30日库区设置了永久告示碑，严禁在库区游泳。原告之子余某甲不遵守规定，擅自到库区游泳并造成溺水死亡的后果，其年仅6岁，属无民事行为能力人，原告余永明与岑海兰作为余某甲的监护人应当履行监护职责，保护余某甲的人身、财产及其他合法权益	驳回余某某、岑某某的诉讼请求

续表

案例序号	案由	文书编号	法院说理援引	判决结果
8	梁某某与马某某民间借贷纠纷案	青海省西宁市中级人民法院民事判决书（2014）宁民一终字第202号	根据《果洛藏族自治州草原管理条例》的规定，该州禁止外来人员采集虫草。马某某并非果洛藏族自治州居民，其无权在当地采集虫草，更无权允许梁某某采集并收取费用，其私自向梁某某收取所谓"草皮费"缺乏依据，该行为违反《中华人民共和国野生植物保护条例》的禁止性规定。综上，本院认为，马某某允许梁某某在果洛藏族自治州境内采集虫草并收费用的行为属于违法行为。	一、撤销青海省湟中县人民法院（2014）湟田民初字第64号民事判决；二、驳回马某某的诉讼请求
9	湖南省靖州苗族侗族自治县甘棠镇溪口村十一组诉湖南省靖州苗族侗族自治县甘棠镇人民政府不履行法定职责案	湖南省靖州苗族侗族自治县人民法院行政判决书（2014）靖行初字第1号	《湖南省靖州苗族侗族自治县林业条例》第九条规定"自治县各乡（镇）人民政府所辖村组集体之间、个人之间及个人与村组集体之间，发生的林木林地权属争议，由所在地人民政府依法处理"。而原告溪口村十一组认为存在山林权属争议的相对方甘棠镇林场不符合该条所规定的客体资格（各乡镇人民政府所辖村组集体、个人），被告甘棠镇人民政府无权就该争议作出具体行政行为，不具有履行原告所申请的事项的法定职责，不具备被告诉讼当事人资格	驳回原告湖南省靖州苗族侗族自治县甘棠镇溪口村十一组的诉讼请求

虽然法院在个案中援引单行条例说理的目的各有不同，但从法院适用单行条例的效果上看，法院适用单行条例进行说理可以直接影响案件的判决结果。如案例7争议的焦点是原告之子在离电站拦河坝100米远的地方溺水身亡是否在被告管理范围。法院认为案件事实符合《文山州水工程管

理条例》第 22 条规定，对被告的辩称予以支持，并据此最后驳回原告诉求。❶ 也有法院援引相关单行条例进行说理而撤销了一审判决的情形，如案例 8 的民事纠纷中，一审法院依据合同法分析当事人之间的债权债务关系，并要求被告按照约定给付欠款，但在二审中，法院在深入对案件事实的审查中发现控辩双方之间的借贷纠纷是由于私自非法挖虫草所产生的"草皮费"引起的。二审法院从收取这一费用本身的合法性入手，依据《果洛藏族自治州草原管理条例》中禁止外来人员采集自治州虫草的规定，认为原告私自授权非本地居民的被告采集虫草并收取费用的行为本身违法，法院二审驳回了在一审中原告的诉求，对双方基于非法行为提出的诉求都不予保护。二审的改判戏剧性地颠覆了案件一审判决结果，彰显单行条例权威的同时，也维护了民族自治地方的社会秩序。

此外，这些裁判文书中还有法院通过阐释单行条例的内涵来明确受案范围的情形。比如案例 9 中法院在说理过程中依据对《湖南省靖州苗族侗族自治县林业条例》第 9 条中的解读，认为原告要求当地政府履行法定职责处理林木权属争议的诉请超出了其法定职责，并据此驳回原告诉求。❷ 与此相似的判决还有一些，限于篇幅不一一列举，如法院通过适用单行条例来明确受案范围，认定案件所涉的土地使用权属争议不符合起诉条件，驳回了原告诉求。❸

2. 法院援引单行条例作为裁判的依据

法院援引的法律规范得出结论对案件最后作出判决是整个判决书中备受关注的部分。在检索到的 128 份援引单行条例的裁判文书中有 18 份是直接援引单行条例作为裁判依据的，约占比 14.1%，可以看出司法实践中的确存在法院明确援引单行条例作为最后裁判依据的案例，如表 5-4 所示。

---

❶ 还有上文提到的案例 1 中，法院结合案件的基本事实援引单行条例进行了说理，比如原告夫妻双方的民族成分、户籍所在地、生育二孩时间等，对于单行条例没有明确规定的法律责任，法院认为应依据自治州人大常委会对计划生育执法问题的有关批复，适用《湖北省人口与计划生育条例》第 33 条的规定进行处罚，并据此裁定被告征收社会抚养费的决定所适用的法律法规正确。

❷ 该条例第 9 条规定"自治县各乡（镇）人民政府所辖村组集体之间、个人之间及个人与村组集体之间，发生的林木林地权属争议，由所在地人民政府依法处理"，这一规定在另外一个案件中则被法院用来论证被上诉人"平茶镇人民政府"有权处理其所管辖的两个村之间发生的林木林地权属争议。详见湖南省怀化市中级人民法院行政判决书（2016）湘 12 行终 94 号。

❸ 详见吉林省敦化市人民法院行政裁定书（2015）敦行初字第 73 号。

表 5-4 法院援引单行条例作为裁判依据的部分案例

案例序号	案由	文书编号	法院判决依据
10	梁某某与马某某民间借贷纠纷案	青海省西宁市中级人民法院民事判决书（2014）宁民一终字第202号	依照《中华人民共和国合同法》第五十二条五项、《中华人民共和国草原法》第八条、第四十四条、《中华人民共和国野生植物保护条例》第九条、第十六条二款、第二十三条、《果洛藏族自治州草原管理条例》第十六条、第十七条、《中华人民共和国民事诉讼法》第一百七十条一款（二）项的规定，……：
11	录某某与完某某离婚纠纷案	甘肃省卓尼县人民法院民事判决书（2016）甘3022民初19号	依照《甘南藏族自治州施行〈中华人民共和国婚姻法〉结婚年龄变通规定》第二条之规定，……：
12	余某某、岑某某诉丘北县双龙发电运行有限责任公司生命权纠纷案	云南省丘北县人民法院民事判决书（2014）丘民初字第51号	依照《中华人民共和国水法》第四十三条、《云南省文山壮族苗族自治州水工程管理条例》第二十二条和《中华人民共和国民法通则》第一百零六条的规定，……：
13	图们江供热公司与金某某供用热力合同纠纷案	吉林省图们市人民法院民事判决书（2015）图民初字第24号	依照《中华人民共和国民法通则》第四十四条、《中华人民共和国合同法》第一百零七条……参照《延边朝鲜族自治州城镇供热条例》第二十五条、《延边州城市供热退还热费实施细则》第二条、第十条，……：

从对这些文书的梳理来看，法院援引单行条例作为裁判的直接依据主要出现在民事案件的审判中，法院通常还会同时援引法律、行政法规，以及最高人民法院的司法解释、批复、规定等规范性文件，主要表现为以下两种模式：

第一，将单行条例作为"依据"和"依照"适用，按特定的顺序依次排列。这种方式通常按法律法规的效力和位阶等标准依次排列。在判决依据中先援引国家法律再援引单行条例，如案例10，但也有的裁判文书中法院将单行条例置于其他位阶较高的法律之前。其中比较有代表性的是，案例12中法院甚至将《云南省文山壮族苗族自治州水工程管理条例》置于

《民法通则》之前，但是这种情形是基于法院对单行条例的重视，还是法院在根据案情需要排列所适用的法律法规或不够严谨等其他原因所至，还需要进一步甄别。

第二，将单行条例作为"参照"适用，置于其他法律依据之后。以案例13为例，图们市人民法院的判决所使用的表述是"参照《延边朝鲜族自治州城镇供热条例》"。这种援引模式与《行政诉讼法》第63条规定相左，法院在审理民族自治地方的行政案件应以当地的自治条例和单行条例为依据，参照规章。一般而言，"参照"指"没有直接纳入法律调整范围"的事项❶，意味着在适用之前要进行合法性审查和评价，对合法有效的才适用，同时还隐含法院对于违反与上位法规定的可以拒绝适用。❷该案例中的这种援引方式表明法官对于民族自治地方的自治立法的权限认识不够，认为单行条例的效力层级较低，只能置于审判依据的最后作为案件裁判的参考。

第三，在法院援引民族自治地方施行《婚姻法》的变通和补充规定的文书中将单行条例作为裁判依据较为常见，15份文书中有9份，占比60%。这9份中有8份是使用"依据"和"依照"的形式，且大多排列在婚姻法和最高人民法院的司法解释之后❸，但有1份在判决依据中将"变通规定"作为唯一的裁判依据。如案例11中法院将《甘南藏族自治州施行〈中华人民共和国婚姻法〉结婚年龄变通规定》作为判决依据，而没有提及婚姻法的相关规定。然而，也有1份将单行条例作为"参照"使用排列在所依据的法律规范之后。❹ 可见，法院对于明确标识"变通规定"或

---

❶ 详见全国人大常委会法工委：《立法技术规范（试行）（一）》（法工委发〔2009〕62号）。

❷ 蒋中东. 论行政审判依据——以成文法依据为中心［J］. 公法研究，2005（2）：189；类似的表述在1986年最高人民法院关于如何引用法律规范性文件的批复中也有提到，法院在审理当事人双方都属于民族自治地方的案件时，可以引用自治条例和单行条例，但不能直接引用国务院各部委和各县、市人大、地方政府发布的决定、命令，而是应当"参照执行"。

❸ 详见宁夏回族自治区彭阳县人民法院民事判决书（2014）彭民初字第1388号、宁夏回族自治区彭阳县人民法院民事判决书（2014）彭民初字第14号、宁夏回族自治区彭阳县人民法院民事判决书（2014）彭民初字第1204号、宁夏回族自治区彭阳县人民法院民事判决书（2015）彭民初字第6号、甘肃省永靖县人民法院民事判决书（2016）甘2923民初825号、甘肃省临潭县人民法院民事判决书（2014）潭民初字第262-1号、贵州省都匀市人民法院民事判决书（2016）黔2701民初17号、青海省共和县人民法院民事判决书（2015）共民初字第156号。

❹ 详见贵州省都匀市人民法院民事判决书（2016）黔2701民初17号。

"补充规定"作为裁判依据的态度相对坚定,但是各个法院在引用规范上标准还不太一致。

虽然法院在司法实践中确实有援引单行条例作为裁判依据的情形,但是其适用效果从裁判文书本身来看无法有太多的体现。从现有的数据来看,只能说这些文书中并未出现诉讼当事人质疑法院援引单行条例作为判决依据而提起上诉的情形,但在裁判文书生效的实际过程中,诉讼当事人是否接受法院依据单行条例作出的判决,还与单行条例在民族自治地方的宣传和实施程度有关。

综上,不论法院是出于何种目的援引单行条例,法官的说理对案件的判决都将对单行条例的实施产生深远的影响。法院在案件审理过程中,通过单行条例的内涵来明确受案范围和权责归属,不仅对诉讼当事人双方争议的解决起关键作用,还在一定程度上增进了公众对单行条例的理解。可以说,法院审理民族自治地方案件援引单行条例作为主要的法律依据已经是法院裁判文书中说理的重要组成部分。

三、实证分析:单行条例立法中的症结对司法适用的消极影响

通过对诉讼当事人和法院援引单行条例文书的梳理,我们可以看到单行条例在司法实践中正发挥着实际作用,也产生了一定的积极效应。在各类案件中,诉讼当事人有的依据单行条例表达诉求,维护自身的合法权益,还有的通过适用单行条例明确行政机关的权责等,而法院则将适用单行条例作为事实审查、说理和判决的依据。值得注意的是,通过对这些裁判文书的梳理,我们不难发现单行条例立法中的症结对司法适用的消极影响。

(一)不会用:司法适用中单行条例属性不明

虽然单行条例与地方性法规所规范的事项确实存在交叉重合之处,但单行条例的制定主体、效力层级、立法程序、授权主体都不同于地方性法规,学界对此理论研究颇多,在此不再赘述。司法实践中,将二者混淆适用的问题不容小觑,因为司法机关对单行条例的态度影响着单行条例的实

施，对这一问题的揭示将通过以下两份判决书加以说明，如表 5-5 所示。

表 5-5 单行条例在司法实践中混淆适用的案例

案例序号	案由	文书编号	法院或诉讼当事人对单行条例的援引
14	马某某诉凯里市规划局申请颁发建设许可证不予受理案	贵州省三穗县人民法院行政判决书（2015）穗行初字第 39 号	本院认为……该规定（《市人民政府关于印发凯里市个人建房规划管理办法（试行）的通知》凯府发（2012）18 号）……与凯里市所属的黔东南州人民代表大会常务委员会公布实施的地方性法规，即《黔东南苗族侗族自治州城乡规划建设管理条例》的原则性规定不符
15	上诉人史某某不服东兴市渔政大队行政处罚决定案	广西壮族自治区防城港市中级人民法院行政判决书（2014）防市行终字第 30 号	本院认为……《广西壮族自治区渔港渔业船舶管理条例》是广西壮族自治区根据《中华人民共和国渔业法》《中华人民共和国渔港水域交通安全管理条例》等有关法律、法规，在《中华人民共和国渔业法》规定可以没收渔具和渔船处罚种类而未具体规定"情节严重"情形的情况下，结合本自治区实际，遵循法律的基本原则，对《中华人民共和国渔业法》作出变通规定而制定的条例，且已依据《中华人民共和国立法法》第六十六条第一款"……自治区的自治条例和单行条例，报全国人民代表大会常务委员会批准后生效……"的规定报全国人民代表大会常务委员会批准生效，依据《中华人民共和国立法法》第八十一条的规定，该条例应在广西壮族自治区内适用

在案例 14 中，原告因不服凯里市规划局不受理其建设许可证的申请向法院起诉，法院认为被告不受理申请的行政行为缺乏法律依据，因为被告辩称所依据的凯府发（2012）18 号文件与上位法以及自治州的单行条例的原则性规定相抵触。❶ 可是法院在这一判决书中却将黔东南苗族侗族自治州的单行条例表述为"地方性法规"。从立法程序上看，《黔东南苗族侗族自治州城乡规划建设管理条例》是在 2013 年 1 月 4 日由黔东南苗族侗族自治州人大通过，并于 2013 年 5 月 31 日经贵州省人大常委员会批准后实施

---

❶ 详见《市人民政府关于印发凯里市个人建房规划管理办法（试行）的通知》（凯府发〔2012〕18 号）。

的单行条例。法院将单行条例等同于地方性法规并将其明确记载在裁判文书中作为说理依据，这表明法院将单行条例等同于地方性法规的谬误不是一时的疏忽，而可能是长期以来认识上的偏差。

另外，在司法实践中，还有误将地方性法规等同于单行条例的情形。如在案例15中，一审原告认为，被告行政执法所依据的《广西壮族自治区渔港渔业船舶管理条例》与《渔业法》和《广西壮族自治区实施〈中华人民共和国渔业法〉办法》的规定相抵触，扩大了行政处罚的范围和种类。一审法院认为原告的诉求没有依据，没有采纳该主张，也没有具体说明原因。❶ 原告上诉，在二审中，法院援引《立法法》对于自治条例和单行条例变通上位法的规定以及其在民族自治地方应优先适用的规定来说理，认为该案应该适用《广西壮族自治区渔港渔业船舶管理条例》。然而，依据在《立法法》中对于自治条例和单行条例均应由民族自治地方的人民代表大会制定，报上级人大常委会批准后生效的立法程序的规定，《广西壮族自治区渔港渔业船舶管理条例》从立法主体和立法程序上来看，该条例在2001年由广西壮族自治区人大常委会通过，在2004年和2010年广西人大常委会又对其进行过两次修正，应归属于广西壮族自治区的地方性法规。地方性法规只能结合本地实际情况为执行法律法规制定具体规定，不能与上位法相抵触。法院错误地将地方性法规作为单行条例适用，为地方性法规中擅自扩大行政执法范围和超出行政处罚幅度的规定背书，不仅影响了个案的判决结果，还使很多同类案件中原告的诉求均被驳回。❷

对裁判文书中上述这些细节的关注并不是笔者吹毛求疵，而是因为裁判文书是单行条例司法适用的最好证明，法院和行政机关援引单行条例的用词和表述都折射出单行条例颁布实施后是以一种怎样的方式在起作用，

---

❶ 广西壮族自治区东兴市人民法院行政判决书（2014）东行初字第4号。
❷ 与该案相类似的判决还有9份，4份一审：广西壮族自治区东兴市人民法院行政判决书（2014）东行初字第5号、广西壮族自治区东兴市人民法院行政判决书（2014）东行初字第6号、广西壮族自治区东兴市人民法院行政判决书（2014）东行初字第7号、广西壮族自治区东兴市人民法院行政判决书（2014）东行初字第8号，5份二审：广西壮族自治区防城港市中级人民法院行政判决书（2014）防市行终字第31号、广西壮族自治区防城港市中级人民法院行政判决书（2014）防市行终字第32号、广西壮族自治区防城港市中级人民法院行政判决书（2014）防市行终字第33号、广西壮族自治区防城港市中级人民法院行政判决书（2014）防市行终字第34号、广西壮族自治区防城港市中级人民法院行政判决书（2014）防市行终字第35号。

二者的态度更是直接影响着社会民众对单行条例的理解。

（二）不敢用：法院对于变通条款态度不明确

当前，司法实践中法院援引单行条例通常还会同时适用其他法律法规，在这一过程中，单行条例中未明确标识的隐性变通规定的规范效力可能面临尴尬境地。此处的隐性变通是相对于直接以"变通规定"和"补充规定"为名称的单行条例中的显性变通而言的。法院对于单行条例中显性变通条款的内容通常能坚决适用，如案例16所示的甘南藏族自治州婚姻法的变通规定；但是对单行条例中的隐性变通规定的态度却还不甚明确或还未能形成广泛共识。

表5-6　法院对单行条例的变通规定的暧昧态度

案例序号	案由	文书编号	法院对单行条例的援引
16	录某某与完某某离婚纠纷案	甘肃省卓尼县人民法院民事判决书（2016）甘3022民初19号	本院认为……本案中原、被告虽领取了结婚证，但至今尚未达到法定婚龄，结合甘南藏族自治州内各少数民族婚姻家庭的实际情况，结婚年龄，男不得早于20周岁，女不得早于18周岁。据此依照《甘南藏族自治州施行〈中华人民共和国婚姻法〉结婚年龄变通规定》第二条之规定，判决如下：宣告原告录某某与被告完某某婚姻无效
17	靖州苗族侗族自治县平茶镇平茶村十一组诉靖州苗族侗族自治县人民政府和平茶镇人民政府林业行政处理决定纠纷案	湖南省怀化市中级人民法院行政判决书（2016）湘12行终94号	本院认为，根据《中华人民共和国立法法》第九十条第一款"自治条例和单行条例依法对法律、行政法规、地方性法规作变通规定的，在本自治地方适用自治条例和单行条例的规定"及《靖州苗族侗族自治县林业条例》第九条"自治县各乡（镇）人民政府所辖村组集体之间、个人之间及个人与村组集体之间，发生的林木林地权属争议，由所在地人民政府依法处理"的规定，被上诉人平茶镇人民政府有权对其所辖平茶村十一组与马路口村六组之间发生的林木林地权属争议进行处理

一方面，个案中有法院对单行条例中变通规定的规范效力持肯定态

度,并据此进行说理而维持一审判决结果。如案例 17 中,怀化市中级人民法院援引了《立法法》第 90 条第 1 款中的规定作为说理依据,认为依据《靖州苗族侗族自治县林业条例》的有关规定,被上诉人有权对其所辖村组集体之间的林木林地权属争议进行依法处理。虽然从这份判决中可以看出法院对单行条例中的变通规定持肯定态度,但是该案例中一审原告认为被告适用法律、法规和规章错误,主要是认为靖州县平茶镇人民政府在作出行政处理决定时所应适用原林业部的《林木林地权属争议处理办法》中的具体条文错误。❶ 故该案中,法院援引《立法法》和自治县的单行条例进行说理,只是在说明被上诉人具有行政主体资格和其有权作出的行政处理决定,实际上并没有涉及单行条例与上位法冲突的情形,在真正面临法律规范冲突时,能否坚持这一立场还难以确定。

另一方面,法院对于经济特区法规中的变通条款的适用显得更为坚决,其援引次数要远远高于民族自治地方的单行条例。笔者以"经济特区"为"法律依据"关键词检索得出的裁判文书有 4069 份,这些文书中明确援引《深圳经济特区和谐劳动关系促进条例》作为法律依据的就有 2769 份,经过研读发现,基层法院和中级法院都倾向于直接援引经济特区法规作为直接判决依据,占比 50% 以上。❷ 这 4000 余份文书中不但有基层法院、中级法院、高级法院的裁判文书,还有 4 份是最高人民法院的行政裁定书,在文书说理部分对原审法院依据《海南经济特区土地管理条例》判断具体行政行为的做法作了进一步确认。❸ 通过对"经济特区+变通"为关键词全文检索得到 71 份文书梳理后发现,其中有 29 份有效文书,共

---

❶ 详见湖南省靖州苗族侗族自治县人民法院行政判决书(2015)靖行初字第 19 号。
❷ 在"法律依据"中以"深圳经济特区和谐劳动关系促进条例"和"深圳市经济特区和谐劳动关系促进条例"为关键词检索分别得出 2581 件、188 件,实际上这一数字还是保守估计,因为在"全文检索"中得出的数据更高,分别为 3508 份、262 份。检索时间 2017 年 7 月 16 日。
❸ 详见中华人民共和国最高人民法院行政裁定书(2012)行监字第 676 号,中华人民共和国最高人民法院行政裁定书(2014)行提字第 10 号,中华人民共和国最高人民法院行政裁定书(2015)行监字第 2211 号,中华人民共和国最高人民法院行政裁定书(2015)行监字第 1464 号。

涉及14部经济特区法规。❶ 在诉讼当事人对法律适用存在争议时，法院基本上都援引《立法法》中关于经济特区可根据授权对上位法进行变通的规定进行说理，并最后认为应该优先适用经济特区法规，如表5-7中的案例18和案例19所示。

表5-7 法院对经济特区法规的变通规定的积极态度

案例序号	案由	文书编号	法院对单行条例的援引
18	深圳市深讯信息科技发展股份有限公司诉深圳市社会保险基金管理局行政决定案	广东省深圳市中级人民法院（2013）深中法行终字第510号	本院认为……《中华人民共和国立法法》第六十五条规定："经济特区所在地的省、市的人民代表大会及其常务委员会根据全国人民代表大会的授权决定，制定法规，在经济特区范围内实施。"第八十一条第二款规定："经济特区法规根据授权对法律、行政法规、地方性法规作变通规定的，在本经济特区适用经济特区法规的规定。"可见，在经济特区范围内应当优先适用特区法规。……本案应当适用《深圳经济特区企业员工社会养老保险条例》，而不是《中华人民共和国社会保险法》
19	深圳市恒波商业连锁股份有限公司诉深圳市宝安区环境保护和水务局行政处罚案	广东省深圳市中级人民法院（2015）深中法行终字第889号	本院认为……《中华人民共和国立法法》第九十条第二款规定，经济特区法规根据授权对法律、行政法规、地方性法规作变通规定的，在本经济特区适用经济特区法规的规定。《深圳经济特区环境噪声污染防治条例》是深圳经济特区立法对《中华人民共和国环境噪声污染防治法》《广东省实施〈中华人民共和国环境噪声污染防治法〉办法》作了变通规定，在深圳经济特区内优先适用。《深圳经济特区环境噪声污染防治条例》第七十八条第一款第（六）项规定……故被上诉人依据该条例对上诉人处人二万元罚款的行政处罚适用法律正确，上诉人认为被上诉人不是行政处罚主体、适用法律错误的上诉意见，本院不予支持

---

❶ 这14部经济法规为：《深圳经济特区企业技术秘密保护条例》《海南特区土地管理条例》《深圳经济特区房地产转让条例》《深圳经济特区企业员工社会养老保险条例》《深圳经济特区环境噪声污染防治条例》《珠海经济特区道路交通安全管理条例》《珠海市道路交通管理条例》《深圳经济特区产品质量管理条例》《深圳经济特区物业管理条例》《深圳经济特区特种设备安全条例》《深圳经济特区出租小汽车管理条例》《海南省实施〈中华人民共和国农村土地承包法〉办法》《深圳经济特区居住证条例》《厦门经济特区道路交通安全若干规定》。

由表 5-7 可见，尽管经济特区法规中的变通条款与单行条例一样，在法规名称上并没有明确标识其属于变通规定，法院对于深圳经济特区法规中与国家法律或广东省地方性法规相冲突的情形，无论是民事案件中的合同纠纷还是行政案件中的行政处罚或行政决定，法院基本都能维护经济特区法规的效力，优先适用经济特区法规。虽然诉讼当事人也会因认为经济特区法规违反上位法而起诉、上诉或要求再审，相比较民族自治地方基层法院而言，这些裁判文书中法院几乎没有对经济特区法规中的隐性变通是否合理合法存疑，似乎只要一经认定是经济特区人大常委会制定的法规，其条文中的变通就必然应当被遵从。

可见，尽管单行条例可依照当地民族的特点对法律和行政法规作出变通规定，然而，除了少数以"变通规定"和"补充规定"形式出现的显性变通能在司法适用中得到较好的实施，大部分单行条例中隐含的变通条款的规范效力都会一定程度上招致争议，极大地影响了民族自治地方立法和法院司法适用的积极性。究其原因，法院对于单行条例中的变通规定的合法性存疑是一个重要因素，法院在审理过程中无从确信单行条例的这些变通规定究竟是出于正当理由依法治定，还是由于立法监督不足导致对变通权限的滥用所产生，故而对法院而言，似乎最为稳妥的选择是为了维护国家法治的统一而不予适用。

（三）不好用：立法目的在司法适用中难以彰显

从这 128 份裁判文书中所引用的 21 部单行条例及其相关条款的具体条文的梳理中发现，这些条文所涵盖的内容呈现出多样性，不仅体现了对民族自治地方突出的民生热点问题的关注，如城镇的供热纠纷、计划生育，还有关于民族自治地方的城乡建设、自然资源保护，以及生产资料的产权归属等基本问题。同时，这些条文中既有对行政机关行政行为的规制，也有对行政相对人权益的减损。从本次检索的裁判文书来看，法官和诉讼当事人在援引单行条例的过程中几乎都未曾质疑过单行条例设置的行政处罚和行政许可等本身是否存在越权，诉讼争议仅局限于法条的内容是否适用案件事实，如表 5-8 案例 20 所示。

表 5-8　法院和诉讼主体对单行条例设定的行政处罚的态度

案例序号	案由	文书编号	原告态度	被告态度	法院态度
20	杨某某诉大理市洱海保护管理局、大理市人民政府洱海保护管理行政处罚案	云南省大理市人民法院行政判决书（2015）大行初字第18号	原告认为，依据《云南省大理白族自治州洱海保护管理条例》第24条和38条的规定，大理市洱海保护管理局的职能仅限于拆除侵占滩地建房或者搭棚、围湖造田、围建鱼塘的行为，对拒不拆除的，依法强制拆除，并处拆除费用2倍以上5倍以下罚款，而其建盖房屋的土地属于祖遗地，并不属于洱海滩地，拆除未取得房屋规划许可的建筑不属于被告的职能。因此，该处罚决定明显超越其法定职权，应当依法认定为无效。	被告市洱管局辩称：1. 根据双廊镇双廊村杨某某户的地形图，经过现场勘验，调查询问，证实原告所建房屋位于洱海滩地范围。该处罚决定认定事实清楚，证据充分。2.《大理白族自治州洱海保护管理条例》明令禁止在洱海滩地上建造房屋，在洱海滩地上建房的，责令拆除，恢复原状，处罚决定适用法律法规正确。3. 处罚决定符合法定程序。	本院认为……原告未经土地审批、规划许可，在洱海湖区侵占滩地建盖房屋，其行为违反《大理白族自治州洱海保护管理条例》第二十四条第（一）项的规定，应当依照《大理白族自治州洱海保护管理条例》第三十八条第（六）项的规定，对原告进行行政处罚

从表5-8可以看出，法官与诉讼主体都没有将行政处罚行为所依据的条文《大理白族自治州洱海保护管理条例》第24条和第38条与上位法《风景名胜区条例》《云南省风景名胜区条例》有关条款进行对比，"拆除费用2倍以上5倍以下罚款"是否超出了上位法所规定的行政处罚幅度、是否属于增设行政处罚的情形等问题都没有追问。诉讼主体和法官争议的焦点主要围绕着原告未取得房屋规划许可的建筑是否属于侵占洱海滩地，对于单行条例中设行政处罚权的合法性是基本认同的。

应当引起人们深思的是，单行条例也是我国行政法的渊源之一，既是民族自治地方政府依法行政的指南，又是行政诉讼的重要依据；如果单行条例中行政处罚和行政许可的设定随意化，将可能与立法法、行政处罚法、行政许可法的基本精神和我国当前加快政府职能转变、简政放权的改革思路相背离。宪法赋予民族自治地方自治立法权的目的之一就是保护少数民族的历史文化传统，而少数民族文化的主体不只是少数民族集体，还应该包括少数民族公民个人。自治机关在保护少数民族文化赖以生存的环境的同时，还应该牢记"保护管理"的目的，避免恣意的行政行为造成少数民族公民与文化的隔离，否则将违背自治立法的初衷，也不利于民族团结。基于此，应进一步思考的是如何通过单行条例现有的立法监督合理地规制这种可能发生的权力滥用。从这种意义上说，单行条例立法中严格的报批程序是一种有利于国家法治统一和维护行政相对人权利的事前监督，否则单行条例将不但无法保障民族自治地方少数民族的权益，反而可能在极端情况下增加少数民族的额外负担，最终束缚民族自治地方的社会活力。

诚然，从诉讼主体和法院对于单行条例的援引来看，单行条例司法适用过程中，对于条款内涵针锋相对的讨论有利于加深社会主体对民族法治的认同和民族事务法治目标的实现，但是从对上述裁判文书的分析来看，在单行条例的司法实践中，诉讼当事人和法院的援引还存在技术层面上的不足，对法规本身理解上也存在偏差。具体而言，这些裁判文书反映出三个方面的问题。一是司法适用中"不会用"，法院对于单行条例独特属性和地位不甚了解，对我国的民族区域自治制度的认知也还需要进一步提升。在司法实践中，单行条例多与地方性法规相混淆，甚至还有等同于一般规范性文件的现象。二是在司法适用中"不敢用"，由于单行条例及其变通条款适用过程中技术层面的障碍，法院对于单行条例中的变通条款存有顾虑，相比经济特区法规中的变通规定而言，其规范效力十分有限；单行条例的变通规定是否应该绝对优先适用、效力位阶如何确定，以及司法适用中应遵循的原则等都需要从理论层面予以解答。三是司法适用过程中的"不好用"，单行条例行政管理功能过于膨胀可能会对民族自治地方民众的合法利益构成减损，法院对于单行条例中行政处罚和行政许可条款的普遍适用很可能会偏离单行条例保障少数民族权益的立法初衷，故在司法适用中手段与目的的协调一致还需要立法机关的配合和指引。

第三节　先决要素：突破单行条例司法适用效力位阶不明的瓶颈

　　从上述实证分析中可以看到，单行条例司法适用过程中存在各种问题的根本症结在于，单行条例效力位阶的复杂性。法的效力是指法的强制约束力，而法的效力位阶则更多关乎法的效力等级的高低，在很大程度上决定着法规范内容发生冲突时适用的顺序。但是两者在我国法律文本的表述中多有重合，如《宪法》序言最后一段中强调的《宪法》以根本法的形式确认了各族人民的奋斗成果，"具有最高的法律效力。"《立法法》第98条规定，"宪法具有最高的法律效力"，任何法律法规和规章等规范性文件都不能与宪法相抵触。这两处的"法律效力"就实际上基本等同于法律位阶。法律法规所具备的不同效力位阶，构成了法律体系内部发生冲突时取舍的基础。❶ 各种规范性法律文件在不同的立法体制下所处的效力位阶不同，在以判例为主要法律渊源的英美法系国家中，法的效力由作出裁决的法院级别所决定，而在以成文法为法律渊源的大陆法系国家中，法的位阶通常由制定主体的地位所决定。然而，单行条例的效力位阶由于其变通属性，不能完全依据立法主体和立法程序来判断，如表5-9所示，依据不同的标准来判断，单行条例就有不同的位阶，从制定机关来看，其应属于地方性法规一级，从报批机关来看，自治区、自治州与自治县的单行条例可能分别对应着法律和设区的市的地方性法规两个层级；从备案机关和撤销机关来看，这两类单行条例又似乎应分别对应的两个层级是法律与行政法规，或法律与省一级地方性法规。

---

　　❶ 戈含锋. 法律责任的立法研究：基于中国立法文本的分析［M］. 北京：经济日报出版社，2015：44.

表 5-9　单行条例与其他法律规范立法程序比较

法规类型	制定机关	报批机关	备案机关	撤销机关	撤销原因
法律	全国人大及其常委会			全国人大	与宪法相抵触
行政法规	国务院		全国人大常委会	全国人大常委会	与宪法和法律相抵触
自治区自治条例与单行条例	自治区人大	全国人大常委会		全国人大	违背宪法和《立法法》第75条第2款中关于变通上位法的范围的规定
自治州、自治县自治条例与单行条例	自治州、自治县人大	省一级人大常委会	全国人大常委会和国务院	全国人大常委会	
省级地方性法规	省级人大及其常委会		全国人大常委会和国务院	全国人大常委会	与宪法、法律、行政法规相抵触
设区的市的地方性法规	设区的市人大及其常委会	省一级人大常委会		省一级人大	

从表 5-9 可以看出，以立法程序为标准来判断单行条例的效力位阶，很可能会产生几种自相矛盾的结果，难以逻辑自洽。因此，本节对于单行条例的厘定将结合纯粹法学派梅尔克（Adolf Julius Merkl）与凯尔森（Hans Kelsen）的法律位阶理论，以及特别法优先于一般法的基本原则，从自治法规体系内部和整个法律体系两个方面来剖析单行条例的效力位阶。

一、梅尔克与凯尔森的法的效力位阶理论

法的规范层级理论最早是由奥地利法学家梅尔克提出的，❶ 其于 1931 年发表的《法的位阶结构导论》（Prolegomena einer Theorie des rechtlichen

---

❶ 梅尔克曾是凯尔森的学生与同事，也是维也纳纯粹法学派的创始人之一，还与凯尔森一样是还原主义（reductionism）的主要代表人物，对当时的自然法学持批评态度，主张法律是不同于哲学和社会学中的正义和法律观念的纯粹的科学，认为应严格区分实体法与社会现实中应然与实然。JELIĆ Z. A note on Adolf Merkl's theory of administrative law [J]. Facta Universitatis series: law and politics, 1998, 1 (2): 147.

Stufenbaues）一文被收录在《社会、国家与法律》一书中。❶ 在该文中，梅尔克从法的内容和形式二元比较出发，推理出法的形式具有排他性，并在对法的形式的类型化分析后阐述了高位阶的法规范与低位阶的法规范的不同属性，提出了法律规范的层级结构。以下将先对梅尔克所提出的法律位阶理论作简要说明，再进一步解读凯尔森对法律位阶理论的拓展性思考。

（一）梅尔克的法的效力位阶理论

在梅尔克看来，法律秩序是相互联系的法规体系的总和，对于法律秩序的结构分析中不只是对法的内容的穷尽式列举，还应该有对不同的法律形式或法律地位的认知。因为法律规范所调整的内容并不都具有独特性，从内容上来彻底界分各种法律规范的理论推演都难以成立，在实践中更是不可行的，但是从形式上却可以将这一法律规范与其他法律规范区别开来。❷ 梅尔克认为习惯法、制定法、判例法的分类就肯定比对法规范的内容的堆砌和提炼更能有效地对法进行分类，也就是说，"形式是终极的，内容是无穷尽的"❸；但梅尔克对内容与形式的二元分野并不是相互排斥的，他认为对立法事项的分工本身也因不同的法的创制程序而产生不同形式的法；立法过程是各种因素共同作用产生的，国家意志的形成越复杂，依据法创制所生产的法的形式就越复杂，但这种复杂多样相比法的内容所带来的不同要简单。

---

❶ 在该文最后梅尔克提及了其此前在 1923 年的《法效力学》（Die Lehre von der Rechtskraft）、1927 年的《行政法概论》（Allgemeines Verwaltungsrecht），还有其 1919 年在《德国法官报》发表的《适用中的法》（Das Recht im Lichte seiner Anwendung）。1917 年在《法律公报》发表的《法律的二元面相》（Das doppelte Rechtsantlitz）等论著中就法律位阶理论相关问题的思考为该文做了前期铺垫。MERKL A. Prolegomena einer Theorie des rechtlichen Stufenbaues [M] //DOBRETSBERGER J, HENRICH W, KAUFMANN F, et al. Gesellschaft, Staat Und Recht Untersuchungen Zur Rechtslehre. Wien: Julius Springer, 1931: 252-294.

❷ MERKL A. Prolegomena einer Theorie des rechtlichen Stufenbaues [M] //DOBRETSBERGER J, HENRICH W, KAUFMANN F, et al. Gesellschaft, Staat Und Recht Untersuchungen Zur Rechtslehre. Wien: Julius Springer, 1931: 252.

❸ 此句原文中德文表述为"Die From ist endlich, der Inhalt unendlich"。MERKL A. Prolegomena einer Theorie des rechtlichen Stufenbaues [M] //DOBRETSBERGER J, HENRICH W, KAUFMANN F, et al. Gesellschaft, Staat Und Recht Untersuchungen Zur Rechtslehre. Wien: Julius Springer, 1931: 253.

梅尔克认为，对法律渊源的传统分类方式过于简单，不能涵盖多样的法律形式，主张从法的形式中寻找法规范之间的逻辑关联，并基于此来分析法律规范体系的结构。❶ 梅尔克对法律规范内部结构的分析是从法的概念入手，认为法是强制性的规范，但这种强制可以通过程序保障其得以实施。在理想状态下，一国的宪法通过制约行政法规范就可以保证实施，但实际上往往还需要再次授权立法补充一定的内容才能一般性地对个人行为进行规制，使法的内容与实际发生的事件相对应；一旦法规范中应然不能与实然相对应，则对人们行为的规制的尝试终将失败，那么这一授权过程还必须继续，直到法规范中的强制性能直接产生强制的后果，才不再需要进一步具体化。❷ 这一过程最终效果和目的是，使得国家强制执行的行为最大限度地公开化，执法机关对义务主体作出最后的警告后可以正式强制执行。❸ 换言之，在梅尔克看来，高级规范由于法律语言的抽象，不可避免存在模糊性和开放性，下级执法部门也不可能完全理解，所以法律实施不应只是纯粹的逻辑思考或自动执行的过程，而是执法部门基于对法律规范的具体化，在一定程度上自主地参与法律实施。此种观点实际上就是承认行政机关对抽象规范具体化的自主空间，将行政程序进一步拓展为法律法规实施的一部分，并认可行政对现代法治国家的塑形功能。❹

这一多层级结构内部的法律规范之间是相互联系的，但梅尔克认为这一关联不是基于法理和法条，而是由实体法的制定方式所决定的；即法律规范的产生方式决定了其在法律秩序中的位阶；不同层级的法律规范相互之间互为条件而存在，一个法律规范作为限制条件决定着另一个或一系列

---

❶ MERKL A. Prolegomena einer Theorie des rechtlichen Stufenbaues [M] //DOBRETSBERGER J, HENRICH W, KAUFMANN F, et al. Gesellschaft, Staat Und Recht Untersuchungen Zur Rechtslehre. Wien: Julius Springer, 1931: 254.

❷ MERKL A. Prolegomena einer Theorie des rechtlichen Stufenbaues [M] //DOBRETSBERGER J, HENRICH W, KAUFMANN F, et al. Gesellschaft, Staat Und Recht Untersuchungen Zur Rechtslehre. Wien: Julius Springer, 1931: 259-260.

❸ MERKL A. Prolegomena einer Theorie des rechtlichen Stufenbaues [M] //DOBRETSBERGER J, HENRICH W, KAUFMANN F, et al. Gesellschaft, Staat Und Recht Untersuchungen Zur Rechtslehre. Wien: Julius Springer, 1931: 264.

❹ DREIER H. Merkls Verwaltungsrechtslehre und die heutige deutsche Dogmatik des Verwaltungsrechts [C] //Adolf J. Merkl - Werk und Wirksamkeit Ergebnisse eines Internationalen Symposions in Wien (Schriftenreihe des Hans Kelsen - Instituts, Band 14), 1990: 74, 85.

的法律规范的产生,而每一个法律规范同时又是其他法律规范产生的必要条件,以保证这一体系下的法律规范之间的统一。❶ 在这一整体架构下,高级规范通过低级规范的创制而实现法律程序的精细化和复杂化,以及法律规范从抽象到具体的转变;同时,还可以确保个别规范的创制不会颠覆整个法律秩序,但又能有效地对人们的不法行为构成威慑。在此基础上,梅尔克又认为法律位阶是由相互之间存在限制条件的法律规范所形成,即如果一个法律规范能损毁(Derogrierend Kraft)另一个法律规范,那前者就具有高位阶,而后者就处于低位阶,但前提是这种损毁是单向度的,如果法律规范之间能相互损毁,则二者处于同一位阶。❷ 在梅尔克看来,不同层级的法律规范对于法律的实现有着同等意义,但这些规范相互之间是有效力区别的,这种效力的不同是由于不同的生效条件生成的,而不是由于规范的内容,正如法律的效力归因于宪法,而法院的判决或行政法令则是由于法律的规定,在这种情况下,法律不仅是法律,还是执行法规,同时可以对另一级的执行法规构成减损。❸ 同时,梅尔克的法律位阶理论中又强调法律规范所建构的法律秩序应始终如一,规范的创制与规范的废止正如硬币的两面是同时存在的,每一个法律规范都是一个闭合的整体,不能随意增加新的内容或更改现有的内容。❹

正如梅尔克本人所阐述的,其对于法律位阶理论的认知颠覆了西方传统法学中的主流思想,对法律创制与法律实施、公法与私法、制定法与习

---

❶ MERKL A. Prolegomena einer Theorie des rechtlichen Stufenbaues [M] //DOBRETSBERGER J, HENRICH W, KAUFMANN F, et al. Gesellschaft, Staat Und Recht Untersuchungen Zur Rechtslehre. Wien: Julius Springer, 1931: 272-273.

❷ 梅尔克列举了法律规范中几对高低位阶的例子,即宪法与基本法律,基本法律与执行法律,法律与执行法规,执行法规与法院的判决和行政指令;对于同位阶的法律规范,则列举了联邦法律与州法律。MERKL A. Prolegomena einer Theorie des rechtlichen Stufenbaues [M] //DOBRETSBERGER J, HENRICH W, KAUFMANN F, et al. Gesellschaft, Staat Und Recht Untersuchungen Zur Rechtslehre. Wien: Julius Springer, 1931: 276.

❸ MERKL A. Prolegomena einer Theorie des rechtlichen Stufenbaues [M] //DOBRETSBERGER J, HENRICH W, KAUFMANN F, et al. Gesellschaft, Staat Und Recht Untersuchungen Zur Rechtslehre. Wien: Julius Springer, 1931: 284.

❹ Merkl A, Die Lehre von der Rechtskraft (1923) 233 f, 236 f.; WIEDERIN E. Die Stufenbaulehre Adolf Julius Merkls [M] //Griller S, et al. eds. Rechtstheorie vol 136. Wien: Springer, 2011: 106.

惯法的二分，以及法律漏洞等都进行了富有启发性的重新解读。❶

（二）凯尔森对梅尔克的位阶理论的发展

梅尔克的这一法律位阶理论为凯尔森的国家法学中单向度的静态法律渊源提供了动态规范体系的理论模型，甚至一定程度上奠定了整个纯粹法学的基础。❷ 梅尔克在提出该理论时就曾认为，对于此最有说服力的证据是凯尔森的《国家学概论》（*Allgemeinen Staatslehre*）第三版中吸纳了法的位阶理论来对国家机关功能进行划分，驳斥了传统的三权分立的理论；凯尔森认为国家权力机构是一个由一系列功能组成的统一体，一方面是作为国家意志表达协调一致的分层级的法律规范体系，另一方面是执行法律的行政机关和司法机关中的上下级关系。❸ 凯尔森在 1934 年出版的《纯粹法学》中也能找到法律位阶的相关论述，该书通篇语言直白，没有使用任何注释，更像一本宣传小册子，但此书却为凯尔森的纯粹法学理论的第一次系统化阐述；❹ 在该书中所论述的法律秩序的阶段构造中强调实定法的妥当性在于其能还原于妥当性的根据，即上级规范；法院判决的妥当性源自法律，法律的妥当性源自立法，而立法的妥当性则源自宪法。❺ 1945 年凯尔森赴美国任教后出版的《法与国家的一般理论》中，从静态和动态两个规范体系出发，分析法律规范的有效性，这与其早期所主张的法规范是通过客观的、"理想化的语言形式"来表述强制完全不同，❻ 而凯尔森所暗示的动态规范实际上就是梅尔克的法律位阶理论，梅尔克的法律位阶理论将抽象的一般规范与具体的个别规范相互联系起来，凯尔森则在此基础上进

---

❶ MERKL A. Prolegomena einer Theorie des rechtlichen Stufenbaues [M] //DOBRETSBERGER J, HENRICH W, KAUFMANN F, et al. Gesellschaft, Staat Und Recht Untersuchungen Zur Rechtslehre. Wien: Julius Springer, 1931: . 285-294.

❷ WIEDERIN E. Die Stufenbaulehre Adolf Julius Merkls [M] //Griller S, et al. eds. Rechtstheorie vol 136. Wien: Springer, 2011: 83.

❸ MERKL A. Prolegomena einer Theorie des rechtlichen Stufenbaues [M] //DOBRETSBERGER J, HENRICH W, KAUFMANN F, et al. Gesellschaft, Staat Und Recht Untersuchungen Zur Rechtslehre. Wien: Julius Springer, 1931: 285-286

❹ 凯尔森. 纯粹法理论 [M]. 张书友, 译. 北京：中国法治出版社, 2008：前言 13.

❺ 凯尔森. 纯粹法学 [M]. 刘燕谷, 译. 上海：中国文化服务社, 1943：译者序言 3, 75-81.

❻ KELSEN H. Hauptprobleme der Staatsrechtslehre [M]. Tübingen: J. C. B. Mohr, 1911: 327.

一步强调了法律创制与法律实施之间的区别与联系。❶ 凯尔森的动态规范体系理论将最抽象的宪法和具体的法律行为都囊括在其所构建的法律规范体系之内,其关于法的效力位阶的阐述大体可以概括为以下三个方面的内容:

一是法律秩序的统一性与有效性的保障。凯尔森的法律规范体系的构建源于基础规范,基础规范是创制整个规范体系的基本规则,是一个被预设为有最终效力的规范,基础规范的效力就来源于其自身,也被称为最高规范;基础规范所建立的是一种权威,而且基础规范又再次把创制规范的权力授予其他的权威机构或个人,这种授权就是将创制规范的权力从一个权威委托给另一个权威。❷ 凯尔森认为,法律规范的效力就在于其是经由"特定的规则而被创造出来",也可能因此而被废止丧失效力;法律规范的实在性就在于其是由"人的行为所创造和废止的",而不是以道德规范为衡量标准推理出来的。❸ 同一法律秩序内的法律规范都可以直接或间接地追溯到基本规范,通常具体表现为第一部宪法;只有经由宪法授权的权威机构和个人宣布后的规范才有约束效力,人们也可以基于这一预设来认定真正的合法权威。❹

在凯尔森看来,法律规范的效力受制于其所属的法律秩序,只要法律秩序没有以特定方式终止其效力时,这一规范就是持续有效的;但也有可能法律秩序不以其本身所规定的方式被废止或推翻,即如果人们通过革命方式改变旧秩序,则原有的法律规范除非有新秩序接受和授权,否则就不能继续有效。❺ 整个法律秩序的实效是单个法律规范有效力的前提条件,但是单个法律规范之所以有效力则是因为其是以合宪的方式创制的,即合

---

❶ PAULSON S L. How Merkl's Stufenbaulehre informs Kelsen's concept of law [J]. Revus, 2013 (21): 30 - 31.
❷ 凯尔森. 法与国家的一般理论 [M]. 沈宗灵, 译. 北京: 中国大百科全书出版社, 1996: 127 - 128.
❸ 凯尔森. 法与国家的一般理论 [M]. 沈宗灵, 译. 北京: 中国大百科全书出版社, 1996: 128 - 129.
❹ 凯尔森. 法与国家的一般理论 [M]. 沈宗灵, 译. 北京: 中国大百科全书出版社, 1996: 131.
❺ 凯尔森. 法与国家的一般理论 [M]. 沈宗灵, 译. 北京: 中国大百科全书出版社, 1996: 132 - 133.

法性受制于实效性。❶ 实效与效力的不同之处在于，一个规范可能没有实效但却有效力，即当适用该规定的条件具备时人们并不服从，这就是由于规范"被违反该规范的习惯所废除"，正如其"可以被习惯所创造一样"；这一点也与基础规范自身的属性有关，基础规范的内容不是主观臆想的，而是由事实决定，其功能在于对某些事实的规范性解释，所以一个大体上与现实一致的秩序才是有效力的，相当于"是"与"应当"之间的紧张关系。❷ 根据法的动态概念，只要某一规范是根据法律秩序的基础规范宪法所规定的方式或立法程序创制的，这一法律规范就从属于这一法律秩序。❸

二是法律规范的等级体系的生成机理。对凯尔森的位阶理论应先从其所提出的动态规范入手，其动态规范是强调法创制之前的立法过程，而静态理论是直接在法创制之后的既存规范。❹ 如前所述，凯尔森认为，法律规范的效力是由其创制方式所决定的，只要一个法律规范决定着另一规范创制的方式和内容，那么法律就在调整自己的创制；这两个规范之间的决定与被决定的关系就形成了不同层级的规范，即高级规范和低级规范，高级规范代表的是一种授权规范（empowering norm）以确认所制定低级规范是否有效的标准，高级规范最终回溯到整个法律秩序的最高点基础规范为终点。❺ 凯尔森的法律规范等级体系中统一的法律秩序运行的基础就是基础规范，而基础规范就是预设于立法活动之前历史上的第一部宪法，规定着在何种情况下可以以何种方式实施强制，这一预设的基础规范的有效性来自普遍的遵守。❻ 基于基础规范，实体法意义上的宪法调整着一般法律规范的创制，不仅决定立法的机关和程序，还在一定程度上决定法律规范

---

❶ 凯尔森. 法与国家的一般理论 [M]. 沈宗灵，译. 北京：中国大百科全书出版社，1996：135.
❷ 凯尔森. 法与国家的一般理论 [M]. 沈宗灵，译. 北京：中国大百科全书出版社，1996：136.
❸ 凯尔森. 法与国家的一般理论 [M]. 沈宗灵，译. 北京：中国大百科全书出版社，1996：139.
❹ PAULSON S L. On the implications of Kelsen's doctrine of hierarchical structure [J]. The Liverpool law review, 1996, 18 (1)：55.
❺ 凯尔森. 法与国家的一般理论 [M]. 沈宗灵，译. 北京：中国大百科全书出版社，1996：141；PAULSON S L. On the implications of Kelsen's doctrine of hierarchical structure [J]. The Liverpool law review, 1996, 18 (1)：53, 55.
❻ JAKAB A. Problems of the Stufenbaulehre：Kelsen's failure to derive the validity of a norm from another norm [J]. Canadian journal of law and jurisprudence, 2007, 20 (1)：37-38.

的内容,或以消极的方式规定不能对某些内容作出限制,或以积极的方式规定立法的事项,还可以规定这一法律秩序下包括司法判决和行政决定在内的所有其他规范的内容。❶

凯尔森的一般规范又是多层次的,认为宪法为了保障法律的进一步实施也会授权行政机关在立法机关制定的一般规范的基础上另外制定一些一般规范。❷ 这种被授权制定的规范依据法律规范而创制,在此基础上另一个规范又依据这一规范的规定而创制,最后一般规范的创制决定法院在具体案件中必须制裁的不法行为的个别规范的创制。凯尔森认为,一个法律规范有效力的唯一理由就是在宪法所规定的方式下创立,立法机关制定的每一个法律规范都以宪法是否被遵守为标准;整个法律秩序是"一般规范与个别规范根据法律调整自身的创造"而相互联结的体系,每一个规范都依据另一个规范的规定创制,并最终构成一个规范的有机统一体,因为所有创制的规范都可以回溯到基础规范中的规定。❸

三是法律适用与法律创制的有机统一。在凯尔森看来,法律的创制与法律的适用不是绝对对立的,一个法律规范的创制就是调整该规范创制的那个高级规范适用的过程,因为高级规范不仅决定创制低级规范的机关和程序,还决定低级规范中自由裁量的内容,所以每个创制法律的行为也是适用法律的行为。❹ 凯尔森认为,依据宪法治定的制定法在制裁执行之前只是"半制成品",只有司法判决执行之后才趋于结束,因为一般规范中对条件与后果的抽象规定只有在适用于社会现实后才能不断具体化。❺

凯尔森专门对司法判决所创立的个别规范的法律创制和法律适用的双重属性进行了深入的阐述,认为法院在作出判决时,既适用了一般规范法律,又创制了一个适用于案件争议双方的个别规范;因为法院在具体的案

---

❶ 凯尔森. 法与国家的一般理论 [M]. 沈宗灵,译. 北京:中国大百科全书出版社,1996:142 - 143,147.

❷ 以这种方式制定的规范被凯尔森称为条例(regulation)或命令(ordinance),凯尔森. 法与国家的一般理论 [M]. 沈宗灵,译. 北京:中国大百科全书出版社,1996:148.

❸ 凯尔森. 法与国家的一般理论 [M]. 沈宗灵,译. 北京:中国大百科全书出版社,1996:150.

❹ 凯尔森. 法与国家的一般理论 [M]. 沈宗灵,译. 北京:中国大百科全书出版社,1996:150 - 151.

❺ 凯尔森. 法与国家的一般理论 [M]. 沈宗灵,译. 北京:中国大百科全书出版社,1996:152.

件的审理中确定一般规范的抽象条件及其后果，不仅是系统性地陈述已经生效的法律，这一过程也有一定的构成性，是法律不断重新构建自己的过程。❶ 从其动态规范的观点来看，正如一般规范是在宪法的基础上创制的一样，法院的判决是在制定法或习惯法的一般规范的基础上创制的个别规范；个别规范由适用法律机关的法院所创制，法院的每一个司法判决要受一般规范的约束，同时又依据实体法的一般规范自由裁量或判决具体案件。❷ 在他看来，即使法院没有发现相应的一般规范，法院也以两种方式适用了实体法，一是宣称在实体法律秩序中并没有原告所主张的义务的规定，即依据现行法律，被告的行为是容许的；二是法院依据法律秩序授予的自由裁量对案件作出判决，在这种情况下，法院在作出制裁时，法院就相当于一个立法者。❸ 另外，凯尔森认为虽然既存的实体法决定着法院的判决，但不论一般规范规定得如何详细，判决的内容都不可能完全由实体法规范所决定，司法判决所创制的个别规范始终要补充一些新的东西才能个别化和具体化，所以说"法官也始终是一个立法者"，立法者始终是"适用法律的机关"。❹

此外，凯尔森还将法律秩序的间隙的假设与自由裁量联系起来。法律秩序的间隙是指现行有效的法律规范中由于缺少必要的前提，逻辑上不能将有效的法律适用于具体案件之中，但法官必须对一般规范中没有规定的行为作出制裁时出现的情况。❺ 宪法授权创制一般法律规范的机关认识到其所制定的一般规范在某些场合可能会导致不公正的结果，但又不可能预见到所要发生的具体情况；立法者所虚构的在逻辑上的"法律间隙"在一定的限制条件下授权法官作为一个立法者，在他认为显著不公正或与立法

---

❶ 凯尔森. 法与国家的一般理论 [M]. 沈宗灵, 译. 北京：中国大百科全书出版社, 1996：152-153.

❷ 凯尔森. 法与国家的一般理论 [M]. 沈宗灵, 译. 北京：中国大百科全书出版社, 1996：145.

❸ 凯尔森. 法与国家的一般理论 [M]. 沈宗灵, 译. 北京：中国大百科全书出版社, 1996：163-164.

❹ 凯尔森. 法与国家的一般理论 [M]. 沈宗灵, 译. 北京：中国大百科全书出版社, 1996：164-165.

❺ 凯尔森列举了《瑞士民法典》中的规定，"法官在缺乏可适用的法律规定时，可根据习惯法判决，无习惯时，则根据其作为立法者所制定的规则来判决"。凯尔森. 法与国家的一般理论 [M]. 沈宗灵, 译. 北京：中国大百科全书出版社, 1996：166.

者的意图不相容时，可使用这种授权创制新的个别规范。❶ 这种情况下法官作为立法者决定一些争端的解决方式，但并没有实际上填补有效力的法律的间隙，而是在有效力的法律中加了一个与任何一般规范不相关的个别规范。❷

综上所述，梅尔克和凯尔森的"法律秩序位阶结构"理论为本书提供了解读整个法律规范体系的宏观构想，也就是从基础规范到个别规范所有的法律规范都是通过高级规范法对低级规范的控制而创制的，任何不依据法律秩序所规定的规则创制的规范都不具有规范效力；同时该理论中对于法律规范之间的授权和效力的分析也为解决法律规范体系内部的冲突提供了方法论，不同的法律规范在法律秩序中的位阶是不同的，在上位阶的法与下位阶的法出现规范冲突时，上位阶的法优先。实际上，弗里德曼也同样秉承着这一观点，他认为规则"像金字塔那样按低级到高级排列"，具有等级性，当规则内容出现相互冲突时，"高级规则控制低级规则"，因为高级规则的制定者在金字塔中处于更高地位。❸ 这些在法律规范相互交错的情况下对法的适用作出选择有重要意义，因为法律规范内部常常存在紧张与对立，尤其是当很多法律规范都对同一事实作出了调整，而依据不同的法律规范其所产生的结果却大相径庭。尽管这一理论在今天来看似乎已经成为普遍共识，但对于判断单行条例的规范效力仍有一定的启示意义。

二、特别法优先于一般法的基本原则

一般认为，在我国的法律体系中，法的效力位阶主要由法的制定主体地位的高低、适用范围是否特定、制定时间的先后等因素决定，即对于不同立法主体遵循上位法优于下位法，对于同一立法主体遵循特别法优于一

---

❶ 凯尔森. 法与国家的一般理论 [M]. 沈宗灵, 译. 北京：中国大百科全书出版社, 1996：167 - 168.
❷ 凯尔森. 法与国家的一般理论 [M]. 沈宗灵, 译. 北京：中国大百科全书出版社, 1996：166.
❸ 弗里德曼. 法律制度——从社会科学角度观察 [M]. 李琼英, 林欣, 译. 北京：中国政法大学出版社, 1994：46.

般法,新法优于旧法。❶ 这些原则不仅是我国《立法法》中所明确规定的,实际上也是国际社会解决法律适用冲突时所通用的基本适用规则。❷ 然而,单行条例由于其立法目的和变通属性,使其在适用过程中很可能会出现与其他法律法规的规定不一致的情形,不仅会面临上位法和下位法的困扰,还会出现特别法与一般法的争论。以下将进一步对特别法优先于一般法的基本原则进行深入阐释,以期为单行条例的位阶不明问题提供一定的方法论。

特别法优先于一般法的适用原则可以追溯到古罗马时期,据考证,为古罗马法学家伯比尼安(Aemilius Papinianus)最早提出,通常被简称为"特别法规则"(lex specialis)。❸ 在意大利学者彼德罗·彭梵得(Pietro Bonfante)的《罗马法教科书》中就提到了与现代特别法和一般法分别相对应的两个概念"个别法"与"共同法",个别法是出于特殊原因而"对某个一般规范加以变通的个别规范",也就是"一般规范的例外",而与此相对的"共同法"是在个别例外情况之外普遍适用的一般规范。❹ 在罗马法中,个别法与特权是不同的,因为个别法并没有因出于合理的目的而作出完全违背公平的例外规定,而特权通常是对某个人或某个阶层的照顾性条件而豁免其负担的义务性的规则;在一些极端情况下,个别法与特权有时又会界限模糊,容易混淆,如罗马帝国时期军人遗嘱程序的个别法,就"构成对罗马继承的一切最高原则的变通",使特定的阶层得到优待。❺ 在罗马法渊源中,个别法常以"功利原因"来表述,个别法被认为是立法机关"为某些功利而引入的违背法的一般规则的法",在某些例外情形下,

---

❶ 葛洪义. 法理学教程[M]. 北京:中国政法大学出版社,2004:133-134;曾粤兴. 立法学[M]. 北京:清华大学出版社,2014:111.

❷ 其拉丁文的表述分别是"lex superior derogat legi imperiori""lex posterior derogat legi priori" "lex specialis derogat legi generali".

❸ LINDROOS A. Addressing norm conflicts in a fragmented legal system: the doctrine of lex specialis[J]. Nordic journal of international law, 2005, 74(1):35.

❹ "个别法"与"共同法"拉丁文的表述分别为"ius singulare"与"ius commune",彭梵得. 罗马法教科书[M]. 黄风,译. 3版(修订本). 北京:中国政法大学出版社,2005:8.

❺ 如根据罗马的"财产清单照顾"(beneficium inventarii),死者财产的继承人可以不遵守罗马继承的最高原则,无须偿还超过继承财产总额的债务。彭梵得. 罗马法教科书[M]. 黄风,译. 3版(修订本). 北京:中国政法大学出版社,2005:9.

"适当软化对一般原则的严格适用的照顾性条款"❶。但由此可见,在罗马法中,个别法强调的是对一般规范的变通和例外规定,以及相对有限的适用范围。

对于一般法与特别法,通常可以从法的适用的时间效力、空间效力、对人的效力、调整事项四种标准进行划分。❷ 从时间效力来看,可分为适用于平常时期的一般法和非常时期的特殊法;从空间效力来看,可分为适用于全国范围的一般法和适用于特定地区的特殊法;对人的效力来看,可分为适用于所有公民的一般法与只对特定的人有效的特殊法;从调整事项来看,可分为适用于一般事项的一般法和适用于特定事项的特别法。前述三个标准看似容易区分,但是当其与具体的事项交织在一起可能就会难以识别,尤其是当两个法律规范在时空效力和对人的效力方面都不存在差异,但两个法律规范仍在逻辑上构成一般法与特别法的关系,即当一个法律规范所调整的事项为另一个法律规范所全部包含,而且后者还包括一些额外的因素❸,即在"事实构成上存在包含与被包含的关系",则前者为一般规范,后者为特殊规范。❹ 此外,一般法与特殊法是一组相对概念,同一法规范以不同的法规范作为参照时,其既可以是一般法,也可以是特殊法,更多要基于具体案件所涉及的事项来判断。

对于特别法的优先适用,必须阐明的问题是这种优先是否会对法治统一构成威胁。拉兹在其所主张的法治基本原则中强调,特别法的制定应有"公开、稳定、明确的一般规则指导",他认为因为一般法可能会对宗教或种族方面的歧视性规定加以制度化,而这些规定却不一定有利于平等保护;尽管特别法可能会对法治带来不可预测性,但如果特别法的制定能严格限定在一般法所构建的框架范围内,既授予其必要的权力,也给予其相应的指导,就可以最终维护一般法的绝对权威地位。❺ 在拉伦茨看来,特

---

❶ 但对"功利"的强调不是个别法的特有情况,共同法也不仅仅是基于逻辑,同时也是以功利为基础的,即为了确保每个人能以"公正"的方式最适当地谋求本人利益;彭梵得. 罗马法教科书 [M]. 黄风,译. 3 版(修订本). 北京:中国政法大学出版社,2005:8-9.

❷ 周旺生. 法理学 [M]. 西安:西安交通大学出版社,2006:248;张文显. 法理学 [M]. 北京:高等教育出版社,1999:55-56.

❸ 拉伦茨. 法学方法论 [M]. 陈爱娥,译. 北京:商务印书馆,2003:146.

❹ 董书萍. 法律适用规则研究 [M]. 北京:中国人民公安大学出版社,2012:70.

❺ 拉兹. 法律的权威 [M]. 朱峰,译. 北京:法律出版社,2005:188.

殊规范在特定的狭小范围排除一般规范的适用,并不必然对特殊规范的适用形成限制,因为当竞合的法条所产生的效果彼此相容时,特殊规范在其适用范围对一般规范的补充、修正或取代,属于立法者的目的论或体系解释的范畴;反之,当二者产生的法的效果相冲突时,特殊规范才排除一般规范的适用,否则,特殊规范将完全没有任何适用的领域。❶换言之,只有在这种情况下,特别法中的例外规定的变更性才会在一定程度上使一般法的适用范围有所限缩。

在我国,学界对于特别法与一般法是否必须限于同位法之间的问题争议颇多。一般认为,特别法与一般法的关系不能突破法的效力层级秩序,只能是限定在同一位阶基础上,对于不同位阶的法规范应适用上位法与下位法的关系,否则会徒增混乱。❷我国《立法法》第 103 条中所强调的"特别规定与一般规定不一致的,适用特别规定"也是针对"同一机关制定的"法律、行政法规、地方性法规、单行条例等。还有一种观点认为,特别法与一般法的关系在不同位阶的法规范之间也存在,可以归纳为同一机关制定的法规范,不同位阶的法规范,"变通规定与原规定"三种情形。❸本书倾向于后一种观点,因为我国《立法法》第 101 条中就有明确规定,自治条例和单行条例依法对上位法作出变通的,应在本自治地方适用;既然适用就意味着有规范效力,而变通规定与上位法的位阶关系就超越了简单的同一位阶的限定。

从比较法视角来看,罗马法体系中的特别法可以是同一个国家内不同属地的法或习惯,通常是由于该地区历史上曾是独立国家或他国的一部分而产生的,如日耳曼帝国时期帝国与各个独立王国❹,以及在罗马法继受的过程中并存的邦国立法产生的"地方法"(territorialrecht)与以罗马法为主的"共同法"(gemeinen Rechts)。相对而言,共同法是一种补充性法

---

❶ 拉伦茨. 法学方法论 [M]. 陈爱娥,译. 北京:商务印书馆,2003:146.
❷ 刘志刚. 法律规范的冲突解决规则 [M]. 上海:复旦大学出版社,2012:98;董书萍. 法律适用规则研究 [M]. 北京:中国人民公安大学出版社,2012:72.
❸ 胡建淼. 法律适用学 [M]. 杭州:浙江大学出版社,2010:536;孔俊祥. 法律方法论——法律规范的选择与适用:第 1 卷 [M]. 北京:人民法院出版社,2006:268.
❹ 萨维尼. 法律冲突与法律规则的地域和时间范围 [M]. 李双元,等译. 北京:法律出版社,1999:10.

规范，通常只在各地方法的规定存在分歧时才能被应用。❶ 特别法还可能是整个省与特定的教区或城市，甚至还可能是同一个城市内；城市特别法通常由国王制定或由城市执政官经国王授权或批准后制定，中世纪意大利广泛存在的城市特别法起源于罗马帝国时期，各自分立的共和国在联合为帝国之后受罗马制定的法律控制的同时，仍然一定程度保留有立法权。❷ 萨维尼认为，正如德国法谚所揭示的，"意愿击破城市法，城市法击破邦国法，邦国法击破共同法"❸，在任何一个国家内，"特别法可以产生于不同的等级和层次"，这些有实效的各自独立的特别法在相互发生冲突或抵触时，必须对适用哪一种特别法作出明确判断，通常情况遵循的规则是"适用范围最为狭窄的法律通常具有优先权"，这一原则只在一种情况例外，即"比其适用范围更广的法律包含有绝对的、强制性的特别规定"❹。

此外，国际争端的解决也会涉及特殊法优于一般法的原则，在国际法中，特别法优先适用并不强调只适用于同一制定主体制定的或同一位阶的两个规范，而是用以强调各国自行制定的双边或多边协议优先于国际社会普遍适用的一般性法律规范。❺ 科斯肯涅米（M. Koskenniemi）甚至认为其不仅是国际公法中的"一种广为使用的法律解释方法，也是一项解决规范冲突的技术"❻。这一原则很早就是国际社会的共识，格劳秀斯曾在阐述"条约解释"时提到，如果相互冲突的条约都是平等的，"优先权应给予那

---

❶ 但这并不代表共同法很少被适用，共同法这一概念通过法典被保留下来了，在实际应用中在各地都具有一定优势。萨维尼. 当代罗马法体系：第1卷 [M]. 朱虎，译. 北京：中国法治出版社，2010：86.

❷ 萨维尼. 法律冲突与法律规则的地域和时间范围 [M]. 李双元，等译. 北京：法律出版社，1999：11.

❸ 转引自萨维尼. 当代罗马法体系：第1卷 [M]. 朱虎，译. 北京：中国法治出版社，2010：223.

❹ 萨维尼也承认这种法的冲突不是简单地由这一规则来支配，还有籍贯、住所、人的身份等诸多因素要考虑，但认为任何一个国家都不可能完全通过立法来调整这种矛盾，大量的问题必须通过司法实践来解决。萨维尼. 法律冲突与法律规则的地域和时间范围 [M]. 李双元，等译. 北京：法律出版社，1999：11-12.

❺ KOSKENIEMI M. Fragmentation of international law: difficulties arising from the diversification and expansion of international law [R/OL] Geneva: International Law Commission, 2006: 210. (2006-4-13) [2017-1-24]. http://legal.un.org/ilc/documentation/english/a_cn4_l682.pdf.

❻ LINDROOS A. Addressing norm conflicts in a fragmented legal system: the doctrine of lex specialis [J]. Nordic journal of international law, 2005, 74 (1): 36.

些更为详细、更接近相关主题的条约"❶。因为相对于一般法而言，特别法是针对具体问题而制定的，更能切中要害解决问题和更精确地反映缔约方的意志，而且特别法优先也是在具体实施一般法，援引特别法的诉求的有效性是以整个法律体系为基础的，否则特别法的制定、修改、废止，以及特殊性都无从说起。❷ 不管是作为例外还是具体实施措施的特别法，都要有一般法的授权才能有效运行，但如果一般法明确禁止任何形式的特别法，即属强制性规范时，则任何偏离一般法的特别法都是不允许的。❸

由此可见，从国际视野的横向与纵向比较来看，如果特别法的创制经一般法授权并获得认可，特别法与一般法也可以存在于不同层次的法律规范之间；而且只要特别法的制定、撤销、适用范围等都受制于一般法的规定，特别法优先也不一定会构成对一般法规范效力的减损，甚至还可以在一定程度上更有效、更灵活地贯彻实施一般法。

三、厘清单行条例效力位阶的二元路径

我国民族自治地方内部各民族"大杂居"与"小聚居"的情况并存，即便是同一个立法主体民族自治地方人大制定的自治条例、单行条例、地方性法规所规定的内容也可能存在不一致的情形。在一些自治区下还设有其他少数民族的自治地方，如新疆维吾尔自治区内部还有自治州和自治县三级并存，在其他省市的辖区内也有自治州和自治县的情况，这就决定了单行条例的层次效力关系非常复杂；法院在司法适用时一旦遇到单行条例的变通规定与地方性法规、行政法规和法律规定不一致的情形时，就难以准确把握单行条例的效力位阶并积极适用。单行条例与地方性法规在立法

---

❶ 格劳秀斯. 战争与和平法 [M]. 何勤华，等译. 上海：上海人民出版社，2005：246.

❷ KOSKENIEMI M. Fragmentation of international law: difficulties arising from the diversification and expansion of international law [R/OL] Geneva: International Law Commission, 2006: 30, 54. (2006-4-13) [2017-1-24]. http://legal.un.org/ilc/documentation/english/a_cn4_l682.pdf.

❸ 人权条约中通常不允许缔约国采取任何特别法减损条约内容。此外，如果一般法没有对是否允许特别法存在作明确说明，就只能依据法律解释来解决。KOSKENIEMI M. Fragmentation of international law: difficulties arising from the diversification and expansion of international law [R/OL] Geneva: International Law Commission, 2006: 49-50. (2006-4-13) [2017-1-24]. http://legal.un.org/ilc/documentation/english/a_cn4_l682.pdf.

事项上的交叉重合更使单行条例的效力位阶的厘定显得尤为重要，以下将尝试从梅尔克和凯尔森的法律位阶理论以及特别法优于一般法的原则出发，审视我国民族自治地方单行条例在自治法规内部以及其相较于与其他法律法规的效力位阶。

（一）单行条例在自治法规体系内部的效力位阶

单行条例在自治法规体系内部的效力位阶主要从两个层面展开，即同一民族自治地方的自治条例和单行条例的效力位阶比较；自治区、自治州、自治县三级自治条例和单行条例的效力位阶比较。

1. 同一民族自治地方的自治条例和单行条例的效力位阶比较

同位阶的法律规范法律效力相同，而自治条例和单行条例的法定立法主体均为民族自治地方人大，是否能依此判断同一立法主体制定的自治条例、单行条例效力相同？鉴于自治条例与单行条例关系复杂，应该分两种情形讨论。

一方面，实际上很多民族自治地方的自治条例和单行条例之间的内部还存在逻辑上的先后与衍生关系。自治条例通常是先于单行条例制定出台的；自治条例是规范民族自治地方内部事务的总章程，"带有综合性"，涉及"实行区域自治的各项根本问题"[1]，常被称为民族自治地方的"小宪法"[2]，单行条例则只限于对某一方面的事项的调整，但在实践中也有依据自治条例而制定的，甚至一些单行条例在第1条中会明确注明以自治条例为立法依据。[3] 依据凯尔森的法律位阶理论，法的创制与法的执行和适用不是绝对对立的，立法过程中既有法的创制，也有法的执行。[4] 自治条例的立法过程中既创制了下级规范内容的规范，同时也执行了《宪法》和《民族区域自治法》。可以说，自治条例在民族区域自治法律法规体系内部

---

[1] 吴杰，廉希圣，魏定仁. 中华人民共和国宪法释义 [M]. 北京：法律出版社，1984：172.
[2] 熊文钊. 民族法治体系的建构 [M]. 北京：中央民族大学出版社，2012：240.
[3] 这样的例子有很多，以《甘孜藏族自治州藏族语言文字条例》为例，在该条例的第1条中明确强调，"根据《中华人民共和国宪法》《中华人民共和国民族区域自治法》《中华人民共和国国家通用语言文字法》及《甘孜藏族自治州自治条例》等有关法律、法规，结合甘孜藏族自治州（以下简称自治州）实际，制定本条例"。
[4] 凯尔森. 纯粹法理论 [M]. 张书友，译. 北京：中国法治出版社，2008：92.

既是《民族区域自治法》的"实施细则",❶ 又是民族自治地方实施区域自治的"配套立法"。❷ 一些民族自治地方的单行条例在正文第 1 条中就明确表示该法规依据有关法律法规和自治条例制定,在表述立法依据的条文中甚至还出现只强调自治条例,对于法律法规中的立法依据却不明确列举的情形。❸ 在一些民族自治地方的立法实践中,自治条例和单行条例的提案程序也是有所区别的,以黔西南布依族苗族自治州为例,自治条例的制定和修改的议案只能经由自治州人大常委会或 1/5 的人大代表联名,而单行条例的提案主体则相对更为广泛,包括自治州人大常委会、主席团、政府、人大专委会、1 个代表团或人大代表 10 人以上联名提出。❹ 此时民族自治地方人大制定的自治条例与单行条例的关系一定程度上类似于全国人大制定的宪法与法律的关系,二者相当于上位法与下位法的关系。在这种情况下,如果单行条例所规定的内容与自治条例相抵触时,就应优先适用具有更高效力位阶的自治条例。

另一方面,一些民族自治地方单行条例与自治条例一样都是直接依据《民族区域自治法》的有关规定而制定的,在立法程序上也完全一致。二者只是在功能定位上有所不同,自治条例多为涉及民族自治地方行使自治权的基本问题的确认,而单行条例则是针对某一具体问题的专门性规定。这也解释了为什么有学者认为自治条例与单行条例之间的关系是"一般法与特别法的关系"❺。尤其是,在立法实践中新疆维吾尔自治区所辖的 11 个民族自治地方在尚未制定自治条例的情况下出台了单行条例,自治条例和单行条例之间逻辑上的衍生关系就无从谈起,有学者还提出体系化的单

---

❶ 陆德山,石亮天. 我国地方立法研究 [M]. 长春:吉林大学社会科学论丛编辑部,1988:223.
❷ 刘玲. 民族自治县自治条例立法工作的基本经验和发展方向——以《长白朝鲜族自治县自治条例》为样本 [J]. 民族论坛,2015 (6):5.
❸ 比如《彭水苗族土家族自治县城乡建设管理条例》第 1 条中规定,"根据《彭水苗族土家族自治县自治条例》等有关法律、法规的规定,结合本县实际,制定本条例";《吉林省延边朝鲜族自治州牧业用地管理条例》第 1 条规定,"根据国家、省有关法律、法规及《延边朝鲜族自治州自治条例》的规定,结合自治州实际,制定本条例";再比如《长阳土家族自治县农村合作经济承包合同管理条例》第 1 条中"根据《长阳土家族自治县自治条例》第十六条规定,结合自治县的特点,制定本条例"。
❹ 详见《黔西南布依族苗族自治州立法条例》第 6 条规定。
❺ 郑毅. 再论自治条例和单行条例的法律地位——基于规范位阶和效力位阶的二元化视角 [J]. 广西民族研究,2014 (1):33.

行条例可以弥补自治条例缺失的问题。❶ 在这种情况下，自治条例和单行条例属于同位阶的法，对于同一机关制定的法律规范，依据《立法法》第103 条规定，"特别规定与一般规定不一致的，适用特别规定；新的规定与旧的规定不一致的，适用新的规定"。如果作为一般法的自治条例与作为特别法的单行条例的规定不一致，则应适用单行条例。然而，如果某一民族自治地方的自治条例在单行条例之后出台，此时二者之间不仅存在一般法与特别法的关系，而且从立法的时间上又存在旧法与新法的关系，特别法优先一般法与新法优先旧法两个适用原则就可能存在竞合，就只能依据《立法法》第 107 条的规定，由制定机关民族自治地方人大作出裁决后再适用。❷

2. 不同层级的民族自治地方的自治条例和单行条例的效力位阶比较

在民族自治地方辖区内部下设有其他层级的民族自治地方的情形下，单行条例的位阶也需要另外考虑。以较为典型的新疆维吾尔自治区为例，该自治区下设有 5 个自治州、6 个自治县，其中有 4 个自治县又在自治州的辖区内。❸ 据统计，全国 120 个自治县中直接隶属于自治区和自治州的分别有 17 个和 19 个，30 个自治州中隶属于自治区的有 5 个，均分布在新疆，累计占自治州和自治县总数的 27.3%。❹ 当自治区、自治州、自治县三级并存时，这些不同级别的民族自治地方制定的自治条例和单行条例之间是否存在类似于行政区划下不同地方的规范性文件之间的效力位阶呢？尽管现实中唯一有三级民族自治地方架构的新疆维吾尔自治区以及其所辖的 5 个自治州和 6 个自治县都还未出台自治条例，但自治州与自治县的单行条例之间的位阶仍然需要明确，其他省、市、自治区所辖自治州与自治县两个层级的单行条例之间的位阶关系也需要予以明确。自治区、自治

---

❶ 阙成平．论以自治区单行条例替代自治条例的法理 [J]．广西民族研究，2013 (4)：9 – 10．

❷ 最高人民法院关于印发《关于审理行政案件适用法律规范问题的座谈会纪要》的通知 (法〔2004〕96 号) 中也有类似规定，在不能明确新的一般规定是否允许旧的特别规定继续适用时，应由高级人民法院送请制定机关裁决。

❸ 新疆的木垒哈萨克自治县、焉耆回族自治县、察布查尔锡伯自治县和布克赛尔蒙古自治县分别属于新疆维吾尔自治区昌吉回族自治州、巴音郭楞蒙古自治州、伊犁哈萨克自治州管辖。

❹ 郑毅．论上下级民族自治地方政府间关系的法律调整 [J]．法商研究，2015，32 (4)：81 – 82．

州、自治县的自治条例和单行条例的立法授权都可以直接回溯到《宪法》第 116 条的规定。虽然 1982 年《宪法》规定的立法程序中，自治区与自治州和自治县的报批机关有所不同❶，但是宪法赋予各民族自治地方的自治权是平等的，换言之，单行条例的效力位阶不是由批准机关决定，而是由自治机关的自治权所决定的；❷ 否则，无异于将自治区、自治州、自治县的自治立法权与一般地方的地方立法权等同。

基于此，自治法规体系内部自治条例和单行条例的位阶关系也不能一概而论地认为自治条例应高于单行条例，要结合各个民族自治地方的立法实践来具体分析。当自治区、自治州、自治县三级单行条例在同一民族自治地方同时适用时，可依据萨维尼的观点，遵循"适用范围最为狭窄的法律通常具有优先权"的原则❸，即应依次优先适用辖区较小的民族自治地方所制定的单行条例。

（二）单行条例相较于其他法律法规的效力位阶

对于单行条例效力位阶的争论与其立法程序中的报批机制密不可分。单行条例的制定主体与报批机关的不一致，使得判断法律位阶的一般方法似乎难以奏效。单行条例的特殊性又在于可变通上位法，效力位阶的确定对于变通条款的适用具有重要意义。在民族自治地方的立法实践中，立法机关往往将自治立法权等同于一般的地方立法权，单行条例的变通属性在一定程度上被淹没在一般地方立法的内容和条款之中，其直接后果就是当地司法机关将单行条例作为一般地方性法规来适用。通常情况下，这种理解也不妨碍单行条例的实施，但是一旦单行条例中偶然有涉及变通条款确与上位法存在分歧时，单行条例的实施和适用就可能遭遇窘境。

如果依据制定机关的标准，单行条例就没有区别于一般地方性法规的特殊位阶之必要，单行条例在法律体系中的效力位阶就只需直接依据所在民族自治地方对应的行政级别来判断；而依据报批机关的不同，则自治

---

❶ 在 1954 年《宪法》第 70 条第 4 款和 1978 年《宪法》第 39 条第 2 款都规定的是，自治区、自治州、自治县的自治机关制定自治条例和单行条例，均须报请全国人大常委会批准。
❷ 王培英. 论自治条例和单行条例的法律地位问题 [J]. 民族研究，2000（6）：2.
❸ 萨维尼. 法律冲突与法律规则的地域和时间范围 [M]. 李双元，等译. 北京：法律出版社，1999：11-12.

区、自治州、自治县三个层级的单行条例就出现了民族自治地方自治权限上的差异。依据《立法法》的规定，设区的市的地方性法规立法与自治州、自治县的单行条例立法一样，需要向省一级人大常委会报批，但对于地方性法规审批仅限于合法性审查。审批机关对于设区的市报批的地方性法规与省一级政府规章相抵触的情形，立法机关倾向于认为设区的市制定的地方性法规一旦经批准，在本行政区域内其法律效力与省一级的地方性法规相同，高于省一级政府规章。❶ 按此逻辑，自治州与自治县制定的单行条例至少也应该享有省一级地方性法规的法律地位，而自治区制定的单行条例则应该高于本省制定的地方性法规，享有与全国人大常委会制定的法律相同的效力位阶。然而，从法适用的范围来看，民族自治地方的单行条例均属于地方立法范畴，与全国人大常委会制定的适用于全国范围的法律有着显著差异。从上述分析来看，不管是依据制定机关还是报批机关，都不能对单行条例的效力位阶进行有效说明。

对于单行条例的效力位阶的分析，应该从民族自治地方的自治立法权的授权规范来探究。学界对民族自治地方的自治立法权属性的讨论，主要围绕其是否属于授权立法、职权立法、共同立法、原创性立法的问题。与全国人大常委会通过决议授权后制定的经济特区法规和过渡性行政法规不同的是，民族自治地方所享有的自治权源于《宪法》中关于民族区域自治的基本政治制度的规定，它应是一种专属的职权立法，具体表现为，民族自治地方人大依据《宪法》和《民族区域自治法》所规定的自治权制定法律规范的活动，其立法依据的是"当地民族的政治、经济和文化特点"，而依据《立法法》第 85 条第 2 款，这一法定职权的边界是不得违背上位法的基本原则、不得变通上位法专门对民族自治地方作出的规定。❷

上述是高级规范对于单行条例创制的授权，而从高级规范对于单行条

---

❶ 对于审批过程中发现的这种情形，通常是由省一级人大常委会酌情处理：如认为省一级的政府规章不适当，可批准设区的市的地方性法规，同时责成省一级政府对规章进行修改；如认为设区的市的地方性法规不适当，也可责成其进行修改或不予批准。乔晓阳.《中华人民共和国立法法》导读与释义 [M]. 北京：中国民主法治出版社，2015：247.

❷ 依据《立法法》第 85 条第 2 款，"自治条例和单行条例可以依照当地民族的特点，对法律和行政法规的规定作出变通规定，但不得违背法律或者行政法规的基本原则，不得对宪法和民族区域自治法的规定以及其他有关法律、行政法规专门就民族自治地方所作的规定作出变通规定"。

例的损毁或撤销来看，也有其特殊性。依据《立法法》第 107 条和第 108 条，全国人大和全国人大常委会因自治条例和单行条例违反上位法而将其撤销的情形也只限于《立法法》第 85 条第 2 款中的内容。换言之，如果自治条例和单行条例违反上位法的非原则性规定和不是专门就民族自治地方制定的规定时，则不属于可以撤销的情形。另外，尽管自治州与自治县的单行条例在立法程序上与设区的市的地方性法规一样，都需要省一级人大常委会批准，但是省人大只能撤销由省人大常委会制定或批准的不适当的地方性法规，全国人大常委会才能撤销自治州和自治县的单行条例。因此，单行条例应高于省一级地方性法规和设区的市的地方性法规，但不应包括省一级制定的实施民族区域自治法的若干规定和部委规章中对民族自治地方的专门规定。因为这些法律规范在创制的过程中本身已经充分考虑了民族自治地方的特殊性，单行条例的效力只有从属于这些法律规范才能保障整个法律体系的协调一致。

尽管目前民族自治地方的单行条例在很大程度上承载的是地方立法功能，但毋庸置疑，这也是民族自治地方行使自治权的一种有效方式；即使单行条例与地方性法规一样，并没有依据当地民族特点制定变通条款，也不应影响其在整个法律体系中的效力位阶。当然，在这种情况下，将单行条例作为地方性法规来适用，也不会构成单行条例与上位法之间的任何规范冲突，效力位阶的问题也就似乎不会成为争议的焦点了。另一种情形是民族自治地方人大依据高级规范授权在法定范围内行使变通权，制定单行条例。此时单行条例的创制只受制于宪法、法律和行政法规中的专门规定。我国《宪法》第 5 条第 2 款强调宪法的绝对权威，但在该条第 3 款所列举的不得抵触宪法的法律规范中却只强调了法律、行政法规、地方性法规，唯独没有提及民族自治地方的单行条例；因为"单行条例从本质上说，是由当地的人民根据自己管理自己的原则拟定的，本身并不属于国家权力造法的系统"❶，这应该也是《立法法》规定单行条例在民族自治地方范围内应优先于其他上位法适用的重要原因。

因此，尽管单行条例相对于中央立法而言属于地方立法的范畴，但单

---

❶ 此处自治法规即民族自治地方制定的自治条例和单行条例。徐显明. 法理学［M］. 北京：中国政法大学出版社，2007：135.

行条例的效力位阶排序与其他地方性法规完全不同,不应再含混地排列在其他法律规范之中。依据梅尔克、凯尔森位阶理论中低级规范的合法性源自高级规范的授权,同时高级规范又限制低级规范必须以其所规定的方式创制,而自治条例和单行条例的效力可以依次回溯到实定法的最高规范宪法中的明确授权,其效力位阶应依次排列为:第一,宪法;第二,以民族区域自治法为代表的专门对民族自治地方作出规定的法律;第三,以"国务院实施民族区域自治法的若干规定"为代表的专门对民族自治地方作出规定的行政法规;第四,以省一级制定的实施民族区域自治法的若干规定或办法为代表的地方性法规和部委规章;第五,自治条例与单行条例。换言之,单行条例效力位阶的排序应只限于民族区域自治法律法规体系内部,即以《宪法》为基础,以《民族区域自治法》为主干,以其他涉及民族地区和少数民族的法律法规、部门规章、地方性法规,以及自治条例和单行条例为主要内容的法律法规体系。❶ 基于此,单行条例并不是与所有的法律规范都构成位阶关系,更多的场合只需要依据特别法优于一般法的原则来选择适用即可。

第四节 长效机制:单行条例立法完善与司法适用的良性互动

通识认为,立法是人民意志的集中反映,而司法则是为保障立法机关制定的法律规范正确执行而存在的;从这个角度说,立法与司法的关系本就应该是和谐一致的。然而,在司法实践中却可能会出现另一图景。由于我国法律体系中立法主体繁多,而且各法律规范所调整的事项可能相互重叠,在单行条例的变通条款的适用过程中就可以充分凸显出立法与司法在现实中的巨大张力。一方面,法院应该不受任何其他外部力量的干预,在

---

❶ 在一些文献中还有与此相类似的表述,即"民族区域自治法规体系"。罗成徽. 中国当代政治制度 [M]. 广州:中山大学出版社,1993:287-288;中共新疆维吾尔自治区委员会党史研究室. 中国共产党与民族区域自治制度的建立和发展:下 [M]. 北京:中共党史出版社,2000:703.

依法独立地审理案件过程中适用单行条例；另一方面，法官并不一定真正懂得单行条例的特殊属性，如果在这种情况下，法院的审判还任由法官的个人专断来决定适用与否，那单行条例的立法将一直停留在纸上条文，难以实现法律与社会效果的统一，更无法实现民族法治的战略目标。因此，如何实现两者的相互衔接，形成良性互动，不仅是一个完善民族区域自治的重要理论课题，还是一个民族自治地方必须妥善处理的现实问题。如果说上述关于单行条例的效力位阶的厘定和适用方法的阐述旨在解决司法适用中的"不会用"的问题，那么这一部分则旨在从立法机关角度寻找有利于单行条例更好地司法适用的有效途径。以下将主要在从立法为司法适用提供保障与司法推动立法完善两个不同维度致力于寻找司法和立法之间互动的最佳平衡点，当然这还需要理论和实践的不断磨合，所以本节只是对这一思路的一种探索和努力。

一、外在保障：单行条例备案信息的适当公开

单行条例作为民族自治地方变通立法最主要的载体❶，其对上位法的这种变通是否合法正当，还需要有事后的监督机制来制衡。备案审查制度是我国的一项宪法监督制度，对于保障宪法和法律的贯彻实施，以及维护国家法治的统一有着重要意义。正如之前的章节所讨论的，单行条例的制定程序具有特殊性，使得单行条例立法后的监督工作较为复杂，所以对单行条例的审查标准的设计也需要更加严谨和周全。以下将对单行条例的备案审查中常用的合宪性与合法性标准进行梳理，在此基础上，再分析增加合理性考量的重要性，进一步提出保障单行条例顺利实施的举措。

当前，对于单行条例备案审查主要是对法条的合宪性和合法性的审查，审查其"是否与宪法和法律相抵触"。依据《立法法》第 109 条和第 110 条的规定，这种审查可以分为主动审查和被动审查两种方式。对于主动审查，主要是指全国人大专门委员会和常委会工作机构可以自行对单行

---

❶ 每个民族自治地方只能制定一部自治条例，而且由于其内容具有综合性使得具体变通上位法的规定较为有限。据学者统计，截至 2009 年之前制定的自治条例中没有发现具体变通条款。张文山. 通往自治的桥梁——自治条例与单行条例研究 [M]. 北京：中央民族大学出版社，2009：473.

条例进行审查并出具书面意见，抑或在此基础上再联合宪法和法律委员会一起召开联合审查会议，在单行条例的制定机关到会说明情况后再提出审查意见。被动审查则是基于国务院、中央军委、最高法、最高检和省一级人大常委会向全国人大常委会提出的书面审查要求，或基于其他国家机关和社团、企事业单位以及公民向全国人大常委会提出书面审查建议，由全国人大常委会的工作机构或有关专委会审查后提出意见。

需要强调的是，对于自治区的单行条例的备案审查，虽然《立法法》没有规定其需要与自治州和自治县一样报国务院和全国人大常委会备案，但其在立法程序上需要经过全国人大常委会的批准才能制定，这实际上是比自治州和自治县的单行条例更为严格的审查程序。❶ 在立法实践中，全国人大常委会作为批准机关会一定程度上参与自治区单行条例的立法，在报批环节有权不予批准或就条文提出各种修改意见。另外，在 2018 年的《宪法》修正案中将全国人大下设的"法律委员会"修改为"宪法和法律委员会"，实际上意味着法律委员会的职责在之前的审议法律草案的基础上新增了推进合宪性审查和加强宪法监督等内容。全国人大闭会期间，宪法和法律委员会与其他专委会一样由全国人大常委会负责管理，故而自治区的单行条例的报批程序的事先审查和事后再审查都主要是由全国人大常委会行使。也正因如此，为保障审查的有效性，有观点认为对于自治区的单行条例的审查只能是对生效前立法程序的审查，而不应该是生效后对立法内容的审查。❷

另外，与一般地方性法规相比，合法性审查标准对于单行条例也略显苍白无力。因为《立法法》第 85 条第 2 款规定，"自治条例和单行条例可以依照当地民族的特点，对法律和行政法规的规定作出变通规定，但不得违背法律或者行政法规的基本原则，不得对宪法和民族区域自治法的规定以及其他有关法律、行政法规专门就民族自治地方所作的规定作出变通规定"。换言之，只要单行条例不违背《宪法》，不违背上位法的基本原则以及其专门针对民族自治地方作出的规定，单行条例中对上位法的变通就是合法有效的。而《立法法》第 108 条再次确认了这一变通范围，该条规定

---

❶ 乔晓阳.《中华人民共和国立法法》导读与释义［M］. 北京：中国民主法治出版社，2015：304.

❷ 莫纪宏. 自治条例和单行条例合宪性审查的法理及分层［J］. 甘肃社会科学，2019（2）.

全国人大及其常委会在单行条例"违背宪法和本法第八十五条第二款规定"的情况下，有权改变或撤销单行条例，实际上是审查之后的一种纠错机制。

可见，对于单行条例的备案审查，无论是合宪性审查还是合法性审查，都还难以有效监督单行条例的立法变通；所以对于单行条例的事后备案审查与事先报批审查一样，都还应结合当地的民族特点探讨立法变通的必要性和正当性，这一点在上文中关于报批审查标准的重新定位中已有详细论述，在此不再赘述。正是出于对我国民族自治地方立法变通权的考虑，2015年《立法法》修改时新增了有关规定，即自治州、自治县的自治条例和单行条例应当报全国人大常委会和国务院备案，并要求在备案时对于条例中对上位法的变通情况作出说明。立法机关也是为了提高备案审查的工作效率和精准度而对单行条例的报备案提出了必须说明变通情况的要求，因为自治条例和单行条例通常包含的条款较多，而对上位法的某些条款的变通规定就"隐藏"在这些条文之中，使备案审查机关不易识别，更不方便对比和审查。❶

在实践中，即使单行条例顺利通过备案审查，备案信息是否准确全面也难以保证。从司法部官网（中国政府法治信息网）公布的信息中还可以查询到十余年来所有法律法规的备案登记编号，经查询，在2015年《立法法》授权自治州享有地方权之前，就有不少单行条例被备案登记为地方性法规，而在此后几年一些单行条例进行了修订，而修订之后备案时法规属性就有被改登记为地方性法规的现象，如《云南省文山壮族苗族自治州文山国家级自然保护区管理条例》《云南省文山壮族苗族自治州森林和野生动物类型自然保护区管理条例》。

故而在现有机制下，可能解决的路径在于，作为备案机关的全国人大常委会和国务院，应将单行条例报备案时对变通情况的说明予以公示。在这种情况下才能保障在报备时依据法定程序专门对此进行了说明的立法变通的合理性为公众所知晓，避免因为信息不对称而影响单行条例的实施和适用。

---

❶ 乔晓阳．《中华人民共和国立法法》导读与释义［M］．北京：中国民主法治出版社，2015：305．

单行条例备案信息的公开可以消解法院对于单行条例中的变通规定的合法性的疑虑，同时也可以为法院积极适用变通规定提供正当性辩护。这一思路也符合党的十八大以来中央对备案审查工作的部署，十八届三中全会和四中全会都强调了要加强和完善备案审查制度。近年来，全国人大常委会一直在致力于建设全国统一的备案审查信息平台的工作，自2020年1月起，地方性法规实行统一报备，地方人大只需要在全国人大备案审查信息平台报备，不再需要另外向司法部法规规章备案系统报备。[1] 如果这一信息平台能在一定程度上对法院开放，在单行条例司法适用过程中诉讼主体或法院对于变通规定存疑时，法院就可以直接通过这一平台便捷迅速地查询备案相关信息并据此定分止争。同时，如果民众能获悉全国人大常委会对其他公民个人或社会团体组织的审查意见的反馈情况，也可以避免在法的实施过程中为类似争议再度提出审查建议，备案信息的公开也就成为一种普法的手段。

因此，自治州和自治县单行条例报备案时对于变通情况的说明，既是对单行条例立法的监督，也是对这一变通规定规范效力的明确确认；而在此基础上备案程序和备案内容的公开透明化则不仅可以回应单行条例备案与否、变通是否合法的问题，还可以推动单行条例在民族自治地方的顺利实施。

二、内在依托：立法解释回应功能的充分发挥

由于法律语言的模糊性、抽象性和概括性，个案事实与法律的原则性规范之间的内在关系时常呈现出不明确、不周延等诸多问题，而且单行条例的司法适用比一般的法律法规更需要有立法解释来提供具体指导和明确立法意图。因为单行条例立法依据的"当地民族的政治、经济、文化特点"与一般地方立法依据的"本行政区域的实际情况"之间无法泾渭分明地区分开来，即单行条例立法的民族性与地方性本身难以界分，当地民族特点必然是生活在一定地方的少数民族的特性，而地方立法所考虑的地方

---

[1] 梁鹰. 2019年备案审查工作述评 [J]. 中国法律评论，2020（1）：23–30.

实际情况也不可能剔除当地民族的特点。❶ 单行条例对于加强民族自治地方的社会稳定、法治建设、经济发展、环境资源、文化教育等领域都有着积极意义，但其最为本质的特征应该在于对当地民族独特的社会生活方式、风俗习惯、民族文化等方面的保护。单行条例中的民族特色不仅应体现在具体条文内容上，更应该体现在立法目的上。也就是说，法院在依法作出判决的过程中对单行条例中某一概念的内涵和外延进行界定时应依据单行条例的立法原旨进行解释，尤其是当适用单行条例反而对少数民族权益产生消极影响时，不应一味僵硬地套用条例规定，在必要时还应征求法定立法机关的立法解释。

　　基于此，单行条例的立法解释机制如何与民族自治地方人民法院审理案件中对法条适用的争议相衔接，同时如何避免立法解释的滥用对立法权的僭越，更是理论界和实务部门需要进一步审慎思考的。有些案件本身就是由于立法表述模糊存在歧义而引发争议的，如果立法机关能完善立法技术，司法机关就不用面对这些棘手的问题。最为理想的是，立法机关能一开始就制定出可操作性较强的良善的法律；但较为现实的情况是，如果立法机关能在法院与诉讼主体对法条的理解出现分歧时及时作出立法解释，也将对法院的审判和适用产生积极影响。如1997年制定出台的《云南省巍山彝族回族自治县林业管理条例》，在颁布实施几个月后自治县人民法院在案件审理过程中对该条例的第22条中有关山林权属争议的协调解决的规定的适用存在疑问，并就此专门向自治县人大常委会请示《关于实施"云南省巍山彝族回族自治县林业管理条例"第22条的请示》；县人大常委会主任会议在讨论后对此作出了详细解释，即《关于实施〈林业管理条例〉第二十二条请示的批复》。❷ 从这一个案中可以看出，基层法院在案件审理过程中遇到有单行条例的条文需要立法机关进行解释的问题向立法机关请示时，如果立法机关能及时作出解释，就能够确保法院在审判活动中对单行条例的正确适用。

---

❶ 比如《果洛藏族自治州草原管理条例》《宽甸满族自治县林业管理条例》《红河哈尼族彝族自治州异龙湖管理保护条例》，这些单行条例大多都是结合自治州的地域优势和自然资源等特点来制定的，与地方性法规的立法存在诸多交叉重合之处。

❷ 此案例为其他学者在云南实地调研中发现的。张锡盛，朱长斌，字振华. 民族区域自治法规在云南的贯彻执行 [J]. 思想战线，2000（5）：135.

目前，一些自治州和自治旗已经陆续制定出台立法条例，尤其是在《立法法》赋予自治州地方立法权后❶，综合这些立法条例或规定可以看出自治州单行条例与地方性法规的立法解释机制基本一致，大体可以概括如下：一是自治州人大常委会主动对单行条例实施后出现新的情况中需要进一步明确含义或需要明确适用依据的情形作出解释；二是自治州人大常委会基于自治州政府、法院、检察院、有关专委会以及县级人大常委会提出的要求而作出解释。具体而言，由自治州法治委员会根据具体情况会同其他有关专委会提出解释草案，由主任会议决定是否列入常委会会议议程，在常委会审议修改后正式提出解释草案，经半数表决通过后，报省人大常委会备案，并依据有关规定发布公告公示，此时立法解释与单行条例具有同等效力。❷ 对于具体问题的询问还可以有相对简易的程序，可以由法治委员会与有关委员会研究后，上报主任会议决定后作出答复。❸

此外，在单行条例的适用过程中，也可能有一些例外情形需要考虑，司法能动与立法解释如能形成一种联动机制就可能弥补法条僵化的不足。如依据《立法法》第104条规定，包括自治条例和单行条例在内的所有法律法规都不溯及既往，但"为了更好地保护公民、法人和其他组织的权利和利益而作的特别规定除外"。因此，如果在司法实践中与法院审判相衔接的立法解释机制能发挥应有的作用，就可以在一定程度上确保单行条例的立法目的得到正确实施。

---

❶ 目前可查询到的11部现行有效自治州与自治旗立法条例中有5部是2016年制定的，《黔西南布依族苗族自治州立法条例》《甘孜藏族自治州立法程序规定》《博尔塔拉蒙古自治州立法程序规定》《黔南布依族苗族自治州立法条例》《恩施土家族苗族自治州人民代表大会及其常务委员会立法条例》，其余6部为：《巴音郭楞蒙古自治州制定自治条例和单行条例程序的规定》（2009年）、《湘西土家族苗族自治州人民代表大会立法程序条例》（2007年）、《伊犁哈萨克自治州制定单行条例程序规定》（2004年）、《莫力达瓦达斡尔族自治旗立法条例》（2004年）、《鄂伦春自治旗立法条例》（2004年）。

❷ 如《恩施土家族苗族自治州人民代表大会及其常务委员会立法条例》第44条所强调的，"常务委员会的法规解释同法规具有同等效力"。

❸ 如《黔南布依族苗族自治州立法条例》第44条所规定的，"对自治条例、单行条例、地方性法规具体问题的询问，由法治委员会会同有关委员会进行研究，报主任会议决定后予以答复"。

三、内外联动：法的修改与司法适用的反馈相衔接

正如霍姆斯大法官曾语，"法律的生命不在于逻辑，而在于经验"❶，也就是说，法律只有通过司法适用和实施才能实现立法目的，也只有在实践中，法律才能不断完善和发展。司法对于立法完善的价值不仅在于通过法官的说理弥补立法空隙或消减法律规范内部的矛盾与冲突，还在于法院通过对司法实践的感性认知，充当联结立法机关与社会主体之间的互动桥梁和纽带。立法机关只有通过司法实践的经验，理性了解立法中存在的违法风险点和漏洞，才能更客观理性地完善现有立法中存在的不足，也只有在这种情况下，二者才能形成一定程度的优势互补。目前，我国司法机关对立法工作的影响主要集中于立法准备阶段作为提案主体提出法案或在法案的起草过程中参与立法前期调研，而在制定实施后对于司法的反馈功能却在一定程度上缺乏相应的机制来保障。鉴于这些问题并非单行条例所特有，地方性法规也普遍面临类似的问题，以下将结合整个地方立法层面探寻单行条例司法适用推动立法完善的长效机制，主要围绕法院的司法建议如何推动法的修改的问题展开。

我国司法建议制度始于中华人民共和国成立初期在废除国民党旧制以后从苏联引进的"法院批评制度"❷。依据苏联当时的法律规定，如果法院在庭审过程中发现当事人之外的个人或机构有违反行为或错误的行为，可通过发出"特别指令"加以批评，而被批评一方须在一个月内回复法院其对此所采取的补救措施。❸ 当前这一制度已经成为我国颇具特色的做法，被人们认为是"社会啄木鸟"❹。具体而言，司法建议是指司法机关"在行使侦查、检察监督及审判职能中，发现有关单位和组织在工作中存在不足或者内部管理制度上存在违法犯罪隐患等问题时，通过制作并发送司法文书，提醒有关单位和组织注意其不足和隐患，并建议其建立健全规章制

---

❶ 霍姆斯. 普通法 [M]. 冉昊, 姚中秋, 译. 北京: 中国政法大学出版社, 2006: 1.
❷ 王杏飞. 能动司法的表达与实践 [M]. 厦门: 厦门大学出版社, 2014: 123.
❸ 茨威格特, 克茨. 比较法总论 [M]. 潘汉典, 等译. 北京: 法律出版社, 2003: 460.
❹ 学界和实务部门这样表述司法建议的例子很多，所能查到的最早的出处为新华社 2010 年的一篇报道。杨金志. 上海: 司法建议书成社会啄木鸟 [N]. 新华每日电讯, 2010 - 01 - 08 (4).

度,堵塞漏洞,改进和完善工作方式,从而预防犯罪与各种纠纷发生的法律制度"❶。司法建议不仅是我国法律赋予人民法院的审判职能的延伸,还被认为是法院服务发展大局、履行社会治理职能和引领法治发展的重要方式。

首先,司法建议存在推动立法完善的可能。在司法实践中,法院提出的司法建议不仅体现了对热点民生问题的关注,还针对有关机关或单位存在的制度漏洞以及管理不善等问题提出了具有可操作性的对策。如广东清远市中级人民法院在 2015 年上半年统计的数据中发现信用卡纠纷案件同比上浮了 30.47%,法院结合连山壮族瑶族自治县尹某的个案分析,认为主要原因是涉诉银行过分追求发卡数量,在发放信用卡时存在放松资信审查方面的问题,导致恶意透支,影响银行的资金安全,银监会清远监管分局在收到司法建议后积极采取措施严格审查加强管理。❷ 司法建议中所反映的问题在引起了相关部门的重视后得以及时落实整改,取得了较好的社会效果。可见,司法建议的价值不限于在预防和化解纠纷、督促执行、参与社会治理方面的积极意义,还可以有效促进有关部门完善相关制度填补法律漏洞。因此,虽然司法建议主要是针对行政机关和社会团体而提出的,但是一旦这些建议被采纳就成为"司法与地方立法互动的规范方式"❸,就存在最终通过地方立法渠道予以确认和为地方立法的完善助力的可能。尤其是当法院针对影响地方经济社会发展的某一类共性问题深度剖析后,向有关部门提出妥善处理争议的预案与建章立制的司法建议时,将在一定程度上对地方政府的科学决策提供了有价值的指引和参考。当然,司法建议中这些操作性较强的具体举措要获得地方人大常委会的支持上升到地方立法层面还需要一个渐进的过程。

其次,司法能推动立法完善的逻辑预设,为有关部门能将司法建议中所反馈的信息转化为具体的改进方案;但是由于法律法规对司法建议效力规定的不明确,司法建议的实效性可能难以保障。从规范层面分析,依据我国《民事诉讼法》第 114 条第 2 款,司法建议主要是当"有义务协助调

---

❶ 汤维建. 亟需对司法建议进行立法调整 [J]. 中国审判, 2012 (5): 14.
❷ 黄炯猛. 司法建议助力"法治清远"[N]. 人民法院报, 2015-3-3 (6).
❸ 余彦. 事实与规范之间: 司法与地方立法关系考察及改良 [J]. 江西社会科学, 2017, 37 (04): 184.

查、执行的单位"不履行协助义务时,法院向其监察机关或其他有关机关对相关责任人提出处分建议,依据《行政诉讼法》的规定,主要有两种情形:一是依据该法第 66 条第 2 款、第 96 条的相关规定,司法建议主要指行政机关违纪时,"被告拒不到庭中途退庭的""或拒绝履行判决、裁定、调解书的",法院可向其上级国家机关或监察机关建议依法给予相关责任人处分。二是依据该法第 64 条,司法建议表现为,法院经审查认为"规范性文件不合法的,不作为认定行政行为合法的依据",可以向制定机关提出处理建议。但是从法院的实际操作来看,属于上述这三种情形的司法建议所占比例很小,司法建议主要不是用于处分妨碍司法的行为,而是被法院广泛用于向有关机构和部门反馈在裁判过程中所发现的超出审判范围的问题,所以也有观点认为现行立法中对于司法建议适用范围的规定过于狭窄,使司法建议有超越法律职权之嫌。❶ 此外,在实践中,有的地方法院将司法建议纳入法官的绩效考核,使法官被迫为完成指标而发出司法建议并敦促有关部门就建议作出回应,甚至有法官为完成任务,私下要求有关部门形式上出具一些笼统性的回复。❷ 这些功利性的因素使得司法建议既可能有损司法权威,又无益于推动社会治理的创新。

最后,司法建议向立法完善建议转型的可行路径在于司法建议从具体个案向立法层面一般性规则的扩展。2009 年上海市各级法院推出的"司法建议信息库"提供了一个思路,让整个司法建议的制作、审核、发出等流程在网上公开,淡化对法官司法建议回应的绩效考核;不仅可以让有关部门迫于舆论压力而采取相应措施,同时也可引发社会媒体的普遍关注,推动公共领域社会共识的形成。但是其最终可行路径在于,法院可通过向人大报告工作机制,将司法建议从个案层次进一步提升纳入年度报告或专题报告之中,可在对类似案件的归纳总结的基础上,提出一些争议解决的思路以及填补制度漏洞的意见。由于司法建议是法院日常工作的一部分,而人大对法院的监督本身也不在于个案的监督,将司法建议中总结的经验纳入报告工作之中有利于地方人大加强监督;也可以提高司法建议质量,同

---

❶ 夏祖银. 司法建议的实践价值、现实问题及其完善路径 [N]. 人民法院报, 2016 - 08 - 31 (8).

❷ 郑智航. 法院如何参与社会管理创新——以法院司法建议为分析对象 [J]. 法商研究, 2017, 34 (2): 35.

时也有助于同级人大常委会通过司法实践所反馈的经验和教训发现制度漏洞，在宏观上规划整体改进方案，通过完善地方立法的可操作性来避免制度漏洞和提升地方法治水平。

综上所述，一方面，单行条例的司法适用依赖于立法机关公开备案信息来明示变通内容，构建与司法相衔接的立法解释机制；另一方面，单行条例的司法适用也对单行条例的立法完善有重要价值，可以通过司法建议反馈单行条例实施过程中存在的问题来推动新一轮的立、改、废。此外，法的实施在一定程度上取决于普法宣传的程度，取决于公民法律意识的高低。如果要从根本上落实民族区域制度这一基本制度，就必须提升对民族区域自治制度的正确认知。尽管《民族区域自治法》已经颁布三十余年，民族法治工作也取得了一定的成绩，但是必须客观地认识到，不管是民族地区的执法者，还是普通的民众，对于民族区域自治制度的一些基本常识都还不太清楚。基于此，新时期的民族法治工作仍然需要深入开展阶段性的、即时性的普法宣传教育，尤其是各民族自治地方和辖有民族自治地方的省市应将民族区域自治法列为当地普法教育的重点内容。只有当单行条例真正成为凝聚民族自治地方的社会共识和维护少数民族公民权益的强有力武器时，单行条例的立法后完善才能拥有不竭动力的源泉。

结　　语

　　正如卢梭曾指出的，在所有法律中最为重要的一种法律"既不是铭刻在大理石上，也不是铭刻在铜表上，而是铭刻在公民们的内心里"；当其他法律日趋衰老或消亡时，唯有这种法律还能每天获得新的力量，"保持一个民族的创制精神""以习惯的力量取代权威的力量"。在卢梭看来，立法者所制定的法律法规不过是"穹窿顶上的拱梁，而唯有慢慢诞生的风尚才最后构成那个穹窿顶上的不可摇动的拱心石"❶。

　　民族自治地方单行条例立法治度设计的初衷，正是要从少数民族所日积月累的风尚和习俗中去发现卢梭的那颗"穹窿顶上的不可摇动的拱心石"。在我国民族区域自治制度下，单行条例立法是自治机关行使自治权的主要方式之一，而单行条例立法最基本的功能就是将民族自治地方的少数民族的意志和特殊需求纳入立法层面予以规范化，最终实现在充分尊重少数民族权益的情况下促进国家法律在民族自治地方的融合。中华人民共和国成立以来，地方立法权曾一度是民族自治地方自治机关所独享的尊荣，在1979年《地方组织法》颁布实施后，五大自治区的人大及其常委会开始享有地方立法权，自治区的单行条例立法由于种种原因基本只限于制定一些经部门法明确授权的变通和补充规定，自治州和自治县一级作为单行条例立法的主要力量，由于没有地方立法权，长期以来将单行条例立法混同于一般地方性法规立法，以至于当2015年《立法法》修改赋予设区的市和自治州人大及其常委会在"城乡建设与管理、环境保护、历史文化保护"方面的立法权时，对于一些自治州的立法机关而言，更多在欢呼从此立法程序更为便捷，因为立法主体从自治州人大拓宽到州人大常委会。可以预见，如果不重新审视单行条例立法的功能和目的，单行条例将

---

❶　卢梭. 社会契约论［M］. 何兆武，译. 3版（修订本）. 北京：商务印书馆，2003：70.

逐渐销声匿迹，甚至整个民族区域自治的法律法规体系都将难以为继。基于此，对当下单行条例立法现状与相关问题的反思显得尤为必要。

对于单行条例立法现状中所呈现出的立法的功能定位有所偏差、变通立法的权限模糊不清、立法后实施的配套机制不健全的问题，本书结合立法过程的不同阶段分别寻求了解决路径。单行条例立法所存在的缺乏当地民族特色的问题是关乎民族自治地方自治立法的核心命题。如果不能凸显当地民族的政治、经济、文化特点，则单行条例立法将失去存在的必要性。对此，本书在立法准备阶段提出的一个解决思路就是，应在立法机关内部主导下，通过理性地吸纳少数民族习惯法来彰显当地民族的特点。因为少数民族习惯法作为少数民族用以解决矛盾冲突的社会规范，通常在民族自治地方有着顽强的生命力和丰富的历史文化底蕴，而且深受少数民族民众的支持与信赖，是单行条例立法所需要依据的当地民族特征的主要标识和重要方面。在民族区域自治制度下，单行条例立法就是少数民族习惯法融入国家法的制度空间，立法变通的目的就是让国家法与少数民族习惯法有机融合，形成一体多元的"文化复合体"[1]。作为外部保障，还应通过鼓励少数民族的传统权威积极参与立法调研和提出立法建议来弥补少数民族习惯法静态编纂的不足，因为传统权威主体对少数民族习惯法在民族自治地方的传承和变革，以及在民族自治地方的社会治理中都发挥着重要影响。

在立法准备阶段起草的法案中凸显了当地民族特色后，如果草案内容中出现与国家法治不一致而需要有所变通的情形，如何促使单行条例在审议阶段顺利从法案上升为法呢？因为单行条例的变通必须以坚持和维护国家的法治统一为前提，只有当法律确实不能适应现实需要时，才可考虑在必要时对法律作适当变通或补充。[2] 这就涉及如何通过单行条例优化变通程序中协商达成共识的问题。这种协商不仅存在于民族自治地方人大与上一级人大常委会之间的正式协商，也应存在于在民族自治地方内部聚居的主体少数民族与其他少数民族或汉族之间的协商；这两种协商中应以后者为主导，将公共领域充分讨论和表达后所形成的共识再通过建制化的商谈

---

[1] 李艳君. 民族法学 [M]. 昆明：云南大学出版社，2012：129.
[2] 肖秀梧，刘嗣元. 论民族自治条例、单行条例的效力 [J]. 中南政法学院学报，1992 (2)：13.

上升为公意。这一思路一定程度上可被视为哈贝马斯的协商民主理论中的双轨制协商机制的具体运用。同时，英国私法案立法程序中的利益权衡和共识形成机制为变通程序的商谈构建提供了一种西方经验。通过对这些西方的理论和经验的梳理，结合中国本土实际，本书提出应重新定位单行条例的报批和审查标准，还应激活单行条例立法审议过程中的抗辩因素，将关于变通的辩论真正纳入审议程序的核心，对于争议较大的变通条款实行逐条表决。

诚然，单行条例的审议通过并不代表立法工作的终结，立法后完善阶段的任务同样任重道远，因为立法的根本目的在于法的实施，同时，对于单行条例司法适用的关注是贯彻实施民族区域自治法各项规定的内在要求。从单行条例立法完善与司法的权利救济、纠纷解决、监督制衡三大基本功能之间的内在逻辑关联看，立法后的完善应依托于司法适用过程的反馈和补强。基于此，择取单行条例立法后实施过程中的重要一环司法适用中的难点问题作为切入点，从实证角度对裁判文书中法院和诉讼当事人的援引情况进行分析，认为单行条例司法适用过程中存在的各种问题的根本症结在于，单行条例的效力位阶不明确。通过法理分析，本书否定了学界某些学者所提出的鉴于各民族在宪法中享有平等的法律地位，因而各级民族自治地方所制定的单行条例一律平等的观点；因为各级民族自治地方都具有双重属性，同时也是受国务院统一领导下有差序位阶的地方。为了突破单行条例司法适用效力位阶不明的瓶颈，本书在前人基础上进一步提出了厘定单行条例效力位阶的二元路径，指出单行条例的效力位阶的厘定不能一概而论，单行条例在自治法规体系内部的效力位阶与单行条例相较于其他法律法规的效力位阶是不同的。具体而言，对于前者，应依据纯粹法学派梅尔克和凯尔森的法律位阶理论中法律规范的效力位阶只受制于使之产生的高级规范，单行条例效力位阶的排序应只限于民族区域自治法律法规体系内部。对于后者，需要依据特别法优于一般法的原则来选择适用。此外，从长远来看，单行条例的立法完善还应为确保司法的有序适用建立良好的衔接互动机制，换言之，单行条例的立法解释、备案信息公开与修改都应为司法适用提供充分的保障，通过司法适用不断为单行条例的立法完善注入新的活力，促使单行条例立法后能适应社会现实需要而进一步发展和完善。

依据马克思主义的唯物史观，民族是人类社会发展到一定阶段的产物，民族问题也有其自身发展的规律；"社会不是以法律为基础的"，反而"法律应该以社会为基础；法律应该是社会共同的、由一定的物质生产方式所产生的利益和需要的表现"❶。我国56个民族都有其独特的历史文化，各民族地区的经济发展状况和生活习性各不相同，法律不可能对这些不同之处都作出统一的规定，所以民族自治地方人大制定补充或变通规定也是客观社会现实下的一种必需。如果立法者想要超越于特定的社会现实，那制定出来的法律将只能成为立法者的法律，难以成为人们心中的道德律。诚如费孝通所言，"法治秩序的建立不能单靠制定若干法律条文和设立若干法庭，重要的还得看人民怎样去应用这些设备。更进一步，在社会结构和思想观念上还得先有一番改革。如果在这些方面不加以改革，单把法律和法庭推行下乡，结果法治秩序的好处未得，而破坏礼治秩序的弊病却已先发生了"❷。当然，随着社会经济的发展，各民族相互融合后彼此之间的差异也可能将不复存在，届时通过统一的国家法律就能实现社会控制或维护社会秩序，那也许就是单行条例立法应该退出历史舞台的时刻。

因此，现阶段各少数民族文化的特殊性仍然存在，单行条例立法就有其存在的必要，我们就应该继续完善单行条例立法。需要特别说明的是，本书所提出的单行条例草案应吸纳少数民族习惯法不是为了要回到过去，而是要改良过去，让它更好地适应现在和面向未来；对于变通程序的商谈建构也不是要与中央事权划清界限，而是要在现代法治精神之下为公共意见和意志的形成提供一个良好的契机，让包容的差异得以呈现；对于单行条例立法完善与司法适用的衔接的关注更不是为了在厘清单行条例效力位阶后争夺法律的制高点，而是要让单行条例能通过司法适用，真正成为保护少数民族权益的权利法案。

---

❶ 马克思，恩格斯. 马克思恩格斯全集：第6卷［M］. 中共中央马克思恩格斯列宁斯大林著作编译局，译. 北京：人民出版社，1961：291－292.

❷ 费孝通. 乡土中国［M］. 北京：生活·读书·新知三联书店，1985：58－59.

参考文献

一、经典著作

[1] 马克思, 恩格斯. 马克思恩格斯全集：第1卷 [M]. 中共中央马克思恩格斯列宁斯大林著作编译局, 译. 北京：人民出版社, 1956.

[2] 马克思, 恩格斯. 马克思恩格斯全集：第6卷 [M]. 中共中央马克思恩格斯列宁斯大林著作编译局, 译. 北京：人民出版社, 1961.

[3] 马克思, 恩格斯. 马克思恩格斯选集：第4卷 [M]. 中共中央马克思恩格斯列宁斯大林著作编译局, 编. 北京：人民出版社, 1972.

[4] 斯大林. 斯大林全集：第11卷 [M]. 苏共中央马克思恩格斯列宁斯大林研究院, 编, 中共中央马克思恩格斯列宁斯大林著作编译局, 译. 北京：人民出版社, 1955.

[5] 周恩来. 周恩来选集：下卷 [M]. 中共中央文献编辑委员会, 编. 北京：人民出版社, 1984.

[6] 邓小平. 邓小平文选：第1卷 [M]. 中共中央文献编辑委员会, 编. 北京：人民出版社, 1989.

二、中文译著

[1] 柏拉图. 法律篇 [M]. 张智仁, 何勤华, 译. 上海：上海人民出版社, 2001.

[2] 亚里士多德. 政治学 [M]. 吴寿彭, 译. 北京：商务印书馆, 1983.

[3] 色诺芬. 真理的殉道者——苏格拉底 [M]. 陈琪, 滕建, 编译. 北京：中华工商联合出版社, 2015.

[4] 西塞罗. 国家篇 法律篇 [M]. 沈叔平, 苏力, 译. 北京：商务印书馆, 2002.

[5] F. A. 冯·哈耶克. 个人主义与经济秩序 [M]. 贾湛, 等译. 北京：北京经济学院出版社, 1989.

[6] 凯尔森. 法与国家的一般理论 [M]. 沈宗灵, 译. 北京：中国大百科全书出版社, 1996.

[7] 凯尔森. 纯粹法理论 [M]. 张书友, 译. 北京：中国法治出版社, 2008.

[8] 凯尔森. 纯粹法学 [M]. 刘燕谷, 译. 上海：中国文化服务社, 1943.
[9] 尤根·埃利希. 法律社会学基本原理 [M]. 叶名怡, 袁震, 译. 南昌：江西教育出版社, 2014.
[10] J. M. 鲍亨斯基. 当代思维方法 [M]. 童世骏, 等译. 上海：上海人民出版社, 1987.
[11] 萨维尼. 论立法与法学的当代使命 [M]. 许章润, 译. 北京：中国法治出版社, 2001.
[12] 萨维尼. 历史法学派的基本思想：1814—1840 年 [M]. 郑永流, 译. 北京：法律出版社, 2009.
[13] 萨维尼. 法律冲突与法律规则的地域和时间范围 [M]. 李双元, 等译. 北京：法律出版社, 1999.
[14] 萨维尼. 当代罗马法体系：第 1 卷 [M]. 朱虎, 译. 北京：中国法治出版社, 2010.
[15] 拉德布鲁赫. 法律智慧警句集 [M]. 舒国滢, 译. 北京：中国法治出版社, 2001.
[16] 拉德布鲁赫. 法学导论 [M]. 米健, 朱林, 译. 北京：中国大百科全书出版社, 1997.
[17] 马克斯·韦伯. 经济与社会：第一卷 [M]. 阎克文, 译. 上海：上海人民出版社, 2010.
[18] 马克斯·韦伯. 经济与社会：上卷 [M]. 林荣远, 译. 北京：商务印书馆, 1997.
[19] 尤尔根·哈贝马斯. 交往行为理论：第一卷 行为合理性与社会合理化 [M]. 曹卫东, 译. 上海：上海人民出版社, 2004.
[20] 尤尔根·哈贝马斯. 交往行动理论：第二卷 论功能主义理论批判 [M]. 洪佩郁, 蔺青, 译. 重庆：重庆出版社, 1994.
[21] 于尔根·哈贝马斯. 后形而上学思想 [M]. 曹卫东, 付德根, 译. 南京：译林出版社, 2001.
[22] 尤尔根·哈贝马斯. 包容他者 [M]. 曹卫东, 译. 上海：上海人民出版社, 2002.
[23] 哈贝马斯. 交往与社会进化 [M]. 张博树, 译. 重庆：重庆出版社, 1989.
[24] 哈贝马斯. 在事实与规范之间：关于法律和民主法治国的商谈理论 [M]. 童世骏, 译. 北京：生活·读书·新知三联书店, 2003.
[25] 尤尔根·哈贝马斯, 米夏埃尔·哈勒. 作为未来的过去：与著名哲学家哈贝马斯对话 [M]. 章国锋, 译. 杭州：浙江人民出版社, 2001.

[26] 海因茨. 国际法上的自治 [M] //周勇, 译. 王铁志, 沙伯力. 国际视野中的民族区域自治. 北京: 民族出版社, 2002.
[27] 魏德士. 法理学 [M]. 丁晓春, 吴越, 译. 北京: 法律出版社, 2013.
[28] 拉伦茨. 法学方法论 [M]. 陈爱娥, 译. 北京: 商务印书馆, 2003.
[29] 茨威格特, 克茨. 比较法总论 [M]. 潘汉典, 等译. 北京: 法律出版社, 2003.
[30] 耶林. 为权利而斗争 [M] 胡宝海, 译. //梁慧星. 为权利而斗争: 梁慧星先生主编之现代世界法学名著集. 北京: 新华书店, 2000.
[31] 卢梭. 社会契约论 [M]. 3版 (修订本). 何兆武, 译. 北京: 商务印书馆, 2003.
[32] 博丹. 论主权 [M]. 北京: 中国政法大学出版社, 2003.
[33] 孟德斯鸠. 论法的精神: 下卷 [M]. 许明龙, 译. 北京: 商务印书馆, 2015.
[34] 古斯塔夫·勒庞. 乌合之众: 大众心理研究 [M]. 冯克利, 译. 北京: 中央编译出版社, 2000.
[35] 威尔·金利卡. 多元文化的公民身份: 一种自由主义的少数群体权利理论 [M]. 马莉, 张昌耀, 译. 北京: 中央民族大学出版社, 2009.
[36] 威尔·金里卡. 少数的权利: 民族主义、多元文化主义和公民 [M]. 邓红风, 译. 上海: 上海译文出版社, 2005.
[37] E. A. 霍贝尔. 初民的法律——法的动态比较研究 [M]. 周勇, 译. 北京: 中国社会科学出版社, 1993.
[38] 博登海默. 法理学: 法律哲学与法律方法 [M]. 修订版. 邓正来, 译. 北京: 中国政法大学出版社, 2004.
[39] 亨廷顿. 变革社会中的政治秩序 [M]. 李盛平, 杨玉生, 等译. 北京: 华夏出版社, 1988.
[40] 克利福德·吉尔兹. 地方性知识: 事实与法律的比较透视 [M] 邓正来, 译. //梁治平. 法律的文化解释. 北京: 生活·新书·新知三联书店, 1994.
[41] 道格拉斯·C. 诺斯. 制度、制度变迁与经济绩效 [M]. 刘守英, 译. 上海: 上海三联书店, 1994.
[42] 罗伯特·邦纳, 格特鲁德·史密斯. 从荷马到亚里士多德时代的司法裁判 [M]. 刘会军, 邱洋, 译. 北京: 中国法治出版社, 2015.
[43] E. 阿伦特. 过去与未来之间 [M]. 王寅丽, 张立立, 译. 南京: 译林出版社, 2011.
[44] E. 希尔斯. 论传统 [M]. 傅铿, 吕乐, 译. 上海: 上海人民出版社, 1991.
[45] 丹尼尔·贝尔. 资本主义文化矛盾 [M]. 赵一凡, 蒲隆, 任晓晋, 译. 北京: 生活·读书·新知三联书店, 1989.

[46] R. 庞德. 通过法律的社会控制 [M]. 沈宗灵, 董世忠, 译. 北京: 商务印书馆, 1984.

[47] 唐德纳·J. 布莱克. 法律的运作行为 [M]. 唐越, 苏力, 译. 北京: 中国政法大学出版社, 1994.

[48] 伯尔曼. 法律与革命——西方法律传统的形成 [M]. 贺卫方, 高鸿钧, 张志铭, 等译. 北京: 中国大百科全书出版社, 1993.

[49] 罗威尔. 英国政府·中央政府之部 [M]. 秋水, 译. 上海: 上海人民出版社, 1959.

[50] 霍姆斯. 普通法 [M]. 冉昊, 姚中秋, 译. 北京: 中国政法大学出版社, 2006.

[51] 弗里德曼. 法律制度——从社会科学角度观察 [M]. 李琼英, 林欣, 译. 北京: 中国政法大学出版社, 1994.

[52] K. 冯·本达·贝克曼. 朱晓飞, 译. 法律多元 [M] //许章润. 清华法学: 第9辑. 北京: 清华大学出版社, 2006.

[53] 格劳秀斯. 战争与和平法 [M]. 何勤华, 等译. 上海: 上海人民出版社, 2005.

[54] 伊芙林·T. 菲特丽丝. 法律论证原理——司法裁决之证立理论概览 [M]. 张其山, 焦宝乾, 夏贞鹏, 译. 北京: 商务印书馆, 2005.

[55] 矶谷幸次郎, 美浓部达吉. 《法学通论》与《法之本质》 [M]. 王国维, 林纪东, 译. 北京: 中国政法大学出版社, 2006.

[56] 千叶正士. 法律多元: 从日本法律文化迈向一般理论 [M]. 强世功, 等译. 北京: 中国政法大学出版社, 1997.

[57] 小川仁志. 完全解读哲学名著事典 [M]. 唐丽敏, 译. 武汉: 华中科技大学出版社, 2016.

[58] 岩井奉信. 立法过程 [M]. 李薇, 译. 北京: 经济日报出版社, 1990.

[59] 让·皮亚杰. 认识论 [M]. 梅亦粿, 编. 长春: 吉林大学出版社, 2004.

[60] 彼德罗·彭梵得. 罗马法教科书 [M]. 3版(修订本). 黄风, 译. 北京: 中国政法大学出版社, 2005.

[61] 博温托·迪·苏萨·桑托斯. 迈向新法律常识——法律、全球化和解放 [M]. 刘坤轮, 叶传星, 译. 2版. 北京: 中国人民大学出版社, 2009.

[62] 卡伦·加德. TRIZ: 众创思维与技法 [M]. 罗德明, 等译. 北京: 国防工业出版社, 2015.

[63] 丹尼斯·罗伊德. 法律的理念 [M]. 张茂柏, 译. 上海: 上海译文出版社, 2014.

[64] 戴维·M. 沃克. 牛津法律大辞典 [Z]. 李双元, 等译. 北京: 法律出版社, 2003.

[65] 梅因. 古代法 [M]. 沈景一, 译. 北京: 商务印书馆, 1996.
[66] 霍布斯. 利维坦 [M]. 黎思复, 黎廷弼, 译. 北京: 商务印书馆, 2016.
[67] 约翰·奥斯丁. 法理学的范围 [M]. 刘星, 译. 上海: 中国法治出版社, 2002.
[68] 哈特. 法律的概念 [M]. 张文显, 郑成良, 杜景义, 等译. 北京: 中国大百科全书出版社, 1996.
[69] 边沁. 政府片论 [M]. 沈叔平, 等译. 北京: 商务印书馆, 1995.
[70] 梅兰特, 等. 欧陆法律史概览: 事件, 渊源, 人物及运动 [M]. 屈文生, 等译. 2版 (修订本). 上海: 上海人民出版社, 2015.
[71] 弗里德里希·冯·哈耶克. 自由秩序原理 [M]. 邓正来, 译. 北京: 生活·读书·新知三联书店, 1997.
[72] 柏克. 法国革命论 [M]. 何兆武, 许振洲, 彭刚, 译. 北京: 商务印书馆, 1998.
[73] 伯克. 自由与传统 [M]. 蒋庆, 王瑞昌, 王天成, 译. 北京: 商务印书馆, 2001.
[74] 罗杰·斯克拉顿. 保守主义的含义 [M]. 王皖强, 译. 北京: 中央编译出版社, 2005.
[75] 卡尔·波普尔. 客观的知识——一个进化论的研究 [M]. 舒炜光, 桌如飞, 梁咏新, 等译. 北京: 中国美术学院出版社, 2003.
[76] 芬利森. 哈贝马斯 [M]. 邵志军, 译. 南京: 译林出版社, 2010.
[77] 埃弗尔·詹宁斯. 英国议会 [M]. 蓬勃, 译. 北京: 商务印书馆, 1959.
[78] 迈克尔·赞德. 英国法: 议会立法、法条解释、先例原则及法律改革 [M]. 江辉, 译. 北京: 中国法治出版社, 2014.
[79] 约瑟夫·拉兹. 法律的权威 [M]. 朱峰, 译. 北京: 法律出版社, 2005.

三、中文专著

[1] 《红色档案延安时期文献档案汇编》编委会. 红色档案延安时期文献档案汇编 陕甘宁边区政府文件选编: 第10卷 [G]. 西安: 陕西人民出版社, 2013.
[2] 《中国的土地改革》编辑部, 中国社会科学院及经济研究所现代经济史组. 中国土地改革史料选编 [G]. 北京: 解放军国防大学出版社, 1988.
[3] 《中华法学大辞典》编委会. 中华法学大辞典: 简明本 [Z]. 中国检察出版社, 2003.
[4] 艾绍润, 高海深. 陕甘宁边区法律法规汇编 [G]. 西安: 陕西人民出版社, 2007.
[5] 蔡定剑. 监督与司法公正: 研究与案例报告 [M]. 北京: 法律出版社, 2005.

[6] 曾宪义. 民族地区现代化进程中的民主法治建设 [M]. 北京：民族出版社，2002.

[7] 曾粤兴. 立法学 [M]. 北京：清华大学出版社，2014.

[8] 常安. 统一多民族国家的宪制变迁 [M]. 北京：中国民主法治出版社，2015.

[9] 陈洪波，蒋永松. 中国地方立法概论 [M]. 武汉：中国地质大学出版社，1992.

[10] 陈鹏生，程维荣. 简明中国法治史 [M]. 上海：学林出版社，1988.

[11] 陈云生. 民族区域自治法——原理与精释 [M]. 北京：中国法治出版社，2006.

[12] 陈云生. 中国民族区域自治制度 [M]. 北京：经济管理出版社，2001.

[13] 戴小明，潘弘祥，等. 统一·自治·发展——单一制国家结构与民族区域自治研究 [M]. 北京：中国社会科学出版社，2014.

[14] 邓建民，赵琪. 少数民族纠纷解决机制与社会和谐：以四川民族地区为例 [M]. 北京：民族出版社，2010.

[15] 董书萍. 法律适用规则研究 [M]. 北京：中国人民公安大学出版社，2012.

[16] 方世荣. 行政法与行政诉讼法学 [M]. 北京：中国政法大学出版社，2015.

[17] 方盛举. 当代中国陆地边疆治理 [M]. 北京：中央编译出版社，2017.

[18] 费孝通. 乡土中国 [M]. 北京：生活·读书·新知三联书店，1985.

[19] 付明喜. 单行条例促进民族自治地方经济社会发展研究：以云南省楚雄彝族自治州的实践为例 [M]. 昆明：云南大学出版社，2016.

[20] 付明喜. 中国民族自治地方立法自治研究 [M]. 北京：社会科学文献出版社，2014.

[21] 高鸿钧，赵晓力. 新编西方法律思想史：现代、当代部分 [M]. 北京：清华大学出版社，2015.

[22] 高其才. 法理学 [M]. 3版. 北京：清华大学出版社，2007.

[23] 高其才. 中国习惯法论 [M]. 修订版. 北京：中国法治出版社，2008.

[24] 高其才. 当代中国分家析产习惯法 [M]. 北京：中国政法大学出版社，2014.

[25] 高其才. 当代中国少数民族习惯法 [M]. 北京：法律出版社，2011.

[26] 高其才. 桂瑶头人盘振武 [M]. 北京：中国政法大学出版社，2013.

[27] 戈含锋. 法律责任的立法研究：基于中国立法文本的分析 [M]. 北京：经济日报出版社，2015.

[28] 葛洪义. 法理学教程 [M]. 北京：中国政法大学出版社，2004.

[29] 公丕祥. 法理学 [M]. 上海：复旦大学出版社，2002.

[30] 关保英. 行政法与行政诉讼法：理论·实务·案例 [M]. 2版. 北京：中国政法大学出版社，2015.

[31] 广东、广西、湖南、河南词源修订组，商务印书馆编辑部. 辞源：第3册 [Z].

修订版. 北京：商务印书馆，1984.

[32] 郭道晖. 中国立法治度［M］. 北京：人民出版社，1988.

[33] 郭道晖. 当代中国立法：下［M］. 北京：中国民主法治出版社，1998.

[34] 国务院法治办公室. 中华人民共和国法规汇编1949—1952：第1卷［M］. 北京：中国法治出版社，2005.

[35] 韩明德，石茂生. 法理学［M］. 郑州：郑州大学出版社，2004.

[36] 何立荣，覃晚萍. 西部民族地区农村法治与和谐社会的构建：以法人类学为视角［M］. 北京：中国法治出版社，2015.

[37] 赫成刚，唐燕. 行政处罚相关法律解释链接［M］. 北京：中国计量出版社，2007.

[38] 胡建淼. 论公法原则［M］. 杭州：浙江大学出版社，2005.

[39] 胡建淼. 法律适用学［M］. 杭州：浙江大学出版社，2010.

[40] 胡锦光. 行政处罚法适用手册：条文释义·难题解析·处罚适用［M］. 北京：红旗出版社，1996.

[41] 黄逢贵. 民族区域自治机关制定单行条例常识［M］. 北京：民族出版社，2001.

[42] 黄逢贵. 贵州首个地方自治性经济单行条例是怎样制定成功的［M］//谭剑锋. 遵义改革开放三十年纪实. 遵义：政协遵义市委员会，2008.

[43] 黄元姗. 民族区域自治制度的发展与完善：自治州自治条例研究［M］. 北京：中国社会科学出版社，2014.

[44] 吉雅. 民族区域自治地方自治立法研究［M］. 北京：法律出版社，2010.

[45] 蒋劲松. 议会之母［M］. 北京：中国民主法治出版社，1998.

[46] 江国华，高冠宇. 协商民主及其中国实践模式［M］//刘茂林. 公法评论：第7卷. 北京：北京大学出版社，2011.

[47] 姜世波，王彬. 习惯法规则的形成机制及其查明问题研究［M］. 北京：中国政法大学出版社，2012.

[48] 晋绥边区财政经济史编写组，山西省档案馆. 晋绥边区财政经济史资料选编：农业编［G］. 太原：山西人民出版社，1986.

[49] 康耀坤. 民族立法与我国民族地区法治建设研究［M］. 北京：法律出版社，2012.

[50] 康耀坤，马洪雨，梁亚民. 中国民族自治地方立法研究［M］. 北京：民族出版社，2007.

[51] 孔俊祥. 法律方法论——法律规范的选择与适用：第1卷［M］. 北京：人民法院出版社，2006.

[52] 孔玲，沙飒. 法律多元主义的产生及其影响［M］//何勤华. 外国法治史研究：

第 19 卷. 北京：法律出版社，2006.

[53] 李步云，汪永清. 中国立法的基本理论和制度［M］. 北京：中国法治出版社，1998.

[54] 李开国. 民法总则研究［M］. 北京：法律出版社，2003.

[55] 李林. 立法过程中的公共参与［M］. 北京：中国社会科学出版社，2009.

[56] 李林. 立法理论与制度［M］. 北京：中国法治出版社，2005.

[57] 李鸣. 新中国民族法治史论［M］. 北京：九州出版社，2010.

[58] 李明璞. 地方立法的过程与方法［M］. 武汉：湖北人民出版社，2013.

[59] 李鹏程. 当代西方文化研究新词典［Z］. 长春：吉林人民出版社，2003.

[60] 李清伟. 法理学［M］. 上海：格致出版社，上海人民出版社，2013.

[61] 李圣丹. 由土家族习惯法看少数民族习惯法的现代化［M］//贾登勋. 区域法治研究：第 1 辑. 兰州：兰州大学出版社，2011.

[62] 李艳君. 民族法学［M］. 昆明：云南大学出版社，2012.

[63] 栗劲，李放. 中华实用法学大辞典［Z］. 长春：吉林大学出版社，1988.

[64] 梁治平. 清代习惯法：社会与国家［M］. 北京：中国政法大学出版社，1996.

[65] 廖柏明. 中国—东盟自贸区环境法律问题与对策研究［M］. 北京：中国政法大学出版社，2011.

[66] 廖小东. 传统的力量——民族特色仪式的功能研究［M］. 北京：中国社会科学出版社，2015.

[67] 刘星. 法律是什么？二十世纪英美法理学批判阅读［M］. 北京：中国政法大学出版社，1998.

[68] 刘志刚. 法律规范的冲突解决规则［M］. 上海：复旦大学出版社，2012.

[69] 陆德山，石亮天. 我国地方立法研究［M］. 长春：吉林大学社会科学论丛编辑部，1988.

[70] 陆平辉. 散居少数民族权益保障研究［M］. 北京：中央民族大学出版社，2008.

[71] 罗成徽. 中国当代政治制度［M］. 广州：中山大学出版社，1993.

[72] 罗大玉，等. 西部少数民族地区纠纷解决机制研究［M］. 北京：中国人民大学出版社，2015.

[73] 罗志渊. 地方自治的理论体系［M］. 台北：台湾商务印书馆，1970.

[74] 马华，姬超. 中国式家庭农场的发展：理论与实践［M］. 北京：社会科学文献出版社，2015.

[75] 马俊驹，余延满. 民法原论［M］. 3 版. 北京：法律出版社，2007.

[76] 马新颖. 异化与解放：西方马克思主义的现代性批判理论研究［M］. 北京：中央编译出版社，2015.

［77］苗金春. 法学导论［M］. 北京：中国人民公安大学出版社，2009.

［78］彭谦. 自治区自治条例与民族区域自治创新研究［M］. 北京：中央民族大学出版社，2012.

［79］彭錞. 英国征地法律制度考察报告——历史、现实与启示［M］//姜明安. 行政法论丛：第14卷. 北京：法律出版社，2011.

［80］乔世明. 少数民族地区生态自治立法研究．［M］. 北京：中央民族大学出版社，2014.

［81］乔晓阳.《中华人民共和国立法法》导读与释义［M］. 北京：中国民主法治出版社，2015.

［82］乔晓阳. 立法法讲话［M］. 北京：中国民主法治出版社，2000.

［83］乔晓阳. 中华人民共和国立法法讲话［M］. 修订版. 北京：中国民主法治出版社，2008.

［84］全国人大常委会办公厅，中共中央文献研究室. 人民代表大会制度重要文献选编：（一）［G］. 北京：中国民主法治出版社，2015.

［85］全国人民代表大会民族委员会. 第一届至第九届全国人民代表大会民族委员会文件资料汇编（1954—2003）［G］. 北京：中国民主法治出版社，2008.

［86］任进. 比较地方政府与制度［M］. 北京：北京大学出版社，2008.

［87］任新民，邓玉函. 民族区域自治制度和民族基层组织执行状况问题研究［M］. 北京：知识产权出版社，2014.

［88］人民日报评论员. 论坚持和完善民族区域自治制度：人民日报评论员文章汇编［G］. 北京：民族出版社，2009.

［89］萨孟武，刘庆瑞. 各国宪法及其政府［M］. 修订增补版. 台北：清水印刷厂，1978.

［90］萨孟武. 西洋政治思想史：第1册［M］. 上海：新生命书局，1933.

［91］陕西省档案馆，陕西省社会科学院. 陕甘宁边区政府文件选编：第7辑［G］. 北京：档案出版社，1988.

［92］陕西省档案馆，陕西省社会科学院. 陕甘宁边区政府文件选编：第4辑［G］. 北京：档案出版社，1988.

［93］沈宗灵. 法理学［M］. 3版. 北京：高等教育出版社，2009.

［94］史仲文，祁庆富，等. 中华文化习俗辞典［Z］. 北京：中国国际广播出版社，1998.

［95］舒国滢. 法理学阶梯［M］. 2版. 北京：清华大学出版社，2012.

［96］宋才发，等. 民族区域自治制度的发展与完善——自治区自治条例研究［M］. 北京：人民出版社，2008.

［97］宋希仁，陈劳志，赵仁光. 伦理学大辞典［Z］. 长春：吉林人民出版社，1989.
［98］苏力. 法治及其本土资源［M］. 北京：中国政法大学出版社，1996.
［99］孙昌军，郑远民，易志斌. 网络安全法［M］. 长沙：湖南大学出版社，2002.
［100］孙国华，朱景文. 法理学［M］. 2版. 北京：中国人民大学出版社，2004.
［101］孙国华. 中华法学大辞典·法理学卷［Z］. 北京：中国检察出版社，1997.
［102］钱锦宇. 行政法与行政诉讼法［M］. 武汉：华中科技大学出版社，2015.
［103］覃乃昌. 广西民族自治地方立法研究［M］. 南宁：广西民族出版社，2002.
［104］汪怀君. 人伦传统与交往伦理［M］. 济南：山东大学出版社，2007.
［105］汪全胜，等. 法的结构规范化研究［M］. 北京：中国政法大学出版社，2015.
［106］王建学. 近代中国地方自治法重述［M］. 北京：法律出版社，2011.
［107］王瑞君. 罪刑法定：理念、规范与方法［M］. 济南：山东大学出版社，2006.
［108］王先进. 土地法全书［M］. 长春：吉林教育出版社，1990.
［109］王铁志，沙伯力. 国际视野中的民族区域自治［M］. 北京：民族出版社，2002.
［110］王杏飞. 能动司法的表达与实践［M］. 厦门：厦门大学出版社，2014.
［111］王允武，田钒平. 中国少数民族自治地方自治立法研究［M］. 成都：四川人民出版社，2005.
［112］王允武. 中国自治制度研究［M］. 成都：四川人民出版社，2006.
［113］魏建国. 瓦窑堡时期中央文献选编：上［G］. 北京：东方出版社，2012.
［114］魏治勋. 法治的真原［M］. 西安：陕西人民出版社，2012.
［115］吴大华，潘志成，王飞. 中国少数民族习惯法通论［M］. 北京：知识产权出版社，2014.
［116］吴杰，廉希圣，魏定仁. 中华人民共和国宪法释义［M］. 北京：法律出版社，1984.
［117］吴仕民. 中国民族理论新编［M］. 北京：中央民族大学出版社，2006.
［118］吴守金. 中国民族法学［M］. 北京：法律出版社，1997.
［119］吴宗金，敖俊德. 中国民族立法理论与实践［M］. 北京：中国民主法治出版社，1998.
［120］吴宗金，陈曼蓉，廖明. 民族法学导论［M］. 南宁：广西民族出版社，1990.
［121］吴宗金，张晓辉. 中国民族法学［M］. 2版. 北京：法律出版社，2004.
［122］吴宗金. 民族法治的理论与实践［M］. 北京：中国民主法治出版社，1998.
［123］全国人大常委会法治工作委员会国家法室. 中华人民共和国立法法解读［M］. 北京：中国法治出版社，2015.
［124］肖蔚云，姜明安. 北京大学法学百科全书·宪法学 行政法学［M］. 北京：北

京大学出版社，1999.

[125] 谢晖. 法学范畴的矛盾辨思［M］. 济南：山东人民出版社，1999.

[126] 熊文钊. 民族法治体系的建构［M］. 北京：中央民族大学出版社，2012.

[127] 修文乔，戴卫平. 英语与英国社会文化研究［M］. 广州：世界图书广东出版公司，2015.

[128] 徐显明. 法理学［M］. 北京：中国政法大学出版社，2007.

[129] 许崇德. 中华法学大辞典·宪法学卷［Z］. 北京：中国检察出版社，1995.

[130] 柳正权. 法治类型与中国法治［M］. 武汉：武汉大学出版社，2015.

[131] 薛华. 哈贝马斯的商谈伦理学［M］. 沈阳：辽宁教育出版社，1988.

[132] 阎锐. 地方立法参与主体研究［M］. 上海：上海人民出版社，2014.

[133] 杨侯第，王平，隋青，等. 平等·自治·发展：中国少数民族人权保障模式［M］. 北京：新华出版社，1998.

[134] 杨炼. 立法过程中的利益衡量研究［M］. 北京：法律出版社，2010.

[135] 衣俊卿，丁立群，李小娟，等. 20世纪新马克思主义［M］. 修订版. 北京：中央编译出版社，2012.

[136] 应松年，朱维究. 行政法与行政诉讼法教程［M］. 北京：中国政法大学出版社，1989.

[137] 余能斌，马俊驹. 现代民法学［M］. 武汉：武汉大学出版社，1995.

[138] 云南省编辑组. 景颇族社会历史调查：三［M］. 昆明：云南人民出版社，1986.

[139] 张殿军. 民族自治地方法律变通研究［M］. 北京：人民出版社，2016.

[140] 张殿军. 协商民主视野的族际政治与民族区域自治制度的完善和创新［M］// 吴大华，王平. 中国民族法治发展报告2011. 北京：中央民族大学出版社，2012.

[141] 张洪明，苏波. 人大立法工作手册［M］. 北京：中国民主法治出版社，2009.

[142] 张建江. 身份认同中国法律与政策研究：以新疆为视角［M］. 北京：中国政法大学出版社，2014.

[143] 张晋藩. 中国法治60年：1949—2009［M］. 西安：陕西人民出版社，2009.

[144] 张济民. 渊源流近：藏族部落习惯法法规及案例辑录［G］. 西宁：青海人民出版社，2002.

[145] 张亮采. 中国风俗史［M］. 北京：东方出版社，1996.

[146] 张千帆. 宪法［M］. 2版. 北京：北京大学出版社，2012.

[147] 张千帆. 宪法学［M］. 3版. 北京：法律出版社，2015.

[148] 张文山. 通往自治的桥梁——自治条例与单行条例研究［M］. 北京：中央民族

大学出版社，2009.
[149] 张文山. 突破传统思维的瓶颈——民族区域自治法配套立法问题研究［M］. 北京：法律出版社，2007.
[150] 张文山. 自治权理论与自治条例研究［M］. 北京：法律出版社，2005.
[151] 张文显. 法理学［M］. 北京：高等教育出版社，1999.
[152] 郑淑娜.《中华人民共和国立法法》释义［M］. 北京：中国民主法治出版社，2015.
[153] 郑毅. 论国家法对少数民族习惯法的承认［M］//周佑勇. 东南法学：第6辑. 南京：东南大学出版社，2014.
[154] 郑永流. 法治四章：英德渊源、国际标准和中国问题［M］. 北京：中国政法大学出版社，2002.
[155] 职慧勇. 中国民族文化百科［M］. 北京：中国民族摄影艺术出版社，1998.
[156] 中共吕梁地委党史资料征集办公室. 晋绥根据地资料选编：第5集［G］.［出版地不详：出版者不详］，1984.
[157] 中共新疆维吾尔自治区委员会党史研究室. 中国共产党与民族区域自治制度的建立和发展：下［M］. 北京：中共党史出版社，2000.
[158] 中共中央文献研究室. 建国以来重要文献选编：第10册［G］. 北京：中国文献出版社，2011.
[159] 中国第二历史档案馆,《中国抗日战争大辞典》编写组. 中国抗日战争大辞典［Z］. 武汉：湖北教育出版社，1995.
[160] 中国法律年鉴编辑部. 中国法律年鉴（1993）［Z］. 北京：中国法律年鉴社，1993.
[161] 中国社会科学院"云南省民族团结进步边疆繁荣稳定示范区建设研究"课题组. 民族团结云南经验"民族团结进步边疆繁荣稳定示范区"调研报告［M］. 北京：社会科学文献出版社，2014.
[162] 中国社会科学院近代史研究所《近代史资料》编译室. 陕甘宁边区参议会文献汇辑［G］. 北京：知识产权出版社，2013.
[163] 周旺生，张建华. 立法技术手册［M］. 北京：中国法治出版社，1999.
[164] 周旺生. 立法学教程［M］. 北京：北京大学出版社，2006.
[165] 周旺生. 法理学［M］. 西安：西安交通大学出版社，2006.
[166] 周勇，马丽雅. 民族、自治与发展：中国民族区域自治制度研究［M］. 北京：法律出版社，2007.
[167] 朱力宇，张曙光. 立法学［M］. 北京：中国人民大学出版社，2001.
[168] 朱淑丽. 中国式民主框架下的法治建设［M］. 上海：学林出版社，2015.

四、中文论文

[1] 敖俊德. 地方立法批准权是地方立法权的组成部分——兼评王林《地方立法批准权不是立法权的组成部分》[J]. 人大工作通讯, 1995（8）.

[2] 才华加. 藏传佛教政治功能的当代变化及价值预设[J]. 青海师范大学学报（哲学社会科学版）, 2012, 34（6）.

[3] 陈伯礼, 徐信贵. 关于民族立法中"变通规定"的若干思考[J]. 福建论坛（社科教育版）, 2007（8）.

[4] 陈多旺. 通过交涉的议决——对全国人大及其常委会立法审议程序的检讨[J]. 河北法学, 2016, 34（2）.

[5] 陈洪波, 王光萍. 当前我国民族立法工作中存在的主要问题、成因及对策研究[J]. 民族研究, 2001（2）.

[6] 陈绍凡, 陈绍皇. 论我国民族自治地方立法的几个问题[J]. 西北第二民族学院学报（哲学社会科学版）, 2006（1）.

[7] 陈绍凡. 我国民族自治地方立法若干问题新探[J]. 民族研究, 2005（1）.

[8] 陈斯彬. 人大代表不适合参与纠纷解决——以泉州市为中心的考察[J]. 法学, 2011（4）.

[9] 崔健行. 贯彻落实《民族区域自治法》的重要途径——试探多民族省制订《实施民族区域自治法的若干规定》的意义和原则[J]. 民族研究, 1988（1）.

[10] 戴小明, 黄木. 论民族自治地方立法[J]. 西南民族学院学报（哲学社会科学版）, 2002（7）.

[11] 邓建民. 论变通或补充规定与单行条例的区别[J]. 西南民族学院学报（哲学社会科学版）, 2002（7）.

[12] 邓清华. 乌江流域少数民族习惯法伦理精神探析[J]. 黑龙江民族丛刊, 2010（3）.

[13] 杜宇. 作为间接法源的习惯法——刑法视域下习惯法立法机能之开辟[J]. 现代法学, 2004（6）.

[14] 樊安, 樊文苑. 构建科学的立法提案权配置机制——基于对省级地方性法规立法程序的分析[J]. 学术探索, 2015（6）.

[15] 高其才. 论中国少数民族习惯法文化[J]. 中国法学, 1996（1）.

[16] 顾梁莎. 少数民族地区民族习惯法的民事司法适用探析[J]. 贵州民族研究, 2014, 35（7）.

[17] 韩大元. 论自治条例的若干问题[J]. 中央民族大学学报, 1996（6）.

[18] 何俊志, 王伊景. 从人大"个案监督"到"代表参与诉讼调解"——地方人大

与法院关系的"变"与"常"[J]. 国家行政学院学报, 2010 (6).
[19] 后宏伟, 郭正刚. 青藏高原草地使用权纠纷的成因、危害及其解决途径[J]. 草业科学, 2013, 30 (3).
[20] 后宏伟. 藏族习惯法中的调解纠纷解决机制探析[J]. 北方民族大学学报（哲学社会科学版）, 2011 (3).
[21] 胡兴东. 习惯还是习惯法：习惯在法律体系中形态研究[J]. 东方法学, 2011 (3).
[22] 黄琪. 对民族自治立法问题的思考[J]. 学术探索, 1999 (2).
[23] 黄元姗, 敖慧敏. 立法自治权行使现状调查及对策研究——基于新疆维吾尔自治区的实证分析[J]. 中南民族大学学报（人文社会科学版）, 2014, 34 (2).
[24] 吉龙华, 安树昆. 论民族自治地方行政许可的设定权问题[J]. 云南大学学报（法学版）, 2005 (5).
[25] 吉雅, 程建. 新时期自治县（旗）单行条例的发展与完善[J]. 内蒙古大学学报：哲学社会科学版, 2008, 40 (6).
[26] 蒋中东. 论行政审判依据——以成文法依据为中心[J]. 公法研究, 2005 (2).
[27] 雷振扬, 贾兴荣. 习近平"用法律来保障民族团结"思想初探[J]. 中南民族大学学报（人文社会科学版）, 2017, 37 (5).
[28] 李二桃. 论我国民族自治地方立法程序的完善[J]. 前沿, 2009 (6).
[29] 李娜, 付探花. 结合实际做好地方立法工作——昌吉回族自治州人大常委会主任马登峰访谈录[J]. 新疆人大（汉文）, 2012 (4).
[30] 李丕祺. 论自治条例的性质[J]. 西北第二民族学院学报（哲学社会科学版）, 2004, (3).
[31] 梁鹰. 2019年备案审查工作述评[J]. 中国法律评论, 2020 (1)：23-30.
[32] 刘德兴, 李延锋. 人大个案监督与法院独立审判的矛盾性和兼容性探析[J]. 四川师范大学学报（社会科学版）, 2011, 38 (4).
[33] 刘锦森. 刍议民族自治地方单行条例项目的确定[J]. 人大研究, 2004 (3).
[34] 刘锦森. 制定单行条例应注意的几个问题[J]. 新疆人大, 2004 (3).
[35] 刘惊海, 施文正. 我国民族区域自治法律制度的完善[J]. 内蒙古社会科学（汉文版）, 2000 (1).
[36] 刘玲. 民族自治县自治条例立法工作的基本经验和发展方向——以《长白朝鲜族自治县自治条例》为样本[J]. 民族论坛, 2015 (6).
[37] 刘茂林. 我国民族立法初探[J]. 中南政法学院学报, 1989 (4).
[38] 刘卿. 法规案争议条款单独表决程序解析[J]. 山东人大工作, 2009 (6).
[39] 刘志刚. 地方性法规在司法审判中所处的地位及适用[J]. 法治研究, 2017

（2）．

[40] 刘仲屹．司法实践对我国立法完善的必要性分析——以司法实践与立法完善的关系为视角［J］．比较法研究，2016（2）．

[41] 龙云飞．民族自治地方民族立法现状、问题及对策——以红河哈尼族彝族自治州为例［J］．法治与社会，2016（33）．

[42] 卢凯，王德和．少数民族法律文化价值探析——以凉山彝族民间调解为例［J］．西昌学院学报（社会科学版），2013，25（1）．

[43] 陆海发．单行条例促进民族区域自治地方经济社会发展研究——以云南省为例［J］．云南行政学院学报，2015，17（5）．

[44] 努妮莎．促进民族区域自治法治建设的思考［J］．西北民族大学学报（哲学社会科学版），2008（1）．

[45] 莫纪宏．自治条例和单行条例合宪性审查的法理及分层［J］．甘肃社会科学，2019（2）．

[46] 潘红祥．论民族自治地方自治立法权和地方立法权的科学界分［J］．法学评论，2019（3）．

[47] 潘弘祥．自治立法的宪政困境及路径选择［J］．中南民族大学学报：人文社会科学版，2008（3）．

[48] 潘红祥．自治区自治条例出台难的原因分析及对策［J］．北方民族大学学报（哲学社会科学版），2009（3）．

[49] 秦前红．地方立法权主体扩容利弊［J］．新华月报，2015（3）．

[50] 阙成平．论以自治区单行条例替代自治条例的法理［J］．广西民族研究，2013（4）．

[51] 阙成平．自治区自治立法现状评析［J］．广西民族研究，2015（1）．

[52] 沈寿文．"优惠照顾理论"范式下的单行条例功能［J］．思想战线，2016（1）．

[53] 史筠．关于制定自治区自治条例的几个问题［J］．民族研究，1993（6）．

[54] 孙潮，徐向华．论我国立法程序的完善［J］．中国法学，2003（5）．

[55] 孙国华，杨思斌．"习惯法"与法的概念的泛化［J］．皖西学院学报，2003（3）．

[56] 谈火生，吴志红．哈贝马斯的双轨制审议民主理论［J］．中国人民政协理论研究会会刊，2008（1）．

[57] 汤维建．亟需对司法建议进行立法调整［J］．中国审判，2012（5）．

[58] 唐丰鹤．略论我国立法审议程序的论辩维度［J］．法治研究，2011（3）．

[59] 田成有．"习惯法"是法吗？［J］．云南法学，2000（3）．

[60] 田钒平，王允武．善待少数民族传统习俗的法理思考［J］．贵州民族学院学报

(哲学社会科学版), 2007 (3).

[61] 田钒平. 论民族自治地方自治机关协商民主决策机制的完善 [J]. 民族研究, 2010 (4).

[62] 田钒平. 论自治法规与行政法规的法律位阶 [J]. 中南民族大学学报（人文社会科学版), 2009, 29 (1).

[63] 田聚英. 自治区单行条例缺失的原因分析 [J]. 理论界, 2014 (1).

[64] 王爱声. 将过程思想引进立法研究的思考 [J]. 北京政法职业学院学报, 2010 (3).

[65] 王传发. 偏离与调适：规范民族区域自治运行——兼以西南地区 E 自治县为例 [J]. 民族研究, 2008 (3).

[66] 王杰, 王允武. 少数民族习惯法司法适用研究 [J]. 甘肃政法学院学报, 2014 (1).

[67] 王培英. 论自治条例和单行条例的法律地位问题 [J]. 民族研究, 2000 (6).

[68] 王凤, 陈成. 中央与地方社会保障事权配置法治化的比较研究 [J]. 新疆社会科学, 2015 (3).

[69] 王晓明. 博州人大积极探索民族自治地方立法办法 [J]. 新疆人大 (汉文), 2008 (10).

[70] 王允武. 民族区域自治制度运行：实效、困境与创新 [J]. 中央民族大学学报（哲学社会科学版), 2014 (3).

[71] 韦以明. 对民族自治权与上级国家机关领导帮助的关系的再认识 [J]. 广西法学, 1996 (4).

[72] 韦以明. 对自治区自治条例出台艰难的立法思考——兼谈我国中央和地方立法思维中的非逻辑因素 [J]. 广西社会科学, 1999 (5).

[73] 吴大华. 论民族习惯法的渊源、价值与传承——以苗族、侗族习惯法为例 [J]. 民族研究, 2005 (6).

[74] 吴恩玉. 上下位法间的效力优先与适用优先——兼论自治法规、经济特区法规和较大市法规的位阶与适用 [J]. 法律科学（西北政法大学学报), 2010, 28 (6).

[75] 夏锦文. 法律实施及其相关概念辨析 [J]. 法学论坛, 2003 (6).

[76] 肖光辉. 法律多元与法律多元主义问题探析 [J]. 学术论坛, 2007 (4).

[77] 肖秀梧, 刘嗣元. 论民族自治条例、单行条例的效力 [J]. 中南政法学院学报, 1992 (2).

[78] 谢晖. 从"可以适用习惯"论地方性法规的司法效力 [J]. 法律科学（西北政法大学学报), 2018 (6).

［79］邢斌文. 法院如何援用宪法——以齐案批复废止后的司法实践为中心［J］. 中国法律评论, 2015（1）.

［80］熊威. 论我国自治条例、单行条例行政许可的设定权［J］. 黑龙江民族丛刊, 2007（2）.

［81］熊文钊, 洪伟. 试论单行条例及其变通规定的制定［J］. 西北民族大学学报（哲学社会科学版）, 2013（3）.

［82］许纪霖. 两种自由和民主——对"自由主义"与"新左派"论战的反思［J］. 经济管理文摘, 2002（19）.

［83］闫鹏涛. 完善单项表决制度的几点思考［J］. 上海人大月刊, 2015（3）.

［84］杨静哲. 法律多元论：轨迹、困境与出路［J］. 法律科学（西北政法大学学报）, 2013, 31（2）.

［85］杨静哲. 桑托斯的法律多元论：解读、溯源与批判［J］. 清华法治论衡, 2012（1）.

［86］杨临宏. 关于自治条例和单行条例设定行政处罚的思考［J］. 当代法学, 1999（3）.

［87］杨玲, 袁春兰. 多元纠纷解决机制背景下的彝族司法调解人——"德古"［J］. 宁夏大学学报（人文社会科学版）, 2009, 31（5）.

［88］杨素侠, 陶冉冉. 凉山彝族传统社会的神判研究［J］. 赤峰学院学报（汉文哲学社会科学版）, 2010, 31（11）.

［89］杨晓畅. 罗尔斯"公共理性"观的法哲学之维：启示与限度［J］. 法学评论, 2013, 31（2）.

［90］杨炎辉. 论人大监督司法的类型化及其发展方向［J］. 重庆大学学报（社会科学版）, 2015, 21（5）.

［91］于丽娟, 李亮. 从非洲习惯法的现代化看非洲传统社会的现代转型［J］. 法治与社会, 2010（14）.

［92］余彦. 事实与规范之间：司法与地方立法关系考察及改良［J］. 江西社会科学, 2017, 37（4）.

［93］张崇根. 自治条例的法律地位［J］. 中南民族学院学报（哲学社会科学版）, 1998（1）.

［94］张锡盛, 朱国斌, 字振华. 民族区域自治法规在云南的贯彻执行［J］. 思想战线, 2000（5）.

［95］赵天宝. 探寻少数民族习惯法的公正与权威——以景颇族神判为中心考察［J］. 甘肃政法学院学报, 2008（5）.

［96］郑毅. 驳"以自治区单行条例替代自治条例"论——兼议自治区自治条例的困

境与对策［J］．广西民族研究，2014（3）．

［97］郑毅．论上下级民族自治地方政府间关系的法律调整［J］．法商研究，2015，32（4）．

［98］郑毅．再论自治条例和单行条例的法律地位——基于规范位阶和效力位阶的二元化视角［J］．广西民族研究，2014（1）．

［99］郑智航．法院如何参与社会管理创新——以法院司法建议为分析对象［J］．法商研究，2017，34（2）．

［100］周健宇．环境与资源习惯法对国家法的有益补充及其互动探讨——以四川省宜宾市周边四个苗族乡的习惯法为例［J］．中国农业大学学报（社会科学版），2015，32（4）．

［101］周竞红．试论自治州、县两级自治条例的制定与修订——民族自治地方立法权实践管窥［J］．西南民族大学学报（人文社科版），2009，30（1）．

［102］周世中，周守俊．藏族习惯法司法适用的方式和程序研究——以四川省甘孜州地区的藏族习惯法为例［J］．现代法学，2012，34（6）．

［103］周旺生．关于中国立法程序的几个基本问题［J］．中国法学，1995（2）．

［104］周伟．论地方立法项目征集制度的完善［J］．江汉大学学报（社会科学版），2016，33（1）．

［105］周伟．民族自治地方单行条例立法权研究［J］．社会科学研究，1998（1）．

［106］周玉华．发挥好司法"三大功能"是现代法治的根本要求［J］．中国党政干部论坛，2012（12）．

［107］周赟．论程序主义的合法性理论——以罗尔斯、哈贝马斯相关理论为例［J］．环球法律评论，2006（6）．

［108］邹渊．习惯法与少数民族习惯法［J］．贵州民族研究，1997（4）．

五、清末民初文献

［1］江西省议会反对国务会议议决单行条例勿庸追交省议会追认电［J］．参议院公报，1916，2（14）．

［2］张培爵，修．周宗麟，纂．民国大理县志稿：卷6［M］．铅字重印本．［出版地不详：出版者不详］，1916（民国五年）．

［3］江北县志局．民国重修江北县志采访表略［M］．民国铅印本．［出版地不详：出版者不详，出版年不详］．

［4］民国广南县志：卷5．［M］．稿本．［出版地不详：出版者不详］，1934（民国二十三年）．

［5］山西省议会请决议准咨国务院将本身现行单行条例移交省议会议决文［J］．参议

院公报,1916,2(24).

[6] 商人破产应先适用习惯法函(大理院致江苏高审厅统字第1781号)[J].司法公报,1922(171).

[7] 云南省议会反对单行条例勿庸交会追认电[J].参议院公报,1916,2(15).

[8] 宾上武,修.翟富文,纂修.民国来宾县志[M].铅印本.[出版地不详:出版者不详],1936(民国二十五年).

[9] 端方.大清光绪新法令[M].刊本.上海:商务书馆,[宣统年间].

[10] 洪汝冲,纂修.宣统昌图府志[M].铅印本.[出版地不详:出版者不详],1910(清宣统二年).

[11] 黄鸿寿.清史纪事本末:卷14[M].石印本.[出版地不详:出版者不详],1914(民国三年).

[12] 李起元,修.王连儒,纂.民国长清县志[M].铅印本.[出版地不详:出版者不详],1935(民国二十四年).

[13] 刘锦藻.皇朝续文献通考:卷253[M].铅印本.[乌程]:[刘锦藻坚匏庵],1905(清光绪三十一年).

[14] 孙宝瑄.忘山庐日记[M].抄本.[出版地不详:出版者不详,出版年不详].

[15] 王世杰.大理院与习惯法[J].法律评论,1926,4(12).

[16] 吴学义.习惯法论[J].国立武汉大学社会科学季刊,1934,4(4).

[17] 殷承钧,纂.民国泸水志[M]石印本.[出版地不详:出版者不详],1932(民国二十一年).

[18] 余谊密,修.鲍实,等纂.民国芜湖县志[M].石印本.[出版地不详:出版者不详],1919(民国八年).

[19] 俞廉三.大清民律草案[M].铅印本.[出版地不详]:[法律馆],[宣统年间].

六、学位论文

[1] 常亮.民族地区纠纷司法解决机制研究[D].北京:中央民族大学,2013.

[2] 高其才.中国少数民族习惯法研究[D].北京:中国政法大学,2002.

[3] 马训祥.少数民族经济法司法适用问题研究[D].北京:中央民族大学,2010.

七、报刊网络资料类

[1] 李斌,李自良,张铎."全面实现小康,一个民族都不能少"——习近平总书记会见贡山独龙族怒族自治县干部群众代表侧记[N].人民日报,2015-01-23

（2）．

［2］习近平在全国民族团结进步表彰大会上的讲话［N］．人民日报，2019－09－28（1）．

［3］中央民族工作会议提出用法律保障民族团结［N］．新华每日电讯，2014－09－30（1）．

［4］陈捷．厦门法院首设人大代表调解工作室［N］．海峡导报，2017－5－13（11）．

［5］陈新宇．习惯中国的法律宿命［N］．检察日报，2011－7－21（3）．

［6］黄炯猛．司法建议助力"法治清远"［N］．人民法院报，2015－3－3（6）．

［7］李伟迪．商谈理论对立法及司法工作之启迪［N］．检察日报，2011－11－14（3）．

［8］刘湃．少数民族界委员：宪法修正案体现人文关怀、促进民族和谐［EB/OL］．（2018－03－12）［2018－03－16］．http：//www．chinanews．com/gn/2018/03－12/8466032．shtml．

［9］卢梦君．贵州省委统战部长：吸纳少数民族内具备权威代表参与社会管理［EB/OL］．（2015－11－26）［2017－01－20］．http：//www．thepaper．cn/newsDetail_forward_1397233_1．

［10］王朝书．让《民族区域自治法》"活"起来［EB/OL］．（2015－05－20）［2021－07－20］．http：//www．legaldaily．com．cn/locality/content/2015－05/20/content_6091443．htm？node＝76204．

［11］夏祖银．司法建议的实践价值、现实问题及其完善路径［N］．人民法院报，2016－08－31（8）．

［12］杨金志．上海：司法建议书成社会啄木鸟［N］．新华每日电讯，2010－01－08（4）．

［13］周玉华．新时期人民法院的三大司法功能［N］．法治日报，2012－09－05（11）．

［14］朱宁宁．第二十二次全国地方立法研讨会召开［N］．法治日报，2016－09－09（1）．

［15］自治区党校马克思主义理论研究基地．完善民族区域自治法实施的监督体系［N］．广西日报，2014－09－30（15）．

八、外文文献

［1］EARL OF ONSLOW．The rise and development of local legislation by Private Bill［J］．Journal of the Royal Statistical Society，1906，69（1）．

[2] FRASER N. Rethinking the public sphere: a contribution to the critique of actually existing democracy [J]. Social text, 1990, (25/26).

[3] KRUMM T. Private Bills in angelsächsischen Regierungssystemen Legitimitätsressource oder Unterlaufen der Gewaltenteilung? [J]. Zeitschrift für Parlamentsfragen, 2007, 38 (2).

[4] LUNDBERG M, ZHOU Y. Regional national autonomy under challenge: law, practice and recommendations [J]. Internationaljournal on minority and group rights 2009, 16 (3).

[5] BANTING K, KYMLICK W. Multiculturalism and the welfare state: recognition and redistribution in contemporary democracies [C]. New York: Oxford University Press, 2006.

[6] BESSETTE J M. Deliberative democracy: the majority principle in republican government [M] //R. A. Goldwin & W. A. Schambra eds. How democratic is the constitution? Washingtong: American Enterprise Institute, 1980.

[7] BLOMLEY N K. Law, space, and the geographies of power [M]. New York: The Guilford Press, 1994.

[8] BOYER R. The statutory corporation as a democratic device [J]. Australian journal of public administration, 1957, 16 (1).

[9] DREIER H. Merkls Verwaltungsrechtslehre und die heutige deutsche Dogmatik des Verwaltungsrechts [C] //Adolf J. Merkl – Werk und Wirksamkeit Ergebnisse eines Internationalen Symposions in Wien (Schriftenreihe des Hans Kelsen – Instituts, Band 14), 1990.

[10] DUTHU N B. Shadownations: tribal sovereignty and the limits of legal pluralism [M]. New York: Oxford University Press, 2013.

[11] JACK M, HUTTON M, JOHNSON C, et al. Erskine May: parliamentary practice [Z]. 24th – ed. London: Lexis Nexis, 2011.

[12] GARNER B A. Black's law dictionary [M]. 8th ed. [S. l.]: Thomson Reuters, 2009.

[13] GHAI Y, WOODMAN S. Unusedpowers: contestation over autonomy legislation in the PRC. [J]. Pacific affairs, 2009, 82 (1).

[14] GRIFFITHS J. What is legal pluralism? [J]. The journal of legal pluralism and unofficial law, 1986, 18 (24).

[15] HABERMAS J. Between facts and norms: contributions to a discourse theory of law and democracy [M]. William Rehg trans. Cambridge, Mass: The MIT Press, 1996.

[16] HABERMAS J. Remarks on the concept of communicative action [M] //Seebafl G, Tuomela R eds. Social action. Dordrecht: D. Reidel Publishing Company, 1985.

[17] HABERMAS J. Three normative models of democracy [J]. Constellations, 1994, 1 (1).

[18] HABERMAS J. Towards a theory of communicative competence [J]. Inquiry: an interdisciplinary journal of philosophy, 1970, 13 (4).

[19] HOOKER M B. Legal pluralism: an introduction to colonial and neo-colonial law [M]. Oxford: Clarendon Press, Oxford University Press, 1975.

[20] HORTON J. Liberalism, multiculturalism and toleration [C]. London: Palgrave Macmillan, 1993.

[21] House of Common. Opposed bill committee oral evidence: City of London Corporation (open spaces) bill [EB/OL]. (2016-11-15) [2018-03-18]. https://www.parliament.uk/documents/commons-private-bill-office/2016-17/Opposed%20Bill-City-of-London-Corporation-(Open-Spaces)-Corrected-tran.pdf.

[22] House of Commons Information Office. Order confirmation bills and special procedure orders UK factsheet L9 legislation series [EB/OL]. [2018-01-20]. https://www.parliament.uk/documents/commons-information-office/l09.pdf.

[23] House of Commons Information Office. Private Bills UK factsheet L4 legislation series [EB/OL]. [2018-03-20]. https://www.parliament.uk/documents/commons-information-office/l04.pdf.

[24] HUDSON H. Review moral consciousness and communicative action [J]. The journal of speculative philosophy, 1995, 9 (1).

[25] JAKAB A. Problems of the Stufenbaulehre: Kelsen's failure to derive the validity of a norm from another norm [J]. Canadian journal of law and jurisprudence, 2007, 20 (1).

[26] JELIC Z. A note on Adolf Merkl's theory of administrative law [J]. Facta Universitatis series: law and politics, 1998, 1 (2).

[27] KELLY R. Private Bills in parliament: House of Commons background paper [EB/OL]. (2014-01-07) [2018-01-24]. http://researchbriefings.parliament.uk/ResearchBriefing/Summary/SN06508.

[28] KELSEN H. Hauptprobleme der Staatsrechtslehre [M]. Tübingen: J. C. B. Mohr, 1911: 327.

[29] KOSKENIEMI M. Fragmentation of international law: difficulties arising from the diver-

sification and expansion of international law [R/OL]. (2006 - 04 - 13) [2017 - 01 - 24]. http: //legal. un. org/ilc/documentation/english/a_cn4_l682. pdf.

[30] LINDROOS A. Addressingnorm conflicts in a fragmented legal system: the doctrine of lex specialis [J]. Nordic journal of international law, 2005, 74 (1).

[31] MACDONALD F. Relationalgroup autonomy: ethics of care and the multiculturalism paradigm [J]. Hypatia, 2010, 25 (1).

[32] MÁIZ R, FERRÁN R. Democracy, nationalism and multiculturalism [C]. New York: Routledge, 2005.

[33] MAY, T E. Atreatise upon the law, privileges, proceedings and usage of parliament [G]. South Hackensack, New Jersey: Rothman Reprints Inc. , 1971.

[34] MERKL A. Prolegomena einer Theorie des rechtlichen Stufenbaues [M] //DOBRETS-BERGER J, HENRICH W, KAUFMANN F, et al. Gesellschaft, Staat Und Recht Untersuchungen Zur Rechtslehre. Wien: Julius Springer, 1931.

[35] MERRY S E. Legalpluralism [J]. Law & society review, 1988, 22 (5).

[36] O'NEILL C. UnderstandingHabermas: communicative action and deliberative democracy [J]. Contemporary political theory, 2005, 4 (1).

[37] P. E. Municipalorigins. An account of English private bill legislation relating to local government, 1740 - 1835; with a chapter on private bill procedure. By Spencer Frederick H. [J]. American political science review, 1912, 6 (4).

[38] PAULSON S L. How Merkl's Stufenbauleh reinforms Kelsen's concept of law [J]. Revus, 2013 (21).

[39] PAULSON S L. On the implications of Kelsen's doctrine of hierarchical structure [J]. The Liverpool law review, 1996, 18 (1).

[40] Privatebill practice [G/OL] //House of Commons procedure and practice. 2nd ed. House of Commmon, 2009 [2018 - 01 - 25] http: //www. ourcommons. ca/procedure - book - livre/Document. aspx? Language = E&Mode = 1&sbdid = B629FFD7 - DE44 - 435A - 9538 - CAE07CDD3095&sbpidx = 1.

[41] PULLING A. Suggestions for improvements in our system of legislation by Private Bills [G] //Knowsley pamphlet collection. [s. l. : s. n.], 1860.

[42] DE SOUSA SANTOSB. The heterogeneous state and legal pluralism in Mozambique [J]. Law & society review, 2006, 40 (1).

[43] SAUTMAN B. Ethniclaw and minority rights in China: progress and constraints [J]. Law & policy, 1999, 21 (3).

[44] The House of Commons. Standingorders of the House of Commons – private business [G/OL]. (2005 – 07 – 21) [2018 – 02 – 01]. https://www.publications.parliament.uk/pa/cm200506/cmstords/441.pdf.

[45] The standing orders of the House of Lords relating to private business [EB/OL]. (2005 – 07 – 20) [2017 – 03 – 20]. http://www.publications.parliament.uk/pa/ld/ldstords/ldprords.htm.

[46] TAYLOR C K, APPHIAH A, HABERMAS J, et al. Multiculturalism: examining the politics of recognition [M]. New Jersey: Princeton University Press, 1994.

[47] VANDERLINDEN J. Return to legal pluralism: twenty years later [J]. Journal of legal pluralism & unofficial law, 1989 (28).

[48] WIEDERIN E. Die Stufenbaulehre Adolf Julius Merkls [M] //Griller S, et al. eds. Rechtstheorie vol 136. Wien: Springer, 2011.

[49] WRIGHT J. Minority groups, autonomy, and self – determination [J]. Oxford journal of legal studies, 1999, 19 (4).

[50] ZHANG HT. Laws on the ethnic minority autonomous regions in China: Legal norms and practices [J]. Loyola University Chicago international law review, 2012, 9 (2).

后　　记

在这本以博士论文为基础的专著即将出版之际，借着修改书稿的契机，我再次回顾了自己读博那几年的人生轨迹。犹记从2014年9月报到入学的第一天开始，我就是在焦虑不安中度过的，时常夜不能寐，总是担心自己因不能毕业而从此万劫不复；因为我深知，如果不是有少数民族骨干计划中对民族地区汉族考生的招生政策，我是难以有机会就读于中南财经大学法学院的。尤其是入学后认识了一群满腹经纶、才华横溢的青年才俊，倍感相形见绌。为了在学科读书会上做好一次读书报告，为了在学校的各种讲座上能与专家学者顺畅地交流，为了在同门内部的研讨会上能有效地参与讨论，我不记得有多少次出门前一小时还在紧张地查阅资料，梳理观点。这些看似简单的事情，于我而言都是一次又一次的挑战和超越，我就是在这种持续的迎难而上中度过了四年几乎没有假期的生活。

前几日，整理旧电脑中的文件夹，看到我那四年写的各种或长或短的不太周延的文字，以及从经典文献中摘录的作为论据保存的各种表述，感触良多，恰如曹雪芹所云："满纸荒唐言，一把辛酸泪，都云作者痴，谁解其中味。"然而，现在回想起来，选择读博是我人生中的重要转折点，正是这份敬畏和压力，让我在那四年中目标明确，丝毫不敢有任何懈怠，最终得以顺利完成博士学位论文，并让我毕业以后仍然还在对博士论文中未尽事宜持续思考，本书中的核心内容都已陆续以论文形式在有关刊物上发表。

本书的写作与一路指引我前行的老师们的帮助密不可分。此刻，我首先要郑重地感谢我的导师胡弘弘教授，这本书也凝聚了老师四年间对我孜孜不倦的教导，我这几年的蜕变和转型都是源于老师对我的指导和关爱。这种指导远远超越了四年的学制，博士毕业后，老师仍然不时督促我继续砥砺前行。在我博士论文开题和答辩过程中，刘茂林教授、王广辉教授、方世荣教授、戚建刚教授、石佑启教授、陈焱光教授、江国华教授提出了诸多富有洞见的意见，让我受益颇多，在此也深表感谢。

本书的写作还得益于与潘红祥教授、张殿军教授、黄元珊教授、田钒平教授、沈寿文教授、戴小明等学者在民族法学年会上的多次学术交流，各位老师就本书中所讨论的一些问题多有提点。尤其是潘红祥教授和张殿军教授，在我写作困顿之时耐心地给我点拨，并第一时间就本书的初稿提出反馈意见。此外，还想特别感谢因论文投稿而认识的《民族研究》的马骍老师和《中南民族大学学报》的彭建军老师，两位老师的肯定对我而言是极大的鼓舞，激励着我尽可能认真地完善书稿，我想这也是对帮助过我的老师们最大的回报。

此外，我还要感谢我的工作单位广西警察学院给了我完整的四年学习时间，让我可以不受任何干扰地完成这本书的初稿；我还要感谢在背后一直默默支持我的家人和朋友，谢谢你们包容了我这几年间的各种缺席；感谢国家社科基金对本书的出版资助。感谢吉林大学出版社编辑对本书出版流程的把控。限于篇幅，在此还有更多的人没有一一列举，但我都铭记于心。

博士毕业后，由于工作、家庭的各种琐事缠身，本书出版前虽有一些细枝末节的修改，但仍觉得有些问题未能研究得更透彻，略感遗憾。希望各位同人能不吝赐教，在此问题研究上能有更多的成果。